中国油茶

邓三龙·陈永忠

编著

编写人员

封加平　杨　超　程　红　胡长清　管天球
蓝成云　李昌珠　周新平　王明旭　李万元
宋自力　胡　锋　邓绍宏　李邵平　陈凯军
彭邵锋　陈隆升　王　瑞　马　力

湖南科学技术出版社

图书在版编目（CIP）数据

中国油茶 / 邓三龙，陈永忠编著. -- 长沙 ：湖南科学技术出版社，2019.10
ISBN 978-7-5710-0177-3

Ⅰ．①中… Ⅱ．①邓… ②陈… Ⅲ．①油茶－林业经济－经济
发展－研究－中国 Ⅳ．①F326.23

中国版本图书馆CIP数据核字(2019)第233331号

ZHONGGUO YOUCHA

中国油茶

编　　著：邓三龙　陈永忠
责任编辑：欧阳建文
出版发行：湖南科学技术出版社
社　　址：长沙市湘雅路276号
　　　　　http://www.hnstp.com
印　　刷：长沙超峰印刷有限公司
　　　　　（印装质量问题请直接与本厂联系）
厂　　址：长沙市金州新区泉洲北路100号
邮　　编：410600
版　　次：2019年10月第1版
印　　次：2019年10月第1次印刷
开　　本：787mm×1092mm　1/16
印　　张：24
字　　数：520000
书　　号：ISBN 978-7-5710-0177-3
定　　价：118.00元

序

我与油茶结缘已是十年前的事了。

记得 2007 年，我看到湖南省林业厅厅长邓三龙同志关于发展油茶的调研报告，提到了油茶的很多好处。我当即就让中国林科院和有关司局对油茶的科研情况和发展现状及存在问题进行深入调研，提出意见。意见形成后，我主持召开国家林业局党组专题会议进行了认真研究，从这时起发展油茶产业列入了全国林业建设的一项重点工作。

之所以把发展油茶产业列为国家林业局的重点工作之一，主要是基于以下考虑：一是油茶寿命长，适应性强。在全国十几个省区的丘陵山地、农民的房前屋后都可以种植，有利于加快长江流域到华南各地的国土绿化，改善生态环境。二是改革开放后，随着人民生活水平提高，对食用植物油的需求量越来越大，市场空间很大。特别是发展油茶，不与粮争地，在绿化美化的同时，可以增加食用植物油供给，有利于维护国家粮油安全。三是经过良种选育，油茶产量和效益已明显提高，可以增加农民收入，促进农民脱贫致富。四是茶油品质好，是一种保健油，有利于提升人民群众的健康水平。

同时，国家林业局党组对发展油茶产业存在的问题也作了分析，之所以油茶产业长期没有发展起来，没有形成支柱产业，主要有三个方面的原因：一是人们对发展油茶产业的认识不到位，重视不够。二是经营管理粗放，多数处于野生或半野生状态，使用实生苗造林，没有推广良种壮苗，品种严重退化，油茶产量很低，农民积极性不高。三是前期投入大，从种植到进入收益期需要 5 年时间，资金周转慢，多数群众和企业搞不起。

把这些情况搞清楚后，国家林业局向党中央、国务院报送了专题报告，引起中央领导同志的重视。2008 年 9 月，时任国务院副总理回良玉同志亲自主持，在湖南省召开了首次全国油茶产业发展现场会，把发展油茶产业提升为一项国家战略。2009 年，经国务院批准，国家发改委、财政部、国家林业局制订了《全国油茶产业发展规划》，2014 年国务院办公厅又印发了《关于加快木本油料产业发展的意见》。近十年来，国家林业局每年召开一次油茶产业发展现场会，各地党委、政府及有关部门对油茶产业发展非常重视和支持。经过各部门和油茶产区的共同努力，油茶产业呈现出良好的发展势头。在投入上，全国累计投入油茶产业发展资金 203 亿元。在种苗上，良种生产能力从 2008 年的 5000 万株增加到 2017 年的 7 亿株，破解了瓶颈制约。在基地建设上，新造优良品种油茶林 3200 万亩，改造油茶林 1000 万亩，油茶林总面积由 2008 年的 3398 万亩增加到 6550 万亩。在产量上，油茶果产量已由 2008 年的 80 万吨增加到 2017 年的 243 万吨，茶油产量由 20 万吨增加到 60 万吨。在效益上，油茶产业产值由 2008 年的 110 亿元增加到 2017 年的近 1000 亿元，为十年前的近 9 倍，为农民脱贫致富奔小康做出了贡献。

现在，发展油茶产业已成为油茶产区农民群众的自觉行动。"一棵油茶一斤油，子子孙孙不用愁；百亩油茶万斤油，讨了老婆又盖楼"，反映出农民群众发自内心的喜悦。看到今天油茶产业已成为油茶产区农民群众脱贫致富的支柱产业，真为我们的干部群众感到骄傲和高兴。

发展油茶产业，任重道远。从长远看，今天油茶产业取得的成就还是初步的。因为油茶产业还有很多产品可以开发，提升效益还有很大空间。希望各油茶产区以优质高产、增效增收为目标，以科技创新为手段，继续在关键环节上下功夫。一是加强种植模式和树冠修剪、定型模式的研究和推广，确保油茶品种科学配置、树冠枝条疏密适度并透光、通风，全面提升现有油茶林产量。二是加强良种选育，实行远系杂交，培育出更加优质高产的种苗。三是加强市场监管，培育名牌产品、高端产品，实现优质高效。四是加强改革创新，实行规模经营、综合开发，延长产业链，吃干榨尽。五是加强技术培训和科普宣传，让农民熟练掌握技术知识，让消费者全面了解茶油产品的功能作用和食用、使用方法。

由全国人大代表、原湖南省林业厅厅长邓三龙同志牵头撰写的《中国油茶》，就是一部普及油茶知识的百科全书。翻开书稿，可以品读油茶的发展历史与现状，了解油茶的神奇；可以通过作者对油茶市场的分析与需求预测，了解油茶产业发展的空间和价值；还可以从书中找到油茶良种选育与快繁，油茶加工与综合利用等各方面的知识。

油茶产业，利国利民。随着本书的出版，必将有更多的读者关注油茶产业，了解油茶产业，支持油茶产业发展，让这一我国特有的传承了2300多年的生态产业更好地造福人民、惠及世界。

感谢为中国油茶事业做出突出贡献的人们，感谢为撰写此书而辛勤操劳的专家学者。

贾治邦

2019 年春

注：贾治邦同志曾任陕西省省长，十六届、十七届中央委员，国家林业局局长，第十二届全国政协常委、人口资源环境委员会主任。

目　　录

第一章　油茶发展历史与现状

第一节　油茶的生物学特性

一、油茶的定义

油茶（*Camellia oleifera* Abel）在民间被称为茶子树、白花茶、茶油树，为山茶科（Theaceae）山茶属（*Camellia* L.）植物。广义上的油茶是指山茶属植物中种子含油率较高，且有一定栽培面积和经营价值的树种的统称。常见于山茶属油茶组（Sect. *Oleifera*）、短柱茶组（Sect. *Paracamellia*）、红山茶组（Sect. *Camellia*）中约 20 多种。油茶是世界四大木本油料树种之一，是一种重要的经济林木，同时更是中国特有的山茶属物种，在中国已有 2300 多年的利用和栽培历史。以油茶种子榨取的茶油是一种深受消费者喜爱的优质食用油，不仅气味香醇，而且口感宜人。茶油的脂肪酸组成结构合理，不饱和脂肪酸含量 90% 以上，富含最重要的单价不饱和脂肪酸——油酸，耐贮藏，人体易于吸收，可有效预防心脑血管疾病的发生。茶油及其副产品在日用化工、医药、农业和工业上都具有重要的用途，是我国极具特色的经济林树种之一。

二、油茶生物学特性

（一）生态学特性

油茶广泛分布于中国南方的 15 个省（区、市），在垂直分布上可从中国东部地区海拔不到 100m 到西部云贵高原的海拔 2300m 以上。庄瑞林等根据我国的地理条件和不同物种的生态适应性，将油茶分布区划分为西南高山、华南丘陵、华中和华东丘陵及北部边缘四大分布区。普通油茶分布最广，其核心产区为湖南、江西等省的低山丘陵区。此外，普通油茶的近缘种在越南、老挝、泰国和缅甸等国家的北部、日本南部部分地区也有少量分布。

油茶是喜酸、喜光的阳性树种，适生区域要求光照充足，年平均气温 16～22℃，年降水量 800mm 以上，pH 值 4.0～6.5 的酸性和微酸性红壤区。花期平均气温为 10～13℃，花期连续降雨影响授粉，突然的低温或晚霜会造成落花、落果。

油茶根系发达，幼苗生长时要适度遮阴，油茶属两性虫媒花，花白色、红色或黄色等。主产区花期 10 月至 12 月，部分近缘种春季 2～4 月花期，果实次年 9～10 月前

图 1-1 油茶资源分布概况（刘彩霞、王瑞，2012）

后成熟。油茶经济收益期长达 50 年以上，百年以上大树也能开花挂果。

（二）生长发育特性

1. 根系生长

油茶属直根植物，主根发达，种子萌发时首先胚根伸出，20 天后胚芽才出土。幼年阶段主根生长量一般大于地上部分生长量，成年时正好相反。成年时主根能扎入 2～3m 深的土层；吸收根主要分布在 5～30cm 深的土层中，基本是以树冠垂直投影线附近为密集区，其分布与品种、树龄、立地条件和管理水平密切相关。根系生长具明显的趋水趋肥性。

油茶每年都有大量的新根长出，当春天来临，土温达到 10℃时开始萌动，3 月份春梢停止生长之前出现第一个生长高峰，这时的土温 17℃左右；其后与新梢生长交替进行，当温度超过 37℃时根系生长受到抑制，所以夏季树蔸基部培土或覆草能降低地温，减少地表水分蒸发，利于根系的生长。9 月份，果实停止生长至开花之前又出现第二个生长高峰，这时的土温大约 27℃、含水量 17％左右。12 月后逐渐缓慢。

2. 茎的形态与发育

油茶幼苗的主茎、也就是未来油茶树的主干，是由胚芽发育而成的。以后在主茎上分化出枝、叶和花，当芽发育时，幼叶展开长大，叶芽逐步形成一个带叶的主枝和侧枝。因此，芽是茎叶的原始体。油茶主茎和侧枝的顶部都有生长点，由生长点细胞分裂产生新细胞，组成茎的各种构造。

主干（茎）的初生构造包括表皮、皮层、中柱三部分。表皮是幼茎最外与外界接触的一层较厚细胞，厚度为 16.22μm，排列整齐，细胞壁靠外方壁角化，表皮细胞上有表皮毛，还有少量气孔，是茎内外气体交换的通路。不同物种表皮厚度有所不同，普通油茶表皮厚度 16.22μm，而浙江红花油茶（*Camellia chekiangoleosa* Hu.）只有 11.35μm，皮层位于表皮内的数层排列疏松的薄壁细胞，有明显的胞间隙。皮层中有石细胞。在靠表皮的一、二层细胞为厚角组织，厚度在 25.95μm 以上，起机械支持作用。在最内一层含淀粉的细胞成为淀粉鞘。中柱是皮层以内所有部分的总称，包括中柱鞘、维管束和髓。中柱鞘在中柱最外面，由几层薄壁细胞围成筒形。小果油茶（*Camellia meiocarpa* Hu.）、博白大果油茶（*Camellia gigantocarapa* Hu.）就没有中柱鞘。维管束呈圆筒形，是中柱主要组成部分。在初生韧皮部和初生木质部之间的长梭状扁平细胞构成形成层，这类形成层细胞分裂能力较强，使茎不断增粗。髓在茎的中心，有细胞间隙，含有石细胞、单宁，也有淀粉粒。

3. 叶的形态与发育

叶是植物进行光合作用并为树体制造营养物质的重要场所。从幼小植物开始，随着年龄的增大，植株的叶片数量及叶面积迅速增长，以满足生长和结果的需要。

叶内部构造包括表皮、叶肉和叶脉三部分。所有物种的气孔都分布在叶的下表皮，气孔的大小和分布密度因物种而有所不同。气孔密度大的有浙江红花油茶、广宁红花油茶（*Camellia semiserrata* Chi.）等物种。在南方和高海拔生长的物种，一般气孔较多，这是长期适应一定生态条件的结果。叶肉有栅栏组织和海绵组织两部分，叶脉在叶肉中，外形呈网状排列，叶片为绿色、扁平。油茶叶片的表皮、叶肉和叶脉三部分，因物种不同，其表皮厚度，叶肉中的栅栏组织、海绵组织的层数和厚度、细胞类型等都有所差别。

4. 新梢生长

油茶的新梢主要是由顶芽和腋芽萌发，有时也可从树干上萌生的不定芽抽发。油茶顶端优势明显，顶芽和近顶腋芽萌发率最高，抽发的新梢结实粗壮，花芽分化率和坐果率均较高。树干不定芽萌发常见于成年树，有利于补充树体结构和修剪后的树冠复壮成形。

油茶幼树生长旺盛，在油茶主产区一些立地条件好、水肥充足的地方，一年中可抽发春、夏、秋和晚秋等多次新梢，进入盛果期后一般只长春梢，生长旺盛的树有时亦长数量不多的夏秋梢。

春梢是指立春至立夏间长出的新梢，长江流域多于3～5月。春梢数量多，粗壮充实，节间较短，是当年开花、制造和积累养分的主要来源之一，强壮的春梢还可以成为抽发夏梢的基枝。春梢的数量和质量，决定于树体的营养状况，同时也会影响到树体生长和来年结果枝的数量和质量，所以培养数量多、质量好的春梢是争取高产稳产的先决条件之一。

夏梢是指立夏到立秋间长出的新梢，一般6～7月；幼树能长出较多的夏梢，促进树体扩展。始果期的幼树生长的夏梢，少数长势好、发育充实的也可当年分化花芽，成为来年的结果枝。

秋梢是立秋到立冬间长出的新梢，一般9～10月；以幼树和初结果的或挂果少的成年树长出较多，但由于组织发育不充实，不能分化花芽，在亚热带北缘的晚秋梢还容易受到冻害。

| 1 | 2 | 3 | 6 |
| 4 | 5 | | |

1 萌动　2 露白
3 破绽　4 展叶
5 伸长　6 幼林生长

图1-2　新梢生长过程

5. 芽形态与发育

油茶新梢生长和新叶展现的同时，在顶部和叶腋间又形成顶芽和腋芽，每处顶芽和腋芽的数量至少有一个，顶芽一般有3个着生在一起，多的有5个以上，腋芽也有2个着生在一起的。芽的多少取决于油茶本身生长条件，长期养分不足的油茶各枝条顶部和叶腋间有一个顶芽或腋芽。抚育管理较好养分也充足的油茶顶芽腋芽也多，每处最少着生一个顶芽或腋芽。顶芽和腋芽在初形成很小，腋芽长约1mm，径粗0.5mm，顶芽比腋芽较大，长约2mm，径粗约0.8mm，在顶芽中有3个或3个以上着生在一起时，中间的比较粗大，旁边的比较细小。顶芽和腋芽到4月下旬春梢生长基本停止。然后开始膨大，到6月下旬开始分化，凡圆而粗、呈红色的为花芽，细扁而尖、呈青绿色的为翌年萌发新梢的叶芽，待明年抽出春梢，也有个别的成为当年的夏梢。

油茶的结果枝主要是去年的春梢。油茶的芽属叶芽和花芽并存的混合芽，花芽大多着生于春梢的枝顶上部的叶腋，花芽分化是在春梢基本结束生长后开始的，各地因气候条件不同而不同。例如，云南从5月上旬开始，江西、浙江是在5月下旬起至8月底基本结束。但也有少数花芽于9～10月分化的，这是不正常的现象，这种晚发育的花芽大部分发育不健全，易落花落果。

花芽分化最盛期大多在6～7月。根据花芽的形态变化，可以分为3期。

（1）分化初期：芽顶端增大、凸起、变平，这是花芽分化的象征。

（2）花瓣形成期：花芽开始膨大，鳞片现出红色，生长点周围形成5～7个凸起，即为花瓣原基，小凸起逐渐伸长、扩大、变扁、向内抱合。

（3）雄蕊、雌蕊形成期：花芽膨大过程的后期，在花芽的花瓣原基内出现80～150个波浪状小凸起，呈轮状排列，即为雄蕊原基。与此同时，生长点中心向上形成3个凸起，基部逐渐接触愈合形成雌蕊原基，至此，分化组织分化完毕，花各部分雏形已清晰可辨。

油茶是两性花，雄蕊、雌蕊是油茶花最重要的组成部分，花芽膨大过程中逐步发育完成花瓣、雌雄蕊等各种花品管。7月初，即可解剖观察到各部分器管。

6. 花形态与发育

油茶花以白色为主，还有的物种为红色、黄色等。油茶花大蜜多，易吸引蜜蜂等传粉昆虫传粉。雌蕊高度（与雄蕊比）分为低、平、高3种类型，一般雌蕊高于或平于雄蕊，有利于授粉。《中国植物志》中对油茶的描述为：花顶生，近于无柄，苞片与萼片约10片，由外向内逐渐增大，阔卵形，背面有贴紧柔毛或绢毛，花后脱落；花瓣白色，5～7片，倒卵形，长2.5～3.0cm，宽1～2cm，有时较短或更长，先端凹入或2裂，基部狭窄，近于离生；雄蕊长1.0～1.5cm，无毛，花药黄色，背部着生，子房有黄长毛，3～5室，花柱长约1cm，无毛，先端不同程度3裂。何汉杏等（2002）观察的油茶花：花径最大可达4.7cm，小的不到2cm，花瓣5～7瓣不等，雄蕊数89～158枚，雌蕊与雄蕊相对长度有3种情况——短、平（同一平面）、高。雌蕊花柱有分裂与不分裂之别，分裂的深浅和数量也有不同，有2、3、4、5裂不等，裂的深度不等，花的颜色有白、肉黄、淡绿及花瓣顶端有紫红色斑块等不同。油茶花的形态特征为：一般花柄0.5～0.7cm，花萼6～9个，花瓣6～9个，雄蕊花丝73～166个，花丝长1.0～1.4cm，雌蕊柱头长1.1～1.4cm，柱头3～5个分叉。

当花粉粒和胚囊发育成熟，鳞片松动，花瓣由包被状转为开展，露出雄蕊和雌蕊，即为开花。油茶花的开放明显地显示出蕾裂、初开、瓣立、瓣倒、柱薇5个时期。一株油茶树开花时间为20～30天。以普通油茶为例，开花的顺序为主枝顶花、侧枝顶花、侧枝腋花。先开的花，坐果率高，果实也大。由于品种不整齐，实生繁殖林分一片油茶开花时间延续2～2.5个月，10月下旬为始花期，11月中旬为盛花期，12月初为终花期，一些种或单株的花期延至翌年的2月。浙江红花油茶、腾冲红花油茶等多从冬季至春季开花。

7. 果实及种子

（1）果实及种子的生长发育

当花粉粒落到柱头后，几个小时便能萌发长出花粉管，沿着花柱内腔伸入胚珠。油茶的精细胞是在花粉管内形成的，由一个生殖核分裂为两个精子，一个精子与胚囊内前端的卵细胞合并；一个精子与胚囊中央的次级细胞合并，完成受精过程。受精次级细胞与反足细胞经过反复分裂，形成胚乳母细胞，胚乳母细胞继续分裂成为胚乳，供给幼胚营养。在进一步的发育中受精卵形成种胚。

油茶受精卵的分化多在翌年3～5月进行。受精卵首先横裂成两个细胞，靠近珠孔的一个细胞再进行连续分裂，形成胚柄，使其上端一个细胞伸入胚囊中部，然后这两个细胞反复分裂，形成原胚。此时，胚乳细胞迅速分裂，外胚珠向外种皮分化，内胚珠向内种皮分化，子房壁向果皮分化。6～7月，胚乳养分被陆续吸入子叶，因而使子叶体积膨大，内种皮为适应这种变化，亦迅速延展并出现输导组织，通过胚柄输送母体营养，外种皮的细胞壁逐渐石质化，使种皮硬度加强，向固有的种子形态过渡。这时，果皮生长也很迅速，8～9月子叶吸收所有的胚乳，种子内部再无游离胚乳存在，外种皮变为黄褐色，10月外种皮转为黑褐色，子叶脆硬，幼胚具有发芽能力，果实成熟。

（2）果实与种子的生理变化规律

果实和种子发育过程中形态、生理代谢及基因调控变化是植物的重要物种特征。对多种经济林树种、园艺植物、农作物的果实和种子发育特征虽然进行了较为广泛的研究，但目前有关油茶果实和种子的成熟过程中形态、生理及遗传变化的研究报道较少。当前对油茶研究普遍关注于产量及成熟果实的特性，如油茶成熟果实形状和颜色的分类及油茶成熟果实脂肪酸、游离氨基酸的分析等。庄瑞林将果实生长粗略地分为幼果形成期、果实生长期和油脂转化积累期，对果实的生长进行了初步的描述。周国章等对普通油茶种子成熟过程中脂肪积累及物质转化进行了初步研究。

1）种子的生理变化规律

周长富等基于前人研究的基础，以普通油茶中的长林4号、40号和166号为材料对油茶果实和种子生长特性做了进一步分析。结果发现：油茶种子7月为最大生长转折期，7月之前种子小于0.01g，7月达到0.5g，以后每月增长0.5g左右，最后到10月成熟时达到2g左右。7月种皮逐步由白色开始变成黄色，之后逐渐变硬，种仁从液态逐渐变为固态。不同品种油茶生长速度及大小存在一定的差异。油茶种子主要由水分和有机物组成。随着油茶种子成熟，水分相对含量越来越低，7月水分相对含量接近 90%，而到成熟的时候仅为 45% 左右；有机物组分中淀粉、蛋白质、茶皂素和脂类的相对含量都随着种子成熟而提高，其中脂类增长最快，其次为茶皂素，而可溶性糖在各时期相对含量变化不大。

对油茶蛋白质组成分析表明：组成蛋白质的氨基酸含量间有较大的差异，含量最高的为 Glu、Arg 和 Leu。含量最小的氨基酸为 Met、His 和 Cys。7～10 月，氨基酸含量一直递增，递增最快为 9 月，各氨基酸的平均含量为 8 月的 1.96 倍。但不同氨基酸增长速度也不完全一致，增加最快的为 Arg，最慢的为 Met。不同游离氨基酸含量不一样，最高为 Arg，最低为 Cys。总体来说，7～10 月是逐月增加的，但不是所有游离氨基酸都随着种子成熟而增加的。

不同时期种子脂肪酸组成存在较大的差异。油酸含量最高，且随着种子成熟，含量迅速增加，到种子成熟时，油酸含量达到 80% 以上；其次为亚油酸，7 月含量较高，但随着种子成熟迅速减少，最后仅占总量的 6.80%；然后是亚麻酸、硬脂酸和棕榈酸，另外，棕榈烯酸和顺-11-二十碳烯酸各时期相对含量都低于 1%。

2）果实生理变化规律

周长富以油茶长林 4 号、40 号和 166 号为材料对果实生理变化进行了研究，结果表明：7～8 月是油茶果实横向的生长高峰，8 月是纵向生长高峰，8 月后，果实大小基本保持不变。果皮厚度 5～7 月有较小的增厚，此后逐步慢慢变薄。因此，可将油茶果实生长划分为 4 个阶段，其中 5、6 月为第一阶段，7 月为第二阶段，8、9 月为第三阶段，10 月为第四阶段。

油茶果实体积 8 月后基本变化不大，果皮厚度 6 月后达到稳定，果实质量 8 月后基本不产生变化，果皮含水率则从 6 月始就基本不变，此后 2 个月变化较大的为种子内含物，其中种仁含水率极度下降，而含油率明显上升。因为种子中水分增加主要在 5～7 月，因此在栽培生产中应及时灌溉，而 8～10 月为有机物积累及油脂转化期。

8. 油茶物候期

油茶每年的生长发育都有与外界环境条件相适应的形态和生理机能的变化。这种与季节性气候变化相适应的器官动态时期称为油茶的物候期。

油茶是一种生长相对较慢的长寿树种，生命周期长，其花芽和果实生长发育历时 1 周年，秋花秋实，往往果期尚未结束，花期又至，所以民间称之为"抱子怀胎"，这是油茶异于其他植物的一大特征。因此，目前油茶利用机械采果还很困难，原因是机器采果时也会把花蕊一同采下来，使来年出现减产。对油茶物候学进行深入研究，可以更好地了解油茶的生长、开花与结实等生物学特性和规律，对深入开展资源研究利用、良种选育、品种配置以及高效栽培管理等有重要现实意义。

普通油茶是广生态幅树种，分布于全国 18 个省（自治区、直辖市），从北纬 18°30′ 至 34°40′ 含多种类型的气候生态区，但其各个器官的顺序变化规律是一致的，只是因为当地的气候因素的影响，使物候期的发生有迟早的差别。

9. 油茶的大小年

我国的油茶群体产量在年度间存在显著差异，有明显的大小年现象。关于产生大小年的原因，一直来都是油茶研究的一个难题。研究大小年的成因，有助于我们寻找缩小大小年结果差距的方法，克服因大小年带来的经济损失。早在 20 世纪 90 年代，就有很多学者在理论上将产生油茶大小年的原因归结于生态环境、营养、激素、基因遗传等，但是关于形成的本质原因却还没有一个统一的说法。在过去，普遍认为由于油茶在大年时大量结实，使得油茶树体消耗了大量的养分，使得来年不能提供足够的养分，才产生了小年。但从宋同清、徐光余等学者的研究和主产省湖南的实践来看，管理居首要地位，其次是气候。给油茶林提供良好生长条件和营养物质，也就是科学的管理带来的是大年，即给油茶多施肥，以缓解春梢与幼果，果实与花芽、叶芽相互争夺养分；适当修枝，保证养料的均衡供应，减少落花落果现象。

至于气候也可导致大小年。如盛花期晴天多，雨天少，更容易导致大年的出现。推断出如果盛花期的雨日占 30% 左右时，大多的油茶花可以进行正常授粉结实，促使产量较好，产生大年；如果盛花期雨日占一半时，对油茶花授粉结实不利，会使得产量降低，处于平年；如果雨日超过 70% 时，油茶花就很难授粉结实，使得产量极低，产生小年。可以利用天气预报，在天晴之时对油茶喷施生长激素，保证油茶在晴天时可以顺利进行授粉，以提高结果率。选取能够错开雨季开花的优良油茶品种，也可以提高坐果率，实现高产。

第二节　油茶植物演化及品种类型

一、油茶植物演化

山茶属植物多为灌木或乔木。叶多为革质，羽状脉，有锯齿，具柄，少数抱茎叶近无柄。花两性，顶生或腋生，单花或 2～3 朵并生，有短柄；苞片 2～6 片，或更多；萼片 5～6 片，分离或基部连生，有时更多，苞片与萼片有时逐渐转变，组成苞被，从 6 片多至 15 片，脱落或宿存；花冠白色或红色，有时黄色，基部多连合；花瓣 5～12 片，栽培种常为重瓣，覆瓦状排列；雄蕊多数，排成 2～6 轮，外轮花丝常于下半部连合成花丝管，并于花瓣基部合生；花药纵列，背部着生，有时为基部着生；子房上位，3～5 室，花柱 3～5 条或 3～5 裂；每室有胚珠数个。果为蒴果，5～3 片自上部裂开，少数从下部裂开，果片木质或栓质；中轴存在，或因 2 室不育而无中轴；种子圆球形或半圆形，种皮角质，胚乳丰富。

20 世纪 30 年代以前，植物学界对山茶属已有初步的研究，如张宏达于 1981 年发表了《山茶属植物的系统研究》，将其分为 4 个亚属 19 个组 196 个种。20 世纪 80 年代以后，又有大量的新种被发现，一方面这些大量新种的分类学位置需要被确定，另一方面也是由于山茶属植物潜在的巨大的经济利用价值，使得许多专家和学者从事于山茶属植物的分类学研究，如张宏达、闵天禄、梁盛业、叶创兴、张文驹等。其中影响较大的主要是张宏达的分类系统。张宏达在他 1981 年发表的分类系统的基础上，经过重新订正，肯定了一些物种，在 1998 年发表的《中国植物志》第 49 卷第 3 册中将山茶属分为 22 个亚属（组）280 种，保持了他原先的 4 个亚属不变，即原始山茶亚属、山茶亚属、茶亚属和后生山茶属，其中中国有分布的为 238 种，分属于 18 个组，占 85%，以云南、广西、广东及四川最多。其余产于中南半岛及日本。闵天禄则将山茶属划分为茶亚属和山茶亚属 2 个亚属，14 个组，约 125 种，分属于其中中国有分布的为 104 种，占 83.2%。

二、油茶及其近缘种

山茶属（Camellia）是山茶科中最大的属，目前已知的有 238 种，其中种子含油率大于 15%，适宜作为经济栽培的种有约 30 种。以普通油茶（*C. oleifera*）分布最为广泛，其他如小果油茶（*C. meiocarpa*）、滇山茶（*C. reticulata*）、浙江红花油茶（*C. chekiangoleosa*）、攸县油茶（*C. yuhsiensis*）、越南油茶（*C. vietnamensis*）和红山茶（*C. japonica*）、栓壳红山茶（*C. phellocapsa*）和广宁红花油茶（*C. semiserrata*）等在一些特定的地方有较大的栽培面积。以下介绍一些主要栽培的物种：

1. 普通油茶（*Camellia oleifera* Abel.）

又名油茶、中果油茶、茶子树等。

它是我国目前的主栽物种，主要形态特征为灌木或小乔木植物，高达 7m。叶革质，椭圆形，长 3.5～9cm，宽 1.8～4.2cm，上面无毛或中脉有硬毛，下面中脉基部

普通油茶花

普通油茶鲜果

丘陵地区丰产林

普通油茶籽

图 1-3　普通油茶

有少数毛或无毛叶柄长 4~7mm, 有毛。花白色, 顶生, 单生或并生; 花瓣 5~7, 分离, 长 2.5~4.5cm, 倒卵形至披针形, 多数深 2 裂。蒴果顶端有或无长柔毛, 直径 1.8~2.2cm, 果瓣厚木质, 2~3 裂。种子背圆腹扁, 长至 2.5cm。分布于我国长江流域及以南各省区, 为重要的木本油料栽培植物, 种子含油 30% 以上, 供食用及工业用, 茶籽油脂肪酸组成为棕榈酸 (16:0) 8.03%, 硬脂酸 (18:0) 1.05%, 油酸 (18:1) 81.91%, 亚油酸 (18:2) 8.05%, 亚麻酸 (18:3) 0.51%。果壳可提制栲胶、皂素、糖醛等。主要分布于我国南方 18 个省区, 湖南、江西和广西是其中心产区。现有栽培面积 5000 万亩, 年产茶籽 43 万 t。

2. 小果油茶 (***Camellia meiocarpa* Hu.**)

又名江西子、小茶、鸡心子等。

灌木或小乔木, 嫩枝有细毛, 节间短, 叶片小而多, 分枝角度小, 全株枝多叶密, 显然与普通油茶不同。叶椭圆形居多而较小, 长 2.5~5.5cm; 叶缘锯齿比普通油茶浅; 顶芽与腋芽苞片为绿色或浅绿色, 长 0.5~0.7cm; 10 月下旬至 11 月中旬开白色花, 花冠平展, 花径 2.5~4.0cm, 花瓣 5~8 枚, 倒披针形, 雄蕊与花瓣分离, 花瓣脱落后, 雄蕊长期留存。柱头稍膨大, 子房 3~5 室, 披褐色短毛; 蒴果于 10 月上旬成熟, 通常为球形、桃形、近橄榄形, 果皮极薄, 每果有 1~3 粒种子。小果油茶与普通油茶的形态特征相比较, 明显的区别在于果小、叶小、芽小、芽苞片没有毛。

小果油茶果枝

小果油茶树

小果油茶花

图 1-4 小果油茶

　　小果油茶主要分布在江西、湖南、福建、广西、广东北部，贵州东部等地区栽培。栽培面积和年产量仅次于普通油茶。果实的出籽率和含油率较普通油茶为高，但产果量一般不及普通油茶。单果平均重为 3.4～16.0g，果径平均为 1.8～2.8cm，鲜果出籽率44%～58%，干籽出仁率66%～70%，种仁含油率40.02%～48.52%，籽含油率20.5%～31.6%。

3. 攸县油茶（*Camellia yuhsienensis* **Hu.**）

　　又名长瓣短柱茶、野茶子、薄壳香油茶。

　　常绿灌木，树皮灰白色或黄褐色；分枝角度小，排列紧密，冠幅狭窄；叶多为宽卵形、椭圆形，叶质粗糙较厚，先端渐尖，边缘密生细锯齿，叶背有明显散生腺点；芽长锥形较小，鳞片质硬。2月中旬至3月底开花，花白色，柱头一般较短，花瓣5～7枚，亦有9～12枚，子房有白绒毛，开花时有栀子香味；蒴果10月底成熟，中等大小，直径2～4cm，果皮极薄，麻褐色，粗糙无光泽。平均果重6.0（3.4～18.0）g，每果有籽1～12粒。鲜果出籽率和干籽出仁率很高。油质好，挥发性物质含量小于0.05%。

　　攸县油茶主要分布在湖南中部，江西、湖北、贵州和云南等地亦有分布。首先发现于湖南，处于野生状态，由中国林科院亚热带林研所油茶育种经选择，试验证实是一个早实、高产、抗油茶炭疽病和经济性状优良的春花秋熟物种。攸县油茶造林应该适当密植，以获得早期高产。

攸县油茶树

攸县油茶花

攸县油茶果枝

图 1－5　攸县油茶

4. 越南油茶（*Camellia vietnamensis* **Huang.**）

又名大果油茶、华南油茶、高州油茶、陆川油茶。

乔木，高 4～8m，小枝较粗壮，灰褐色，表皮纵裂有皱纹；叶多为椭圆形，叶较普通油茶为大，长 5～12cm，叶缘锯齿上部较密，齿端有不明显的骨质小黑尖，叶缘和叶柄有毛；顶芽 1～5 枚，苞片为复状排列，背面有绒毛。花期在 11 月下旬至元月，花白色，冠近平展，花径 6～10cm，背面有绒毛，雄蕊多数 4～5 列，花谢时，花瓣先于雄蕊脱落；子房披黄色有光泽长毛。10 月底至 11 月初果熟，蒴果呈球形，中等大，直径 4.6～6.0cm，平均果重 38.0（25～140）g，最大达 300g，果皮较厚，一般在 0.4～0.8cm。油脂组成和理化性质各物种有所不同。它的特点是树体大，枝叶茂密，单株产量较高。但大小年明显。

越南油茶适宜夏热冬暖，多雨高温有较明显的热带季风气候性质的南亚热带低纬度低海拔丘陵地区生长。平均温度在 20.3～22.7℃，冬天月均温度在 10℃ 以上，极端低温为 0℃ 以上。月温持续≥10℃ 时间达 290 天以上，降雨量在 1600mm 以上的温暖季节较长的条件下生长较好，为南亚热带主要栽培种。在广东、广西南部低山丘陵地区发展较适宜，不宜在中亚热带发展。

越南油茶树

越南油茶花

越南油茶果

图 1-6 越南油茶（高州油茶）

5. 栓壳红山茶（*Camellia phellocapsa* **Chang. et Lee.**）

又名茶陵红花油茶、野茶子。

常绿小乔木。叶互生，长椭圆形或椭圆形，长 9～19cm，上半部有锯齿，花鲜红色，春天开放，喇叭状，直径 4.5～6.7cm，无柄，萼片 9 枚、宿存，花瓣 6～7 枚，柱头 3 裂，蒴果球形或倒卵形，中等大小，平均果径 4.0～6.5cm，果皮光滑，果皮厚 0.8～1.3cm。鲜果出籽率 38%～46%，出仁率 48%～60%，种仁含油率 54%～64.7%，全籽含油率 27.0%～31.5%。油脂理化性质：比重（15℃）0.9217，酸价 2.1，皂化价 191.73，碘价 81.29，折光率（25℃）1.4693。

栓壳红山茶主要分布在湖南东部丘陵地带处于野生状态，零星分布在海拔 300～700m 陡坡，与杉、松及灌木混生。栓壳红花山茶含油率高，可以开发利用。前几年广西南宁、桂林、浙江富阳等地引种，5 年生树高 1m 左右，生长尚好，且已开花结果。

栓壳红山茶树

栓壳红山茶花

栓壳红山茶果枝

图 1-7　栓壳红山茶

6. 浙江红花油茶 (*Camellia chekiangoleosa* Hu.)

又名浙江红山茶。

常绿小乔木，树皮灰白色、平滑；叶长椭圆形，两面光滑无毛，边缘疏生短锯齿；花芽单生枝顶，花艳红色，2 月中旬至 3 月下旬开放，花径 6～9cm，苞片 5 枚，有丝状短毛，覆瓦状排列，花瓣 5～7 枚，顶端二浅裂，雄蕊多数成二轮，花药与花丝呈丁字形，二室纵裂，子房三室无毛；蒴果皮木质，直径 4～6cm，果实基部有萼片宿存，果柄极短，果皮厚 0.4～0.8cm，每果有 7～10 粒种子，9 月中旬果熟，多为红色，球形或桃形，一般果重 26～160g。

浙江红花油茶树

浙江红花油茶果枝

图 1-8　浙江红花油茶

浙江红花油茶分布在浙江、福建、湖南和湖北等地呈间断性分布。一般喜生长在海拔 600～1200m 的温暖湿润地区。浙江红花油茶的面积和产量为第四位，宜在高海拔地区推广。从各地引种情况看出，一般能正常生长。在低山丘陵通常生长不良，软腐病严重，造成后期大量落果。

7. 南荣油茶（*Camellia nanyongensis* Hu.）

又名榨叶油茶。

灌木，一年生枝褐色无毛，叶披针形，先端渐尖，表面下凹，叶柄多紫褐色。顶芽 1～3 枚，苞片背面脊部披稀疏的淡黄色短毛，花白色，10～11 月开放。雄蕊多数，果多生于枝顶。假果柄（苞片和萼片着生的部位）长 4mm 左右。蒴果小，平均果重 1.5～4.2，3 室，每果有种子 1～5 粒。南荣油茶主要分布在广西韶平县南荣乡一带，适于中亚热带低丘谷地生长，除果实种子可榨油食用外，又是较好的庭园绿化树种。近几年，湖南、江西、浙江、安徽等省引种，生长结果正常，在浙江富阳 5 年即开花结果，产量尚好。

南荣油茶树

南荣油茶果枝

图 1-9　南荣油茶

8. 腾冲红花油茶（*Camellia reticulata* Lindl.）

又名滇山茶、野山茶、红花油茶等。

常绿乔木，嫩枝黄绿色披毛，叶长椭圆形，长 4.0～9.7cm。芽长卵圆形，苞片

7～9 枚，覆瓦状排列，表皮披白色绒毛，花单生于小枝顶端，呈艳红色，花径 7.6～9.0cm，最大可达 14cm。花瓣 5～6 枚，两面披白色绒毛，雄蕊多五轮排列，花凋谢时整个花瓣与雄蕊完全脱落，柱头 3～7 裂，深裂至花柱的一半，子房上位披毛。蒴果壳厚木质，果大，果径 3.4～6.0cm，平均果重 60～100g，最大达 250g。每果有种子 4～16 粒。

腾冲红花油茶分布在云南省腾冲、龙陵、保山等县，滇中地区亦有栽培。腾冲红花油茶播种后 8～9 年才能开花结果，15 年进入盛果期，花成果率高，种仁含油率高，油质好，是高寒山区的油用物种。同时，花大红艳，冬春开花花期长，具有较高的观赏价值。从各地引种试验来看，大部分地方生长不良，有的地方虽能开花结实，但果实变小，结果率低。在云南省西南山区海拔 1800～2400m 缓坡地带应很好地发展，作为育种的原始材料应重视和深入研究。未来或许是可以向北方发展的树种。

腾冲红花油茶树　　　　　　　　　腾冲红花油茶果枝

图 1-10　腾冲红花油茶

9. 溆浦大红山茶 (*Camellia magniflora* Chang)

又名大花红山茶、西南红山茶等。

常绿乔木，单生或丛生，萌发力强，树高 4～6m，最高达 12m，地围 2.18m；树皮黄褐色，嫩枝光滑无毛，顶芽被灰色柔毛。叶厚革质，互生，长椭圆形，叶长 12～18cm，叶宽 3.8～6.4cm，先端短急尖，基部阔楔形至圆形，上面干后深绿色，发亮，下面黄绿色，稍发亮，无毛，有黑腺点；侧脉 6～7 对，在上面干后陷下，在下面稍突起，边缘具密而细的锯齿；叶柄长 1～1.3cm，粗壮，无毛。花粉红、紫红，单生于枝顶叶腋，直径 8～10cm，近无柄；苞被 8～9 片，苞片及萼片 8～9 片，革质，阔倒卵形，最长达 2.3cm，离生，背面被灰白色绢毛；花瓣一般 6～7 片，多达 12 片，倒卵圆形，长 4～5cm，基部速生，最外侧 3 片被茸毛；雄蕊长 2.5～3cm，花药长 2mm；子房被茸毛，3 室，花柱与花丝同长，先端 3 裂，裂片长 8～9mm，无毛。花径 12～14cm，2～4 月开花，花期长，花大如牡丹，鲜艳美观。蒴果扁球形，干后直径 8cm，高 6～7cm，3 片裂开，果片软松，近木栓质，干后厚 1.5cm，中轴长 5cm，种子每室 2～5 个，无毛，果椭圆形或扁圆形，果长 7～12cm，果宽 7～10cm，蒴果 150～200g，大的有 300～250g，三室，每室有种子 4～8 粒，种子背圆腹扁，有棱角，黑褐色；果皮木栓质，厚0.8～1.0cm，果实于10～11月上旬成熟。

淑浦大红山茶1983年在湖南怀化发现，1985年由中山大学山茶科植物分类专家张宏达教授鉴定而定名。主要分布于湖南中西部雪峰山脉海拔600～1000m的中低山区，其中心分布区在溆浦县呈集群式、块状或带状分布于山腰、山谷湿润肥沃的板、页岩发育的黄红壤山地。树性中性偏阳，幼年耐荫，适应性强，对土壤要求不严，喜肥沃酸性土壤。喜温暖湿润气候，适宜的气候是年平均温度为12～16℃，最低温度－12℃仍无损伤，耐严寒，年降水量1200～1600mm，年平均相对湿度80％～86％。溆浦大红山茶染色体数达到120条，为山茶属基数（$n=15$）的8倍，是山茶属内罕见的天然八倍体。对研究山茶属物种的起源分化及多倍体育种具有重要的研究与应用价值。其果实出种率15％。茶油味香可口，营养丰富，耐久贮藏，是上等食用油。其种仁含油率50.76％，其油脂酸值0.754，碘值87.91，皂化值185.59，折光指数（25℃）1.4660，比重0.90118～0.91890。

溆浦大红山茶树

溆浦大红山茶花

溆浦大红山茶果

溆浦大红山茶籽

图1-11 溆浦大红山茶

10. 广宁红花油茶（*Camellia semiserrata* Chi.）

又名红花油茶、南山茶、大果红花油茶等。

乔木，直立性强，树皮光滑，小枝粗壮光滑无毛。叶大，长10～20cm，叶缘硬质背卷，上半部有稍锯齿，顶芽1～3枚，花芽红褐色，全部密披黄褐短绒毛。花艳红色，2～4月盆状或杯状开展，花瓣6～9枚，顶端凹入，雄蕊多数3～5裂，内裂离生，外裂与花瓣合生，花柱 3～5 裂，子房长 7～10cm，密披银白色短毛。无柄萼片 11 枚，木质化。蒴果大，直径 6～12cm，果重 200～1200g，果皮较厚，为 1.3～2.7cm，鲜果出籽率 12％～15％，每果有 10～21 粒种子，种子大。它的特点是树体高大，树形、花、果美观，既是育种的材料，又是具有庭园绿化及观赏价值的树种。本种有两个变种：一是苍梧红花油茶，主要区别在于子房秃静无毛；另一是白花南山茶，主要区别在于花瓣白色。

广宁红花油茶分布于广东和广西南部。广宁红花油茶对生长条件的要求与越南油茶相近，喜高温高湿的南亚热带气候，年平均温度在 20℃左右，自然分布较越南油茶偏北。广宁红花油茶虽然产量和出籽率低，但含油率高。在该县人民食用油中占据一定的比重。目前，从湖南、江西、浙江、安徽和湖北等省引种的情况看，除江西赣南尚能正常结果外，其他地区虽能开花，但结果不多，效益不好。

广宁红花油茶树

广宁红花油茶花

广宁红花油茶果

图 1-12 广宁红花油茶

11. 博白大果油茶（*Camellia gigantocarapa* Hu.）

又名赤柏子。

高大直立的常绿乔木，树高 8～12m。小枝粗短无毛，有少数皮孔，叶革质椭圆形，长 8～19cm，锯齿由叶尖至叶基逐疏，齿尖骨质黑色，仅基部反转。顶芽 1～2 枚，苞片前缘有灰白色或淡黄色细毛。花白色，直径 8～9cm，无柄平展，花瓣基部肉质肥厚，萼片 10～12 枚，分 3 裂，外裂角质栗褐色，背面脊部有黄褐色短毛。雄蕊多

博白大果油茶树

博白大果油茶花

图 1－13　博白大果油茶

数，成 5～6 轮排列，内轮在 20 根以下，外轮多。花药圆形，花谢时，雄蕊连花冠一起脱落，柱头一般 3 裂，乳白色，子房 3 室，每室有胚珠 5～9 个。蒴果皮粗糙，呈黄褐色，球形或梨形。果大，直径 7～12cm，重 400～1000g，果皮厚 1.0～2.5cm，鲜果出籽率 12%～18%，每果有 9～24 粒种子。

博白大果油茶适宜在高温多雨的南亚热带地区生长。从各地引种的情况来看，博白大果油茶生长快、抽梢发叶早，但耐寒性比越南油茶、广宁红花油茶和南山茶都差，即使开花，但结果不良，该种不宜在中亚热带以北地区栽种。

第三节　油茶的地理生态分布

一、油茶适生区域

油茶适合生长于丘陵地带，对地势和坡度并无严格要求，不与粮、棉争地，低山丘陵地带均可生长，且非常适合在山区种植，是我国南方红壤重要的造林树种。

油茶适合亚热带地区生长，喜光，喜温暖、湿润的气候，要求年平均温度在 14～21℃，最低月平均温度不得低于 0℃，最热月平均温度不超过 30℃，日照时数为 1800～2200h。相对湿度在 74%～85%，年平均降雨量在 800～2000mm，且四季分配均匀。

油茶适应性强，能耐瘠薄土壤，一般以 pH 4～6 微酸性黄壤或红壤为宜，在土层疏松、深厚、排水良好、肥沃的沙质壤土中生长的油茶结实丰满，产量及出油率较高。我国现有油茶 300 多万 hm²，占世界总量的 95% 以上，且主要分布于南方 14 个省区，其中以湖南、江西、广西的面积最大，约占全国油茶林总面积的 68%。

二、油茶分布

油茶适生于低山丘陵地带，在世界分布不广，我国为其自然分布中心地区，不同物种在不同的地理环境及生态环境条件下趋异分布。油茶分布区的北界在淮河-秦岭一线；南界北回归线附近；东界为东南海岸和台湾；西界是云南的怒江流域和青藏高原的东缘。垂直分布在东部地区一般在海拔 800m 以下，西部地区可达海拔 2000m。

（一）油茶的水平分布

油茶分布范围，包括亚热带的南、中、北三个地带九个区，简称"三带九区"。自然条件差异很大，平均气温为 14～21℃，降水量为 800～2000mm，无霜期 200～360 天。在这个范围内，一般都能生长，开花结果，但产量高低有所不同。降雨的季节分配愈向内陆季节差异愈大，西部气温较低，降水量偏少，干湿季节交替明显。气温年较差从南向北加大，从沿海向内陆增加。地理环境对气温年变幅、降雨多少和分配的左右非常明显。因此，油茶的分布常常受到气候、立地条件和油茶本身的生物学特性

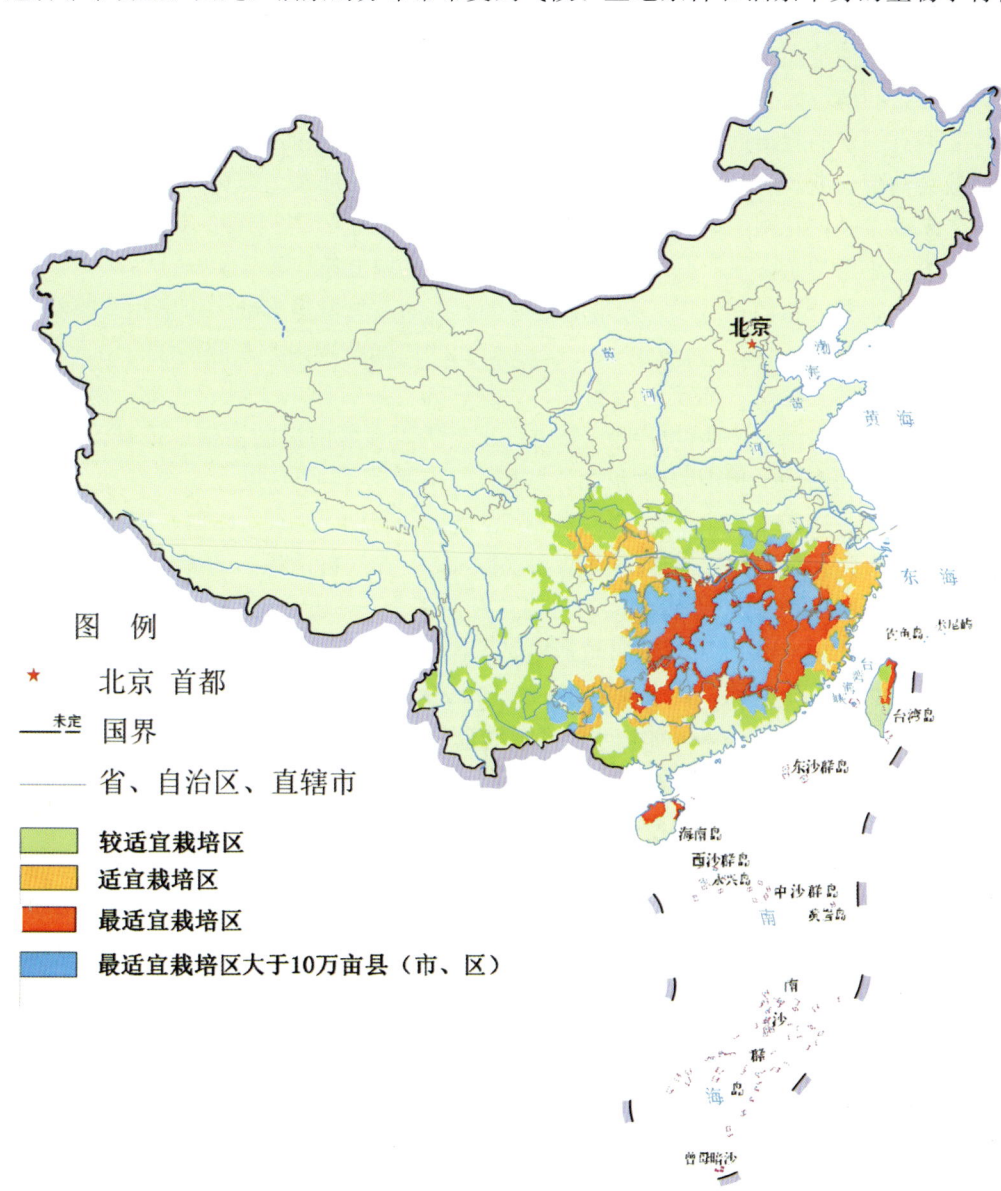

图 1 - 14　油茶主要栽培区（审图号 GS（2016）1592 号，1∶6000 万）（刘彩霞，2018）

等因子的制约。油茶分布的北带边缘，由于气温低，冬季低温在－3℃左右的天数较长，花期日均温在12℃以下，果实生长期降雨少，所以开花结果较差。油茶分布北带的西部，如四川有些地方，由于光照不足和温度偏低的关系，普通油茶虽能生长，但有些地区开花结果有时受气候影响较大。油茶分布南带西部，由于气温高、湿度大，普通油茶生长和结果都受到一定的影响，成为越南油茶等耐热物种的主要发展地区。油茶分布的中部为普通油茶的中心产区，但由于东部、中部和西部在地形、地貌和气候条件差异较大，因此，生产力有所不同。一般在低纬度、中海拔的山地丘陵土层深厚的地方，产量较高，增产潜力大。

油茶林自然分布区内的地形，多为低山丘陵，亦有部分中山和高山；土壤为酸性红壤和黄壤，油茶在中性土壤中生长不良，这主要是因为树液缓冲力在pH值为5时最好。油茶的植被属于亚热带针阔混交林，植物种类丰富。

我国有一定的栽培面积和栽培历史的油茶物种有：普通油茶、小果油茶、越南油茶、攸县油茶、浙江红花油茶、广宁红花油茶、腾冲红花油茶、宛田红花油茶、茶梨、博白大果油茶、白花南山茶、南宋油茶和苍梧红花油茶等20多个种。其中，普通油茶面积最大，小果油茶次之，其他一些品种只是局部区域分布。

普通油茶是分布面积最广、栽培历史最久、占油茶总量最多的一个宽生态幅物种。分布于北纬18°28′～34°34′，东经100°0′～122°0′的广阔范围内，东起浙江舟山、台湾、江苏连云港市的云台山；西至云南丽江、大理、元江，甘肃的文县、武都；南至福建的福州，广东，海南，广西的宁明、合浦；北至陕西秦岭南坡的洛南、镇安，湖北的郧西、均县，河南的平顶山、固始的广大地区。南北跨16个纬度，东西横过22个经度，包括福建、广东、广西、云南、贵州、台湾、浙江、江苏、江西、湖南、湖北、四川、重庆、海南、甘肃、陕西、河南和安徽18个省（自治区、直辖市）1100多个县，其中油茶林面积在10万亩以上的基地县有153个，约占全国总面积的70％，总产的85％以上，是我国油茶生产的商品基地。现在栽培面积和范围仍在不断扩大。

其他物种中，小果油茶，主要分布在江西宜春和福建、广西，栽培面积仅次于普通油茶。越南油茶，又名大果油茶，主要分布在广东高州市、广西南部、云南西南部，分布区与越南接壤，栽培面积占第三位。攸县油茶，呈零星分布，主要分布在陕西南部、湖南攸县、浙江富阳等地。浙江红花油茶主要分布在浙江、江西、福建及安徽、湖南等省，如浙江青田、缙云、磐安、遂昌，江西德兴、婺源，福建霞浦等地，油质好，花可入药，是优良的景观和庭园绿化品种，宜在高海拔地区推广。腾冲红花油茶主要集中分布在云南腾冲县及周边地区，同时也是食用油生产和观赏功能俱佳的优良物种。茶梨油茶，又名八瓣油茶，主要分布在浙江龙泉、江西龙南。博白大果油茶不宜在中亚热带栽种。白花南山茶主要分布在广东封开、广西苍梧。南荣油茶主要分布在广西昭平。邹果油茶主要分布在广西龙胜、湖南永顺等地。威宁短柱油茶，主要分布在贵州威宁等地。

（二）油茶的垂直分布

油茶不但水平分布广，而且垂直分布的变化也很大，随着海拔的升高、气候的变化和不同的土壤层及植被出现了一定分布规律。

　　油茶垂直分布上限和下限由东向西逐渐增高，东部地区一般在海拔200～600m低山丘陵，但亦有达1000m左右的山区，如浙江宁海望海岗海拔970m，安徽黄山云谷寺海拔为900m；中部地区大部分在800m以下，个别地方达1000m以上，如浙江庆元林口乡海拔1400m，湖南雪峰山为1050m；西部云南的广南海拔1250m，昆明为1860m，贵州毕节为2000m，云南永仁为2200m。尽管由于各种条件，油茶垂直分布高度各地互有差异，但由东向西，上限和下限逐渐增高的趋势是很明显的。

　　油茶垂直分布的这种经向变化与我国整个地貌由东向西越来越高的变化是一致的；云贵高原油茶垂直分布的上限和下限是最高的。从气候上说，这种经向变化与温度的变化有关，在纬度相同的情况下，虽然由于西高东低，西部年平均气温低于东部，但这样由东向西随海拔升高气温降低的程度却不如同一地区随海拔升高气温降低的那样明显，一般每升高100m，气温的垂直递减率为0.4～0.6℃，有的甚至为0.5～1.0℃。而空气湿度一般随海拔高度增加而上升，土壤湿度随海拔高度增加而下降，风速增大，光照增强。由于气温随海拔增高而下降，使油茶物候期推迟几天。因此，造成不同海拔高度的油茶生长和结实产生差异，一般低海拔地区油茶的产量则有高有低，这是在不同海拔高度上温度、湿度和光照对油茶生长和结实综合影响的结果。从逐步回归因子方差贡献分析看出，在高海拔地区，偏西地带产量低，偏东地带产量高，这证明了经度对油茶产量的影响，在我们的研究中，总结出以下特点。

　　第一、油茶的垂直分布在低纬度地区比高纬度地区分布的上限和下限要高，北部一般在600m以下，最高为850m；南部一般在200～800m，最高达2200m左右。

　　第二、在峰峦相接的山区、丘陵和盆地间地区分布的高限大于在孤山区域的。

　　第三、在高山丘陵，一般南坡分布上限高于北坡。一般南坡、东坡和东南坡是最适合油茶生长的立地条件，其中尤以东坡为最佳立地条件，有利于油茶生长发育、开花结果和油脂的形成立地转化。因此，这些地方的油茶产量高。

　　第四、油茶的产量随海拔高度的增加而下降，一般在海拔300m左右范围内，油茶产量可以发挥最大增产潜力。从400m开始，随海拔高度的逐渐上升，油茶产量不断下降。同时，油茶产量随着坡度的增加而下降，一般低海拔山顶和高海拔的山坡上部结果较多，中海拔结实量较低。海拔高度相同，山顶生长的油茶较山腰和山麓生长的矮小，但结实量山顶高于山腰，山腰高于山麓；这主要是不同海拔高度的小气候上差异影响的结果。

　　第五、果实性状在不同地形和海拔上存在一定的差异。一般丘陵果实大，出籽率高；山地丘陵果实大小和平均出籽率比丘陵区为低，而山区含油量较山地丘陵为高。单果平均重、单果子量、出籽率、出仁率从低海拔到中海拔相应地有所降低。

　　此外，油茶垂直分布幅度（上下限之差）大多数在400～800m，在分布区的西南部（如云南、贵州）可在1000m以上，但分布并不连续，那里多数油茶林分布在海拔1000～1500m，其他地区的分布幅度在400～600m。

第四节　油茶产业发展与产业大县建设

一、中国历史上的油茶产业

油茶虽原产中国，明代以前却很少有文字记载。清代乾隆年间的一本叫《三农纪》的书中提到"《山海经》谓之员木"，但是今天流传下来的《山海经》中并没有找到相关记载。南宋著名诗人范成大在《桂海虞衡志·志花》中写道："南山茶，葩萼大，倍中州者，色微淡。叶柔薄，有毛。"这应该是对油茶较早的记述。

到了明代嘉靖年间，关于油茶的记载逐渐多了起来。比如福建《建阳县志》就详细地描摹了油茶的形态："树类茗实而稍高大，皮有淡黄粉，花开白色，亦类茗。实似茗实而稍大，白露时熟。实既落，随即开花，盖其花实在树足一周岁也。实可压油俗所谓茶油即此也。"这一段文字不仅阐明了油茶连年花果的特点，还细致地区分了油茶与茶树的区别。《农政全书·树艺》对明末时期民间在油茶选种、育苗、移栽诸方面作过记述："秋间收子时，简取大者，掘地作一小奋，勿令及泉，用沙子和子置密中，至次年春分取出畦种，秋分后分栽"。可见，明后期人们就已经掌握培育油茶幼苗的技术，人工种植油茶。

清初期间，在一些油茶生产区，油茶生产较明末又有发展。茶油贸易开始出现。《宜春县志·商业志》载："油业亦为宜春土产一大宗，出产惟大西路最广"。据民国《宜春县志》载：光绪二十九年（1903）宜春县署告令："勤民垦复茶种，间有未垦荒山，添种茶、麻、竹、木，严禁偷盗，以兴林业"。又据《醴陵县志》载："各乡种茶树者益多，占全县林场五分之一，茶球有大包子、珍珠子之别，县产多为大包子，又有赣州包者，球色红，壳比大包子薄。"根据这些地方志的记述，清代中后期，南方丘陵山区开始出现大面积的人工种植的油茶林，油茶产业在南方丘陵山地蓬勃发展起来，养育了一代又一代田少山多的山民，为南方大片贫瘠地区的开发利用作出了贡献。

清代人们把油茶称为"楂"。如清代农书《群芳谱·木谱卷二》记载："楂，橡栗之属，生闽广江右山谷间，树易成，材亦坚韧。实如橡斗，无刺。"与此同时，《三农纪》、晚清江西省地方性小型农书《抚郡农产考略》中都有有关"楂"的记载，也都是指油茶。清代植物学家吴其濬在《植物名实图考长编》卷二"山茶"词条中，引《农政全书》关于"楂"的记载后加按语说："按：楂即今油茶，花叶皆同茶花，惟结实如油桐子，无斗无刺，非橡属；《农政全书》误以为楮，足不至湘楚章赣，目未见满山如雪，丛树成畦，而以书茶为非，固有愧老圃矣。"进一步辨析了油茶独有的特征。

在古代油茶文献的记载中，湖南的油茶栽培是浓墨重彩的一笔。在古代，栽培油茶的地区主要集中在福建、江西和湖南。吴其濬在《植物名实图考长编》中也记下了当时江西、湖南的油茶栽培情况："山茶子作油，江西、湖南利用甚溥……崇岗高岭，无不垦伐，一望矮林，几无杂木。"同治十年湖南《安化县志》也记载了湖南种植油茶的情况："（油茶）有大小二种，大者高丈数尺，实大如雪梨；小者高六七尺，实大如果栗。"由此可见，人们赐予湖南"油茶之乡"的美名，名不虚传。

二、新中国油茶产业发展历程

1. 起步阶段

这一阶段始于 20 世纪 50 年代。新中国成立前，我国油茶生产处于半荒芜状态；新中国成立后，在党和政府的重视下油茶生产得到迅速发展。在原政务院下发了《关于发动农民增加油料作物生产》的通知后，南方各省林业部门制定了各项政策，组织山区群众发展油茶。这一时期，群众发展油茶的积极性很高，对大面积荒芜的油茶进行了垦复，产量逐渐上升，1952 年全国茶油产量为 5 万 t，1956 年茶油产量达到 8 万 t，比新中国成立初期增加了一倍。到 1959 年茶油产量达 15.04 万 t，占全国食用植物油总量的 8.6%。这一阶段，我国经济落后，物质匮乏，科技水平低，油茶生产基本处于原始耕作状态，油茶造林分散，苗木大多为实生苗，经营管理主要靠"人种天养"，油茶产量低，平均每亩茶籽产量只有 10kg 左右，茶油产量只有 2.5kg 左右。

2. 恢复生产阶段

这一阶段为 20 世纪 60～70 年代。1958 年以后，受公社化运动和三年自然灾害的影响，油茶生产出现滑坡，产量下降。60 年代中期，全国又掀起了大面积营造油茶林基地的群众运动，昔日的荒山变成了大片油茶林。十年"文化大革命"，油茶生产受到严重的影响，茶山荒芜，产量又一次大幅度下降，1976 年油茶产量倒退回建国初期水平。从 1976 年开始至 1979 年，国家专项拨款 1 亿多元，用于建设以木本油料为主的基地，推动了新林营造和老林改造，油茶林面积迅速增加，产量稳步上升，"六五"期间，全国油茶籽的产量比"五五"期间增长了 23.8%，茶油年产量达到 11 万 t。

这一时期，土地和山场归集体所有，虽然油茶生产有起有落，但是，由于油茶种植面积扩大，地块相对集中，抚育管理水平得到较大提高，特别是油茶科研的加强，油茶示范场的建立，油茶优树和农家品种选育在生产中得到普遍应用，产量也获得较大幅度的增加。然而，产量的提高并没有给广大农民带来经济上的实惠，加上茶油加工产业落后，大规模的油茶基地并没有真正建立起来，使得油茶产业发展缓慢，效益低微。

面对油茶质量好，但产量低这一现象，国家开始重视油茶科技。首次开展油茶良种选育工作，率先在湖南、江西、广西等地展开广泛的种质资源的调查研究工作。在对普通油茶的调查和优树选育过程中，提出了单位冠幅面积产量为主要标准的产量选择法，制定了《全国油茶优树选择的标准与方法》。在这一时期林业科学工作者们也初步完成了我国油茶种质资源的调查、收集工作，对小果油茶、浙江红花油茶、普通油茶、越南油茶等主要栽培品种提出了调查研究报告，确认普通油茶为我国主要的优良栽培品种。

3. 平稳发展阶段

这一阶段为 20 世纪 80～90 年代。进入 80 年代以后，更多优惠政策被落实，新品种新技术逐渐推广，油茶产量逐年增加，出现了不少高产典型，全国油茶林面积比建国时扩大了50%，一度达到6000万亩的历史最高水平。之后，由于市场经济的冲击和比较效益偏低等客观因素的影响，油茶生产再次跌入低谷，不少土地条件较好的油茶林，被改种为果树或其他经济林、用材林，油茶面积下降。90年代初开始，油茶低产林改造被列入国家农业综合开发重点项目，加大了油茶低产林改造技术和良种化的推广应用，并给予一定的经济扶持，油茶生产又有所回升。全国茶油年产量稳定在13万t以上。

随着广大农村实行家庭联产承包责任制，加上以市场为导向的商品生产在农村得到充分实施，油茶的发展在农村得到重视。首先发展起来的是油茶良种繁育，全国油茶良种繁育协作组在湖南、江西等省选育出大量优良农家品种并进行了区域性试验。

4. 油茶科技

（1）育种方面。优树选育和优良无性系筛选阶段。这一时期，各地通过3～4年测产，选择出符合高产、稳产、少病等指标的优树。从优树中选育优良家系和优良无性系，并通过扩大再生产推广到一定的区域形成新的生产力，成为新的品种。油茶优良无性系是经过优树选择、采穗圃观测和品种比对试验的系统程序选育出来的。采用无性繁殖能充分保持亲本优良性状，具有早实、丰产的特点。在中国林业科学研究院亚林所、广西、湖南、江西等省林业研究单位的努力下，经过连续4年测产及果实品质测定，选育出亚林4、湘林1、赣林1等19个高产新品种。至1987年全国共选出优树2万余株建立无性系测试林1200亩；建立无性系采穗圃50多处，面积1500亩；实生苗种子园1800亩，优良家系约500个；无性系种子园600亩，优良无性系1500多号，年可产优良穗条100万根，每年可产良种10万kg。

20世纪90年代初，经过4年测产和经济性状分析，湖南、广西、江西、浙江、福建等省陆续筛选出多个优良无性系品种，到90年代末期筛选出的优良无性系已超过100种。从80年代末这些优良无性系品种逐步得到推广，到90年代末已有超过50个优良无性系大面积应用于生产。

1980年以来，全国各地进行了广泛的种质资源收集，在湖南长沙、浙江富阳、江西南昌、广西南宁采用普通油茶大砧嫁接快速繁殖建成4个基因库，收集保存种质资源2267个号。这些种质资源是油茶良种选育的重要原始材料，为今后培育油茶新品种、研究山茶属物种、品种分类、起源发生与演变，了解它们之间的历史渊源和系谱关系提供基础。

（2）栽培方面。在推行良种化的同时，各地开始进行油茶低产林改造，以及早实丰产栽培技术的研究，逐渐进入了优良无性系大面积营造油茶林的阶段。80年代初，中国林业科学研究院亚林所率先提出油茶芽苗砧嫁接技术，通过小批试验，初步总结出苗砧的培育、接穗处理、接后保湿、管理等一套经验，各地还在砧穗的选择亲和性、接穗的保鲜等方面进行系统研究，并不断加以改进。

1984～1989年，联合国粮农组织援助湖南省常宁、耒阳、永兴3县实施油茶更新改造示范工程，面积达24万亩。其中有9万亩的常规改造，改造后的第4年产油12.4千克/亩，是改造前的3.7倍。1987年国家林业部颁布了《油茶丰产林》行业标准，确定了油茶低产林改造模式。邓东发、漆龙霖等于 1985 年，在湖北零陵地区营建了油茶早实丰产林 127.5 亩，采取选育良种、无性系芽砧嫁接苗造林、合理密植、及时抚育管理、科学施肥等一系列技术措施，历经 10 余年的连续工作，全林平均茶油产量达到 31.9 千克/亩，1991～1994 年平均产油 17.9 千克/亩，为国家标准（GB7906-87）油茶丰产林的产量指标的 2 倍。

1986～1990 年，湖北省林科所油茶课题组在湖北麻城试验点进行了油茶早实丰产技术研究，新造油茶林第一年就有 25% 的植株开花，第二年开花结实率达到 50% 以上；93 万亩九年生油茶林，1989 年经验收平均茶油产量达到 17.91 千克/亩，实现了油茶早实丰产技术"七五"攻关实施方案的要求，取得了良好的社会、经济效益。杨永周、杜国坚等采用嫁接换种、施肥措施对油茶低产林进行改造。试验表明，低产油茶嫁接换种后，前三年平均鲜果产量可达 112.8 千克/亩，比对照增产 81.4%～132.8%，而且产量稳定，逐年上升；施用尿素、猪栏肥、钙镁磷肥的 3 年平均产量比对照分别增产 98.8%、65.7% 和 55.47%。试验认为，嫁接换种、增加施肥投入及松土、除草等技术措施是提高油茶产量的有效途径。韩宁林等采用优树芽苗砧嫁接苗造林 7.5 亩，通过施足基肥，适时移栽，适当密植，及时管理等培育措施，造林当年就有植株开花，第二年开花率提高到 51.5%，第 3 年为 72.0%，从 1980～1986 年，平均产油量分别达到 0.33 千克/亩、1.19 千克/亩、7.79 千克/亩、24.24 千克/亩、14.84 千克/亩、30.23 千克/亩、26.88 千克/亩，该林分 6 年生油茶进入盛果期后，从未抚育管理，产油量仍一直维持在 14.84 千克/亩以上，其中 8 年生时产量曾达到 30.23 千克/亩。

三、油茶产业发展的春天

（一）全国油茶产业发展现场会

2008 年 9 月 11 日至 12 日，首届全国油茶产业发展现场会在长沙召开。时任中共中央政治局委员、国务院副总理回良玉出席会议并讲话。他强调，要认真贯彻胡锦涛总书记和温家宝总理关于发展油茶产业的重要指示精神，科学规划，统筹部署，以全面推进集体林权制度改革为契机，广泛调动山区农民和龙头企业的积极性，运用现代科技手段改良品种、提高单产进一步挖掘山地资源利用潜力，努力把油茶等木本粮油产业做大做强，为保障国家粮食安全、提高食用植物油自给水平、改善食物消费结构、促进山区农民增收作出新的贡献。

时任国家林业局贾治邦局长和李育材、祝列克副局长，国家发展改革委、科技部、财政部、农业部、国务院研究室、国家粮食局、国家开发银行、国务院扶贫办等部委领导，时任湖南省委书记张春贤、省长周强，省委常委、省委秘书长杨泰波，省委常委、长沙市委书记陈润儿，副省长徐明华，以及 14 个适宜油茶发展的省（自治区、直辖市）的省级领导参加了大会。

会上，回良玉要求，各有关适宜地区要像关注耕地一样关注山地和林地，像重视

图 1‑15 2008 年 9 月首届全国油茶产业发展现场会在湖南长沙召开

草本粮油一样重视木本粮油，像抓大豆、油菜一样抓油茶。要将油茶等木本粮油产业发展纳入当地经济社会发展全局中统筹考虑，摆上重要议事日程认真研究，切实加强组织领导，充分挖掘土地、劳力、技术等各种要素的潜力，努力推动油茶等木本粮油产业快速发展。回良玉强调，发展油茶等木本粮油产业要着力转变发展方式，创新发展思路，务求发展实效，走现代林业发展之路。一是尊重规律、科学规划。既努力扩大新造高产油茶林面积，又充分挖掘现有油茶林增产潜力；既加强试验示范基地建设，又注重面上推广与发展；既努力扩大油茶产量，又大力促进精深加工。二是科技支撑、提升层次。加强优良新品种及其栽培技术的研究开发，不断培育产量更高、抗性更强、适应范围更广的优良新品种。加强茶油产品加工新技术、新工艺的研究创新，搞好深加工，开发新产品，切实提高油茶生产的科技含量。三是农民主体、龙头带动。全面推进集体林权制度改革，激发农民发展林业生产经营的积极性。探索企业建基地、基地带农户的产业化发展模式，不断提高油茶等木本粮油产业的规模化、集约化经营水平。四是市场主导、政策扶持。在坚持市场导向、充分发挥市场机制基础性作用的同时，注重发挥政策的引导、扶持作用，研究制定良种补贴、技术培训、生产大县奖励、基地建设等扶持政策，调动农民、企业和地方政府发展油茶产业的积极性。五是密切协作、合力推进。各有关部门要主动参与，密切配合，共同为油茶产业发展提供有力支持，促使油茶产业加快发展。

9 月 12 日，贾治邦局长对油茶产业发展进行了具体部署。一是优化油茶产业发展布局。严格按照油茶区划选择发展区域，科学安排油茶生产用地，统筹考虑油茶基础建设与加工企业布局问题，尽快修改完善《全国油茶产业发展规划》。二是加强种苗生产与管理。尽快新建和改扩建良种采穗圃，加快苗木培育，力争达到年产 4 亿～5 亿株良种壮苗的能力。三是实行标准化栽培管理。实行各个无性系混交栽植，全面推广测土配方施肥技术，推广管用、简便、易学的栽培管理技术，全面加强油茶林经营管理。四是重视科技支撑作用。加强新品种、新技术、新产品的研究开发，大力推广油茶新品种和关键技术，加快油茶产业发展标准体系建设。五是加强农民技术培训。六是加大资金投入和政策扶持。力争使中央和地方各级政府的资金投入占总投入的 40%～50%，有条件的地方可把防护林、退耕还林等工程建设与油茶林基地建设结合起来。七是重视市场引导和产品加工。八是处理好生态与产业的关系。九是加强组织领导。很多举措都得到了逐步落实，为油茶产业的快速发展起到了极大的推动作用。

湖南省委书记张春贤发表了热情洋溢的致辞。他说，这次现场会在湖南召开，为我们学习借鉴兄弟省区市先进经验、加快油茶发展提供了宝贵机遇。我们将以此为契机，认真贯彻落实这次会议精神，特别是回良玉副总理的重要指示，把握当前有利机遇，充分挖掘优势资源，加大投入和扶持力度，重视加强良种良法，强化科技支撑，健全服务体系，努力把湖南油茶产业打造成为具有区域特色的优势产业和富民强省的重要产业。

湖南省人民政府、江西省人民政府分别在会上作了典型发言。会议期间，与会代表实地考察了湖南省浏阳市油茶新品种对比试验林、高接换冠示范林、高产示范林和湖南省油茶种苗基地。在浏阳油茶现场，面对果实累累的高产优质油茶，回良玉副总理赞不绝口："这是把科技转化为生产力的最好见证，是写在大地上的最佳论文！"这次会议也是湖南林业历史上规模最大、规格最高的油茶盛会。从 3 月份起，由湖南省林业厅邓三龙厅长、唐苗生副厅长、文振军总工程师牵头的工作组在会议安排、代表接待、参观路线、现场组织、宣传报道等方面做了大量细致的工作，为大会圆满成功举行奠定了坚实基础，得到了与会代表的高度肯定。

2008 年油茶产业现场会的召开，迎来了中国油茶产业发展的春天。

进入 21 世纪后，随着人们生活水平和对油茶认识的提高，油茶科研工作的深入和新成果的逐步推广，特别是油茶优良无性系等良种的大规模示范应用和地方政府强有力的推动，油茶生产真正步入了快速发展轨道。目前，我国油茶种植面积 6000 余万亩，年产茶油近 60 万 t，产值约 800 亿元，主要分布在长江流域及其以南的湖南、江西、广西、广东等 14 个省（市、区）。

（二）油茶人的情怀

湖南自古以来就是一个名人辈出的省份，湖南林业人为了演绎"东方橄榄油"高产神话，将茶油亩产量从 3kg 左右提高到 75kg，最高达到 96kg，打破油茶维持 2600多年的低产历史。作为油茶产业的领军人物之一，湖南省林业厅原厅长邓三龙这样诠释："作为一个拥有 13 亿人口的大国，不能解决粮食问题和油料问题，无疑是民族的一大遗憾。湖南是全国油茶中心产区，维护国家粮油安全、湖南有着义不容辞的责任，湖南油茶将会带给中国、带给世界更多的惊喜。"

图1-16　原湖南省林业厅厅长邓三龙

邓三龙说他一生与油茶有缘，与林业情深。1967年的金秋十月，不到10岁的邓三龙被送回桃源县老家遍地都是油茶的山区。从那时开始，他看管起赖以生存的油茶林，参与大人们一年一度的捡茶籽、榨茶油，过生日时吃油茶炒饭。在他幼小的心灵里，他懂得家人食用靠油茶，换取钱物靠油茶，甚至洗衣服也是用的茶饼。油茶浑身都是宝的印象深深烙进了他的脑海。

1979年冬季，大学投笔从戎的邓三龙随他所在的汽车部队从中越边境回程，行驶到广西兴安县城外的一个山野时，看到山沟有一片挂满黄澄澄果实的柚子林。他和战友入山采摘，走近一看，却是如同柚子般大小的特大油茶果，每一个果都有一两斤重。在油茶林里长大的他认为这是稀罕物，迅速拍照，以《广西兴安发现特大油茶果》为题，向媒体投稿，不曾想，《中国科技报》《农民报》《广西日报》等七家媒体纷纷进行了转载报道。

1998年邓三龙出任永州市人民政府副市长，不久担任分管农业和政法工作的永州市委副书记。邓三龙再一次与油茶面对面。这与1979年他在广西兴安发现特大油茶果相隔整整20年。

邓三龙对油茶的钟情，还可追溯到与他一帮志同道合的同仁。早在2002年，他与当时的零陵学院（湖南科技学院）院长管天球一起研发油茶，并筹建了中国油茶协会，他自任会长，管天球为秘书长。后在民政部门办手续时才知道凡冠以"中国"之名的协会，必须由民政部审批，会长也只能由副部级以上人员担任。协会没能办起来，但邓三龙、管天球并没有气馁，为了让油茶走向国际市场，他们生产出一批"脱脂、脱酸、脱色"的"优仁"品牌茶油，并被美国包销。这是中国茶油首次进入美国市场。2008年邓三龙调任湖南省林业厅厅长后，又与另一位传奇人物易鹏飞（时任省发改委副主任）倡导大力发展油茶，两位志同道合的人一起琢磨，认为油茶要发展，必须上升到国家层面。为此，他们开始做调研、写建议，并向国家有关部门递上《大力发展中国油茶》的报告。不曾想，报告送到时任国家林业局局长贾治邦手上，这位当年在陕西省省长任上被农民称之为"苹果之父"的省长，迅速认定这是一个关系到国家粮油安全的产业，也是广大林农脱贫致富的产业。他在认真阅读报告之后，迅速将报告递交给了党中央国务院，也就有了以后胡锦涛总书记和温家宝总理的批示，有了第一次全国油茶产业发展现场会。

（三）油茶良种选育与栽培

湖南省林业科学院依托湖南丰富的油茶资源优势，长期坚持开展油茶种质资源的收集、保存与利用研究工作。参与全国油茶种质资源普查，并在国家"六五""七五"的研究基础上，承担了国家科技部"油茶及其近缘种种质资源收集保存与标准化整理共享"等基础条件平台建设项目，建成油茶种质资源收集圃300亩，收集了湖南、江西、广西、贵州等国内油茶主产区省（区）的油茶优良种质资源1500多份，种质资源保存数量居全国首位，还设置了两个特色种的原地保护地点。通过中国森林种质资源网提交特色种质护照信息1956份。2009年由国家林业局颁布挂牌的第一批13个国家级林木种质资源收集库中唯一一个油茶种质资源收集保存库（林计批字〔2009〕49号）。目前已收集保存油茶种质近2000份，成为我国基地规模最大、保存种质数量最多、最齐全的油茶种质资源收集保存库。

2009年，江西省林业科学院申报国家林业局项目"国家油茶种质资源基因库建设（南昌）"获得成功，资助1000万元。目前共收集保存种质资源1500余份，并开展了种质资源系统评价研究。

2011年，国家林业局组织全国油茶产区开展了油茶遗传资源编目工作。江西、广东、福建、云南、浙江等省（区）也建立了一定规模的省级基因库，许多（县）市也建立了基因库，形成了国家、省与基层相结合的库网，其中江西已认定了亚林中心、省林科院、赣州市林科所等8个省级育苗点，已建立了16个省级高产油茶采穗圃。

在栽培方面，油茶是抗逆性较强的树种，种植在山区丘陵地区，有涵养水分、调节气候、保持水土等功能，如若长期遭受低温、冰冻、高温、干旱等一些极端气候，油茶的生长也会受到不利影响。温度是影响植物分布和生长的重要因素。植物形态结构和生理生态等多方面对低温环境的适应，导致植物抗寒性的形成。随着植物移栽对温度有较为严格的要求，人们开始对植物的抗寒性进行大量的试验研究，但对油茶的抗寒性研究仍较少，施肥对油茶抗寒性的影响应该是以后研究偏向的领域。虽然油茶对低温气候有比较高的忍耐性，但过度低温仍会对油茶造成严重影响。李艳萍等在$CaCl_2$对油茶进行处理的试验中，得出喷施$CaCl_2$能够提高油茶的抗寒性能这一结论：对油茶进行$CaCl_2$处理后，叶片的低温半致死温度降低、膜脂过氧化产物MDA的积累减少；可溶性糖含量、可溶性蛋白含量、脯氨酸等渗透调节物质的含量及SOD，POD的酶活性都有所提高。且0.2% $CaCl_2$作用后油茶抗寒性效果比0.1% $CaCl_2$好。文佳等在低温胁迫对油茶苗抗寒性影响的研究中表明：在遭受$-10\sim0℃$范围内的低温胁迫处理时，油茶苗仍能形成低温适应机制，来抵御低温胁迫对苗木带来的伤害。一旦遭受零下十度及以下低温胁迫时，油茶苗机体代谢机能则基本失去平衡。王雨水等在低温锻炼对低温胁迫下油茶幼苗的光合速率与抗氧化酶的活性的影响试验中得出：在低温胁迫期间，油茶苗的叶片脯氨酸和可溶性糖含量均明显增加，而叶片内丙二醛含量明显低于对照；经低温锻炼的油茶苗叶片超氧化物歧化酶、过氧化氢酶和抗坏血酸过氧化物酶活性均明显高于没有经过低温锻炼的油茶苗，说明渗透调节物质含量的增加和保护酶活性的增强对油茶幼苗的抗寒性有重大的影响。吴林森等在自然低温胁迫对油茶生理生化特性的影响研究中表明：在自然低温胁迫作用下，油茶叶片的超氧化歧化酶活性、可溶性糖含量、可溶性蛋白含量和脯氨酸含量均先上升后下降。过度低温不利于油茶的生长，所以不能仅仅通过扩大油茶林种植面积来增加油茶产量，应针对当地实际情况，选育高产油茶品质，通过施肥，精细管理，采用种植栽培技术等措施提高油茶产量。

关于油茶低产林改造技术方面的研究：罗健从土壤改良、树体改造、品种改造、微肥和外援激素调控、综合改造模式五个方面分析了油茶低产林改造技术的研究进展。毛云光等从生态环境、林相、品种三个方面提出了低产林改造措施。针对生态环境，认为杂灌丛生、立地条件差、水肥条件欠佳等生育环境不适是造成油茶林低产的主要原因。改善油茶林生境的措施有：除杂垦荒清理油茶林内混生的其他灌木和杂草，垦复林地。此外在油茶低产林中间绿肥、豆科植物、十字花科植物等，既可改善油茶林地的土壤条件，又可获得额外的经济收入。在套种、间种的农事活动过程中，能加速土壤的熟化，改变其结构，促使土壤微生物活动和有机质分解，增强土壤保水、保肥、抗旱的能力，达到以耕代抚的目的。针对改造林相，认为林冠残破、植株大小不一、长势衰颓、光能利用率低是导致油茶果实低产的主要原因。针对改良品种提出对于林相整齐且在林分中生长良好的劣质植株，可以通过嫁接"手术"和"高接换优"的办法来进行改良。

刘君昂等从油茶林健康评价、土壤调控技术、病虫害防控技术、高产结构优化技术四个方面对油茶林健康经营进行了研究。针对土壤肥力，认为不同抚育措施对油茶林土壤微生物、酶活性及土壤养分影响显著。土壤微生物总量为：锄抚林地（19.7×10^5 个/克干土）＞刀抚林地（13.8×10^5 个/克干土）＞未抚育林地（10.3×10^5 个/克干土）＞；锄抚林表层土壤脉酶活性（32.9mg/g·24h）、蔗糖酶（1.3mL/g·23h）、过氧化氢酶活性（0.96mL/g·20min）相对未抚育林地土壤酶活性都有显著提高。针对病虫害发生情况，研究了油茶炭疽病的生防菌蹄选鉴定，研制了森防菌株 Y13，Y13 对植物病原真菌有较广的抑菌谱，拮抗活性较强，具有较好的生防应用潜力。林分密度方面，认为密度过大，光照不足，个体生长受影响，群体产量不高；密度太稀，个体生长虽好，但不能充分利用空间，群体产量也无法提高；密度适中既保证了个体发育，又充分利用了营养空间，群体产量高。针对树体形态，提出油茶增产中，首要考虑的因素是增加油茶的冠幅，树高、冠高和骨干枝数，同时适当降低枝下高，此外还可以提高油茶植株的光合利用效率从而增加结果量，达到增产的目的。

（四）产业政策

在国家层面，党中央、国务院高度重视油茶产业的发展。时任党中央总书记胡锦涛、国务院总理温家宝、副总理回良玉等多次对发展油茶产业作出重要批示，"要求科学编制油茶发展规划，研究制定相关政策，尽快把油茶发展起来"。温家宝总理在2009年的"两会"上明确指示："提高补贴标准，实施油茶良种补贴"。

2009年"中央一号"文件《中共中央国务院关于促进农业稳定发展农民持续增收的若干意见》中明确指出："尽快制定实施全国木本油料产业发展规划，重点支持适宜地区发展油茶等木本油料产业，加快培育推广高产优良品种"。

2010年"中央一号"文件《中共中央国务院关于加大统筹城乡发展力度进一步夯实农业农村发展基础的若干意见》中明确指出："大力发展油料生产，积极发展油茶、核桃等木本油料。"

《国务院关于促进食用植物油产业健康发展保障供给安全的意见》（国发〔2008〕36号）指出"要努力扩大油料生产，稳定食用植物油的自给率，要大幅度增加科技投入，建立和完善油料油脂产业技术体系，指导地方抓好油料和食用植物油的生产、供应和市场稳定工作"。

2009年《中共中央国务院关于促进农业稳定发展农民持续增收的若干意见》强调"支持优势产区集中发展油料等经济作物生产，落实国家扶持油料生产的各项政策措施，重点支持适宜地区发展油茶等木本油料产业，加快培育推广高产优良品种。"《全国油茶产业发展规划（2009～2020）》提出将油茶种植面积发展到7000万亩，年产茶油250万t，年产值1000亿元，到时茶油总产量将占我国食用植物油生产总量的15%以上，不但解决了2亿人的食用油安全问题，而且把油茶产业建设成为促进山区农民增收致富和改善山区生态环境的重要产业。国家林业局出台了《关于发展油茶产业的意见》，并于2008～2010连续三年组织召开了"全国油茶产业发展现场会"。

2011年，中央在2亿元国家林木良种补贴资金中单列出6000万元，用于油茶良种苗木补贴。

2011～2014年，中央投入油茶产业的总资金已达20多亿元。国家基本建设对油茶新造林单位面积的扶持补助，已由过去的每亩200元提高到现在的每亩300元。

在地方层面，南方各油茶产区省（区、市）委、省（区、市）政府根据国家产业政策和规划，拟将油茶产业打造成地方支柱产业。南方各油茶产区如湖南、江西、广西、浙江、安徽等省政府出台了《关于加快油茶产业发展的意见》，一些油茶主产区市、州、县政府也出台了《关于加快油茶产业发展的意见》。

湖南作为油茶的核心产区，承担着推动全国油茶产业发展更大的责任；省委、省政府高度重视油茶产业发展，成立了由省委书记任顾问，省长任组长，省政府15个厅局负责人任成员的高规格油茶产业发展领导小组；时任省委书记张春贤、省长周强等省领导先后多次深入油茶生产一线调研视察，与当地干部群众共商产业发展大计。湖南省委省政府先后出台了一系列扶持政策和措施：颁布了《关于加快油茶产业发展的意见》，把油茶产业明确列入《湖南省战略性新兴产业生物产业发展规划》。目前省财政每年安排5000万元专项资金用于推进油茶产业发展。湖南省发改委、湖南省林业厅联合下发了《湖南省1000万亩油茶产业基地建设规划大纲》，成立了专门机构，明确了专职人员重点抓油茶产业发展。如今，油茶成了山区贫困农民脱贫致富的主打产业。

（五）油茶产业发展存在的问题及原因分析

1. 存在问题

（1）良种推广面积不大

老残低产林面积多。我国现有油茶林面积超过了 6000 万亩，但大部分油茶林是实生老林，属于多代萌生林，产量不高或根本没有产量。2008 年以前，我国采用良种的造林面积仅 300 多万亩，良种化率占全国油茶栽培总面积的 6%。近年新造林增加了 1500 余万亩，但大多还是未投产的幼林。

良种化进程缓慢。一是受苗木繁育技术的制约。油茶生产上苗木繁殖主要采用芽苗砧嫁接育苗，其繁殖技术难度大、程序复杂、成苗率低、育苗周期较长、成本高；用扦插苗造的油茶林没有明显的主根，不能用来大面积造林；苗木组织培养技术还不能达到规模化育苗的要求。二是资金短缺。资金投入不足成为良种化进程缓慢的瓶颈。油茶从栽种到进入收益期每亩需投入资金 2000~4000 元，一般农户无力承受。国家的补贴只能解决种苗费，其他资金靠经营者自筹，实施难度比较大。

油茶新造林投入和收益分析。从目前大面积生产水平，每亩产茶油 5kg，年利润仅 60~90 元/亩。但如果按普通良种丰产林计算，每亩年产茶油 30kg，产值达到 600~720 元，扣除生产成本，年利润 410~530 元，投入产出比 1：（2.7~3.3）。通过一系列的丰产栽培技术，提高良种林的产出，亩产油可达 50kg 以上，产量可比普通良种林提高 1 倍以上。油茶领域另一领军人物陈永忠博士及其团队在湖南省浏阳市淳口镇高产示范基地，亩均产油高达 75.5kg，亩均收入突破 3000 元。

油茶增产潜力分析。油茶良种新造林增产潜力大，据测算，种植 1 亩良种油茶，其产油量相当于种植 1.15 亩油菜或 2.3 亩大豆，但其产值相当于 4.2 亩油菜或 4.63 亩大豆。农户种植 10 亩优质油茶林，稳产期每年收入可达 2 万元。同时，茶油是我国最具特色的传统农产品，是唯一能够在国际市场上与国外油脂进行竞争的产品。油茶正常收获期长达 50 年以上，投入产出比高达 1：2.84，是名副其实的"铁杆庄稼"。

（2）高附加值产品少

油茶加工现状。全国现有上一定规模的茶油加工企业基本上属于作坊式生产，生产效率低，开发能力受限，新产品开发滞后，不能形成优良的产业链条，竞争力不强，所以市场商品率很低。副产物利用率低，高附加值产品少。目前，全国每年有油茶提油后的加工剩余物 100 多万 t。这些剩余物种富含蛋白质、脂肪、多酚及皂素等成分，可用来生产多种高附加值产品，但因无成熟的技术，至今尚未得到高效利用，大部分饼粕当燃料烧掉，造成资源的极大浪费。高附加值产品少主要表现在三方面：

油茶加工产业少。据统计，截至 2010 年 9 月，14 个省区市参与油茶产业发展的企业已达 1060 家，但是油茶副产物加工企业较少，现有的油茶副产物加工企业年产茶粕 68 万 t，茶皂素 1.9 万 t，没有形成产业，只有通过油茶精深加工，开发出化妆品系列、保健系列、日化系列以及高蛋白饲料、有机肥等，油茶的高附加值才会显现。

油茶品牌缺乏。油茶资源培育生产正从粗放经营向园艺化过渡，加工利用正从作坊式向综合利用和产品系列发展。但是企业各自为政，品牌意识不强，谁也不愿意屈从于对方，加上政府部门在品牌创建上无任何政策措施，以致一万个厂家就有一万个品牌，但没有一个品牌能在国际市场上叫得响。

油茶加工工艺相对落后。目前，市场上还很少有专门应用于油茶加工的机械，如油茶脱壳机，致使油茶脱壳不完全，还需要用手工进行脱壳，提高了生产成本。榨油工艺也比较落后，茶枯饼残油率较高，造成极大的浪费，一系列的油茶加工工艺需要研发和改进。茶油高活性成分提取与油茶副产品需全面开发利用，将重点突破提取高纯度、高活性的茶皂素、茶籽多糖、油茶活性多肽等高附加值产品及其衍生产品的技术瓶颈，开发出多抗有机肥等新产品，全面提升油茶的经济价值，增强油茶产业的竞争力。

（3）机械化程度低

机械化的现状及趋势。劳动力严重缺乏致使油茶栽培机械和加工机械的需求越来越大，但是我国目前油茶的栽培机械化水平十分低，在关键的几个环节上机械化几乎是空白。目前应用于油茶栽培的机械只有一些通用的机械，如：割灌机、旋耕机、喷施机等，专业用于油茶的机械，如茶果实采摘机械、油茶芽苗砧嫁接自动化机械、油茶大型修剪机械、油茶果实脱壳和干燥自动化机械等还没有研发或应用。

机械装备的瓶颈是采摘。随着全国经济的迅猛发展，大量的农民外出打工，农村的劳动力越来越少，致使劳动力成本越来越高。而油茶果实的收获季节需要投入密集手工劳动，油茶果采摘需要大量的劳动力，急需研发油茶采摘机械装备来降低油茶生产成本。但由于油茶"抱籽怀胎"的习性让机械采摘领域的机械化停滞不前。不过值得庆幸的是很多科研人员仍在顽强探索新的途径，如管天球教授正在试验研究的"注射脱果技术"等。

良种选育与栽培不能脱离机械化。油茶栽培必定朝着机械化、园艺化、集成化的方向发展，良种选育和栽培模式应适应机械化发展。良种选育应将大果作为一项重要的选育指标为机械化采摘做准备。栽培模式应形成油茶栽培机械化作业成套模式，造林时严格控制株行距，标准化造林，便于机械化作业。

2. 原因解析

（1）政策原因

加大扶持力度。油茶的投资成本较高，一般农户无力承受。虽然国家安排了油茶生产补贴，但只能解决种苗费，其他资金靠经营者自筹，实施难度比较大，多数油茶企业、合作社或种植大户，在完成前期基地建设、引进品种、添置设备、商标注册、产品认证等投入后，就出现了严重的资金不足。全国有 3400 多万亩低产油茶林需要尽快垦复改造，现在却没有低产林抚育改造专项经费。

强化科技支撑。近几年来，国家加强了对油茶科研的重视，把油茶的发展提升到国家粮油安全发展的高度，且投入了大量的资金，但油茶是一种生长周期较长的树种，对于油茶的研究需要长期不断进行，这需要国家政策继续投入大量的科研经费来强化科技支撑。至少保证省级层面的油茶科研所有充足的科研经费。

创建融资平台。融资困难导致油茶发展的快速通道受阻，致使贷款难、总量少。我国大部分油茶企业是以中小企业、私营企业为主，一般规模较小、实力不强、管理水平不高、甚至少数企业信用不好，银行为降低风险和经营成本，对其普遍存在"惜贷"和"惧贷"心理。此外，涉农信贷周期短，与油茶回收期长的矛盾突出。因此，国家应充分利用市县合作机制建设和合作机构建设成果，以具有产业链组织能力优势的区域和企业为核心客户，探索创新金融模式和工具，努力提高油茶产业贷款规模，有效防范风险，大力支持油茶产业发展。

创新机制，促进林地、林权流转适度规模经营。规模化、集约化经营是油茶产业发展的必然趋势。目前，林地、林权分散在个体农户，其流转比较困难。国家应采取新的优惠政策，促使便于林权集中，达到油茶规模经营。

（2）其他原因

宣传力度不够。由于缺乏对油茶新技术的宣传与推广，为生产一线提供技术人员严重不足，油茶科研和生产实践相对脱节，油茶科技成果转化率低，农民由于不知情而不能应用新的油茶栽培技术，继续采用传统的栽培方式，致使应用优良品种也不能达到丰产效果，失去了对种植油茶的积极性。

市场消费人群较少。茶油的消费大部分集中在我国南方地区，北方的大部分人对油茶并不了解，对于油茶的其他产品更加知之甚少，加之茶油属于高档产品，经济条件较差的人群很难购买，我们急需开发各类油茶产品以适合不同的消费人群，提高油茶在消费市场中的知名度。

产品质量控制难。油茶产品主要包括种苗、茶油及副产物等。而种苗是质量保证的第一环节。我国拥有众多的种苗和商品林经营企业，但由于产业发展升温、市场种苗需求大，出现了以实生苗充当嫁接苗销售牟取暴利的现象，或单纯追求新造林面积，有种就用，有苗就造，因此造成了一些地方的油茶种苗市场鱼龙混杂，假苗、劣苗、非良种苗等不合格苗流动等现象。

四、油茶产业大县建设

油茶产业大县建设是促进油茶产业快速发展的重要举措，对破解油茶产业发展难题有重要意义。2000 年以来，在国家林业局的统一组织与领导下，油茶产业大县建设发展迅速，涌现出了一批特色各异的油茶产业大县。现将部分产业大县简介如下。

（一）湖南省耒阳市

2000 年，湖南省耒阳市被国家林业局命名为"中国油茶之乡"。

耒阳市经历了多年的开垦、更新和改造，油茶特色产业粗具规模，已经有生产基地 123 万亩，成片油茶林占比 75%，其中有油茶种植和加工企业 50 余个，100 亩以上的油茶造林大户 180 多户，常年产茶油达到 600 余万 kg，油茶年产值达 8 亿元，其产量、面积均名列同级市县前茅，是名副其实的油茶之乡，油茶特色产业也正成为耒阳市经济转型，发展绿色经济的重要产业。

耒阳是湖南省重点产区县市之一，林业用地面积 218 万亩，约占全市总面积的 54.7％，森林资源丰富。2008 年以来，耒阳市坚持"政府引导、公司运作、社会参与"原则，大力实施"产业化发展、规模化经营、公司化运作"战略，加快土地流转，强化造林力度，全力振兴油茶特色产业，取得了一定成效。建立了面积 110 亩油茶良种采穗圃 1 个，省定点油茶良种育苗基地 1 个；完成了成片的新造丰产油茶林 18.6 万亩、垦复老油茶林 30 万亩；引进了湖南省金拓天油茶科技开发有限公司、耒阳市殷理基农业科技发展有限公司、耒阳市中科生物有限公司、湖南林之神森生油茶发展有限公司、湖南省天华油茶股份有限公司耒阳分公司等 10 余家外资企业，引导培植了湖南绿源油茶产业有限公司、耒阳市神农农业科技发展有限公司、耒阳市金蠡农业科技发展有限公司等 40 余家本土企业；基本形成了"四带两区"的发展格局，即以）S320 线、武广高铁、G107 线、京珠高速四条交通沿线为主纵深发展，以耒水为界，形成河东、河西两大产业区。

耒阳市历来有湘南油海的称谓，油茶生产的历史非常悠久，在公元 208 年就有资料记载，至今已有 1800 多年的油茶栽培历史。当前，耒阳市的 34 个乡镇街道办事处都有集中连片种植的油茶林分布，其中种植面积为 1 万～3 万亩的乡镇达到了 16 个，有 14 个乡镇种植面积在 4 万～7 万亩，有两个乡镇达到了 9 万亩以上。有 97％的村落，90％的村民小组都是以油茶林种植为主。耒阳市常年的茶油产量为 600 万 kg，平均每亩的产量为 5kg。油茶已经成为当前耒阳市农村经济的支柱性产业，也是目前主要产区农民生产生活重要的经济来源。

耒阳市委和政府还制定了一系列振兴油茶特色产业方面的政策和方针。尤其是最近几年来，政府将油茶生产作为经济增长、财源建设的一项极为重人的举措来抓，切实改变油茶产业落后的局面。以发展高效油茶特色产业为中心，促进农村区域经济发展；以油茶低产林改造工程建设为契机，创建高效示范基地，推动了耒阳市油茶特色产业的全面发展。为了切实抓好油茶特色产业发展，于 2009 年、2010 年政府先后制定了 2009～2015 年《耒阳市高产油茶产业基地建设总体规划》，及《耒阳市油茶产业发展基金管理办法》、《关于加快林业发展的实施意见》、《耒阳市森林资源资产抵押贷款登记工作程序》并分别配套国家及地方的财政资金补贴，从而为油茶特色产业化实施提供了有力的政策保证。

一是政府积极从上争取项目和资金，先后争取了中央财政油茶示范林项目、省级油茶产业发展项目、现代农业油茶产业建设项目、农业综合开发油茶丰产示范林基地建设项目、巩固退耕还林后续产业项目等林业产业项目资金 3000 多万元；同时加大了对油茶产业的财政投入比例，政府引导造林大户采用林权抵押贷款、政府贴息、担保等杠杆，鼓励银行扩大信贷，吸引更多金融资金支持发展林业产业。

二是加强宣传及引导，抓好企业服务，优化投资环境，吸引更多境内外企业、社会资金投入林业产业建设。如引进了湖南金拓天油茶科技开发有限公司、耒阳市中科生物有限公司、湖南天华油茶科技股份有限公司等油茶企业 10 余家，引进投资达 30 亿元。同时通过政策引导，许多在外务工、创业人员回到家乡租赁荒山发展油茶造林，促进了油茶特色产业发展。

三是帮助公司、大户提高经营管护水平。首先加强从业人员技术培训，每年组织公司技术人员、种植大户与农户进行油茶丰产培育技术培训；其次加强技术服务指导，每逢造林、抚育季节，组织林业部门的技术人员深入生产现场，分片包干进行生产技术指导；最后加大林业科技推广力度，提高测土配方等林业新技术的应用水平，确保油茶高产技术流程得到有效实施，不断提高公司、大户的经营管理水平。

（二）湖南省邵阳市

2012年，邵阳市被国家林业局命名为"中国油茶之乡"。

邵阳市油茶产业优势明显。首先是区位优势。邵阳地处湖南衡邵盆地，东中部地区为丘陵地貌，红壤广布，自然地理条件非常适宜油茶生产。邵阳位于湘中，与省内主要油茶产区衡阳市、永州市山水相连，区域内有衡阳、邵阳、祁东等一批全国油茶基地示范县。有效对接可以优化全省油茶产业大格局。其次是品牌优势。围绕唱响油茶"主旋律"，邵阳市获得了"中国茶油之都""中国油茶之乡""全国油茶基地示范县""邵阳茶油国家地理标志证明商标""邵阳·国家油茶产业示范园"等6块国字号金字招牌。第三是政策优势。成立了以市长为组长、18个部门单位负责人为成员的领导小组，出台了《关于加快油茶产业发展的实施意见》。邵阳、隆回等县每年捆绑涉农资金数千万元用于油茶产业，造林补贴达1.5万元/公顷。当地干部群众亲昵地称呼两县县委书记为"油茶书记"。

2015年，邵阳市委、市政府研究决定将油茶产业定位为"全市农业的支柱产业和市域经济的特色产业"。确定的目标是：5年内全市新增高产油茶基地面积8万公顷，茶油年产量达到4000万kg；产品精深加工率达到80%以上，年实现产值100亿元。10年全市再增高产油茶基地面积6.67万公顷，茶油年产量达到1亿kg以上；产品精深加工率达到90%以上，年实现产值300亿元，把邵阳打造成湖南乃至全国的油茶高产示范中心、精深加工中心、物流交易中心和休闲观光中心。

为实现这个美好愿景，邵阳市委、市政府提出要坚持创新发展，推动油茶产业转型升级；由过去数量型油茶向质量效益型油茶转变；坚持两手抓，一手抓新造，一手抓培管。对过去新建3.33万公顷油茶基地进行全面"回头看"，认真查漏补缺，切实巩固成果。同时要以质量和效益为中心，积极推动油茶高产高效种植，走"以耕代抚、以机代劳、以养积肥、以短养长、以链增效"的新路子。完善水、电、路等配套设施建设，推动油茶由粗放生产向集约经营转变。由传统农业型油茶向产业服务型油茶转变。即由过去单一的基地建设，向产供销、加工贸、吃游玩一体化发展。将油茶造林、造景、造园、造福结合，开展生态园林式油茶园和油茶休闲农庄建设。积极参与国家、省油茶标准化体系建设，使油茶产业"有标准可用、按标准实施、依标准监督"。依托国家油茶交易市场建设，打造油茶产品生产、集散和物流中心，积极发展"互联网+油茶"经济。加快邵阳茶油产品的有机认证和欧盟体系认证，强化原产地标识和产品质量追溯，推进油茶企业、油茶基地、油茶产品数字化管理，为即将到来的大数据营销奠定基础。基本构架是：政府搭台，行业牵线，企业领军、群众唱戏。各级政府放管结合、精准发力，重点在土地流转、产业规划、政策导向、环境优化等方面有所作为，筑牢社会服务平台。依托油茶行业协会、油茶产业联盟等行业组织，督促企业做好经营自律，搭建行业监管平台。全面建设油茶企业诚信体系、产品质量检测体系和市场竞争评价体系，加高行业准入平台。把一批有实力、有业绩、有效益、有诚信的油茶业主筛选出来，抚强扶优；将油茶行业中的一批"僵尸"企业淘汰出局。通过优胜劣汰，推进油茶产业又好又快发展。

（三）湖南省常宁市

2001年，湖南省常宁被国家林业局命名为"中国油茶之乡"。

1. 油茶林面积

全市油茶林面积最多时达到78.8万亩，占全市总面积的25.7%，占全市经济林面积的92.8%。油茶遍布全市各地，油茶林面积在3万亩以上的有宜潭等12个乡镇，其中油茶林面积在6万亩以上的有蓬塘、荫田和烟洲3个乡镇。油茶林面积最大的村是蓬塘乡芝江村，该村总面积8755亩，其中油茶林面积就有5570亩。

2. 油茶历史

1978年，常宁参加全国油茶生产会议，并在会议上介绍了油茶生产经验。1981年，常宁被国家商业部授予"金杯奖"奖杯。

1984~1989年，常宁被国家林业部和湖南省林业厅列入联合国粮食计划署的WFP—中国2696项目——湖南省油茶更新改造工程。

1984年，常宁市接受联合国世界粮食计划署的粮援。在常宁市的原宜阳、柏坊、水口和荫田等四个区17个乡镇200个村实施油茶老残林更新和低产林改造工程，项目区域共有油茶林面积34.4万亩，其中，规划进行油茶老残林更新5万亩，低产林改造3万亩，共计投工721.1万个，世界粮食计划署按每个工日3kg小表、50g食油的标准为项目提供了21650.883t小麦和360.848t食油的援助，各级政府安排405.277万元资金与项目配套，常宁的项目在省油茶工程建设指挥部的领导下，自1984年10月15日开工，1994年全部结束。

1984年油茶老残林更新项目开始施工，经撩壕整地、造林、施肥、年度抚育、幼林修枝整形、防治病虫害等综合营林技术措施，使常宁市的油茶大部分更新换代。据县油茶工程指挥部对5个乡镇1985年和1986年造林的固定样方连续产量测定，1991年、1992年、1993年的亩均产油分别达到了4.55kg、5.09kg和4.1kg。油茶低产林改造项目从1985年起投入施工，到1994年全部完成。改造林地通过垦复施肥、间密补稀、去劣留优、修枝亮脚、防治病虫害和开挖水平竹节沟等综合营林技术措施，改善了林地通风透气条件，调整了林分密度和树体结构，减少了树体养分消耗，明显增强了树势，使油茶产量显著提高。据县油茶工程指挥部随机布点12个，面积1016.12亩，1985年改造前3年的亩均3.01kg，改造后1986年亩均产油8.69kg，1987年亩均产油13.05kg，1988年亩均11.29kg，1989年经省科委、中国林科院亚林所、中南林学院、省林业厅、省林科所等专家和学者组成的湖南省油茶低产林改造产量验收领导小组和测产小组，1989 年的亩均产油 16.1kg，低产林改造后 4 年林分亩均产油 12.3kg，是改造前亩均产油的 4 倍。

1993 年，常宁被国家林业部列入国家第二期油茶低产林改造工程。自 1993 年开始，常宁市在原宜阳、罗桥、板桥、洋泉、官岭、新洲等 6 个区的 10 个乡镇完成低改总面积 1.78 万亩，其中，新造林 0.83 万亩。常规改造 0.95 万亩，目前，更新幼林长势喜人，低改林分树势增强，产量明显上升。

1998 年，常宁被列入国家跨世纪油茶高产稳产示范工程。1999～2000 年，全市完成了 3900 亩油茶示范林建设，造林成活率达到 99％以上。

2007 年 10 月，常宁市的衡阳南天山茶油业有限公司生产的"香椿子"牌茶油，获得了湖南省第二届林产品博览会金奖。

3. 油茶品种

常宁的油茶品种主要有寒露籽和霜降籽两个品种群。寒露籽是主要品种群，遍布全市各地，果实小，每果含籽 4 粒，出油率高，鲜果出油率可达 7％，高者可达 8％。霜降籽零星分布在全市，与寒露籽相互混杂在一起，以荫田镇的分布最多，果实大，每果含籽 7 粒左右，鲜果出油率 5％～6％。常宁油茶的霜降和寒露品种，分别有红球、红桃、青球、青桃、黄球、黄桃等类型。

（四）江西省宜春市

江西省宜春市依托丰富的油茶资源优势，大力发展油茶产业。经过多年的努力，油茶产业逐步兴起、苗壮成长。截至 2011 年，全市有 8 个县（市、区）被列入国家油茶产业建设项目县，袁州区被国家命名为"中国油茶之乡"、丰城市被评为全国首个"高产油茶之乡"，现已形成了 4 家规模油茶品牌加工企业，组建了 25 家农民油茶专业合作社，2017 年，全市油茶加工产值突破 6 亿元。油茶产业已成为区域经济发展和农民增收的重要增长点。他们的主要做法：

一是出台了《关于加快油茶产业发展意见》，制定了中长期发展规划，准备用 10 年时间建立高产油茶林基地 300 万亩。目前，市属的袁州、丰城、万载、宜丰、高安、上高、奉新 8 个县（市、区）被列入国家油茶产业建设项目县，全市 10 个县（市、区）中，油茶林面积在 10 万亩以上的有 7 个，全市集中连片面积在万亩以上的乡镇有 78 个，其中 3 万亩以上乡镇的有 26 个。近几年来，全市新增高产油茶基地 32 万亩。

二是严把质量关。油茶苗木质量是油茶产业发展的关键。为此，宜春市政府专门出台了《油茶苗木管理暂行规定》，组建了油茶苗木质量管理执法支队，严格按照"四定三清楚"（定点采穗、定点育苗、定单生产、定向供应，品种、种源、苗木去向清楚）和质量终身负责制等规定，加强油茶种苗繁育的质量监督，实行严格的油茶种苗生产经营市场准入机制。以农民合作社和企业为主培育油茶苗木，油茶良种苗木生产能力和质量得到大幅度提升，全市已建立起标准化种苗生产苗圃（基地）近 800 亩，2011 年出圃油茶优良无性系嫁接苗 5000 万株，不仅满足了该市造林自用苗木，而且远销至广东、广西、浙江、福建、重庆等省市区。一些农民油茶专业合作社还到全国油茶主要产区承包培育苗木 6000 多万株。宜春正在打造全国油茶苗木知名品牌。

三是重科研更重推广。在宜春，油茶产业在农业生产领域中所占的比重越来越大。如袁州区去年油茶产业的总产值突破 2 亿元，占该区农业总产值的 10% 以上，一些油茶重点乡镇，如辽市乡、南庙乡油茶收入占农业总收入的 30%～40%。为不断做大油茶产业，该市把油茶科研和技术推广当作油茶产业的沃土来培育。长期以来，宜春市不断建立和健全油茶管理与科研服务网络，开展了一系列油茶科学实验活动，筛选优良农家品种，研究病虫害防治措施，推广油茶芽苗砧嫁接育苗技术。此外，全面推广使用了赣无、长林等亩产可达 50kg 以上的油茶优良无性系造林。参与制定油茶丰产林技术标准和油茶低产林改造技术标准，承担了多个国家和省部级油茶科研项目。先后实施过"油茶低产林改造工程"、"油茶先导工程"、"南方油茶多梯度利用高技术产业化示范工程"等国家项目，总结出一套成熟可靠的油茶栽培和改造技术。油茶优良无性系的繁育在该市大面积推广，并建立了一大批高产油茶示范林，其中有的单产达70kg 以上。油茶加工企业加大科技投入，研发了油茶化妆品、保健品、茶皂苷、有机肥等一系列科技含量高、附加值高的精深加工产品。这些精深加工产品不仅提高了茶油的品质，而且大幅度提高了油茶的经济效益。精加工的茶油经济价值比毛油提高了3～5 倍，其他产品的价值则增加数十倍。

（五）江西省丰城市

2010 年，中国经济林协会命名江西省丰城市为"中国高产油茶之乡"，并颁发了匾牌和证书。

2010 年前后，丰城市高度重视高产油茶的发展，将高产油茶作为地方优势资源和农民增收致富的支柱产业，成立了以市长为组长的领导小组，在政策、资金及技术等方面给予支持，并与省林科院等科研院所合作，建立了高产油茶繁育基地和培训中心，获得了国家林业局授予的"国家油茶产业发展示范基地"称号。

丰城市还重视油茶标准化建设和产品深加工，制定了《丰城市高产油茶生产技术规范》，所产油茶获得了国家质量监督检验检疫总局颁发的《无公害农产品标志证书》和中国绿色食品发展中心颁发的《绿色食品》证书，为该市高产油茶产业的健康发展奠定了坚实基础。

（六）广西三江侗族自治县

三江侗族自治县油茶种植经营历史悠久，至今已有 300 多年的历史。油茶是三江县三大优势支柱产业之一，现有油茶林面积约 62 万亩，其中良种新造林 2.1 万亩（目前 4 千亩已经投产，主要品种为岑软系列、湘林系列、长林系列，平均亩产茶油 30～40kg）。油茶面积及产量位居全国县级单位第三位，位居全区第一位，是全国油茶重点产区之一。2001 年国家林业局授予三江县"中国油茶之乡"称号，2007 年成为全国100 个"经济林（油茶）产业示范县"之一。因此三江侗族自治县油茶产业化发展有优势、有地位、有基础、有作用、有潜力。

作为国家级贫困县的三江，为了突破油茶产业发展的瓶颈，于 2016 年出台《三江县 2016～2020 年优质高效油茶林种植项目实施方案》提出，将投资 10.2 亿元，通过强化抚育、油茶品改及新植等办法，对 36 万亩油茶进行品种改良；并扶持贫困户连片开发种植油茶，对贫困户实施油茶品改每亩补助 2750 元，新种植油茶每亩补助 1750 元。预计到 2020 年，该县油茶产业年产值达 13 亿元，脱贫户人均面积达 2 亩以上，户均增收 1 万元，成为贫困户脱贫致富的主要依托和长期保障。

（七）广西巴马

巴马瑶族自治县，被誉为"世界长寿之乡·中国人瑞圣地"，隶属于广西壮族自治区河池市，位于广西西北部，与百色、田阳、田东、平果、大化、东兰、凤山、凌云等市县毗邻。全县总面积 1971km²，聚居着瑶、壮、汉等 12 个民族，2012 年巴马县总人口 27 万人，县城建成区面积 8km²，常住人口有 6 万人。巴马地势西北高，东南低，境内山多地少，素有"八山一水一分田"之称，土地显得很珍贵。

巴马种植油茶树有文字记载的历史可上溯至清朝中期。1962 年，全县茶籽产量为 51 万 kg，为新中国成立以来最低年产量。到 20 世纪 70 年代才得以恢复，年产量稳定在 100 多万千克。巴马县现有油茶总面积 31.48 万亩，占全县林业总面积 233.1 万亩的 13.5%；按照油茶产期划分为：产前期有 3.14 万亩，约占油茶总面积 10%；初产期有 1.68 万亩，约占油茶总面积 5.3%；盛产期有 24.2 万亩，约占油茶总面积 76.9%；衰产期有 2.46 万亩，约占油茶总面积 7.8%。

巴马油茶主要分布在所略乡、燕洞乡、那社乡、巴马镇、甲篆乡、那桃乡。而所略乡具有独特的地理环境和气候条件，油茶树产果率和油茶籽出油率都比其他乡镇高，仅该乡就种植油茶约有 14.3 万亩，占全县总面积 45.4%。巴马县种植油茶模式，90 年代初以前几乎是农户自培油茶树苗，自发种植，自行管护，到 90 年代中期以后，才开始有政策引导，政府扶持；但是相当长的一段时间，还在走粗放的农户自种自管自收自榨自卖模式。2005 年以后才有公司自己承包土地经营和公司＋基地＋农户的种植经营模式，这种经营模式效果明显，但所占全县油茶总面积仅有 5%左右。

巴马油茶产业发展到今天，除了农户自觉种植和管护外，还与自治县党委政府高度重视和上级各级部门大力支持分不开。

（1）建立油茶种苗良种培育基地。为了达到油茶低产改造和扩大种植种苗自产自销，并确保油茶种苗质量，2009 年巴马县根据广西壮族自治区林业厅在全区范围内采取建立定点采穗圃、定点育苗的办法，争取到河池市油茶种培育基地落户巴马，由县国营民安林场负责实施，主要培育岑软系列油茶品种嫁接苗和岑溪软枝油茶实生苗等优质油茶苗，规模已达到每年可出圃油茶苗 40 万株，为巴马县发展油茶造林和低产林改造提供了优质保障的苗木。

（2）建立油茶造林示范点。巴马县全面推进集体林权制度改革以后，结合巴马生态旅游建设现状，全力推动油茶产业发展步伐，先后在本县的那桃乡那桃村、那敏村，所略乡坡晚村、所圩村、局桑村、平六村，巴马镇设长村，百林乡阳春村建立了多个油茶示范林，每个示范点面积在 300 亩以上，通过油茶林示范点建立，调动了面上群众种植油茶的积极性。

（3）制定优惠政策，集中资金扶持。巴马县在全力推动油茶产业发展上狠下功夫。首先争取上级专项资金扶持。近几年来，巴马县争取到中央、自治区拨给油茶专项资金不低于 3000 万元，而且每年自治区林业厅另外安排新植油茶面积 3000 亩，每亩给予补助 300 元。凡在巴马县规划的三个区域内种植的油茶，符合退耕还林条件的，优先安排退耕还林指标。

（4）实施油茶低产林改造。从 2010 年以来，巴马县部分油茶林已进入衰产期，为了提高油茶林亩产产量，巴马县组织相关部门和企业，对衰产油茶进行低产林改造。

（5）培植油茶产品加工企业。近几年来，巴马县通过招商引资，引进了三家以加工油茶产品为主的公司，其中有两家公司已采取经营模式：一种是公司承包租用群众土地自种油茶，自产自销；一种是公司＋基地＋农户种植油茶，生产出的油茶籽全部由公司收购。通过这样运作，一定程度上激发了当地群众种植油茶的积极性，不但有效保证公司原材料供应充足，而且给巴马油茶产业发展带来了极大机遇。

（八）浙江省常山

常山位于浙江省西部，钱塘江源头，是全省西大门，全县总面积 1099km²。常山是"中国油茶之乡"，素有"浙西绿色油库"之美称，有 2000 余年的油茶栽培史。20 世纪 60 年代初，时任省委书记江华在芳村区（现芳村镇）召开油茶生产座谈会，提出把常山建成油茶基地县；1971 年周恩来总理在全国棉油糖会议上询问过常山油茶生产情况；2001 年，常山县被国家林业局授予"中国油茶之乡"；2007 年"常山山茶油"又被国家质检总局授予浙江首个"地理标志"保护品牌，2010 年获得国家证明商标的管理使用，2016 年成为首批"全国木本油料特色区域示范县"。浙江常山县有棵清末的"油茶大王"，株高 5.5m，占地 64m²，年产茶籽最高可达 250 多千克，产茶油约17kg。全县油茶总种植面积 28 万亩，常年油茶籽产量 4900 余 t，茶油 1300 余 t，占全省总产量的 16.7%，衢州市总产量的 41.6%，其种植面积和产量均居浙江省首位。油茶总产值突破 10 亿元，油茶产业发展位居浙江省乃至全国前列。

2016 年 12 月 8 日，首届全国茶油文化节在常山开幕，成立了"山茶油价格交易中心""油茶集散中心""油茶交易中心"。2018 年 1 月 6 日，中国·常山油茶博览会正式开幕，常山也成为"全国油茶博览会"的永久性会址，常山县被授予"浙江省山茶油及食用植物油质量检验中心"牌子，这是浙江省内首家山茶油及食用植物油的专业质检机构。

（九）安徽省舒城

舒城县位于安徽省中部，地处大别山东麓，巢湖西滨，江淮之间，是一个集山区、丘陵、平原为一体的半山区县。全县林业用地 147.5 万亩，占土地总面积的 46.8%。舒城县油茶种植面积达 28.95 万亩，油茶籽产量达到 2.1 万 t，茶油产量 5000t，产值近 6 亿元。获批"舒城山茶油"地理标志证明商标。舒城县委、县政府把油茶产业作为县域经济的特色产业，山库区的支柱产业，林农增收的主导产业着力培育，朝着做大做强油茶产业经济的目标不断迈进。为加快推进油茶基地建设步伐，2009 年以来，舒城县在围绕油茶产业发展模式与机制上，进行了积极探索和创新，在生产实践中收到了良好的效果，极大地推进了油茶基地建设的步伐，也提高了基地建设质量。其主要做法是：

（1）全方位开展招商引资，强力推进企业办油茶基地。2009 年，舒城县委、县政府出台了《关于加快油茶产业发展的意见》，明确提出了创新油茶发展机制的四条政策措施：一是鼓励规模经营。充分运用林权制度改革的成果，引导油茶林和油茶林地使用权合理流转，鼓励各种市场主体通过承包、租赁、转让、股份合作经营等形式参与油茶林基地建设。二是引导龙头企业办基地。按照"企业＋基地＋农户"的经营模式建立油茶林基地，使企业与农户成为利益共享、风险共担的经济利益共同体。支持企业科技创新，延伸产业链，培育知名品牌，提高市场竞争力。三是发展油茶专业合作组织。引导林农按照依法、自愿的原则建立多种形式的油茶专业协会和专业合作社，努力提高油茶生产的组织化程度，促进油茶产业规模化、集约化经营。四是培育种植大户。大力支持有实力、懂技术、善经营的生产经营者兴办油茶林基地，充分发挥种植大户在发展油茶产业上的辐射、示范和带动作用。

（2）部门协作齐推进，区域治理与油茶基地建设相结合。把小流域治理工程与油茶基地建设有机结合是舒城县推进油茶产业发展的又一个成功模式。县水利与林业部门密切协作，在山地丘陵区利用小流域治理工程规划营建油茶林基地。施工中，先实施小流域治理工程，利用工程治理措施基本完成造林整地，再按照油茶造林技术要求对造林地整理后实施造林，造林后由企业或大户承包经营管理。

（3）引导与扶持并举，培育油茶种植大户。舒城县委、县政府把培育油茶种植大户作为推进油茶基地建设的一支重要生力军来打造，极力引导和鼓励林农以及其他有志发展油茶生产者大力开展油茶种植，县政府对发展油茶基地项目资金直接扶持到大户。

（4）自主互助联合，发展油茶专业合作组织。随着油茶产业的不断发展，舒城县油茶产区的林农逐步走向自主联合、互助合作的油茶生产发展之路，专业合作组织应运而生成为必然的发展趋势。目前，舒城县已有新源茶油专业合作社和利民油茶专业合作社两个油茶专业合作组织。在专业合作组织的主导下，林农之间实行联户种植经营，在技术推广、生产资料供应、产品销售等方面由专业合作组织统一提供服务，避免了无序竞争、节约了生产成本、增强了规避市场风险的能力，对带动广大林农发展油茶生产发挥了强大的示范、辐射、带动作用，极大地推动了舒城县油茶产业的发展。

（十）江西省上饶县

2001 年，江西省上饶县被国家林业局命名为"中国油茶之乡"。

上饶县位于江西省东北部，地处武夷山脉东部，怀玉山脉东南部，南北为山区，中部为冲积平原和侵蚀低丘，地貌呈马鞍形，位于东经 117°41′～118°14′，北纬 27°58′～28°50′之间，东西宽 45km，南北长 132km，全县土地总面积 336.9 万亩，其中有林业用地面积 241 万亩，林业用地中，油茶林 76.5 万亩，占全县面积 22.7%，林业用地面积的 31.7%。

上饶县现有 76.5 万亩油茶林，在全县各乡镇均有分布，其中分布 3 万亩以上的乡镇有：湖村、清水、煌固、华坛山、望仙、枫岭头、郑坊、石人、尊桥、黄沙岭等镇（乡）。

油茶是异花授粉植物，在天然杂交和人工选择过程中，形成了多样性的品种类型。目前，上饶县的油茶，根据形态特征、成熟期的早迟，可分为红皮大桃、青皮大桃、珍珠子、寒露子、霜降子、立冬子等品种类型，均属白花油茶。此外，在五府山、华坛山、三清山等高海拔的地方，分布了少量的红花油茶。2001 年前后，江西省华富红花有限公司通过采种，培育了大量的红花油茶苗木，在华坛山镇的姚山分场以及望仙乡的新丰林场等高海拔的地方栽植。

上饶现有年加工 500t 以上茶油的加工企业 5 家，以江西三清山绿色食品有限公司等作为龙头加工企业，年加工精制油 1000t，加工毛茶油 2000t，产值达 9800 万元。产品种类主要有：有机山茶油、红花茶油、食用茶油、茶粕等。

（十一）福建省浦城县

2009 年 5 月 7 日，中国经济林协会正式命名福建省浦城县为"中国油茶之乡"，并颁发匾牌和证书。浦城县现有油茶林面积 13.5 万亩，居南平地区之首。浦城县系山区，气候宜人，适合油茶树生长。据考证，浦城县有着悠久的油茶种植历史，得天独厚的种植条件，油茶树是当地农民喜好的产业，也是农民增收的良好渠道。2009 年前后，浦城县委、县政府把油茶产业列为重点特色产业来抓，成立县油茶产业发展工作领导小组，制定油茶产业发展实施方案，出台扶持油茶产业发展的优惠政策和措施，推动油茶产业发展，成效显著。2008 年，该县完成油茶低产林分改造 5000 亩，建立 5 个油茶林示范基地，年产茶籽 10560t，产茶油 2640t，产值 13500 万元。

（十二）广东省连南县

2007 年，连南县被授予"中国油茶之乡"称号。连南是少数民族瑶族自治县，位于广东省西北部，北回归线以北，辖 7 个镇（三江、寨岗、大麦山、香坪、大坪、涡水、三排）71 个村居委会，是瑶族聚居县，县城设在三江镇。

2012 年连南成功创建为省教育强县，实现基础教育历史性跨越。2010 年实施由财政补贴的全民医保制度，人民健康水平显著提高，平均寿命达 71 岁；城镇化发展日新月异，县城面积扩展 7 倍多，2011 年被评为"中国宜居宜业典范城市"；交通网络四通八达，2012 年全县通车里程达 798.4km；投入大量人力物力解决农村饮水难题，农村群众基本用上干净自来水；森林覆盖率 79.3%，2011 年被授予"省林业生态县"称号。连南县人民有着悠久的种植油茶历史，不论是婚丧喜庆，还是亲友之间走访，茶油都是必备的礼品，尤其是广大农村地区，没有种茶油的农户很难见到。

（十三）湖北省麻城市

经中国经济林协会考察评审，湖北省麻城市被正式认定为"中国油茶之乡"。这是湖北省首个获此殊荣的县（市）。

麻城市油茶栽培历史悠久，人工栽培已有近 400 年。2009 年，全市共有油茶种植面积 31 万亩，其中投产面积 18.7 万亩，年产茶油 175 万 kg，是湖北省油茶面积和产量最大的县（市）。全市有 10 个油茶优良品系先后被省林业局审定和认定为全省油茶优良品种，有 3 项油茶科技成果获省科技进步奖。

（十四）贵州省玉屏侗族自治县

玉屏油茶生产已有 500 多年的历史。20 世纪 50 年代，油茶生产发展迅猛，1958 年，油茶产籽创造了历史纪录，产量高达 195 万 kg，为国家提供了 40 万 kg 茶油，居全国 1100 个县级油茶县产量的第二位。玉屏因而获时任国务院总理周恩来提名，授予"中国油茶之乡"奖牌。

玉屏也是一个少数民族自治县（侗族），位于贵州省东部，地形地貌以低山丘陵为主，是湘黔两省交界之地。20 世纪 80 年代开始，玉屏侗族自治县立足于资源优势，逐步走出了一条发展油茶、板栗等特色经济林的产业化之路。2016 年，该县油茶面积达 13.5 万亩，茶籽年总产量达 1600t，居贵州省铜仁地区第一位；在大龙、朱家场等油茶专业乡、村，人均油茶林面积达 2 亩之多，人均油茶纯收入 190 多元，占年总收入的 11% 左右。长期以来，油茶一直是全县农村经济的支柱产业之一。

玉屏油茶主要分布于舞阳河两岸的田坪镇、大龙镇、朱家场镇、平溪镇和新店乡 5 个乡镇，品种以普通油茶为主，根据成熟期又可分为"寒露子"、"霜降子"、"立冬子"等几个农家品种。长期以来，贵州农学院、贵州省林业科学研究院以及铜仁地区有关科研单位在玉屏开展油茶丰产栽培和良种选育工作，并取得了一定的成果，这对提高玉屏油茶良种化栽培与生产管理水平起到了较好的促进作用。

为了提高油茶及其产品附加值，进一步增加油茶经营收入，玉屏油茶加工业应运而生，而且还经历了从简单的人工原始压榨到现代化的流水线作业的过程。目前，全县现有加工和销售企业 11 家，其中国有 1 家，乡企、民营 10 家，年加工能力（茶油 1000t），销售总产值 1200 万元，创利税 300 多万元，全县从事油茶加工与销售的人员达 300 余人。玉屏林大实业有限责任公司是玉屏油茶加工行业的骨干企业，该公司产品"林大牌"精炼茶油是使用国外引进的先进设备，经过重力压榨并反复过滤得来。该品牌茶油不添加任何化学添加剂，因而有效地保证了"茶油纯天然"的价值。"林大牌"精炼茶油除主销本省和湖南、广东等地之外，还远销香港及东南亚国家。

（十五）云南腾冲

腾冲市位于云南省西部，西邻缅甸，东与隆阳区相连，南与龙陵县、梁河县接壤，西与盈江县、缅甸联邦共和国毗连，北与泸水县相邻。地处东经 98°05′～98°45′、北纬 24°38′～25°52′，国土面积 5845km²。市区距省会昆明 606km，距缅甸密支那 200km，距印度雷多 602km，是中国通向南亚、东南亚的重要门户和节点。腾冲市境内森林资源丰富，森林覆盖率 70.7%，横贯全境的高黎贡山，物种丰富，种类繁多，誉为"物种基因库"，被联合国教科文组织列为"生物多样性保护圈"，被世界野生动物基金会列为 A 级保护区。腾冲市属热带季风气候，集大陆气候和海洋性气候的优点为一体，冬春天气晴朗，气候暖和，夏秋晴雨相兼，气候凉爽宜人，年平均降雨量为 1531mm，年平均相对湿度为 77%。

腾冲红花油茶油为地理标志保护产品，地理标志证明商标，腾冲红花油茶油为农产品地理标志产品。腾冲红花油茶种植规模已超过 4.5 万 hm²，挂果面积近 5000hm²，鲜茶果产量逾 1200kg、产值逾 6500 万元。产品远销日本、南亚及国内。

腾冲红花油茶品种独特，茶果产量高，种仁含油率和干籽出油率高，盛果期单株产量高达 100kg 以上。用腾冲红花油茶籽加工的腾冲红花油茶油澄清透明、耐储藏、易消化，且富含维生素 E、山茶苷、油酸和亚麻酸。

（十六）湖南省祁阳县

祁阳县位于湖南省西南部，湘江中上游，面积 2538km²，人口 106.6 万人，是老一辈无产阶级革命家陶铸的故乡。2004 年，祁阳县被国家林业局授予"中国油茶之乡"。

祁阳县历来以盛产优质茶油闻名全国，素有湘南"天然油库"之美称；是湖南省茶油主产区之一，全县现有油茶林面积 42.77 万亩。为做大做强茶产业，2003 年以来，祁阳县委、县政府在该县 20 个乡镇实行行政首长任期责任制，镇长为第一责任人，要求任期三年内必须完成辖区所有油茶林的锄抚工作。2004 年，该县又拨付 50 万元专项经费，引进油茶新品种，对低残、老化油茶林实行品种改良。仅 2003 年，该县就有 1.5 万人次的乡镇、林业干部参与油茶垦抚，全年完成任务面积 15.38 万亩。著名的"金浩"茶油生产地就坐落在祁阳县城郊。

（十七）湖南省攸县

2004 年，攸县荣膺"中国油茶之乡"称号。

攸县盛产油茶，素有"湘东油库"之称，栽培历史悠久。清嘉庆年间，广东、福建大批移民在攸东山区垦荒营造油茶林，是攸县大面积造林的最早记录。民国时期，攸县有成片纯油茶林近 20 万亩，年产油 9200 担。新中国成立后，油茶生产进一步发展。据 1985 年统计，全县有油茶林 36.75 万亩，投产面积 30.87 万亩，年产茶油 1100t，是湖南省油茶基地县之一。主要栽培品种以"霜降籽"为主，还有少量的"寒露籽"和"珍珠籽"等类型，既是经济树种，又可作庭院观赏树种。其中有一种"薄壳香"油茶，早在 1965 年就被国家林业部定名为"攸县油茶"。

攸县油茶是 1960 年在上云桥公社江南大队（今上云桥镇江南村）发现的一种野生油茶，主要成片分布在上云桥镇江南村和瑶塘村，当时称之为"薄壳香茶油"。经中国林业科学院胡先骕教授鉴定，命名为"攸县油茶"，1981 年，中山大学张宏达教授认定该物种应为长瓣短柱茶，为国家二级保护树种。其主要特点是：株型紧凑、耐瘠薄、早熟、抗油茶炭疽病、果皮薄、出籽率高、油质好。每 100kg 鲜果出籽 70kg，比普通油茶高 1 倍左右，干籽含油率 45%～55%，全籽出油率为 28%～36%，比普通油茶高 8%～10%，缺点是果实成熟期前后可相差 40 天，至 1985 年，已有 18 个省市引种，少量输送越南、尼泊尔等国家试种。

（十八）湖北省阳新县

2009 年，湖北省阳新县被中国经济林协会命名为"中国油茶之乡"，该县还被国家林业局确定为国家油茶生产示范县。

阳新县地处鄂东南低山丘陵地区，油茶种植具有悠久的历史。2009 年前后，在中央退耕还林政策的扶持下，阳新县加快油茶产业发展，种植面积、品种选育、种苗生产、基地建设、茶油加工都取得了很大的成就。2009 年，该县油茶种植面积已达 7.5 万亩，成为湖北省油茶主产区之一；成功选育出"米茶"和"桐茶"两个优良品种，并通过了优良品种审定；油茶容器育苗面积由 50 亩扩大到 400 亩；种苗培育量由 100 万株发展到 1000 万株；全县已建成 1000 亩以上的基地 3 处，500 亩以上的基地 6 处，100 亩以上的基地 11 处，油茶生产已经粗具规模。

（十九）广东省兴宁市

2009 年，广东省兴宁市被国家经济林协会授予"中国油茶之乡"称号，获此称号的广东省尚属首家。

油茶种植、加工是兴宁山区的传统产业。已有 300 多年的悠久历史。自明朝起，兴宁就有农户零星种植油茶，采摘茶果土法榨油用于婴儿消毒、护肤、食用等。20 世纪 50 年代，兴宁油茶面积达 5 万多亩，当时的罗浮镇还是华南农学院林学系唯一的油茶实习基地。1962 年，国家林业部在罗浮镇召开中南五省油茶生产现场会。鼓励发展油茶种植。1991 年，全省油茶低改现场会在兴宁召开后，兴宁的油茶种植得到较快发展，至 1996 年种植面积达 90000 多亩。

2009 年底，兴宁市委、市政府对油茶发展高度重视，把油茶生产列入现代农业发展八大基地之一，专门成立了现代油茶产业发展领导小组，出台了一系列扶持油茶产业发展的政策和措施，财政每年拨出专款用于补助农户购买茶苗、油茶基地建设、种植技术推广、加工工艺创新等，积极引进资金和技术，着力扶持从事油茶加工的龙头企业，有效地调动起群众从事油茶生产的积极性。并将油茶生产从传统的小农经济经营转变为产业化模式，以生产基地为依托，以加工企业为龙头，实现产供销一体化，把油茶产业打造为该市农业支柱产业。

2009 年，该市油茶种植面积 15.6 万亩。其中 500 亩以上规模的种植专业户由 2005 年前的一户增加到现在的 23 户；2008 年该市油茶挂果面积 11 万亩，茶果总产量 2.2 万 t，油茶总产值 1.1 亿元人民币，油茶种植户收入得到明显增加。2008 年，兴宁市成功引进香港一家上市公司投资 5000 多万元人民币，在兴宁办油茶加工厂，首期年产茶油 5000t，茶粕 1.5 万 t。

（二十）福建省福安市

2013 年福建省福安市被国家林业局授予"中国油茶之乡"称号。这是福安油茶产业继 2013 年 2 月"福安油茶油"成功注册国家地理标志证明商标之后，获得的又一张"国"字号殊荣。

福建不仅是习近平总书记工作过的地方，福安油茶也曾被开国领导人周恩来总理誉为"绿色油库"的百年产业，正开启发展的黄金年代。

（1）"抱团"发展从粗放管理到集约经营

福安现有油茶林面积14.8万亩，年产茶油800t，其面积产量均居福建省之首。但长期以来，由于历史和政策等原因，该产业一度低迷，众多油茶林因此处于放任状态，成了一方沉眠的"金矿"。

2013年来，党中央、国务院对发展油茶产业愈发重视，国家领导人多次作出重要批示，要求尽快把油茶产业发展起来。国家林业局还出台一系列扶持举措，推动油茶产业发展。抢抓契机，福安迅速组建油茶产业发展领导小组，制定《福安市加快油茶产业发展意见》，设立扶持油茶产业发展专项基金，5年内财政安排专项扶持资金3000万元，对新造油茶林每亩给予补助600元、油茶低产林改造垦复每亩补助150元，支持新造油茶林和低产油茶林改造5万亩，让福安油茶产业发展的春天又一次到来。

至2013年，福安已成立油茶专业合作社42家，经营油茶总面积6万多亩；建成优良品系采穗圃3个，年可产穗条100万条，建立育苗基地5个，年培育无性系油茶苗木600万株；建立油茶种植科技示范基地8个、科技示范片15片、科技示范户100多户，用典型引路，带动群众全面推广。同时，福安还承担"油茶优良单株选育"、"油茶良种与配套技术示范与推广"等十多项油茶科研项目，从良种选育到油茶全果利用展开全方位科学研究，并成功选育出一批油茶良种在全省推广。通过转化科研成果、科技典型示范，福安油茶平均亩产油提升至13.2kg，高产林每亩产油可达30kg以上，油茶集约经营水平日益提升。

在复兴油茶产业中，福安还积极引进茶油加工企业，并制定扶持企业发展政策，在征地审批、基地建设、资金筹集等方面给予支持，筑"暖巢"、壮"筋骨"，着力培育龙头企业。

绿坤农林是近几年福安崛起的油茶加工龙头企业之一。公司斥资1500万元在溪柄仙洋里的生产厂房迅速建成，并以欧盟生产工艺标准，引入现代化的油茶原籽物理冷榨精炼生产线，年可加工油茶油1200t。去年年底至今，企业油茶油产品已成功开拓福州、天津、北京等地市场，销售额达2000多万元。

据统计，目前福安已落户乾龙生物、岳秀农林等油茶加工企业15家，设计茶油加工能力5000t，产品涵盖3大系列20多个品种，年创产值6亿元。其中，已被评为省级龙头企业2家。福安油茶生产由此串起了一条从良种选育、苗木培育、基地种植到技术研发、加工销售的产业链。

福安另一成功的经验，就是农民抱团发展，综合利用林地。在福安溪潭镇王里村，100多位油茶农"抱团"成立月斗山油茶种植合作社，发展良种油茶基地1000多亩。利用林下土地，社员们套种了800多亩太子参、生姜、西瓜、花生等经济作物。仅太子参一项，2012年就收入60多万元。

到目前，福安茶农几乎都在自己的油茶林下套种药材、食用菌、花卉、农作，养殖家禽、家畜等多种因地制宜的套种、养殖，在油茶林间发展三叶青、太子参、金银花、金线莲等中药材，有的种植花生、大豆、玉米、马铃薯，还有的养鸡、羊等禽畜。

（二十一）福建省尤溪县

尤溪是福建省山区第一大县，别称沈溪。位于福建三明市东部，地处闽中、戴云山脉经北，全境面积3422km²，人口4.5万人。2009年，尤溪县被中国经济林协会命名为"中国油茶之乡"。这个县现有油茶林面积20.28万亩，占全省油茶林总面积约10%。仅油茶一项，这个县的种植户均收入1000多元。

尤溪县把种植高产高效油茶林作为促进农民增收的主导产业来抓，2008年县财政安排资金，用于鼓励和扶持农户种植、基础投入等，通过以奖代补、小额贷款、山林承包等优惠政策，提高农民种植油茶积极性。他们把油茶产业列为八大特色产业之一来抓，积极引导农民走油茶科学种植管理道路，聘请江西林科院、三明学院的专家、教授，采取集中授课、现场点评、互相观摩等办法，组织乡、村两级干部、林技员、种植大户多批次培训，去年受训人数达1800多人次，并编印了《油茶丰产栽培技术》、《油茶改造技术要领》、《油茶改造技术标准》、《油茶林生产年事表》各1000多份，发放到农户手中。这个县还建立了30多个高产油茶基地和油茶无性系繁殖基地，先后从中国林科院亚热带林业实验中心及省林科院引进优良品种，大力实施低产油茶林改造。目前，全县首期5000亩油茶林得到了改造和品种改良，每亩比改造前多产茶籽60kg。

同时，尤溪县引导油茶精深加工，带动油茶产业化发展。作为油茶龙头企业的沈郎食用油有限公司积极引进油茶优良品种，在蒋坑村、新洋村、蕉坑村等建立千亩油茶林示范基地，为示范基地农户免费提供新的优良油茶种苗达3.5万多株，辐射带动全县种植油茶林面积1.2万多亩。其生产开发的"沈郎乡牌"山茶籽油荣获国家有机食品和AA级绿色食品双认证证书，打响品牌，形成了一个集生产、加工、销售为一体的产业化体系。目前，该公司已在全县发展油茶种植户达5000多户，去年农户增收850多万元。

（二十二）福建省大田县

大田县号称"岩城"，可想而知"石头"不少。大田县油茶栽培历史悠久，目前，境内还有少量清末栽植的老油茶林。2014年，大田县被授予"中国油茶之乡"。20世纪20年代，大田县采用育林基金补助油茶发展，育苗每百株补助0.5元，造林每亩补助5元，油茶面积不断扩大，产量回升，油茶品种选育、栽培技术达到全国先进水平。早兴公社则是远近闻名的万亩油茶基地，1972年，早兴有油茶林10968亩，年产茶油40多吨，油茶收入占当地农业总产值35%。1974年9月，时任早兴大队书记卢作聚出席全国油茶科技协作会议；1975年1月，他又参加国务院棉、油、糖、麻、烟会议；1975年6月，早兴公社林业员杨本玲出席全国油茶生产经验交流会。

1979年，大田县油茶产量首次达到300t。1982年，全县油茶面积突破10万亩，之后，由于投入不足，茶园管理水平粗放，压榨工艺较低，市场销售不畅，大田油茶产业走了下坡路。2003年，集体林权制度改革后，群众经营油茶积极性高涨，低产油茶林经改造，茶籽产量明显提高。

2008 年 11 月，省林业厅下文确认大田县为国家、省两级油茶产业发展重点县，茶农们更是用心种植油茶，一个个精品油茶园、油茶村在大田涌现。

现在，大田已成为"中国油茶之乡"。全县现有油茶林 15.3 万亩，占全县经济林总面积的 61%，已投产 14.3 万亩，年总产值近亿元。

（二十三）广东省平远县

平远县位于广东省东北部，粤、赣、闽三省交界处。2010 年，平远县被授予"中国油茶之乡"称号。

平远县历史上有种油茶的习惯，20 世纪 60 年代，兴办了油茶林场和油茶学校。20 世纪 70 年代末，平远油茶发展进入鼎盛时期，油茶实际种植面积达到 20 万亩。1976 年，平远县被广东省人民政府列为全省 26 个油茶生产重点县之一，1983 年再次被列为全省 9 个重点油茶生产基地县之一。2005 年，平远县油茶丰产林示范项目被国家林业局列为第四批全国林业标准化项目之一。2008 年，平远荣获"油茶丰产林国家标准化示范区"称号。

平远油茶种植已由过去零星分散转向基地化、规模化，加工由传统转向现代，产品由单一转向多元，经营由自给自足型的农产品转向市场化品牌商品，油茶产业已成为当地农业支柱产业。2010 年，全县共有油茶林面积 17.1 万亩，年产茶油 1100t，实现产值 7000 多万元。

第五节　油茶经典故事

油茶在数千年的历史演化过程中，与中华民族的发展史息息相关，使中华先辈儿女们在与大自然斗争、推动历史发展的征途上留下了脍炙人口的故事。凸显出油茶文化的精要。

一、御厨彭祖的拿手好菜

众所周知，彭祖是我国最早的长寿明星，相传他活了 800 岁（但其真实年龄无法考证）。但是，彭祖的另一身份却鲜有人知——他是我国第一位著名的职业厨师！这个厨师只有一个顾客——皇帝！

然而，彭祖是怎么获得御厨殊荣的呢？这与茶油还有一段不解之缘。相传尧因为长期奔波劳累，身体欠佳。彭祖用一道茶油野鸡汤激活了这位倦怠懒食的皇帝的味蕾。每日一道茶油野鸡汤，尧帝既饱口福，还从此百病不生。

野鸡在当时并不罕见，配料也无玄机，"秘密"便集中在茶油上。原来，彭祖深谙养生之道，还专门阐释过茶油补充元气、调养脏腑的养生功效。凭借一碗普通的鸡汤，彭祖从此常侍君王之侧，茶油也由此扬名天下。茶油野鸡汤作为彭祖的拿手好菜，也被誉为"天下第一羹"。

二、要得英雄心，先得英雄胃

看过《三国演义》的人都熟悉"二乔"，她们是东汉末年乔公的两个女儿，是当时风华绝代的大美女。大乔嫁给了割据江东的孙策，二乔则嫁给了东吴的大将周瑜。

人们常爱引用这段著名的典故证明英雄抱得美人归的人生命题。殊不知，除了美貌，吸引这两位闻名当世的传奇人物的，还有二乔特殊的身世。

原来，二乔的父亲乔公是当地著名的"餐饮明星"，他开的"乔家食铺"生意火爆，远近闻名。胜出的秘诀是因为店里所有的菜系均用自产的茶油烹制，别有一番风味。许多人慕名而来，一来是为了目睹有沉鱼落雁、闭月羞花之貌的大乔小乔，二来是为了能吃上声名远播的乔家茶油及各种菜肴。两个聪明伶俐的宝贝女儿是乔公最大的骄傲，他因此干脆将自家茶油命名为"二乔茶油"，于是当地百姓争相传唱"皖城乔家开食铺，二乔茶油添滋补"的民谣。

分别嫁给孙策和周瑜后，大乔二乔都深得父亲真传，尤其是小乔，更是心灵手巧，对周瑜百般体贴。早晨，她用"二乔茶油"拌面；中午，她先用"二乔茶油"爆好鸭子，然后用冬虫夏草、泽兰，同鸭子一起炖制，做成滋补菜肴；晚饭她用山茶油加新鲜黄豆煎荷包蛋……才女张爱玲说："要得到男人的心，先经过他的胃。"这样看来，大乔二乔都是深谙御夫之道的聪慧女子！

"大江东去，浪淘尽，千古风流人物。"然而，乐观多智、善良仁爱的乔公，娇艳美丽、光彩照人的二乔，风流盖世的东吴英雄以及味美香醇的"二乔茶油"在乱世中的三国皖城却独树一帜，留下了一段段美丽动人的传奇佳话。

三、油茶树下的皇室才俊

胡昌翼是唐代著名的学者，他传奇的身世更是为人们所传道。很长一段时间以来，胡昌翼并不知道自己是太子之身。他的父亲昭宗是唐代最后一个皇帝，在逃难途中生下了他，只能将他托付给大臣胡三公抚养。托孤后不久，昭宗即被杀害。

胡三公深感责任重大，最困扰他的问题是，到哪里定居抚养这位皇室最后的血脉呢？经过反复思考，胡三公选择了家乡江西婺源。因为这个地方，生长着一种神奇的植物，它需要历经五季才能成熟摘果。胡三公认为这是一种神圣树种，隐居此处应该是顺应天意之为。这种"奇怪"的植物，它的名字叫作"油茶"。

带着复杂的心情，胡三公带着年幼的昌翼住了下来。怀着对油茶树的敬畏与感恩，聪明的胡三公带领村民改良了粗糙的榨油技术，并坚持用榨出的清亮茶油喂养太子。几年之后，年少的胡昌翼就因为天资聪慧成了闻名遐迩的"神童"，并一举考上进士。当时的人们并没有将昌翼的聪慧与茶油联系起来，然而，科学昌明的今天，人们却早已经雄辩地证明了茶油中富含的DHA对儿童智力发育的促进作用。

胡昌翼是在"春风得意马蹄疾"高中状元的时候知道了自己的身世。他做了一个出人意料的决定：急流勇退，仕途归隐；开设书院，周济乡邻。胡昌翼去世后，淳朴的乡民感念他的乐善好施，为纪念他特殊的身世，将油茶树称为圣子树，将茶油称为圣子油。这饱含深情的称呼，寄予了人们对胡昌翼传奇一生的感佩与怀念！

值得补充说明的是，胡昌翼是以96岁的高龄谢世的，这与他长期食用茶油不无关系。实际上，在江西婺源，长寿老人比比皆是，最长寿者达119岁，早在清代，就被赐予"长寿故里"的称号。

四、朱元璋的疗伤秘籍

也许是因为明代开国皇帝朱元璋出身贫贱的缘故，关于他的民间传说特别丰富，这其中，他与茶油的不解之缘特别富于传奇色彩。

一个秋天，朱元璋被敌军追杀，被困在一片油茶林中。正在油茶林中采摘茶果的老农见状，急中生智把朱元璋装扮成采摘油茶果的农夫，幸免一劫。老农见朱元璋遍体是伤，就把茶油涂在他的伤口上。不几天，朱元璋惊讶地发现，身上的伤口红肿渐消、慢慢愈合。于是他高兴地称油茶果是上天赐给大地的人间奇果。后来他在老农家休养一段时间，便秘又有好转，得知这是每天吃茶油的缘故。

朱元璋称帝后，除了善待救治他的老农，更是魂牵梦萦着那片神奇的油茶林，在他看来，那是他转危为安、重获新生的生命之林。因此他将茶油封为"御膳用油"。因为他对茶油的情有独钟，一时之间茶油在后宫"洛阳纸贵"，慢慢地，享用茶油竟然成了一种身份的象征。后宫中爱美的嫔妃用茶油滋补养颜，称其为"御香油"、"贵妃油"、"八珍油"。御厨们则用小米面为原料，配以杏仁、花生米、海带丝、豆腐丁和调味品，再用茶油调匀，这是宫内最受欢迎的御膳食谱。

五、乾隆赐名油茶林

乾隆皇帝一生爱吃茶油，有人统计过公元1780年乾隆皇帝八旬寿庆典礼上的菜谱，发现"寿宴"所做的热菜二十品，冷菜二十品，汤菜四品，小菜四品，鲜果四品，瓜果、蜜饯果二十八品，点心、糕、饼等面食二十九品，共计一百零九品菜肴中的用油，都以茶油为主。

乾隆虽知茶油味美，但因为长期生活在北方，即使贵为一国之君，他也未亲眼见过茶油之源——油茶树。这种情况直到他微服私访下江南时才改变。

相传他一路游历，来到江西宜春一带。忽然看到了一幕幕在北方很难见到的奇景——不远处的山坡上，家家户户都上山摘茶果，榨油坊里，伴随着号子声，许多壮汉都在挥汗如雨地榨油。乾隆帝非常好奇，便去榨油坊一探究竟。贴身御厨告诉他，这就是他平时爱食的御用茶油的产地之一。

乾隆听后，方明白原来自己钟爱的茶油竟然是长在山林之中，且要经过如此复杂的工序方可得到，真是来之不易。他心生感慨，将身边一个长满油茶的山坡赐名为"御贡坡"，回京城后，他又降旨，在御贡坡一带建皇家榨油坊，并赐名"御道坊"，并挥毫题下："古道油香三千里，御道坊内养天年"的句子。直到今天，这个故事仍然在人们的记忆中活色生香，带给我们无限的遐想。

六、毛泽东数"桃"分山

毛泽东主席生于湖南，长于湖南，在他的家乡韶山冲周围的山岭上到处都是油茶树，他是闻着茶花清香、吃着茶油长大的。

正是因为对油茶的熟悉，在《兴国调查》中，主席开创性地提出了数"桃"分山的办法，他把油茶树的果实称作"桃"，也称作"茶子"。

在以后漫长的革命生涯中，带着油茶树特有的顽强与坚持，毛泽东和他的同事们战胜了无数的艰难险阻，从井冈山，到延安直至创立中华人民共和国。住进中南海后，韶山冲的乡亲们常来看他，带得最多的就是辣椒、腊肉和茶油。茶油是用有些粗糙的罐子装着的，笋衣做的盖子盖得严严实实，这看似朴拙的礼物，饱含了多少深深的乡韵与乡情！

第二章 油茶产业的现实价值

油茶产业因具有"不与粮争地"的优点和安全、高品质的特征而受到决策部门和学术界的重视，它所具有的生态价值、经济价值和社会价值不仅能改善林业可持续经营模式，更在充分发挥我国丰富的林地资源食物供给能力方面具有战略意义。从油茶产业的特点来看，我国特有的茶油具有优质食用油全部功能特性，脂肪酸结构与橄榄油极其相似，其中单不饱和脂肪酸成分比例还略高于橄榄油，但价格仅为橄榄油的1/3左右，符合当今世界各国营养学家普遍推荐的地中海膳食模式，在国际市场上具有一定的竞争优势，对改善膳食结构，提高国民身体素质具有重要的意义。此外，对提高山区林业资源开发和利用效率，缓解农村闲散劳动力的就业压力，增加山区农民的收入，巩固和扩大集体林权制度改革的成果，促进农村产业结构调整和农村经济发展具有重要的作用。

国务院对食用油发展高度重视，2009年制订了《全国油茶产业发展规划（2009~2020年）》，对推动油茶产业的发展制定了明确的发展目标与详细的实际规划。重视油茶产业具有以下几点意义：

一是提高林地利用率，保障国家粮油安全。粮油供需问题，是随着社会发展人口增长随之而来的严峻挑战。同时，人口与耕地的矛盾也日益尖锐，国家粮油安全面临重大挑战。目前，进口植物油以橄榄油为主，占据了国内大部分市场，我国已成为世界上最大的食用植物油进口国和油料进口大国。目前，我国政府出台相关政策，规划将低产油茶林进行改造，在优质茶油产区建设优质高产的油茶林，规划将建设2500余万亩，缓解日益紧张的油料供给矛盾，为国家的食用油安全提供有效保障。

二是解决国家耕地资源短缺问题，实现林业跨越式发展。我国农村耕地已经达到了高度的精细化程度，单产提升的空间很小。但是，根据统计数据显示，适合种植油茶林的林业用地还有较大的发展空间，全国宜种油茶林的荒山荒地面积约为5381万亩，因而发展油茶产业，对于提高国土资源利用率，实现全国林业跨越式发展具有重要意义。

三是解决农民就业问题，建设社会主义新农村。据不完全统计，全国有56%的人口居住在国土面积69%的山区，发展山区经济，是提高农民收入，破解"三农"问题的关键。全国油茶种植产业主要的分布地区，多为经济欠发达地带，这些地区的林业资源中最具发展前景的非油茶莫属。现在不少地方已形成油茶产业链，采取"公司＋农户＋基地＋加工＋市场"的运作模式，解决了山区农民依托本地资源就业问题，这对加快贫困地区农民脱贫致富和社会主义新农村建设步伐有很大的促进作用。

四是优化食用油消费结构，提高国民健康水平。茶油因其拥有极高的营养价值和保健作用，又具有中国本土化的特点，所以被称为"东方橄榄油"，是我国高档的保健食用油。茶油品质优良，气味清新，色泽澄清，味道醇正，已成为中国政府主要推广的纯天然木本食用植物油。茶油中含有特定的生理活性物质茶多酚，能有效抑制甘油三酯的升高，预防心脑血管疾病，降低胆固醇和空腹血糖，对抑制癌细胞也有明显的功效。提高茶油品质，有助于提高茶油在食用油市场的占有率，茶油将会获得更多消费者的青睐，有利于提升国民健康水平。

五是提高环境绿化率，改善生态环境。油茶四季常绿，根系发达，具有抗低温冻害、耐干旱瘠薄的特点，其防火效果较好，适生范围较广，大面积种植油茶林，不仅可以提高荒山的绿化率，而且还具有调整森林结构，提高森林生态多样性，保持水土，防火防虫的重要意义。据相关机构测试，油茶对 SO_2 和氟化物具有很强的吸收能力。可见，油茶林的种植不仅有良好的经济效益，还可吸收污染物，改善当地的生态环境。

第一节　油茶林的生态价值

油茶林不仅是一种以经济效益为目的的资源，而且是自然—经济—社会复合系统的重要组成部分。油茶林作为森林大生态系统的重要组成部分，其在制氧固碳、保持水土，涵养水源、滞留尘埃、净化空气维系生态平衡方面有难以替代的作用。此外，油茶林是四季常绿作物，因而还具有很高的景观美学价值。

随着人口的增长和工农业的发展，人类在生产和生活中不断地向环境中排放有害物质，特别是对自然资源的不合理利用，使人类的生存环境出现了严重危机，包括环境污染、自然资源的破坏以及由此引起的生态环境的恶化，严重危害人体健康。以绿色植物为主的森林，作为生物圈中最复杂、最重要的生态系统，它的作用绝不仅仅是为人类提供木材，它是人类生存环境的绿色屏障，也是蕴藏着丰富的动植物资源的宝库。其中，油茶林作为天然的空气净化器，既能够防风固沙、保持水土、涵养水源，还能够制造氧气、净化空气、杀灭细菌、过滤尘埃、消除噪声等，在环境保护中起着非常重要的作用。

油茶生长很快，并具有耐干旱、耐贫瘠的特点，适应性强，抵御自然灾害能力强，对土壤要求不高，丘陵、沟边、路旁均能生长，其根系发达，树冠较大，大面积种植后，可以绿化荒山，提高森林覆盖率，有利于保持水土，调节气候，改善农业生产环境。油茶花色浓艳，既是观赏树，又是蜜源树。其叶片对灰尘有很好的吸附作用，还具有很好的杀菌、杀虫和吸收有害气体的功能，可以改善环境与气候。油茶适宜林粮间种，因其不与农田争地，不仅能增加粮食产量和经济收益，而且大量落叶腐烂后还能够提高土壤肥力。同时，它又是一个抗污染能力极强的树种，对二氧化硫抗性强，有较强的抗氟和吸氯能力，具有净化空气的独特功能。据测定，在氟污染源200m处，叶中含氟量达1000mg/kg以上时，油茶还能正常生长。在污染区栽植2个月后，1kg干叶可吸收7.4g硫。油茶作为一种长寿树种，可以一次栽植多年收益，稳产期可达百年以上，且油茶叶常绿、革质，树皮光滑，不易着火，是一种营造防火林带的优良树种。综上表明，油茶的生态功能主要表现在固碳释氧、涵养水源、保持水土、滞尘、抗化学污染等几个方面，这对改善荒山荒坡生态环境有重要的作用。

一、油茶林制氧固碳

目前，油茶林的生态效益是众多学者重点研究的方面。油茶林具有较强的固碳释氧能力，是改善空气质量，维持大气碳氧平衡，保护全球生态的关键。不仅油茶林的植株、叶片可以固碳，且其林下植被、土壤微生物等也具有固碳功能。研究不同品种油茶的光合特性以探索其固碳释氧能力，是当今世界在解决大气因 CO_2 排放量过多而引起气候变暖问题的有效途径，是现今我国林业建设、林业生产与林业研究的新课题，因此，深入研究油茶林对环境保护和净化空气的作用，对人类社会以及生物界乃至全球大气的平衡，具有极为重要的意义。

林木最重要的一个作用就是通过自身的光合作用吸收空气中的二氧化碳并释放氧气，调节大气中的氧气含量。油茶林分的制氧效益的计算公式如下：

$$油茶林分的制氧效益 = C \times S \times G \qquad (2-1)$$

式中：C 表示 $1hm^2$ 油茶林所释放的氧气量；S 为油茶林地面积；G 为工业制氧价格。

随着工业化进程的加快，大量化石燃料的燃烧以及土地利用方式的改变等人为因素导致 CO_2 等温室气体浓度持续升高，气候不断变暖，全球环境日益恶化，引起了一系列的生态环境问题。目前，CO_2 减排的呼声日益高涨。森林生态系统是陆地生态系统的主体，是世界上除海洋之外最大的碳库，约占全球陆地生态系统地上碳库的 80% 和地下碳库的 40%，对全球碳平衡起着十分重要的作用，其碳汇功能越来越受到人们的重视。准确估算森林生态系统的固碳现状，对合理经营和管理森林，评价森林生态系统碳汇潜力，促进森林和陆地生态系统碳汇功能等均具有重要意义。

发展油茶碳汇林是减缓全球气候变暖趋势的必然要求。碳汇林在减少 CO_2 气体排放、维持大气中 O_2 和 CO_2 浓度平衡、遏制全球气候变暖趋势中发挥着重要作用，是林业和环境保护工作者在新的发展环境下共同面临的迫切任务。目前对碳汇林的研究多集中在固碳释氧功能监测方面，对其结构配置和林分经营等方面的系统研究较少，针对此种情况，今后应加强油茶林树种选择和植被结构配置方面的研究。

从油茶林的垂直结构来看，影响固碳释氧能力的层次主要有冠层、凋落物层和土壤层，其中冠层主要受其冠型、枝夹角、叶夹角和叶面积指数等因素影响，凋落物层主要受其种类、数量和分解速率等因素影响，土壤层主要受其根系类型、数量、腐烂分解速率等因素影响。这一切取决于树种选择和组配，未来从油茶林结构与功能的关系系统地剖析结构特征和监测固碳释氧量，能够诊断林分固碳释氧功能低下的结构缺陷，有针对性地开展油茶碳汇林结构配置和调整。

油茶林碳汇由两部分组成，一部分是植株碳储量，另一部分是油茶果实碳储量。据测算油茶植株的碳储量为 4.67 吨/亩、油茶果实每年每亩固碳 1.66t，采用瑞典的碳税率每吨 150 美元计算，进入盛产期后油茶林每年每亩的固碳效益为 249 美元。

油茶每年通过根从土壤中吸收养分，供给树体各器官的生长发育，同时又通过枯枝落叶将养分归还给土壤，形成养分的生物循环。同种油茶的日同化总量、净同化量、单位叶面积固碳释氧量、单位土地面积固碳释氧量与其净光合速率季节变化一致。在树种的生长过程中，由于本身生理机能以及外界环境的变化，光合作用水平也随之发生改变，同一种植物在不同季节的净光合速率差异较大，因此固碳释氧量也存在差异。植物固碳释氧量的变化与植物季节生理变化的规律一致，大体为夏季与秋季固碳释氧量相对较多，春季处于中等水平，冬季固碳释氧量最少。秋季由于光照强度较强，温度适宜，较适宜植物进行光合作用，因此秋季的植物固碳释氧量较高；夏季光强过强，导致外界气温过高，植物极易出现"光合午休"现象，蒸腾速率提高，叶片气孔关闭，降低了植物的光合作用强度，因此固碳释氧量要略低于秋季；春季是植物的生长适宜期，植物长出嫩叶，但新叶叶面积较小，光合作用强度是随着叶面积的增大而增强，因此春季的固碳释氧量不如夏季与秋季；冬季光强较弱，环境温度较低，植物生理性能较差，光合作用随之减弱，固碳释氧量较低。

二、油茶林保持水土、涵养水源

油茶林同其他林分一样，均能在降雨时候截留一部分雨水，这样不仅减缓了雨水对林地土壤的冲刷侵蚀和地表径流量，而且其枯枝落叶和林下草本植物吸收和存储的水分不仅能截留雨水，有效地减少地表径流，减少降雨对林地的侵蚀，减缓径流汇流时间，防止水土流失，又能在干旱时期为林木正常生理活动提供水分保障，还能改良土壤养分状况和土壤结构，保持水土，又可促使气候的调节。

南方山区水土流失现象严重，泥沙由径流等淤积到附近的水库中，增加了水库的运营成本。目前普遍采用人工清淤的办法以解决水库淤积问题，故用清淤费用折算为防治水土流失的效益。

计算公式如下：

$$V = \frac{1}{2} S \frac{W_a - W_t}{d} \times G \tag{2-2}$$

式中：V 表示清除淤积泥沙的费用（元）；S 为油茶林面积（km^2）；W_a 表示无林地的侵蚀模数，其单位为 $t/(km^2 \cdot y)$；W_t 表示有林地的侵蚀模数，其单位为 $t/(km^2 \cdot y)$；d 为土壤容重（$1.02t/m^3$）；G 表示清除 $1m^3$ 的淤泥所耗的费用（元/米^3）。

水土流失不仅指泥沙等固态物质的流失，土壤表层的养分也随着泥沙的流失而流失，因此土壤肥力有变差。土壤中矿质养分种类很多，仅以氮、磷、钾 3 种矿质养分为代表计算其流失量，计算公式如下：

$$矿质养分流失价值 = FKH = BS(W_a - W_t)KH \tag{2-3}$$

式中：F 表示养分的流失量；B 表示养分的流失量在土壤养分含量中所占的百分比；$S(W_a - W_t)$ 与公式（2-2）中相同符号所表示的意义相同；K 为折算系数，即将纯磷、钾、氮换算成过磷酸钙、硫酸钾和碳酸氢铵的系数；H 为过磷酸钙、硫酸钾、碳酸氢铵的销售价格。

林分涵养水源的能力可从土壤最大蓄水量和最大蓄水深度两方面分析，按照如下公式计算：

$$油茶林地土壤蓄水量＝10000 \cdot PD \qquad (2-4)$$
$$油茶林地土壤蓄水深度＝0.1 \cdot PD \qquad (2-5)$$

公式（2-4）和（2-5）中：

P 表示土壤非毛管孔隙度（％）；D 土层厚度。

土壤是油茶林生态系统中最基本的资源，为其生长提供必要的水分、矿质营养元素、空气和微生物，对根系具有机械支持作用，土壤状况直接影响植物的生长发育，了解油茶林土壤肥力状况有利于及时调整经营措施，最大限度地发挥林地生产力。土壤的氮、磷、钾是植物生长所必需的三大营养元素，对于整个油茶林生态系统的养分循环具有重要意义。了解土壤氮、磷、钾含量，不只可以判定土壤肥力，制定施肥计划，而且对于反应生态系统养分微循环也有相当大的意义。

目前我国水土流失情况严重，许多河道的河床越来越高，蓄水能力越来越差，严重影响河道的运输能力和农作物的生长。而油茶林在蓄水保土、调节气候、改善环境、维持生态平衡中发挥无可比拟的生态效益，如果油茶林涵养水源能力较高的话，就能够更高效对降水进行拦蓄截留，使水土流失情况减轻，继而许多问题迎刃而解。林内存在各种类型的青草、苔藓和蕨类等植物，在这些植物的综合作用下，对降水有截留含蓄的作用，并能够对截留下来的水进行分配。另外，油茶林地表的残枝败叶、草根、树根、腐殖质等，都能够起到吸收水分、减少地表径流、防止水土流失的作用。

（一）油茶林土壤物理性质及防御效果

油茶林地土壤是其生态系统的组成部分，同时，在水分循环中起着重要作用。它由矿物质粒子和胶体性腐殖质混合而形成，除了落叶、腐殖质的堆积层外，还能自然形成发达的层次，加之苔藓层的存在，土壤疏松、多孔、透水性能良好，因而对降水的涵蓄和对径流的调节作用特别明显。

油茶适生范围广，对土壤适应性很强，是耐瘠薄、耐干旱、耐酸性的树种，最适合在 pH 值为 4～6 的酸性土壤中栽植，土壤偏碱性的地方不适合栽植油茶。油茶可广泛栽种于土质较差的环境中，石漠化地区虽然土壤的 pH 值较高，土壤偏碱性，但通过人工施酸性肥料和农家肥可降低土壤的碱性，从而使油茶正常生长。因此，发展油茶产业，对于保障粮油安全、缓解耕地压力、促进山区林农增收和改善山区生态环境都具有重大意义。油茶四季常绿，根系发达，抗低温冻害，防火效果好，具有较强的生态适应性，是防护林、水土保持林绿化的重要树种，具有一定的生态价值，适合在南方黄红壤的林地上种植，可利于前期的保持水土与涵养水源，改良土壤条件。当前，油茶林产业面临兼顾经济效益、生态效应、社会效益与康养价值的多重任务。

目前，我国针对油茶林水土保持效益方面的研究很少，大部分对油茶的研究集中在油茶林相关生长特性及林下土壤肥力质量研究，对第四纪网纹红壤的成因及土壤理化性质研究较多，但对生长在第四纪网纹红壤上的油茶林的水土保持效益研究非常缺乏，可以充分利用油茶林边际性土地来发展，既能促进农村经济发展，又能绿化荒山、保持水土，促进生态脆弱区的植被恢复，显著改善农村生态面貌和人居环境，是经济效益、生态效益和社会效益俱佳的优良树种，符合现代林业发展的方向和要求。

以往的研究表明，油茶林间套种作物对油茶林土壤的物理性质影响是较为显著的，不同的作物套种影响不同。以套种花生为例，在土壤密度和土壤孔隙度方面，套种花生会降低土壤密度，提高土壤孔隙度，具有更好的水土保持效果。另外，套种绿肥植物增加地表植被凋落物累积，使得土壤中有机物累积发生改变，使土壤变得疏松，改变土壤通气透水性，改善土壤物理结构，达到保持水土的效果。套种作物伸展生长的枝叶或藤蔓自然覆盖裸露地面，不仅降低了土壤温度，而且也缓和了暴风雨对土壤的直接侵蚀，减少了水、土、肥的流失，同时为微生物的繁殖与活动提供了环境，增加了微生物数量。因此，从后期的经营考虑，可在油茶林下栽植凋落物较多、持水能力较强的植物，既不影响油茶生长，又可增加土壤覆盖，逐步改善土壤条件，混合经营使得更好地发挥林下经济效益和水土保持功能。因油茶作为一种经济树种，是否高产对林农来说也是极为重要的，故应该在立地条件较差的林地适当增加施肥量，加强水肥管理，促进改善土壤条件，加快油茶林分郁闭，使既能够提高果实产量，又能利于水土保持。

（二）油茶林冠层特性及防御效果

油茶林间的枯枝落叶不仅能有效地截留雨水，减少降雨对林地的侵蚀，减少地表径流，防止水土流失，还能改良土壤养分状况和土壤结构，保持水土。油茶是直根系植物，主根发达，须根较多，耐贫瘠等特性决定了其保持水土效益较高。另外，油茶林冠层在对大气降雨的再分配过程中，穿透雨量占降雨量比例最大。它通过林外降雨直接透过林冠层进入林内以及通过林冠层的吸附、拦截后再进入林内，对降雨的拦截和吸附能够有效减少林外降雨到达地面时的动能，有效降低了雨滴对地表形成的侵蚀程度，从而减少了地表径流量，因此油茶林具有一定的保持水土的功能。但是，在发展油茶产业的同时，也可看到有些地方不重视环境保护，特别是对新造油茶林地的水土保持重视不够。因此，整地方式对新造油茶林地的水土保持有很重要的作用。在实际工作中，要根据林地的地势、土壤、耕作习惯和水土流失的不同情况而采取不同的整地方式。全垦深挖整地方式只限于平地或坡度较小的林地，且土壤肥沃、有耕作习惯的地区使用。环山水平梯带整地方式适用于坡度 $5°\sim15°$ 的林地，且现在油茶栽培多选用该类林地。

三、油茶林滞留尘埃

随着现代工业的不断发展，空气污染越来越严重。粉尘是城市空气中的主要污染物，粉尘中除含有重金属外，还含有致癌物质和细菌病毒等，对人体健康造成极大的威胁。植物对排放到大气中的污染物有一定的吸收和净化作用，是防治空气污染的一种有效补充工具。因此对植物滞尘效应的研究是其生态效益研究的重要内容，也是当前生态学研究的热点问题之一。

自 20 世纪 90 年代以来，我国开始进行树木滞尘方面的研究，树木的滞尘能力，受到林带的宽度、树木组成、种植密度、树冠形状、枝叶密度、幼树和下木的状况及生长季节等因素的限制和影响。而油茶的滞尘作用，因季节不同而有变化，如冬季叶量少，甚至落叶，滞尘能力较弱，而夏季滞尘作用最强。植物吸滞粉尘的能力与叶量多少成正相关。据测定，即使在树木落叶期间，它的枝丫、树皮也有滞尘作用，也能减少空气含尘量的 18%～20%，油茶枝干发达且表面粗糙、有绒毛，有较强吸附粉尘的能力。有些植物单位叶面积滞尘量虽不高，但它的树冠高大、枝叶茂密，总叶面积大，比如油茶就具有庞大的树冠，加之叶片表面的分泌物等，对灰尘、粉尘具有很强的阻挡、吸附、过滤和黏着作用，从而可以净化大气，所以植株个体滞尘能力就十分显著。

油茶特种多样性十分丰富，很多种类也具有很高的观赏价值，在城市生态系统的平衡调控中起着重要作用，特别是在吸滞大气污染物，提高空气环境质量上具有显著效果。油茶属山茶科，常绿小乔木或灌木，树木的枝叶截留并吸附空气中部分尘埃能力强，因为乔灌草型的单位绿地面积上的绿量（绿色植物叶面积总和）较高，可以滞留较多的粉尘，所以乔灌草型绿地具有较大的减尘率。其次，乔灌木的复层结构为再次截留粉尘提供了条件，当尘埃碰到树木枝叶时，有 3 种可能：保留在枝叶表面、弹离开或保留一段时间后返回空气中或被雨水冲洗掉。弹离后重新回到空气中的粉尘，就有可能在重力或风的作用下，被不同层次的枝叶再次截获，因此提高了油茶的减尘作用。

四、油茶林叶片吸收有害气体

油茶林为什么能够吸收有害气体？这是因为油茶林具有呼吸作用和光合作用。这两个作用是油茶体内外进行气体交换的两个重要机能。植物的呼吸作用是植物生命活动中最重要的生理机能之一，绝大多数植物是吸进氧气，呼出二氧化碳。植物另一个特殊的生理机能就是光合作用。光合作用时，吸进的是二氧化碳，呼出的是氧气。但植物的光合作用比它的呼吸作用大 20 倍，所以植物是生产氧气的"加工厂"，维持着大自然的生态平衡。实验证明，环境污染物虽然对树木有一定危害，但当其浓度不超过树木的忍耐极限时，树木还是有很强的吸收有毒污染物的能力。空气中的有害气体，正是通过植物的气体交换作用，随同空气从植物叶片上的气孔进入植物体内。

油茶林净化大气的作用主要是通过叶片吸收大气中的毒物，减少大气中的毒物含量，与此同时植物把某些毒物在体内分解，转化为无毒的物质，自行解毒。

（一）油茶林吸收二氧化碳

油茶林可以吸收二氧化碳，放出氧气。二氧化碳是大气的一种污染物，它虽然无毒，对人体无直接的危害作用，但大气中的二氧化碳浓度达 0.05% 时，人的呼吸已感不适，当含量达到 0.2%～0.6% 时，对人体就有害，浓度为 10% 时，人很快失去知觉，停止呼吸而死亡。"温室效应"就是空气中二氧化碳、颗粒状悬浮物增多而造成的。有人研究估算二氧化碳浓度每增加 10%，地球表面温度就能提高 0.5℃。油茶林就是二氧化碳和氧气的调节器，既是二氧化碳的消耗者，也是氧气的天然加工厂，叶片要形成 1mg 的葡萄糖，就必须吸收 250mg 的二氧化碳，而且有较大的叶面积，吸收二氧化碳的能力很强。据计算，每年被地球上全部植物所吸收的二氧化碳为 9.39×10^{10} t。

（二）油茶林吸收二氧化硫

油茶作为一个抗污染能力极强的树种，对二氧化硫抗性强，抗氟和吸氯能力也很强。二氧化硫素有"大气污染元凶"之称，是一种无色有刺激性气味的有毒气体，一般认为，空气中二氧化硫的浓度大于 5×10^{-7} 时，刺激加剧，少数人还会出现严重的支气管痉挛，吸入高浓度的二氧化硫，可以引起喉水肿和声带痉挛而窒息，还可并发肺炎、肺水肿等疾病。油茶叶片可大量吸收大气中有害气体，通过叶片吸收大气中的 SO_2，不仅在叶片内积累而且还进行转移并参加植物体内的生理生化过程。二氧化硫主要是借植物叶片的光合作用和呼吸作用，进行气体交换时，经叶片气孔进入植物叶肉细胞的一部分硫参与植物合成氨基酸，另一部分遇水变成亚硫酸，并进一步形成亚硫酸盐。植物本身有能力把亚硫酸转化成毒性很小的硫酸盐。测定数据表明，在污染区栽植油茶，2 个月后测定，其 1kg 干叶可吸收硫 7.4g，吸收氮 2.9g。可见，油茶林的种植不仅有良好的经济效益，还可吸收污染物，改善当地的生态环境。

（三）油茶林吸收和抵抗光化学烟雾等有害污染物

油茶能吸收分解和抵抗光化学烟雾等有害污染物。臭氧是光化学烟雾的主要成分，也是光化学烟雾产生危害的首要污染物。当空气中臭氧的含量超过 10^{-5}%（体积分数）时，就会对人体、动植物以及其他暴露在空气中的物质造成危害。臭氧被植物叶子吸收后，在植物体内维生素 C 的作用下，变成氧分子和水，具有解毒的功能。氮氧化合物也是光化学烟雾中的主要成分之一，大气中有六种氮氧化合物（包括 NO、NO_2、N_2O、N_2O_3、N_2O_4、N_2O_5），其中对人类危害较大的是 NO 和 NO_2。在空气中，NO 和 NO_2 可以发生氧化还原反应，两者对人体的呼吸器官都有毒性，NO 能与血液中的血红蛋白相结合，生成亚硝基血红蛋白和高铁血红蛋白，从而使血液的输氧功能下降。NO_2 对眼、鼻有强烈的刺激性，若在有 NO_2 污染的环境中工作、生活，肝功能明显受损，经常接触可生成慢性肺气肿或肺纤维化。因此，氮氧化合物被油茶吸收后，通过各种代谢作用，还原为氨基酸、氨，最后可与碳氢化合物形成蛋白质。

油茶林能够消耗 CO_2，制造 O_2，对大气、水域、土壤中的污染物质有吸收和净化的能力，还能改善气候，增加雨量，使天上水、地表水、地下水正常循环；同时，下雨时它又通过林冠和地面枯枝落叶层截留雨水，使雨水缓缓渗入地下，涵养水源，成为"天然水库"。其庞大的根系，盘结土沙，具有防风固沙，保持水土的良好性能。它可使水、土、气、热之间正常转化，为动、植物的生长提供良好的环境条件。所研究的固碳释氧、保持水土，涵养水源、滞尘和吸收效益只是油茶林生态效益的一部分，油茶林还有其他的间接效益如降低噪声、吸收辐射线、蒸腾效益等，在进行植物配置时，应尽量减少草坪面积，多种植乔木与花灌木，尤其注意抗干旱、耐瘠薄的木本植物选择，形成乔、灌、草相搭配的立体复层次结构，这样不但园林植物景观丰富，而且也能发挥出油茶林更大的生态作用。所以，油茶林在绿色植物和环保中占有重要地位。

第二节　油茶的经济价值

油茶林作为一种经济林，经济效益是最重要的一个功能，因此，经济指标是直接反应油茶林健康与否的关键指标，要衡量油茶经济效益好坏，由油茶的产量与质量以及投入产出比来衡量。油茶林作为人工林，俗话说："三分种七分管"，要使油茶林达到高产、稳产、丰产，必须集约经营加强管理，营造好的环境，营造技术是发展优质高产油茶，提高其经济效益的保障。

油茶种子含油率 25.22％～33.50％，种仁含油率 37.96％～52.52％。茶油的理化常数是：折光率（25℃）1.4688，皂化价 191，碘价 81～84.83，酯价 5.8，醋质 186.1，比重 0.90118～0.91890。油茶籽加工出的初端产品——茶油，色泽金黄，通透亮泽，香味独特，营养丰富，不饱和脂肪酸一般在 90％以上，易于人体消化吸收，具有软化血管、抑制肝脂质过氧化、促进骨骼发育和利气、通便、驱虫、祛火、养颜、明目、乌发等健体延年功能，符合现代消费取向。国内市场上十分走俏，每千克茶油 100～200 元不等，高于菜籽油 3 倍以上；国际市场上供不应求，精品茶油出口价每千克高达 25～32 美元。茶油是一种不干性油，耐贮藏，不含难以消化吸收或者有害的芥酸、山俞酸和胆固醇，是易消化耐贮藏的优质食用植物油；茶油适于调制罐头，是罐头工业上最理想的油脂之一，在国际市场上是畅销商品，是战备的重要物资。茶油还可制作机器润滑油，铁器防锈油，还可制人造奶油、微胶囊、凡士林、生发油、肥皂、蜡烛、燃油和医药等。

油茶的副产品用途广，价值高。油茶果实提取物还具有抗菌、消炎、抗凝血、抗血栓的作用。总之，榨油后的剩余物广泛用于日用化工、制染、造纸、化学纤维、纺织、农药等领域，可用来制造生物肥料和生物农药，提取茶皂素、茶多糖等活性物质开发前景相当广阔。深加工可制高级护肤化妆品、精油、皂素和茶粕等系列产品。

油茶籽蛋白经过酶解可获得茶籽多肽，茶多肽具有易消化吸收、抗氧化及降低胆固醇等功能；茶籽还可提取油茶枯多糖、茶皂素、膳食纤维等，是化工、轻工、食品、医药、饲料工业产品等原料。

油茶果壳中单宁含量达 50％左右，含糠醛率达 18％以上，是很重要的工业原料。茶果壳、种壳可以提取糠醛、皂素、鞣质，可制作优质活性炭、栲胶和制碱等。

茶籽榨油后的茶粕，可炼汽油，沤制沼气点灯，可提取皂素、制抛光粉、复合饲料、有机肥、有机农药以及工业栲胶等。据分析：含氮 1.1%～1.6%，含磷 0.32%～0.61%，含钾 1.06%～1.99%，在农田中施用茶粕后，不仅能提高农作物产量，而且能改良土壤的理化性质，提高土壤的保温保水能力，还兼有防治地下害虫的作用。群众用茶粕作基肥，种红薯、花生，可以防治蝼蛄、蚂蚁、地老虎。茶粕杀虫效果较好，是制造各种土农药的主要原料，还有灭杀血吸虫中间寄主钉螺的作用。

茶粕中的茶皂素是一种溶血性毒素，能使鱼的红细胞溶化，故能杀死野杂鱼类、泥鳅、螺蛳、河蚌、蛙卵、蝌蚪和一部分水生昆虫。茶麸中含有皂素和糖苷，其水浸出液呈碱性，对害虫有很好的胃毒和触杀作用。（1）将捣碎成粉状的茶麸、沸水按1∶5 的比例浸泡一昼夜，用其淋浇防治蜗牛有较好的作用。也可制成茶麸喷洒液（用1kg 茶麸，加工成粉，加入 10～15kg 清水，充分搅拌混合均匀，浸泡 8～12h，取澄清液），当发现有蜗牛在蔬菜茎叶和瓜肉、果肉上危害时，喷洒在茎叶上或树冠上，即可杀死蜗牛。（2）用茶麸水喷洒植株，对蚜虫和红蜘蛛的防治效果很好，可达 90% 以上。（3）茶麸水还可杀灭蚯蚓。用茶麸水浇透土壤，稍过片刻，蚯蚓便会钻出土表，蚯蚓的活动能起疏松土壤的作用，功大于过，不必杀之。孰是孰非，有待朋友们根据自己的实践观察，权衡利弊，加以判断利用。（4）清塘消毒。每亩池塘要用 50kg 茶麸浸泡一日一夜后，再加上 50～75kg 的生石灰化水溶化混合泼洒全塘，7～8 天毒性消失后可放种养鱼；也可培养浮游生物为鱼种或成鱼落塘提供大量饵料，7～10 天后便可以养鱼。

木材可作小型农具、家具和燃料等。因此，油茶全身都是宝，经济价值很高。

油茶由于在人类的生产和生活中具有重大的利用价值，特别是油茶果实具有较高的经济开发价值，因而备受重视。我国油茶资源丰富，随着市场对油茶深加工产品需求量的日益增加，油茶栽植面积也不断扩大。近几年，我国油茶产业发展已经具备了良好的发展条件和难得的机遇。一是茶油市场看好，茶油及相关产品供不应求；二是茶油加工能力迅速扩张；三是科研人员成功选育出了一大批高产稳产油茶良种；四是近几年国家和有关地区对油茶产业发展给予足够的重视，出台了许多优惠、扶持政策。

发展油茶生产，变资源优势为经济优势，不仅可以改善我国生态环境、分流农村剩余劳力、增加农民收入、加快农村群众脱贫致富步伐，实现农业增产、农民增收，而且对解决"三农"问题，促进林业产业结构调整，发展壮大林业经济具有十分重要的意义。

一、油茶的生产情况

2008 年，国家林业局第一次在湖南召开油茶产业发展现场会，自此，全国油茶产业走上了快速发展的道路。5 年来，全国共投入油茶产业资金 271 亿元，其中中央投入 55.75 亿元，地方投入 42.86 亿元，社会资本投入 172.69 亿元。全国累计完成新造油茶林 1361 万亩，改造低产林 1343 万亩，超额完成了全国油茶产业发展规划任务。5 年来，国家林业局及各省区高度重视油茶良种繁育工作，先后审定油茶良种 260 余个，确定定点苗圃 289 处、定点采穗圃 319 处。2013 年，全国繁育油茶良种苗木 7.9 亿株，可出圃两年生大苗和容器育苗近 4 亿株，满足了油茶造林对良种壮苗的需求。

油茶丰产期一般在油茶新造林第 9 年后，如果管理妥当丰产期可以维持 20 年左右，丰产期油茶亩产为 1000～1500kg 鲜果，鲜果价格一般在 3～4 元/千克，扣除各种成本约为 2 元/千克，油茶丰产期油茶收益 2000～3000 元/年。目前我国茶油市场价为 70～80 元/升，已经远远超过了其他食用油价格，形成这样的局面主要是由于油茶投产周期长，经营成本较高，产量不高造成的。

1. 前期开发成本高

油茶种植模式主要基于以下两种：一种就是油茶新造林，另外一种是油茶老林更新。不管是哪种类型，前期的整地是一笔不小的开支。一般整理一亩地，包括挖种植穴，费用一般近千元，还要完善一些基本的基础设施，如基地用房，机耕路及必要的灌溉设施等也是较大的支出。同时土地流转费也是一笔风险投资，如租赁一年每亩在 200 元左右，对于一次性付清，按租赁期 40 年来算每亩费用为 6000～8000。

2. 投产周期较长

油茶一般是两年生幼苗上山种植，从种植到有一定产量，一般需要 6 年左右时间，6 年后油茶可以进入收支平衡。这里不包括未能一次栽植成活的，如果遇见异常天气或者其他原因，投产年限还有延长，一般来说新造林经两次补植成活率可达到 100%，如果没有良好的培管，不仅影响投产时间，甚者导致油茶林荒芜或全军覆灭。在丰产前每年投入主要有施肥、除草、整形修剪及病虫害防治等，每亩成本 400 元/年以上。

3. 管护成本较高

由于人口红利消失，城镇化水平提高及其他各种原因，农村劳动力锐减，劳动力成本也水涨船高，因此油茶培管过程中劳动力费用支出占了所有培管成本中较大部分。由于立地条件限制，油茶专用机械缺乏和部分企业规模化水平经营不够及资金短缺等原因导致油茶生产过程中成本居高不下。同时其他生产资料成本上涨也是油茶管护成本较高的重要原因。随着生态环境恶化，各种害虫没有了天敌，农药及除草剂的滥用严重，不仅增加了抗药性，也影响了立地条件，严重影响了油茶作为天然有机食品的美誉。随着精致农业的发展，食品安全等级的提高，油茶培管技术要求越来越高，因此聘请专业人员费用也会增加。

4. 茶油价格相对"较低"

茶油价格是其他一般食用油价格的 3 倍以上，因此油茶绝对价格非常高，一般老百姓难以消费得起。但是综合油茶的各项成本及其保健价值，其相对价格与一般食用油价格相当，并没有获得超额利润。油茶特殊的生物学特性及自然环境影响油茶产量较其他水果相比普遍不高，一般情况下油茶可收获的果实数只占开花数的 10% 左右，甚至更低，由于油茶产量较低，导致油茶单位收益率偏低其他经济林产品，因此油茶种植市场竞争优势不明显。

湖南省现有油茶林面积 2100 万亩，年产茶油超过 25 万 t，占全国茶油产量近一半，面积及产量均位居全国第一位。湖南油茶产业总产值超过 300 亿元，是湖南农村经济发展最具潜力的产业之一。

二、油茶的投入产出经济效益分析

1. 产量评估

受气候、地貌等自然条件的影响，全国油茶种植面积以湖南、江西、广西 3 省（区）最大。湖南现有油茶林面积 2100 万亩，占全国油茶总面积的 40%，年产油约 23 万 t，江西现有油茶林面积约 1434.7 万亩，占全国油茶总面积的 27.3%，年产油约 13 万 t，广西现有油茶林面积 649.5 万亩，占全国油茶总面积的 11.8%，年产油约 5 万 t。以上三省油茶栽培面积占全国油茶总面积的 75.8% 左右，茶油产量占全国总产量的 80%。

江西省油茶种植面积 1434.7 万亩，其中高产油茶林面积 434.7 万亩，年产茶油 11 万 t 以上，2016 年总产值达到 236 亿元。种植面积和产量位居全国前列。全省规模以上油茶加工企业 50 多家，年茶油生产能力 21.2 万 t。其中，年精炼茶油产能 5000t 以上的企业有 19 家，年综合产值 5000 万元以上的有 14 家。截至 2016 年底，江西省有重点扶持攻坚特困县 38 个、贫困村 3400 个，贫困人口 276 万，且绝大部分分布在山区。而油茶在江西山区种植历史悠久，各地均有分布，是山区特别赣南原中央苏区最具特色的经济林资源。油茶作为江西省山区重要乡土树种之一，具有栽植范围广、适应性强、收益期长等特点，是实现山区群众脱贫的理想产业。

广东省曾经是油茶主产区之一，20 世纪 50 年代和 70 年代，曾经历了两次发展高潮，全省油茶栽培面积曾经达到 750 万亩左右。截至 2010 年，全省已选鉴出 200 多个优良无性系，这些优良无性系大部分是从中心产区选鉴出的。现在有关油茶良种的选育除了常规选育外，在杂交育种、抗性选育、光合生理测定以及现代分子育种等方面都已开展了深入的研究。据统计，到 2014 年底，广东已有 300 万亩油茶林，但由于本土油茶选育工作滞后，区域适生良种较缺乏。为了能在较短时间内筛选出适宜广东栽培的油茶良种，广东正从外省引进油茶优良无性系进行栽培试验。

广西壮族自治区油茶示范林基地新植 3～4 年的油茶林，亩产鲜果高的超过 500kg，卖果收入逾千元。专家测算，2009 年以来，广西累计新造油茶林 75 万亩，已有 10 万亩开始挂果，按亩产茶油 20kg 计，可年产茶油 2000t。广西林科院组织科技人员对高峰林场和横县油茶示范林基地实施现场测产，结果显示：2009 年造林的高峰林场示范林基地开花结果率为 95%，平均单株鲜果产量 5.2kg，亩产鲜果 572kg。按每千克收购价 2 元计，卖果收入 1144 元；每亩果实可加工茶油 34.3kg，附加值增加 1 倍以上。2010 年造林的横县油茶示范林基地开花结果率 30%，结果树平均单株鲜果产量 4.4kg，折合亩产鲜果 145kg，可加工茶油 8.7kg。近年来，广西突出抓好良种繁育、新造林和低产林改造，共新造油茶原料林 75 万亩，同期改造低产油茶林 70 万亩。今年前三季度，全区新造油茶林 36 万亩，超 2012 年全年总和 1 万亩。2009 年、2010 年新造和改造的油茶示范林已进入投产期。

2009 年以来，按照国家关于加快油茶产业发展的部署，广西油茶产业步入发展快车道。"十二五"以来，广西壮族自治区党委、政府对油茶产业高度重视，把它作为全区九大农业产业和五大林业优势产业之一。2015 年，全区油茶面积达 650 万亩，约占全国油茶总面积的 10%。年产油茶籽 19.4 万 t，茶油 4 万多吨，油茶一二三产业总产值达 85 亿元。

2016 年 11 月 1 日，第二届全国油茶学术大会暨广西油茶产业发展高峰论坛在南宁召开，从油茶学术大会上了解到，截至 2016 年 10 月底，广西油茶产业实现总产值 85 亿元，达到去年全年水平。与 2009 年同期相比，增幅超过 1000%。

浙江常山县有棵清末的"油茶大王"，株高 5.5m，占地 64m²，年产茶籽最高可达 250 多千克，产茶油约 17kg。除油茶树外，茶叶树种子也含有油脂，其仁含油率约 16%，其毛油味苦涩且有异味，色褐黄，精炼后可以食用。

在充分利用现有宜林荒山的基础上，未来全国油茶主产区种植面积可超过 9900 万亩，油茶果年产量 4000 万 t，油茶籽和茶油分别为 1200 万 t、300 万 t。从未来全国油茶主产区的供给潜力看，湖南省茶油产量可达到 50 万 t，供给总量居全国首位。

表 2－1　　　　　　　不同省份油茶种植面积和茶油产量（2016 年）

产区	面积（万亩）	茶籽产量（百吨）	茶油产量（百吨）
湖南	2068.05	8000.0	2000.0
江西	1429.95	4771.5	1261.3
广西	645.45	2000.0	500.0
云南	385.05	155.0	18.0
福建	341.80	990.5	260.6
广东	339.00	1600.0	260.0
湖北	336.00	1140.0	297.0
贵州	252.30	568.0	141.0
浙江	249.75	583.0	140.0
安徽	244.95	760.0	355.0
河南	77.54	325.5	75.0
重庆	56.25	40.0	8.9
陕西	41.55	75.0	10.0
四川	27.15	192.0	3.0
海南	6.06	485.0	0.01
合计	6494.79	21201	5330

2. 投入测算

根据油茶的生长规律，生产过程中主要的要素投入包括：林地投入、管理用工投入以及肥料、农药等其他物质投入。从福建省调查情况看，在油茶林经营过程中用工投入最普遍，农户对进入衰产期的老油茶林也会定期投工，但肥料和农药使用情况较少；而新造油茶林从造林开始的每个环节都有较丰富的用工投入和物质投入。根据初步调查数据和前人研究成果判断，用工、肥料等投入对单产有正向影响。

在油茶的造林、抚育过程中对技术的要求相对于其他树种而言较高，但调查中普遍出现的现象是很多农户对油茶林采取了最低的投入，如定期投工劈山锄草，而对于良种选用、施肥、病虫害防治等环节的投入很少，这在很大程度上导致油茶的单位面积产量很低，收益也相对较低。而比较收益的低下进一步制约了农户采纳技术和增加投入的积极性，形成了恶性的循环。究其原因，油茶技术的可获得性差是重要的因素。农户反映出对油茶经营技术获取困难主要体现为良种优苗的供给不足以及生产经营过程中缺乏技术指导。此外，农户加工油茶产品的主要途径是采用农村小作坊压榨油茶籽毛油，油茶加工技术水平不高不仅造成了茶油质量差、出油率低等问题，而且影响了茶油的市场接受度。

在财政资金投入上，2008～2015年，湖南省财政每年安排一定资金对发展油茶产业给予一定补贴和奖励，重点支持油茶林基地造林良种苗木、低产林垦复、油茶良种繁育及新品种新技术示范与推广培训、油茶科研项目建设以及加工技术提升和专用机具、肥料、农药的研发等方面。同时，湖南省各市州、县区财政每年从新增财政收入中提取一定的比例用于油茶产业发展，如浏阳市自1995年以来投入3800多万元发展油茶，到2010年油茶年总产值突破了1亿元；常德市财政每年安排1000万元用于扶植油茶产业发展，对新造油茶林连片50亩以上的无偿供应种苗，前3年每年给予60元的肥料补助，垦复50亩以上的每亩给予50元的奖励。此外，引导林权合理流转，鼓励油茶规模化经营，为农户投入油茶产业经营提供制度保障。

3. 价格分析

从茶油来看，近年农副产品价格普遍上涨，茶油已涨至每千克100～120元，沿海地区的售价每千克高达200～300元，并呈逐渐上升的趋势，且供不应求。海南的茶油当地称为"山柚油"，价格比内陆高2倍，达600～800元/千克，鲜茶果也能卖到16～18元/千克。据有关资料介绍，目前国际市场上橄榄油的最高售价为35美元/千克，单是从橄榄油枯饼中提炼的橄榄油，国际市场价折合人民币也高达75元/千克。茶油的品质与橄榄油相当，专家预测，如果茶油以精品形式打向国际市场，其在国际市场上的售价可超过300元/千克。

据分析海南山柚油脂肪酸组成与普通油茶及其近缘种的脂肪酸组成十分接近，其不饱和脂肪酸总量达88.04%，高于橄榄油的83.7%，属于脂肪酸结构合理的优质食用油。因此，海南"山柚油"生产也能为当地群众带来显著的经济收入，直接采收的油茶鲜果可销售12～16元/千克。20世纪80～90年代由于其经济效益不高，被大面积砍伐用于种植橡胶、槟榔等其他经济效益相对较高的经济作物。据调查当时保留面积约 3500 亩，很多幸存于其他种植园边或林下。2000 年后，随着生活水平的提高和对茶油的重新认识，海南当地的山柚油（油茶籽油）的价格快速提升，从 40～60 元/千克很快增加到 600～1000 元/千克，增加了 15 倍，极大地调动了当地群众的积极性，近十多年油茶林增加面积约 4 万亩。通过推广新品种的新技术，产量和收益同步上升。阳江镇加里坡农民卢传海 2008 年开始种植 10 亩山柚树，学会标准化种植、管理后，一年摘鲜山柚果 1.2 万 kg，比往年多摘 5000kg，增收 14 万元。目前已初步形成了具有一定的市场潜力和品牌影响力的"山柚油"。

4. 投产期

油茶具有秋末冬初开花、一年四季花果不断的生物学特性，叶的生长主要集中在春夏两季。油茶寿命可达几十年，甚至 100 多年，嫁接苗第三年开始挂果，第四年开始有收益，七八年进入盛产期，进入盛产期后，每年产油茶果 600～1500 千克/亩，产茶油 30～75 千克/亩，产值 3000 元/亩以上，经济效益可观，具有很好的发展前景。湖南衡东县一株 100 多年的油茶大树，2014～2016 年连续测产单株产鲜果 140～190kg，产油 8～10kg，相当于普通管理水平的亩产量。

5. 生产管理成本

油茶的经济效益直接影响农民对其种植的积极性，以及后期资金投入的力度。

在不同地区，其适生品种和当地条件的管理成本会有不同。如在福建地区南部，普遍栽植的"龙眼茶"品种，属小果油茶。以普通油茶、小果油茶和红花油茶为例，普通油茶的利润最低，仅 3090 元，分别比小果油茶和红花油茶低 790 元和 470 元，但普通油茶的种植成本较高，达 760 元，比小果油茶高 140 元，只比红花油茶低 50 元；种植利润最高的是小果油茶，但其种植面积仅 375 亩，分别比普通油茶和红花油茶少了 165 亩和 195 亩。主要原因有 4 个方面：首先，传统种植油茶均采用实生非良种苗，且管理落后，造成大部分油茶林的产量仅 7.5kg 左右；其次，小果油茶种植需要 8 年才能达产，5 年后的收入才能与投入持平，其见效慢，故很多农户不愿意把资金长期投入其中；第三，小果价格波动较大，价格低迷时，许多油茶林被其他树种侵占。油茶种植，良种是关键，然而小果油茶能从根本上提高产量；推广科学栽培技术，保证油茶产量，才能提高油茶林的经济效益。综上所述，小果油茶是油茶种植较为适宜的品种。

三、油茶与几种粮食作物投入产出的比较

（一）几种粮食作物的生产情况

1. 水稻的生产情况

水稻是中国主要的粮食作物，稻米是中国的主食之一。新中国成立以来，中国水稻生产得到快速发展，种植面积由 2.31 亿亩上升到 4.71 亿亩，稻谷总产占粮食作物总产的 40% 左右，同时，中国是世界上的水稻生产大国，种植面积仅次于印度，为世界第二，总产量居世界第一。

我国水稻生产成本的总体趋势是加速上升的。从 1997 年到 2014 年，我国水稻生

产的每亩总成本从 437.28 元增长到 1176.55 元，增长了 1.69 倍；物质和服务成本从 210.96 元增长到 469.77 元，增长了 1.23 倍；人工成本从 185.20 元增长到 500.71 元，增长了 1.7 倍；土地成本从 41.12 元增长到 206.08 元，增长了 4 倍。由于农业生产资料价格不断攀升，劳动力价格不断上涨，土地租金不断增长，水稻生产所要投入的要素成本也在不断上升。

在水稻种子投入方面，按单价 13 元/千克、1 亩使用 0.27kg 计算，需花费 3.46 元/亩；肥料方面，底肥、本田追施尿素和钾肥，累计投入 13.8 元/亩；药剂方面，秧田用药以及本田病虫防治药共需 54.9 元/亩；水稻育苗期需建大棚和购置秧盘，这部分累计成本 91.10 元/亩。整地及收获所需费用约为 480 元/亩。而在用工成本方面，秧田及本田约需 133.3 元的劳务支出；水费 1 亩需投入约 33.3 元；上述投资成本合计 809.83 元。

稻谷种植面积 2006 年为 2894 万公顷，2007 年下降 2 万公顷；从 2008 年开始到 2013 年每年持续增长；2014 年与 2015 年面积保持不变；2015 年稻谷种植面积为 3022 万公顷，2016 年减少 6 万公顷。

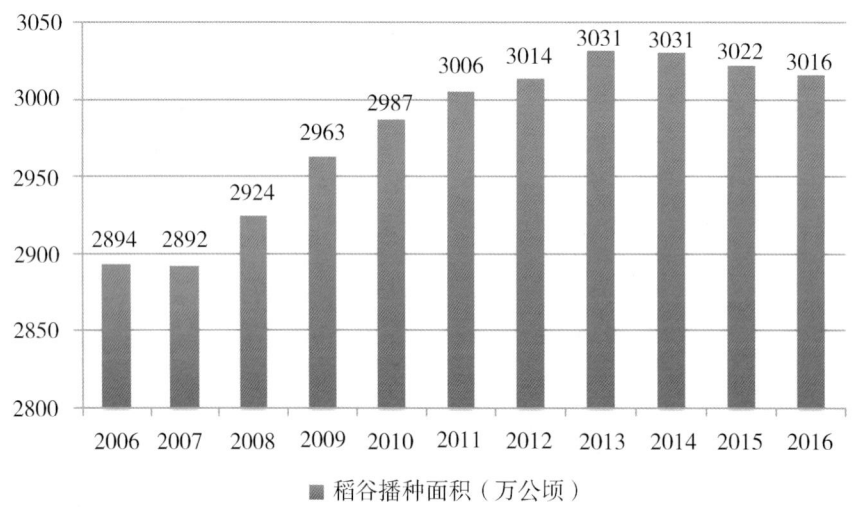

图 2-1　2006～2016 年中国稻谷播种面积（万公顷）

2. 玉米生产情况

玉米是我国重要的粮食作物，也是重要的饲料作物之一，在我国农业生产中占有相当大的比重。它的种植面积和产量在主要粮食作物中位居第三，仅次于水稻和小麦，单位产量位居第一。根据国家发展改革委"全国农产品成本收益"调查数据，从 2006 年开始，国内农户玉米种植收益水平出现了比较明显的增加，2011 年国内农户玉米种植净利润为 263.09 元/亩，成本利润率为 34.43%。

因土地肥力、农田设施、自然气候条件、耕作方式等因素，单位面积产量很不平衡。平原玉米种植区还有较大面积的中低产田，山区、丘陵地区的玉米单位面积产量更低，我国又是多旱涝灾害的国家，不同地区常年受到相应的不同影响，因而我国的玉米平均单位面积产量较低，同世界上玉米生产发达的国家相比，还有相当大的差距。1989～2014年中国玉米产量及种植面积见图2-2。

　　玉米种植单位面积总成本由单位面积生产成本和单位面积土地成本构成，生产成本在总成本中占的比例较大，约为80%。我国玉米种植单位面积生产成本从1998年306.48元/亩下降到2003年的298.72元/亩，从2004年开始我国玉米种植单位面积生产成本开始快速增长，2012年增加到742.98元/亩，2004～2012年共增加了428.72元，年增长11.91%。我国玉米种植单位面积土地成本在总成本中的比重逐渐提高，从1998年的13.72%提高到19.61%，共提高了5.89个百分点，我国玉米种植单位面积土地成本的绝对数在经历了小幅度的下降后，从2001年开始逐渐增加，2012年增加到181.24元，共增加了142.12元，年增长率为14.96%。土地成本对总成本上升的推动作用很小，主要是生产成本的增加推动了总成本的上升。

　　从图2-2可以看出，全国玉米播种面积从2006年开始到2015年每年持续增长；2015年为3812万公顷，2016年下降136万公顷。

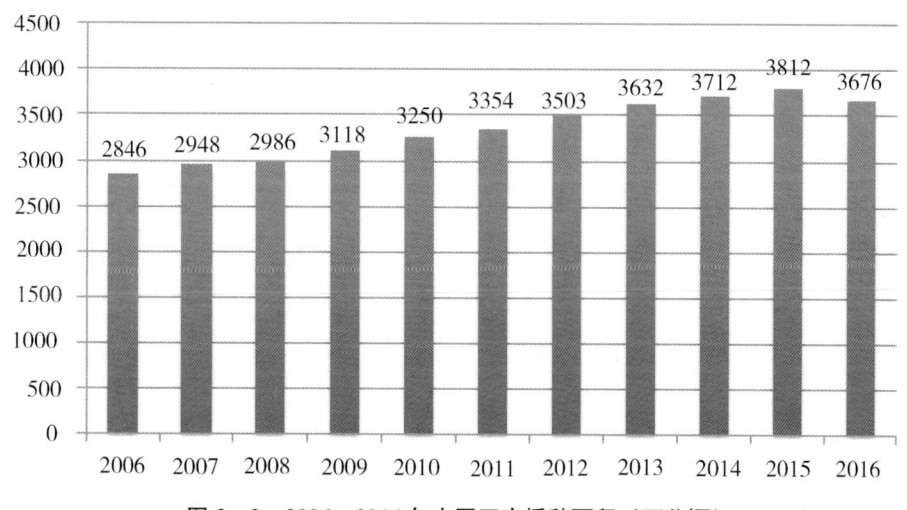

图2-2　2006～2016年中国玉米播种面积（万公顷）

3. 小麦生产情况

　　小麦是我国一年一熟或两熟的一大主要粮食作物，北方旱区是我国小麦的主产区，其小麦产量直接关系到我国粮食供需平衡程度。中国是世界小麦播种面积第二、产量第一的国家。国家统计局统计数据显示，2014年中国小麦播种面积3.61亿亩、总产量1.26亿吨，分别占世界总播种面积、总产量的11.02%和17.70%。

　　据国家统计局相关数据显示，我国2015年小麦种植总面积为2.41万公顷，年产量高达13018万t，同比增长3.3%。2017年全国夏粮播种面积4.11亿亩，比2016年减少334万亩，减少0.8%。其中小麦播种面积3.47亿亩，比上年减少354万亩，减少1.0%。2017年全国夏粮单位面积产量342千克/亩，比上年增加6千克/亩，增长1.8%。其中谷物中小麦单位面积产量367千克/亩，增加7千克/亩，增长1.9%。

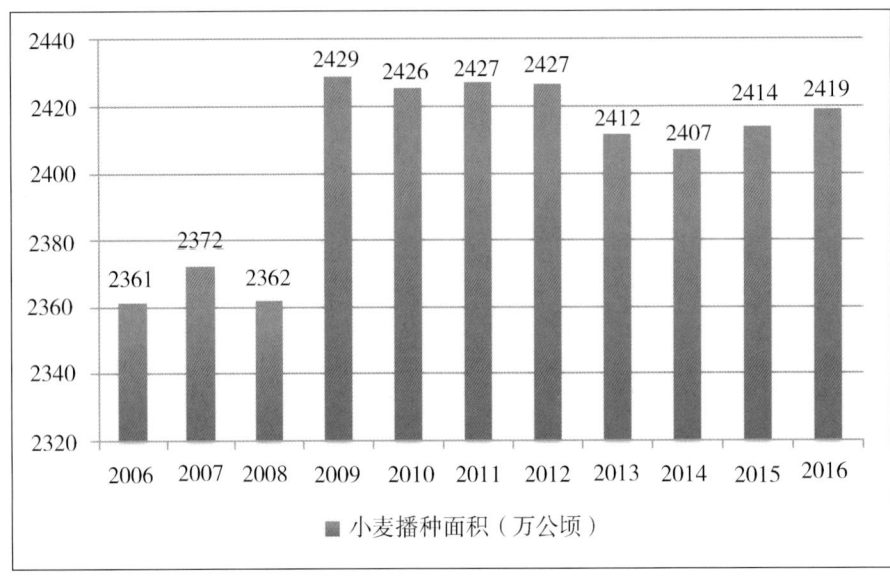

图 2 - 3　2006～2016 年中国小麦播种面积（万公顷）

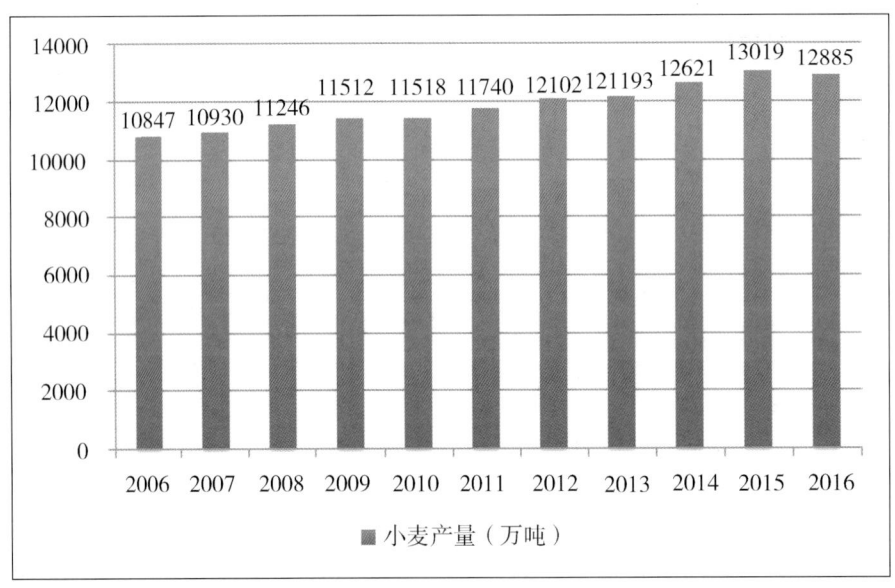

图 2 - 4　2006～2016 年中国小麦产量（万吨）

4. 红薯的生产情况

我国红薯资源十分丰富，由于其具有高产、稳产、适应性广和抗灾性强的特点，全国 85% 以上的省份都有栽培。目前我国已成为世界上最大的红薯主产国，红薯种植面积和总产量均居世界第一位。据联合国粮农组织 2002 年统计，我国红薯年种植面积 9000 万亩，总产量 1.2 亿吨，分别占世界红薯种植总面积和总产量的 65.4% 和 85.9%。我国红薯种植面积较大的省份有四川、河南、山东、安徽、广东、湖南、福建、湖北、河北等省和广西壮族自治区及重庆市。进入 21 世纪以来，我国红薯单位面积产量稳定在每公顷 20t 以上，相当于世界红薯平均单位面积产量的 1.4 倍。从图 2-5 可以看出，从 2011 年到 2016 年中国红薯产量持续增长；2011 年红薯产量为 8683.8 万 t，2016 年红薯产量为 18300 万 t，增长 9616.2 万 t。

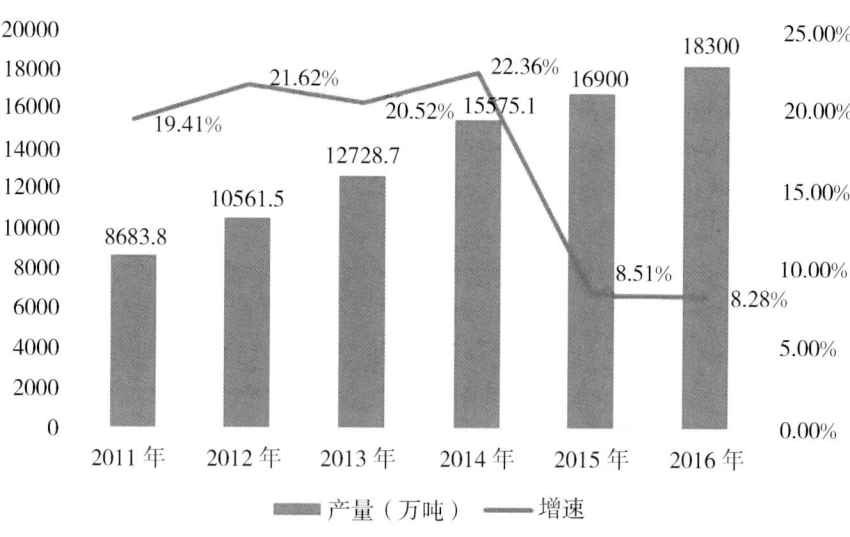

图 2-5 2007～2016 年中国红薯产量

（二）油茶与几种粮食作物相关指标比较

表 2-2 为油茶与主要粮食作物之间的比较，油茶属多年生作物，一次种植，收益长达 80 年，其他粮食作物都是一年一次，因此，油茶不但收益高，而且收益稳定，单价是其他粮食作物的 5～8 倍。

表 2-2 不同粮食作物与油茶的比较

名称	面积（万亩）	产量（千克/亩）	单价（元）	总价（元）	投入（元/亩）	收益（元/亩）	收益年限（年）
油茶鲜果	6000	1000～1500	2.0～3.0	2000～4500	800～1000	1200～3500	80
玉米	50313	800～1200	1.0～2.0	800～2400	700 左右	1200 左右	1
水稻	45467	500 左右	2.0～3.0	1000～1500	900	>400	1
小麦	4000	400 左右	2.0～3.0	800～1200	400 左右	>400	1
红薯	9000	1500～2000	1.0～1.5	1500～3000	1000 左右	>500	1

注：油茶参考李红波，曹万新，焦玉海，刘日平等的研究数据；水稻参考中稻宣的研究数据。玉米、小麦参考李少昆，邵飞等的研究数据。

四、油茶与几种油料作物投入产出的比较

（一）油料作物的生产情况

我国是世界油料生产大国，菜籽、花生、棉籽、芝麻的产量均居世界第一位，大

豆、葵花籽的生产也是名列前茅，但受种植面积的影响，国内油料作物产量发展空间已经十分有限。

由于油料生产效益偏低，组织管理形式粗放，农民种植积极性受进口量和市场价格影响变动较大，全国油料生产播种面积出现了呈现周期性变动的现象，产油量在1000万 t 左右徘徊。2006～2015 年我国食用植物油产量与消费量逐年增加，2006 年我国食用植物油产量与消费量分别为 1289 万 t、1596 万 t，而 2015 年产量与消费量分别达到 2491 万 t、2737 万 t。

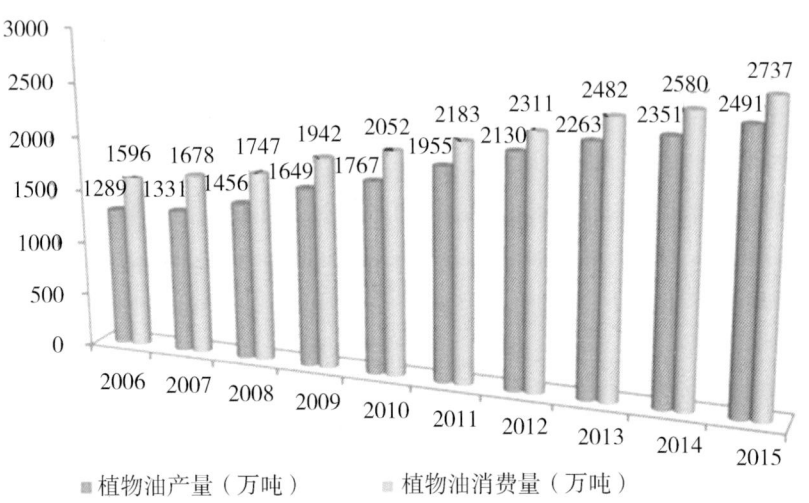

图 2-6 2006～2015 年我国食用植物油产量与消费量对比

（数据来源：wind 数据库、申万宏源整理）

1. 大豆生产情况

我国是大豆原产地，直到 20 世纪 50 年代，大豆产量和出口量还居世界首位。1957 年大豆面积曾达到 1.9 亿亩，为历史最高值，总产 1005 万 t，均占世界的 1/3。

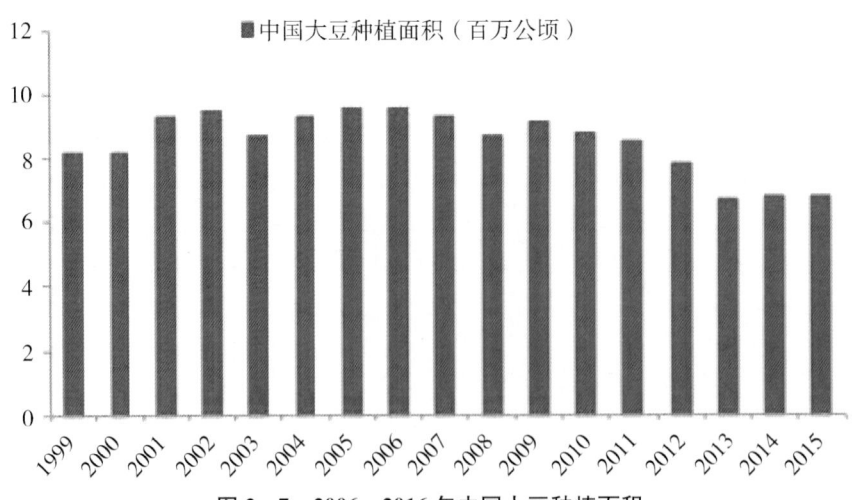

图 2-7 2006～2016 年中国大豆种植面积

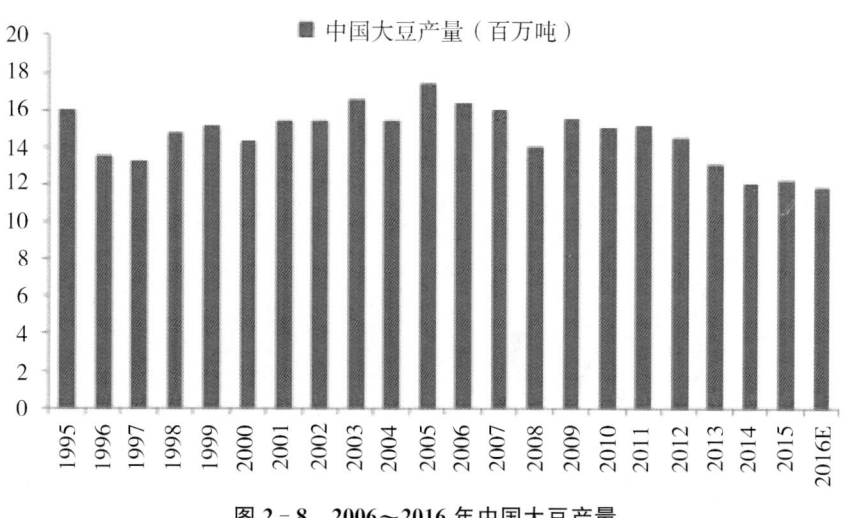

图 2 - 8　2006～2016 年中国大豆产量

目前我国大豆产量位居世界第四，从生产格局看，东北产区、黄淮海产区和南方产区是中国大豆主产区。其中，黑龙江是我国最大的大豆生产基地，大豆种植面积约占全国的 40%。2015 年中国大豆种植面积 680 万公顷，大豆产量预计为 1180 万 t。

2. 油菜籽生产情况

2000 年以来，我国油菜籽播种面积、总产量保持较为稳定的态势。我国春播油菜籽主要分布在内蒙古、青海、新疆、甘肃等西北省份，2014 年我国油菜籽行业产量约 1477.22 万 t，同比 2013 年的 1445.8 万 t 增长了 2.17%。我国油菜籽行业历年产量情况见图 2 - 10。最近几年，我国油菜籽生产格局发生了较大变化，具体表现为：我国最大的油菜籽主产省湖北面积和总产量呈现小幅波动态势，占全国油菜籽总产量的比重保持稳定；传统油菜籽主产区的安徽和江苏等省面积和产量呈现明显下降趋势，占全国油菜籽产量的比重不断降低，湖南、四川等省油菜籽面积和产量不断增加，占全国油菜籽产量的比重明显提高。

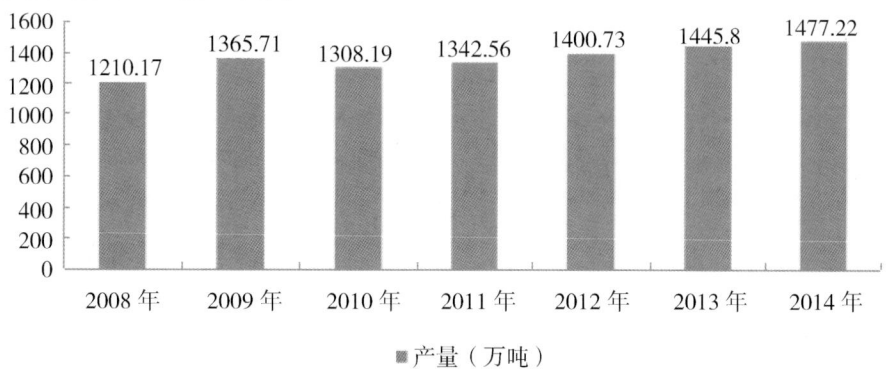

图 2 - 9　2008～2014 年中国油菜籽产量

3. 葵花籽生产情况

葵花籽是世界主要油料作物，在全世界种植面积很大，中国是世界第四大葵花籽种植国。葵花籽由于具有较高的营养价值、较好的食用性和优良的保健作用，越来越受到外商的青睐。美国、德国、英国、加拿大、新加坡、以色列、西班牙等国家每年要从我国进口葵花籽 100 万 t 以上，而且每年以 20％左右的速度在递增。中国葵花籽产业存在很大的发展空间，同时也存在着一定的问题，有必要从产品技术含量、产品安全、质量检测方面进行标准化研究，以提高国内葵花籽企业知名度，提升中国葵花籽产业的竞争力。

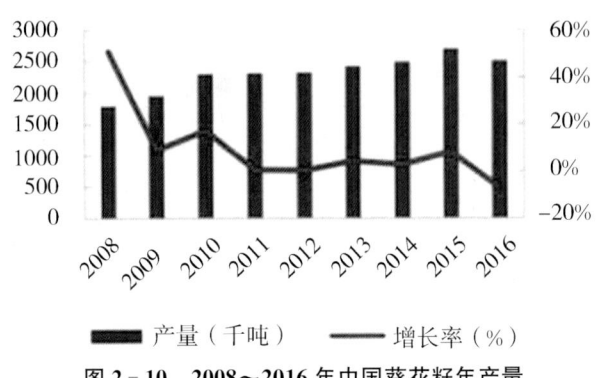

图 2-10　2008～2016 年中国葵花籽年产量

4. 花生生产情况

花生是我国主要的油料作物和经济作物之一，也是重要的特色出口农产品。新中国成立以来，我国花生种植面积经历了快速上升期（1949～1956 年）、急速下滑期（1956～1961 年）、恢复发展期（1961～2003 年）、徘徊调整期（2003～2007 年）和稳步增长期（2007～2013 年）等 5 个阶段，总体呈波动增长趋势（如图 2-11，2-12）。1949～1956 年，全国花生种植面积快速增长，从 1949 年的 1881 万亩增长到 1956 年的 3872 万亩，这一时期的快速发展主要得益于党和政府一系列关于油料作物增产和农民积极种植花生的政策与措施的激励；1956～1961 年，受严重的自然灾害及其他因素影响，我国花生种植面积大幅度滑坡，下降到 1961 年的 1800 万亩，创历史最低纪录；

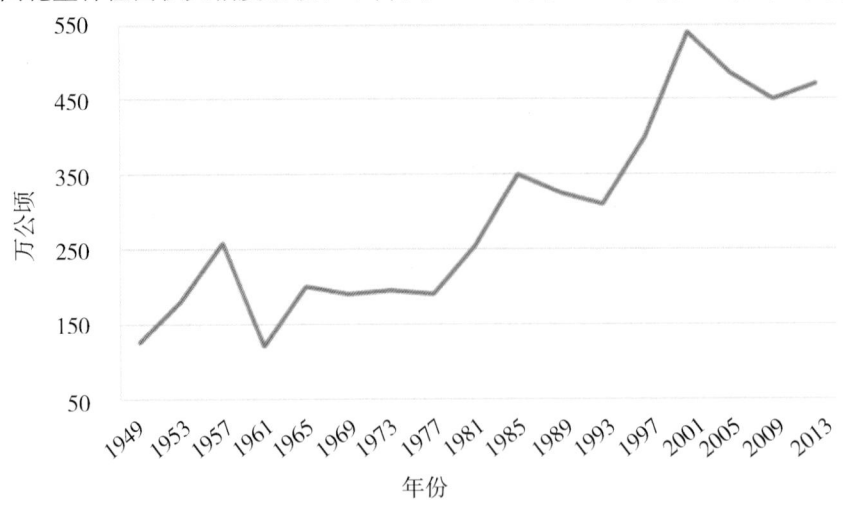

图 2-11　1949～2013 年中国花生种植面积

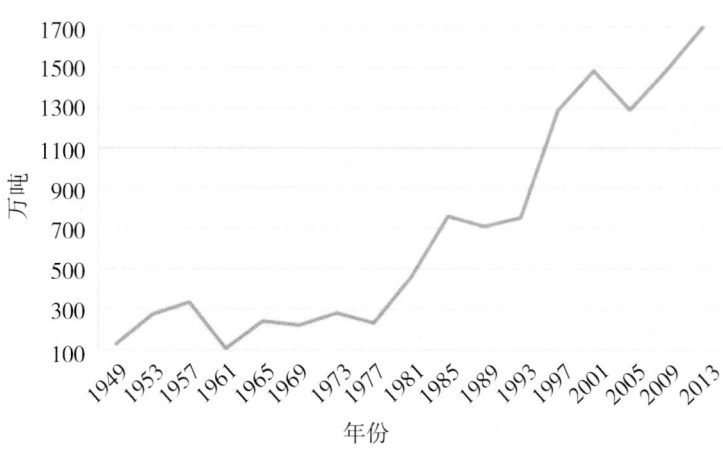

图 2－12　**1949～2013 年中国花生产量**

（数据来源：中农数据研究中心）

1961～2003 年是我国花生生产恢复发展期，花生种植面积增长到 2003 年的 7585 万亩，2003～2007 年，受农业宏观政策因素影响，我国花生生产进入徘徊调整期，种植面积下降至 2007 年的 5917 万亩；2007～2013 年，我国花生生产步入稳步增长期，2013 年种植面积达 705 万亩，花生播种面积同比 2012 年增长 1.54%。

5. 棕榈生产情况

油棕榈是棕榈科两种产油植物的统称，我国不具备油棕榈种植生产条件，棕榈油的对外依存度为 100%。近年来棕榈油消费和进口增长迅速。2010 年我国棕榈油消费量达到 620 万 t，超过菜籽油成为国内仅次于豆油的第二大植物油种。同时我国是全球棕榈油消费第一大国，消费量占比达到全球消费量的 14%。

油棕号称"世界油王"，是世界上单产最高的油料作物。2010 年，印度尼西亚毛棕榈油的每亩平均单产在 169kg，马来西亚毛棕榈油每亩平均单产为 246kg。油棕从种到园地算起，三四年后就开始有收获，盛产期长达近 20 年。种植年份及对应的产量如表 2－3 所示。

表 2－3　　　　　　　　不同等级树龄的产量（按 N_1 等级地 FFB 标产）

树龄（年）	产量（千克/亩）	树龄（年）	产量（千克/亩）
1	0.0	14	1733.3
2	0.0	15	1733.3
3	0.0	16	1733.3
4	733.3	17	1706.7
5	1206.7	18	1680.0
6	1473.3	19	1666.7
7	1600.0	20	1626.7
8	1673.3	21	1600.0

续表

树龄（年）	产量（千克/亩）	树龄（年）	产量（千克/亩）
9	1706.7	22	1526.7
10	1720.0	23	1473.3
11	1733.3	24	1300.0
12	1733.3	25	1233.3
13	1733.3		

（二）油茶与几种油料作物相关指标比较

油茶籽与其他几种油料作物的比较，如表2-4所示：产量最高的是棕榈果，产量为226千克/亩；含油率最高的是花生，含油率高达40%～50%；单价最高的是油茶，综合产值油茶籽最高可达到3500元/亩，而且油茶的经济收益期也是主要油料作物中最长的。

表2-4   油料作物相关指标比较

种类	油籽产量（千克/亩）	榨油率（%）	产油（千克/亩）	单价（元/千克）	产值（元/亩）	收益期（年）
油茶	200	26～38	50	70.0	3500	80
棕榈果	1333	15～20	226	8.896	2010	25
大豆	112	12～18	18	9.35	168	1
油菜	87	30～45	26	10.3	267	1
花生	216	40～50	87	18.2	1583	1
葵花籽	103	32～42	33	10.3	339	1

五、油茶与南方水果的经济效益对比分析

（一）南方水果的经济效益生产情况

我国果树300余种，由于温度等环境因素，其中50余种能达到经济栽培，如苹果、柑橘类、猕猴桃、草莓和山楂等栽培面积均居世界首位。其中苹果、梨、李、桃的产量占世界的40%以上，柿子、板栗、荔枝的产量分别占世界产量的60%以上。

1. 柑橘生产情况

柑橘是世界最重要的经济作物和国际农产品与加工品之一，也是国际上贸易第一大水果。自2012年开始我国柑橘种植面积和年产量均跃居世界第一，全国柑橘种植面积达3432万亩，总产量达2944.04万t，成为我国出口优势农产品。2014年我国柑橘全年出口量达97万t，出口金额达11亿美元以上。2010～2015年柑橘栽培面积、产

量、平均亩产详见表 2 - 5。

表 2 - 5　　　　　　　　　　　　2010～2015 柑橘生产情况表

年份	栽培面积（万亩）	产量（万吨）	平均亩产（千克）
2010	3316.5	2645.6	797.71
2011	3432.5	2944.0	857.6
2012	3455.0	3167.8	916.89
2013	3633.3	3220.9	886.49
2014	3782.0	3492.7	923.52
2015	3900.0	3600.0	923.08

从绝对数量上看，2001～2009 年，我国柑橘平均每亩的总生产成本从 1213.33 元增至 2012.26 元，年均增长 6.53%，其中物质费用从 683.29 元提高到 912.42 元，2009 年人工成本是 2001 年的 2.1 倍，土地成本增幅 18.05%。人工成本比例居各生产成本比例之首，充分说明柑橘生产是劳动密集型产业。

2008 年我国柑、橘生产的人工成本分别为 1049.87 元、684.67 元，占生产成本比例分别为 48.17%、41.06%；2009 年人工成本分别为 957.4 元、717.04 元，所占比例47.58%、45.77%。以 2009 年为例，我国柑、橘生产过程中的化肥成本为 299.74 元、313.59 元；农家肥成本为 177.74 元、37.44 元；农药成本为 251.58 元、249.01 元。

2. 香蕉生产情况

2008 年我国香蕉收获面积为 476.7 万亩，居世界第 6 位。香蕉总产量约为 804.27 万 t，占世界总产量的 89%。虽然我国的香蕉单产量超过世界香蕉平均单产量，但未达到亚洲的平均水平，同时远远落后于居世界首位的印度尼西亚。

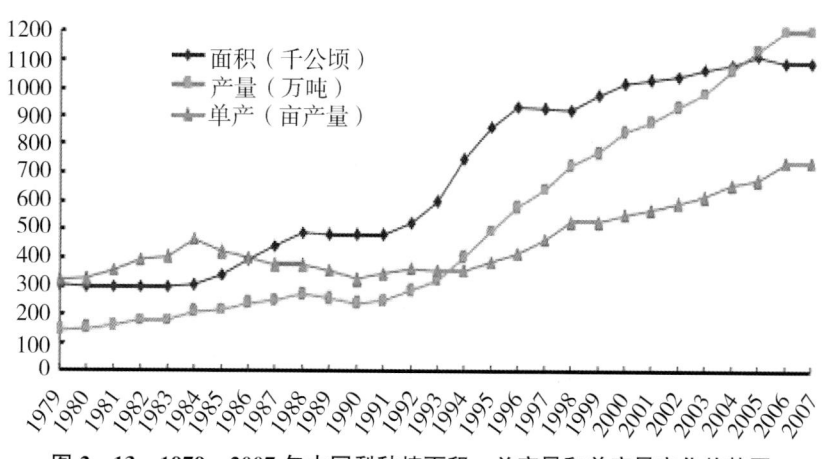

图 2 - 13　1979～2007 年中国梨种植面积、总产量和单产量变化趋势图

3. 梨的生产情况

我国是梨原产地之一，梨树是我国继苹果、柑橘之后的第三大栽培果树。2007 年

我国梨树栽培面积 1606 万亩，产量 1289.5 万 t，占世界梨果栽培总面积的 57.9%，世界梨果总产量的 63%。

4. 葡萄生产情况

2014 年，全国葡萄栽培面积已达 1150.8 万亩，总产量达 1254.6 万 t，葡萄酒年产量 105.5 万 t，我国已成为葡萄产量世界第一，面积第二，葡萄酒产量第六位的葡萄产业大国。

表 2 - 6 　　　　　　2005～2013 年中国葡萄栽培面积及产量表

年份	2005	2006	2007	2008	2009	2010	2011	2012	2013
面积（万亩）	611.9	628.1	657.5	676.8	740.1	828.0	895.4	998.4	1071.9
产量（万吨）	579.4	627.1	669.7	715.1	794.1	854.9	906.7	1054.3	1155

5. 菠萝生产情况

菠萝是我国南亚热带地区最具特色和优势的热带水果品种之一，在国际热带水果贸易中，菠萝年均贸易量排行第二。我国是世界五大菠萝生产国之一，但我国菠萝的出口贸易量仅占全球菠萝贸易总量的 2%。进入 21 世纪以来，我国菠萝种植面积呈现先降后升的趋势，2001～2004 年逐年降低，2004～2007 逐年升高，2008 年比 2007 年略低；面积较大的年份是 2001 和 2002，2001 年超过 90 万亩。我国菠萝产量变化与面积相似，2001～2004 年逐年降低，徘徊在 80 万～87 万 t，2005 年后产量逐渐增加，2008 年产量最高，超过 93 万 t。从单产来看，除 2007 年比 2008 年略低外，基本呈现逐年增加的趋势，2008 年达 1.16 吨/亩。

表 2 - 7 　　　　　　2001～2008 中国菠萝种植面积、产量、单产表

年份	面积（万亩）	产量（万吨）	单产（吨/亩）
2001 年	91.05	86.9	0.95
2002 年	84.3	82.73	0.98
2003 年	78.9	82.19	1.04
2004 年	76.5	80.83	1.06
2005 年	77.25	84.89	1.10
2006 年	79.8	89.07	1.12
2007 年	81.75	90.51	1.11
2008 年	80.25	93.36	1.16

6. 龙眼的生产情况

龙眼原产于中国南部及西南部。当前世界上龙眼主要生产国家和地区有中国、泰国、印度、越南、孟加拉国、马达加斯加、毛里求斯等。我国仍是世界上龙眼栽培面积最广、产量最大的国家。根据各国的数据估计，世界龙眼种植面积约 900 万亩，年

产量在 300 万 t 左右。其中，中国占世界的 59% 左右，泰国、越南占分别占 23% 和 17% 左右，其他地区约占 1%。中国 2013 年全国龙眼产量为 130 万 t 左右。

7. 火龙果生产情况

在我国，能够进行火龙果经济栽培的省区有：台湾、海南、广东、广西，福建、云南和四川省有少量种植。据相关部门不完全统计，全国（除台湾外）火龙果种植面积 2006 年已发展到 3.5 万亩左右。其中海南省约 0.98 万亩，零星分布在全省 10 多个县市，目前未发现连片 500 亩面积以上的果园；广东约 0.3 万亩，零星分布在珠海、惠州和徐闻地区；广西约 1.716 万亩，分布情况为：南宁市约 0.52 万亩，钦州市约 0.5 万亩，防城港市 0.48 万亩，北海市 0.18 万亩，玉林市 360 亩，贵港市、崇左市、梧州市等地有少量种植；福建、云南等省区约 0.5 万亩。

8. 木瓜生产情况

木瓜原产热带美洲，是一种营养价值高且有益健康的水果。我国番木瓜 2005 年栽培面积已达 15 万亩，产量 52 万 t。番木瓜一直作为高档水果销售，售价较高，我国最大的番木瓜集散地广州的批发价平均在 60～90 元/箱（每箱约 6kg）。

（二）油茶与南方水果的相关经济指标比较

从表 2-8 油茶与南方水果的相关经济指标比较，可以看出油茶的总面积最多，油茶的收益年限长，但从经济效益分析，油茶与南方水果的经济效益相比没有优势，但油茶投入少，市场潜力大，价格稳定，并且成林之后收入会持续增长。

表 2-8　　　　　　　　中国南方水果与油茶效益比较表

名称	总面积（万亩）	鲜果产量（千克/亩）	单价（千克/元）	总价（元/亩）	投入（元/亩）	收益（元/亩）	收益期（年）
油茶	6000	1000～1500	2.0～3.0	2000～4500	800～1000	1200～3500	80
柑橘	3432	>3000	0.8～1.6	4000	2000	2000	30
香蕉	476.7	1000～1500	5.0 左右	5000～7500	3000	3000	30
梨	1606	1000～1500	1.2～5.0	1200～5000	2000	2000	50
葡萄	1150	2000	5.0 左右	10000	2000	>6000	3
龙眼	531	350～400	16～20	7000	3000	4000	30
火龙果	3.5	>1500	8～16	1.2～2.4 万	5000	>6000	1
菠萝	90	1200 左右	8～12	0.96～1.44 万	3000	>6000	1
木瓜	15	>3400	4～10	1.36～3.4 万	6000	>7000	1
杧果	3.0	1500～2000	3.0～4.0	4500～8000	5000	3000	30
荔枝	3.7	500	8	4000	1500	2000～3000	40

注：表中数据参考柯佑鹏、胡祎、沈兆敏、黄艳、冯立娟、张陆阳等资料。

六、油茶与用材林经济效益对比分析

(一) 用材林生产情况

1. 马尾松生产情况

马尾松是我国南方最主要的乡土造林树种之一，它分布广泛，生长迅速，适应性强，是优质制浆造纸原料。同时马尾松松脂质量好、产量高、易于加工，是优良的产脂树种。马尾松人工林培育主要以纸浆材和建筑材等用材林为主，国内学者对其经济效益进行了大量研究。2009 年全国有马尾松林面积 2.15 亿亩，松材蓄积量达 7.5 亿 m^3。

2. 杉木生产情况

杉木是我国南方最重要的速生用材树种，人工林种植面积和蓄积量分别为 1.5 亿亩和 6.25 亿 m^3，均居我国人工林首位。

3. 杨树生产情况

目前，我国杨树人工林面积已超 1 亿亩，居世界之首。

4. 桉树生产情况

桉树引种最早始于 1894 年的广州、福建等地。50 年代初，广东省首先建立了粤西桉树林场（即现在的雷州林业局），此后逐步营造了大面积桉树人工林，并扩展到南方各省，现已遍及 17 个省区，600 多个县市，种植面积约为 2325 万亩，木材蓄积量达 6000 万 m^3，主要分布在广东、广西、海南、云南、四川和福建。目前我国已形成一个年产 300 万 t（绝干）木片加工和出口行业，其中桉树人工林木片占相当大的份额，主要出口韩国、日本等。仅广东、广西和海南三省区每年桉树木片出口量达 100 万 t。

5. 毛竹生产情况

我国是主要毛竹自然分布的中心区域，尤以江西、福建、湖南、浙江、广东、云南等省份面积最大。目前，全国自然竹林面积 7500 多万亩，每年可砍伐的毛竹达 5 亿～6 亿根，年产各类中径竹材 450 多万 t。

(二) 油茶与用材林的经济效益比较

从表 2-9 可以看出油茶与用材林对比，不仅收益年限高，收益也较高，并且油茶副产物加工利用后还能大幅度提升产品附加值，使产业链拉长，可以带来可观的经济收益。杨树、马尾松、杉木、桉树和毛竹等整体收益水平较油茶为低；但由于近期市场需求提升，一些如樟树、楠木等珍贵用材树种的收益也较高。

表 2-9 　　　　　　　　　　中国用材林与油茶收益比较表

名称	总面积（亩）	产量（千克/亩）	单价（千克/元）	总价（元/亩）	投入（元/亩）	收益（元/亩）	收益期（年）
油茶鲜果	6000 万	1000～1500	2.0～3.0	2000～4500	800～1200	1200～3500	80
马尾松	2.15 亿	2000～2300	0.8～1.0	1600～2300	1500	>800	20
杉木	1.5 亿	3000	0.8～1.1	2400～3300	1200	>2100	25～35

续表

名称	总面积（亩）	产量（千克/亩）	单价（千克/元）	总价（元/亩）	投入（元/亩）	收益（元/亩）	收益期（年）
杨树	1亿	2000～3000	0.4～0.6	800～1800	800	>1000	20
桉树	2325万	1800左右	0.96～1.1	1728～1980	1000	>900	5～8
毛竹	7500万	1000～2000	0.76～0.8	760～1600	800	>800	8
樟树、楠木	10.2万	1200～2500	2.6～4.9	0.31～1.2万	3000	>9000	20

第三节　油茶林及其产品的康养价值

一、油茶林的康养价值

（一）国外森林康养产业概况

以西医理论为基础的现代森林康养发端于德国19世纪40年代，德国就在巴特·威利斯赫恩镇创立了世界上第一个森林浴基地，形成了最初的森林康养概念。1962年德国科学家K.Franke发现人体在自然环境中会自觉调整平衡神经，恢复身体韵律，认为清新的空气以及树、树干散发出来的挥发性物质，对支气管哮喘、肺部炎症、食道炎症、肺结核等疾病疗效显著。美国也是森林康养开发最早国家之一，目前美国人均收入的1/8用于森林康养，年接待游客20多亿人次。日本、韩国等亚洲国家森林康养发展也呈方兴之势。1982年，日本从森林浴起步，森林康养产业发展迅速。截至2013年，全国共认证了57处、3种类型森林康养基地，每年近8亿人次到基地进行森林浴。韩国于1982年提出建设自然休养林，2005年制定了《森林文化·休养法》，并成立了国立自然休养林管理所。韩国共营建了158处自然休养林、173处森林浴场，修建了4处森林康养基地和1148km林道，每年有1/5的人口参与到森林康养活动中。由此可见，利用森林环境开展养生保健、预防疾病，已成为国际社会维护人类健康的新潮流和新趋势。

（二）国内森林康养产业概况

我国台湾地区发展森林浴较早，自1965年以来，已建设森林浴场40余处。大陆地区20世纪80年代以来，建立了各种等级的森林公园，其中一些明确设置了森林浴场所，如北京"红螺松林浴园"、浙江天目山"森林康复医院"、广东肇庆鼎湖山"品氧谷"等。2012年3月，全国人大代表、湖南省林业厅厅长邓三龙在参加全国"两会期间，以代表建议正式向全国人大提出发展森林康养，并于2013年开始在湖南林业科学院试验林场卢北大未名集团合作，建起了全国第一家森林康养中心。国家林业局于2016年3月在湖南召开全国林业厅局长会议，现场参观了湖南森林康养中心，从此，森林康养开始走向全国。然而，我国森林康养在理论研究及生产实践方面都处于起步阶段，参与者较少，涉及面较窄，主要以具有林学背景的森林旅游学者为主，且没有形成相应的产业链与经济效应，更未形成较为完整的理论体系。

（三）森林康养的巨大需求

随着人口的增长和工农业的发展，人们在生产和生活中不断地向环境中排放有害物质，对自然资源的不合理利用，使人类的生存环境出现了严重危机，包括环境污染、自然资源的破坏以及由此引起的生态环境的恶化。人类对环境的影响变得越来越大，目前人类的生存环境日趋恶化，严重危害人体健康。加之生存压力、工作压力、睡眠不足、缺乏运动等都会影响到人的身心健康，不健康的生活习惯、饮食习惯带来的影响同样不容忽视。据世界卫生组织统计，全球有超过 60% 的人处于亚健康状态。对人类健康状况调查显示，经医院诊断患各种疾病的占 20%，处于亚健康状态的占 75%，符合真正健康标准的人仅占 5%。

森林康养基地以"治未病"为宗旨，树立"疾病预防前移"的养生理念。研究表明，人们在进行一段时期的森林康养活动后，能在一定程度上提高自身免疫力。免疫力的提升主要体现在两个方面：一是人体内的自然杀伤免疫细胞（NK 细胞）活性增强，二是人体内抗癌蛋白的数量有所增多。但这种改善效果会随着人们离开森林环境而减弱。

森林康养对 3 类人群的康复作用较为明显：一是呼吸道疾病人群。森林的空气含尘量和细菌浓度比市区低得多，有利于这类人群的康复。二是心血管疾病人群。森林环境能调节人的中枢神经，降低血压及脉搏率，减轻心血管负担。三是抑郁症疾病人群。森林活动能显著降低肾上腺素和去甲肾上腺素等人体应激激素水平，缓解紧张、忧郁等不良情绪，改善睡眠质量。森林康养虽不直接针对疾病治疗，但对一些慢性病、心理性和神经性疾病有着较为明显的疗效。研究表明，森林康养对高血压、气喘病、肺结核、支气管炎、冠心病、心绞痛、神经衰弱等多种慢性病有较好的疗效。针对年轻群体，开展以"动"为特色的森林探险和森林娱乐等森林动态休闲活动，从而促进儿童和青少年身体健康发育，提高人体体质和机能；针对中老年人群，开展以"静"为特色的森林瑜伽、森林冥想、森林太极、森林阅读等森林静态休闲活动，从而达到释放压力、缓解疲劳和延缓衰老等促进身心健康的目的。

二、油茶产品的康养价值

油茶，又名茶子树、油茶树，主要是指山茶科山茶属植物中油脂含量较高且具有栽培经济价值的一类植物的总称，原产我国，是我国特有的木本食用油料树种，与橄榄、棕榈、椰子并称为世界四大木本油料植物。油茶树是一种常绿长寿植物，也是一种绿化荒山、防止水土流失和保护生态环境的优良树种，其果实具有重要的利用价值。茶油是从山茶科油茶种子中提取出来的，又名茶籽油、茶树油或山茶油。其果仁含油率高达 40%～60%，油酸 75%～83%，亚油酸 7.4%～13%，不皂化物 1% 以下。茶油是一种优质食用油，其品质可与橄榄油媲美，被誉为"东方橄榄油"。茶油以优质、保健、无污染、耐贮藏被誉为"食油之王"。

茶油及其副产品在工业、农业和医药等领域的价值和地位是其他产品无法取代的，茶油不仅色香味美，并且具有保健功能，国内外市场发展前景均看好，因此，大力发展油茶生产和相关科学的研究，在保障我国优质食用油的供应、发展山区经济、提高人民的生活水平以及改善生态环境等方面具有重要的意义。

随着人民生活水平的逐步提高，随着老龄化社会的到来，人们日趋重视养生健康，茶油在这方面的显著优势吸引着来自国内外的众多消费者，油茶产业的市场前景广阔。植物食用油越来越受青睐，油茶的种子与种仁含油率均较高，被公认为绿色保健食用油。油茶籽油是良好的保健品，因具有预防心脑血管疾病、抗氧化清除自由基等功效，被世人称为"东方橄榄油"、"长寿油"。

李时珍《本草纲目》：记载"茶油性偏凉，凉血止血，清热解毒。主治肝血亏损，驱虫，益肠胃，明目。又云"茶籽"，苦含香毒，主治喘急咳嗽，去病垢"。

朱元璋赐封茶油：相传元末年间，朱元璋被陈友谅军队追杀到建昌（今江西）的一片油茶林，因身体有伤，再也跑不动了，而正在油茶林中采摘的老农见此状况急中生智把朱元璋装扮成采摘油茶果的农夫，骗过陈友谅军队以后，用茶油帮他涂抹伤口。不几天朱元璋身上的伤口愈合，于是他高兴的称此油茶果是"上天赐给大地的人间奇果"，并在统一天下之后，将茶油封为"御膳用油"。

彭祖救尧：相传在三皇五帝中的尧帝时期，中原地区洪水泛滥成灾。《孟子·滕文公上》记："当尧之时，天下犹未平，洪水横流，泛滥于天下。"《史记·夏本纪》又说："当帝尧之时，洪水滔天，浩浩怀山襄陵，下民其扰。"作为当时部落首领的尧帝指挥治水，由于长期心怀部落和部众安危，尧帝积劳成疾，卧病在床。数天滴水未进，生命垂危。就在这危急关头，彭祖根据自己的养生之道，立刻下厨做了一道野鸡汤。汤还没端到跟前，尧帝远远闻见香味，竟然翻身跃起，食之大动，随后一饮而尽，次日容光焕发。此后尧帝每日必食此鸡汤，虽日理万机，却百病不生。一时传为美谈并流传下来。野鸡当时并不罕见，配料也无玄机，"疑点"便集中在彭祖的另一秘方上。《彭祖养道》上曾记载："帝食，天养员木果籽。"一碗普通的鸡汤能够有养生功效也就来自这小小的员木果籽（茶籽）。彭祖正是知道员木果籽（茶籽）的养生功效，才会一招中的。尧帝在位70年，终于118岁仙寿（公元前2377年～公元前2259年）的秘密也尽在这茶籽之中。

清帝与茶油：清雍正皇帝至武陟视察黄河验工，知县吴世禄以油茶进奉雍正，食之大喜赞曰：怀庆油茶润如酥，山珍海味媲美。公元1742年乾隆下江南至官山，见此地百姓家家户户取子榨油，男男女女油坊劳作。并获悉自己每天吃的御供茶油这般辛苦才获得深受感动，回到京城在御供坡一带建皇家榨油坊并赐名为"街道坊跋"，为其上曰古道油香三千里御街坊内养天年，宫中太医以茶油为原料制成美容液，后宫趋之若鹜，传慈禧珍妃均以茶油抹脸作为驻颜之术。

三、茶油的成分与价值

(一) 茶油的主要成分

以传统方法提取的茶油,色泽金黄、味道香醇,保持了油品的纯天然品质,以现代工艺制取的茶油,既保持了传统茶油的醇正风味,产品清澈透明,色淡,完全符合国家规定的质量标准,又非常符合现代人们流行的审美情趣和品味习惯,是一种秉承传统,不失现代风格的上乘的高质量保健食用油,风靡海内外。

油茶籽经加工得到茶油。茶油中的不饱和脂肪酸总含量高达 90.48%,茶油中不饱和脂肪酸含量均高于其他食用油脂,以油酸和亚油酸为主,不含芥酸,不易被黄曲霉污染,其中亚油酸含量达到 8%~10%,油酸含量达到 75%~86%,含有必需脂肪酸亚麻酸。据顾稣珍编《油脂制备学》的资料,茶油的成分是:豆蔻酸 0.3%,棕榈酸 7.6%,硬脂酸 0.8%,油酸 83.3%,亚油酸 7.4%,花生酸 0.6%。

茶油易被人体吸收消化,有降血压、血脂、软化血管等功效,长期食用能增强人体免疫力,抑制和预防心脑血管疾病的发生,是一种深受消费者欢迎的优质食用油,茶油的营养保健价值正在越来越被世人所重视。

(二) 茶油中油酸和亚油酸的价值

茶油富含油酸和亚油酸,其中亚油酸和亚麻酸是人体的必需脂肪酸,人体生长和生理活动都不可缺少,且人体自身不能合成,必须通过食物摄取。茶油中丰富的亚油酸、亚麻酸含量,可防治皮炎、湿疹、水肿、皮下出血、脱发、神经功能下降和不育症等疾病,促进人体生长和胆固醇的正常代谢,提高人体抵抗能力。油酸和亚油酸的含量分别在 75%~83% 和 7.4%~13%。油酸是茶油中含量最高的不饱和脂肪酸,有其特殊的功效,能降低胆固醇,可使人体血脂浓度降低,从而防止血管硬化和血压升高,免除冠心病等心脑血管系统疾病的发生,它的含量多少直接影响该茶油的品质,它是在油脂生长发育过程中由饱和脂肪酸转化而来。因此,茶油色清味香,营养丰富,一般不含对人体有害的芥酸,易于人体吸收,堪称"液体黄金"。

(三) 茶油在医学上的价值

在医学研究上,茶油对防治癌症和心血管疾病等方面的药理作用已经得到了公认。作为一种具有理想疗效的保健营养油脂,非常适用于心脏病、血管硬化、高血压等病人食用,是中国南方省份的主要食用油,尤其在湖南省,茶油占食用植物油用量的50% 之多。高的市场利用率使油茶的研究工作不断推进,深入开展油茶品质研究在实际生产和生活中有重大意义。早在《中国中医药大辞典》中记载,茶油不仅营养丰富,且具有重要的药用价值,能增强血管弹性和韧性、延缓动脉硬化、增加肠胃吸收功能、促进内分泌腺体激素分泌、防治神经功能下降、提高人体免疫力,而且食用茶油还具有预防心血管硬化、降血压、降血脂、抑制肿瘤等功效。此外,茶油也是医药上的重要原料,可用于制作注射用的针剂和调制各种药膏、药丸等。民间常用茶油来浸泡蜈蚣、螃蟹用以治疗烫伤和烧伤以及体癣、慢性湿疹等皮肤病。在国外,人们用茶油来防治感冒、支气管炎、嗓子疼、肌肉痛、牙龈炎等病症。

（四）茶油在工农业生产上的价值

在工业、农业生产上，油茶还是优良的工业原料，具有很高的综合利用价值，其茶籽粕中所含的茶皂素、茶籽多糖、茶籽蛋白等，都是化工、轻工、食品、饲料工业产品等产业的优良原料，茶籽壳还可制成糠醛、活性炭等，还是一种良好的食用菌培养基。茶油可作为生产助剂和表面活性剂的原料，可用来制取油酸，可通过氢化制取硬化油生产肥皂和凡士林等，可经极度氢化后水解制硬脂酸和甘油等，也可以直接磺化，制成磺化油用于丝绸工业，皂化后用于制皂业和印染工业，此外，在新兴的化妆品行业，用茶油来制取化妆品和香波系列产品，如护肤、护发、按摩、防晒等，也正在取得新的成绩。茶油中含有大量的天然抗氧化物质，具有一定的抗机体内活性氧的能力，并在一定程度上能增强活化酶的活性，因而在护肤保健用品上具有很大的发展空间。因此，茶油在生产肥皂，制取人造奶油、橡胶硬化剂、玻璃纤维乳化剂、塑料工业、机械工业的软化剂、润滑剂以及机械润滑油等方面发挥着重要作用。

（五）茶油的其他价值

另外，油茶各部分均可被利用，榨油后的果壳可提取栲胶、提制活性炭、木糖醇等，在工业上有广泛的用途，同时和锯木屑搭配可做成香菇等食用菌的培养基。油茶籽加工后的残渣——茶饼（又叫茶枯、枯饼），可提粗茶油、茶皂素，是生产高蛋白饲料和高级活性炭等综合利用产品的原料。茶油在工业上可做机器润滑油、铁器防锈油，并可制取油酸及其酯类，通过氧化制取硬化油，生产肥皂和凡士林等，也可经极度氢化后水解，制硬脂酸和甘油等工业原材料。除此以外，油茶的树干木质坚韧，纹理细密、美观，可以制作家具、农具等，是一种较为理想的木料。

随着科学技术的发展和人们对油茶研究的不断深入，油茶的开发前景也在不断扩大。油茶除了在食用、美容、化妆、医药、化工和养殖等方面发挥越来越重要的作用外，在未来的研究过程中人们也将会在更多的领域取得更新的成果。

四、茶油与其他食用油成分比较

茶油一直是人们所喜爱的食用植物油，也是油料中珍贵的上佳极品，它的营养价值高，被联合国粮农组织作为重点推广的健康型高级食用油。茶油的物理、化学特性与橄榄油极为相似，是可与橄榄油相媲美的上等食用植物油脂。与国际上较名贵的橄榄油相似，易被人体消化吸收，能降低胆固醇，抑制和预防冠心病、高血压等心脑血管疾病，是一种纯天然绿色保健食品。但茶油中具有橄榄油所没有的特别生理活性物质如山茶、山茶皂、茶多酚等，具有强心、溶血栓、降低胆固醇、化学预防肿瘤等多种作用，能防止血管硬化所导致的多种心脑血管病，因而茶油被称为"长寿油"。美国营养专家阿尔特米斯·西莫普勒斯博士的研究结论认为，目前全世界完全符合国际营养要求的保健油只有中国的天然茶油，茶油是"世界上最好的食用油"。

茶油的理化特征有许多不同于其他植物油的地方。一是碘值低。碘值是鉴别脂肪的一个重要常数，可以判断脂肪所含脂肪酸的不饱和程度。碘值高，则不饱和键多，容易被氧化而引起油脂的酸败变质。茶油碘值小于100，是典型的不干性油，不易氧化。二是茶油在0℃还能保持液体状态，凝固点远远低于动物油脂，食用后易消化，吸收率高。一般合格猪油的凝固点仅为32～49℃。

与其他常见食用植物油比较，茶油还具备有以下典型特性：

（1）烟点高，约220℃，不易因油温的升高和重复使用而产生对人体有害的物质，是一种理想的烹饪油。一般食用油的烟点约100℃。

（2）不含芥酸和山榆酸等难以消化吸收的组分。同时，也不含有致癌性很强的黄曲霉毒素。

（3）维生素E含量丰富，为669.25μg/g，比一般植物油含量高。

（4）茶油还富含生理活性物质甾醇、角鲨烯，以及橄榄油中所没有的特定活性物质山茶苷、茶多酚等。

茶油最大的特点是单不饱和脂肪酸—油酸含量是所有植物油中最高的。一般茶油的脂肪酸组成比例为：饱和脂肪酸：单不饱和脂肪酸：多不饱和脂肪酸＝8：83：9，而市场上有些高品质的茶油如"绿海茶油"的脂肪酸比例更是高达4.5：91：4.5，而世界卫生组织（WHO）公布的橄榄油脂肪酸组成比例为：饱和脂肪酸：单不饱和脂肪酸：多不饱和脂肪酸＝15：75：10。茶油与橄榄油一样，都是单不饱和脂肪酸含量很高的油脂，多不饱和脂肪酸含量比较适中，脂肪酸组成结构非常符合人体之需，很容易被人体吸收。

（一）茶油与常见食用油

与橄榄油、豆油、花生油、菜油、棉油、牛油、猪油几种食用油相比，茶油的单价不饱和脂肪酸的含量最高，也就是油酸含量最高。油酸既容易被人体吸收，又不容易氧化沉积于人体内。茶油因富含不饱和脂肪酸，在降脂、降胆固醇，以及降低血小板聚集率和防止动脉粥样硬化斑块形成等方面功效显著，可防心血管硬化。邓平建等研究发现，茶油可明显降低血液中的吨C和LDL－C，而HDL－C却不变，并且（HDL－C）/（LDL－C）的比值增大。原理可能是茶油中所含的不饱和脂肪酸，可降脂，降低各器官及血液中过氧化脂的生成，增加机体抗氧化酶的活性，从而升高HDL－C在吨C中的比值，防止血栓形成。陈梅芳等同样证明山茶油可显著延缓AS的形成，证明了上述机理。邓小莲等研究发现，茶油在对大鼠体重无影响的情况下，能降低总胆固醇含量，调节血脂。王苹等研究了茶油及其他食用油分别对兔和大鼠的血脂与血小板功能的影响。结果显示，茶油组血清吨C、LDL－C水平明显低于其他油组，而（HDL－C）/（血清吨C）值则显著高于其他油组。

茶油中亚油酸和亚麻油酸的含量为7.6%，而亚油酸、亚麻油酸是人体需要但不能合成的，必须来自食物，一般以8%为宜，因而只有茶油跟橄榄油中亚油酸和亚麻油酸的含量符合人体需要的最佳比例，而豆油、菜油和花生油等食用油中亚油酸和亚麻油酸的含量则超过了人体需要的限度。

茶油不含菜油中的芥酸、山榆酸等（一般认为大量芥酸对人体的生长发育不利）难以消化吸收的组分，以及不含豆油、花生油中的黄曲霉毒素（致癌性很强），并且不含动物油中的高胆固醇，因为菜油中芥酸含量高达48.37%，高芥酸会影响动物的正常生长发育，能诱发心肌梗死。

茶油中的胆固醇含量仅为猪油的1/30，食用茶油有预防心血管硬化、降血压、降血脂等功效。花生油、大豆油等草本植物油食用过多可引起体内火旺而毒素增加，尤其对于新陈代谢旺盛的发育快速的年轻女性极易导致内分泌失调而脸部长痘。而茶油经过抱子怀胎1年多时间历经霜降后方能成熟，性凉，故能降火，能改善毛细管的弹性和通透性，调节中枢神经系统，调整内分泌失调，进而防治神经衰弱及神经功能下降等其他症状。1992年广东省食品卫生监督研究所与暨南大学医学院合作对120名血脂正常的健康人分为二组进行食用试验，第一组为单不饱和脂肪酸组（食用茶油），第二组为多不饱和脂肪酸组（食米糠油、玉米油），第三组为饱和脂肪酸组（以棕榈油为主）。40天后茶油组总胆固醇、甘油三酯及低密度脂蛋白胆固醇（或称不好的胆固醇）均降低，而高密度脂蛋白胆固醇（称为好胆固醇，它对动脉有保护作用）则升高，多不饱和脂肪酸组则均降低。饱和脂肪酸组总胆固醇明显升高，其他指标变化不显著。这项研究结果证明茶油是一种值得开发的保健食用油。

此外，茶油中含有17种氨基酸和6种维生素，相比于橄榄油，茶油具有优质食用油全部功能特性，富含多种维生素，每100g中维生素A和E的含量分别为112.55μg和20.28mg，高于橄榄油的7%和1倍，茶油通过深加工可生产出高级保健食用油、医用注射用油及高级天然护肤化妆品等，是一种纯天然绿色营养保健食用油。

（二）茶油的生理活性物质

茶油的很多特性是其他植物油无法比拟的，它的烟点高、热稳定性好，在烹调过程中不易因油温升高而变质且能重复使用，茶油不含难以被人体消化吸收的组分如芥酸等，易于人体消化吸收。

茶油中还富含甾醇、生育酚和角鲨烯等生理活性物质，这些活性物质对油茶籽油营养和保健作用及油茶籽油的稳定性起着重要的作用，甾醇能抑制人体对胆固醇的吸收，是一种降低血清胆固醇的功能活性成分。角鲨烯是一种多酚类的活性成分，是一种抗氧化剂，有很好的富氧能力，可抗缺氧和抗疲劳，有助于保持皮肤的柔软，可以有效改善皮肤色泽，可以缓解牛皮癣和皮炎等皮肤疾患，具有提高人体免疫力及增进胃肠道吸收功能，同时还能补充细胞氧气、修复细胞、防止肿瘤，这也是其他食用油所没有的。

此外，茶油还含有橄榄油中所没有的生物活性物质如山茶苷、山茶皂苷、茶多酚等，山茶苷和茶多酚具有很强的抗氧化性，可以认为其中的这些活性物质对茶油中的脂肪酸甘油酯的氧化起着抑制作用。其中山茶苷有强心作用，山茶皂苷有溶血栓作用，而茶多酚则具有降低胆固醇及预防肿瘤等多种功能。

（三）茶油的皂化值

茶油的皂化值与其他种类的食用油相比是较高的，因而说明茶油中甘油酯的相对分子质量是较小的，根据试验结果推测，这也与茶油中含有较多的单不饱和脂肪酸有关。油酸是一种不饱和脂肪酸，比饱和脂肪酸的氧化稳定性高，并且具有降低低密度脂蛋白胆固醇（LDL‐C）而不降低高密度脂蛋白胆固醇（HDL‐C）的独特作用，能更有效地防止动脉硬化。高油酸对中老年人的心脑血管健康是非常重要的，营养界把油酸称为"安全脂肪酸"，皂化值可以用来检测油脂的质量品质，较纯的油脂的皂化值一般偏高，而茶油的皂化值就比一般的油高，可以看出茶油比其他油纯正，说明茶油有相当高的营养价值。

（四）茶油的碘值

碘值是衡量有机化合物中不饱和程度的一种指标，碘值越高，越容易引起油脂的酸败变质。对葵花籽油、玉米油、油茶籽油、花生油、大豆油、菜籽油、调和油7种食用油碘值进行测定显示，茶油的碘值相较于其他油是偏低的，因此不易氧化变质、易于保存。虽然茶油碘值相对而言较低，但是据有关资料表明，其含有的不饱和脂肪酸高达90%。与鱼油比较，茶油的单不饱和脂肪酸含量多，故其也就具有了抗氧化及调节免疫功能的作用，而鱼油的多不饱和脂肪酸含量高，易发生脂质过氧化作用，可能对免疫功能有抑制作用。

（五）茶油的过氧化值

过氧化值表示油脂和脂肪酸等被氧化程度的一种指标，过氧化值越低说明油脂酸败程度越低。茶油的过氧化值较低，而过氧化值的产生就是因为不饱和脂肪酸被氧化，使得过氧化值增大，因而相对而言茶油中的不饱和脂肪酸氧化程度较低，易于保存。这可能是由两个方面造成的，一是茶油中含有的维生素E等具抗氧化性能的物质含量较其他食用油高，这点可以从冯翔等的研究中看出茶油中的单不饱和脂肪酸含量较其他种类食用油高，使得其相较于其他种类食用油有较强的抗氧化性。二是茶油本身的油脂结构对其储藏性的影响，相关资料显示，茶油化学组成上接近于花生油和橄榄油，而橄榄油的储藏期通常都高达2年。

（六）茶油的药理

据药理研究表明，茶油性偏凉，有凉血、止血的功效，故长期食用茶油，对肝血亏损而虚火上炎所致的高血压患者，有平抑血压的特殊作用。还有研究认为，茶油中的有效成分，对老年心脑血管有软化作用，故能防治血管硬化所致的多种心脑血管疾病。由于茶油中含有一定量的磷，故常食用茶油有预防老年性痴呆的积极作用。这些都是其他植物油所不能比拟的。另外，每日生吃茶油10～15mL，可防治老年习惯性便秘，以及起到润肤、减皱的美容作用。茶油的另一大特点是，耐高温。其他植物油在煎至120℃时，便会产生少数3,4苯并芘等有害健康的物质，而茶油在煎到150℃时，也不会有此类变化，故茶油最适于制作油炸食物时使用。

（七）茶油的免疫调节功能

茶油的免疫调节功能比其他油类强。冯翔等研究了富含不同种类不饱和脂肪酸的

3 种油脂，茶油、玉米油和鱼油对小鼠免疫功能及体内粮油加工。结果表明其影响明显不同，综合各项免疫指标，得出山茶油的正向免疫调节作用最强。这可能是由于茶油的单不饱和脂肪酸含量最多，故具有抗氧化及调节免疫功能，而鱼油的高纯度 n-3 多不饱和脂肪酸（n-3PUFA）含量高，易发生脂质过氧化作用，因此可对免疫功能有抑制作用。这归结于茶油的营养价值与保健功能。

（八）茶油的其他独特价值

普通食用油进入人体后，其未消化部分聚集在体内转化为脂肪，极易导致肥胖的发生。而茶油具有"不聚酯"性，其富含的单不饱和脂肪酸能与体内的分解醇素产生作用，被碳酸气分解转换为能量，阻断脂肪在内脏及皮下生成，能有效预防产后肥胖。因此，茶油被福建、台湾一带广泛地用于孕产妇调理身体，俗称"产子油"，"月子宝"。茶油所含维生素 E，易于被皮肤吸收，从而有助于保持女性的体态美。在一些地区，茶油还可以用于减轻产妇产后妊娠纹的症状。方法是用适量茶油涂于妊娠纹处，长期坚持按摩使用，可去除妊娠纹，或使之变浅。

五、茶油的保健功能与人的健康长寿

（一）茶油与医药治疗

油茶是一种民间常用的医药材料，《本草纲目》记载：茶油性偏凉，有凉血、止血、清热化湿、杀虫解毒之功效，主治肝血亏损、驱虫、益肠胃、明目。《本草纲目》中记载"茶油性寒凉，味甘平，润肠通便，清热化湿，润肺祛痰，利头目"。《纲目拾遗》谓其"润肠清胃，杀虫解毒"。《农政全书》写到"疗疮疥，退湿热"。《中国药典》将茶油列为药用油脂，茶油可增强血管弹性和韧性，延缓动脉粥样硬化，增强肠胃吸收功能，促进内分泌腺体激素分泌，防治神经功能下降，提高人体免疫力。茶油中的特定生理活性物质茶多酚等可以降低胆固醇、抗癌，对肝炎、高血压、肥胖症、支气管炎等疾病有很好的治疗效果，长期食用茶油，可清胃润肠、可治疝气腹痛、习惯性便秘等。

茶油传统的制作过程是用油茶种子以物理方法去壳、晒干、粉碎、榨油、过滤而成，因此是真正纯天然绿色食用油。茶油虽然是食用油，但是现代研究发现，茶油有很大的药用价值。茶油对多种疾病有明显的改善作用，如高血压和肥胖症。冯翔等研究茶油、玉米油、鱼油各自对小鼠免疫功能及脂质过氧化物作用的影响，结果发现，由于单不饱和脂肪酸在茶油中的含量最多，所以茶油正向免疫调节作用最强。叶新民等 2001 年也发现茶油能有效清除自由基，抑制肝脂质过氧化反应。周斌等对梗阻性黄疸大鼠的研究发现，茶油能保持心肌细胞核膜、线粒体膜等结构的完整性，降低直接胆红素（DB）、血清总胆红素（TB）的含量，改善肝功能。其研究的结论是茶油不但能保护这类大鼠的心脏，而且能显著改善这类大鼠的营养状况。活性氧自由基能参与许多病理过程，其反应之一就是引起脂质过氧化进而损伤膜的结构和功能，而抗氧化酶能够清除这类活性氧，阻断脂质过氧化反应，维护细胞膜的结构和功能，保证组织细胞的正常生理功能。

民间常有服茶油驱蛔虫，涂抹被蜂、蚊、毒虫叮咬伤处解毒消肿的习惯，还有用茶油来治疗烧烫伤、痔疮以及慢性湿疹等皮肤病，中药上常用茶油制作各种药膏、药丸，少数民族用茶籽饼治疗烫伤、挫伤等。苗族等少数民族将油茶的嫩枝点燃后放在刀面上，得到的油状液体（俗称刀烟），用于治疗刀伤、烫伤、急性炎症、皮肤癌等。孕妇及婴幼儿食用，还有助于胎儿及婴幼儿的正常发育；老人经常服用，则可有效抑制衰老和预防高血压、心血管疾病、动脉硬化等老年疾病，且具有去火、明目和乌发的作用，现代医学也用茶油做注射用针剂脂溶性原料。

（二）茶油与婴幼儿健康

由于油茶油分子结构细腻，各营养素氨基酸模式与人体相似，故极易被肠道吸收，能提高肠胃、肝胆的功能，有效预防胆结石，同时对胃炎、胃溃疡有疗效，亦具通便作用。肠胃由此吸收功能增强，对钙的吸收能力也提高了，所以青少年时期骨骼发育及老年时期容易患骨质疏松症应多食用茶油以强化骨骼；茶油还能促进消化、使新陈代谢率升高，糖尿病患者也最好食用油茶油。最近的研究发现油茶油在预防产后肥胖，保证胎儿健康成长也有重要作用。调查研究表明我国有 80% 的女性产后肥胖，20% 的女性产后永久性肥胖。科学研究证实，这与食用油选择不当、饱和脂肪酸含量摄入量过多有关。普通食用油进入人体后，其未消化部分会聚集在体内转化为脂肪，导致肥胖诱发其他疾病。茶油中的单不饱和脂肪酸，能与体内的分解酵素产生作用，被碳酸气分解转换为能量，阻断脂肪在内脏及皮下生成，因此能有效预防产后肥胖。

民间人们从传统饮食习惯中总结出，茶油还具有其他很多重要功能：现在人们常用的月子餐就是用茶油来做的，而且食用月子餐可以：

（1）快速消除妊娠纹，减少皱纹；

（2）促进产妇伤口愈合（特别是剖宫产效果明显）；

（3）每天清晨空腹生食一匙山茶油，轻松解决孕妇便秘；

（4）孕妇产后期皮肤拉伸，易出现瘙痒和干裂现象，每天清晨用山茶油涂抹，可预防缓解；

（5）孕妇在孕期食用茶油不仅可以增加母乳，而且对胎儿的正常发育十分有益。

（6）孕妇产后食用茶油不仅可提高人体酶的活性，还可提高生育酚的分泌，改善体质，增加母体免疫力机能；

（7）产妇分娩后食用，又可让伤口早日愈合。孕产妇食用野生茶油可以促进胎儿发育，增加母乳，恢复产后体型；婴幼儿及儿童食用茶油可利气、通便、消火、助消化、促进骨骼发育；老年人可去火、明目、抑制衰老、长寿健康。茶油还可用于防治感冒、支气管炎、扭伤、毒虫叮咬引起疮疹、割伤、擦伤、牙龈炎等，且可增强人体免疫功能。

（三）茶油中的茶皂素

在油茶籽榨取茶油后的枯饼中含有氮、磷、钾和皂素，可用来提取茶皂素、制刨光粉并且去毒后可作为饲料。茶皂素是一种非离子型表面活性剂，具有高效的乳化、分散、润湿等表面活性，有抗渗、消炎、镇痛等药理作用，并有杀虫和刺激某些植物生长的功能，在工农业、日用化工和医药等部门有着重要用途。以其为主体精制而成的环保型农药助剂可广泛用于杀虫剂、杀菌剂、除草剂，同时由于茶皂素的驱避和生物激素作用，其本身也是一种很好的生物农药，可作为农药添加剂，提高药效，还能刺激作物生长，不会造成土壤污染，有利于环境保护。茶皂素的抗渗漏与抗炎症特征，在医药上具有消炎、镇痛、抗菌、止咳化痰之功效。茶皂素水溶性好，泡沫丰富，去污力强，是洗涤用品工业、乳化剂工业的极佳选料，用以生产洗发香波、洗发剂，不仅洗发护发，而且消炎止痒，去头屑效果好。在对虾和螃蟹养殖方面，利用茶皂素的溶血作用和鱼毒作用，可作为清池剂，杀死有害鱼类，而对虾和螃蟹无毒害作用。茶皂素的表面活性现在已应用于洗涤剂或洗发香波。茶皂素石蜡乳化剂（TS－80 石蜡乳化剂）应用到纤维板制造业，解决了"纤维板含水率偏高"的难题。以茶皂素为主的TS－861稳泡剂在加气混凝土生产中保证了浇注的稳定性和成功率，剩下的果壳、种壳可制活性炭、糖醛、皂素、栲胶和硫酸钾等原料。

（四）新型化妆品——茶油

目前，我国的茶油加工业主要以生产食用油为主，随着对茶油营养保健价值、经济价值的进一步认识和茶油系列产品的深度研究，开发生产高附加值的化妆品和医疗系列产品具有很大潜力。茶油由于其性质温和，对皮肤的刺激性小，从而成为一种理想原料，可用于生产护肤和护发等产品。茶油不易氧化变质，在精制过程能抑制酸价的上升，是最适合做化妆品的油。

茶油具有良好的防晒、滋养等美容功效。日光中的紫外线对皮肤有不良影响，有研究显示，茶油可强烈吸收短波紫外线，防止皮肤表皮细胞核酸和蛋白质的变性，可防止和减少晒斑、黄褐斑，并对暗疮有辅助治疗之效，是一种天然优质的防晒护肤品，对于晒后皮肤红痛发痒，涂上少许茶油，便可止疼去红，并减少黑色素沉着。茶油中的油酸易被头发和皮肤吸收，可供给营养，同时补足油分，还有一定的杀菌效果，此皆因茶油可吸收紫外线之故。

茶油可以润肤。茶油的组成部分70％～80％与人体的皮肤一样，且与皮肤具有良好的亲和性，易于皮肤吸收，可维持皮肤细胞正常生理功能和代谢活动，气候干燥时，用茶油保湿，可防皮肤干裂，使皮肤有光泽，润滑并富有弹性。在面部或眼角稍加茶油，缓慢按摩，可去除眼角细纹，滋养面部肌肤，于妊娠纹处涂抹茶油，久后可去之。此外，不饱和脂肪酸供应充足，人的皮肤会细嫩润泽；反之，就会变得皮肤粗糙。因此，茶油中的不饱和脂肪酸有"美容酸"之称。

茶油可以防衰老。茶油中含有丰富的维生素 E，可改善皮肤的弹性，使皮肤光彩发亮。更重要的是，维生素可减少皮肤细胞中一种被称作"脂褐质"的物质。这种物质是组织细胞衰老的标志，并随年岁的增大而增多。维生素可减少"脂褐质"的形成，对预防衰老有极重要的意义。

茶油治疗婴儿湿疹。澡后宝宝身上红疹处使用茶籽油，并轻轻抚摸，可治疗婴儿湿疹。茶油还被医生常用于治疗重度的烧烫伤，帮助患者消炎消肿，迅速修复和再生皮肤。宝宝碰伤、跌伤、烧烫伤、蚊虫咬后也适用。

另外，茶油中的油酸甘油酯，能跟人体皮肤融合，易被皮肤吸收且无刺激。综上所述，茶油是一种可作为油分补给剂的优质油脂。茶油还具有防辐射的功效，可用来制作航天、深海食品，年轻人食用可以保持青春，老年人食用更能健康长寿。

（五）茶油中的维生素

现代医学研究已经证实，茶油中含有某些微量物质对人体健康有益，如维生素 E，即生育酚，含量丰富，为 $669.25\mu g/g$，是一种重要的生理抗氧化剂，组织生物膜及细胞中多不饱和脂肪酸的氧化，防止过氧化物的产生。过氧化物对细胞的酶是有毒性的，是导致冠心病、癌变及衰老的原因之一。因此，维生素 E 对于防止细胞早衰、延长细胞生命，使心肌与肌肉的毛细血管保持良好的状态，提高动脉血流量，预防冠心病和癌症的诱发都有一定的意义。同时，其抗氧化作用还能消除脂肪和脂肪酸自动氧化过程中产生的自由基，清除这类活性氧，阻断脂质过氧化反应，维护细胞膜的结构和功能，保证组织细胞的正常生理功能，维持机体正常新陈代谢，增强机体免疫力。又如胡萝卜素，它具有抗氧化、提高免疫力、抑制癌细胞增值等功能。β-胡萝卜素还是维生素 A 的前体，缺乏维生素 A 会患夜盲症，严重缺乏会导致失明，也会影响骨骼的正常生长以及牙齿和皮肤的健康。可知茶油具有防辐射、抗衰老的功效，可用来制作航天食品，年轻人食用可以保持青春，老年人食用更能健康长寿。

（六）茶油养发新功能

现代社会由于工作压力大，不少学术人、中老年人甚至年轻女孩子，受到掉发、秃头、白头发等困扰，茶油有生发功效，并使头发长期保持乌黑亮泽，因为茶油各组成成分的分子结构很细小，橄榄油都不及它细，这点区别于日常的普通食用油，所以，使用时不会有油腻感。茶油护发一般有两种做法：洗头后直接在头发上涂抹茶油，然后用毛巾包裹；可掺到护发素里使用，帮助护发素渗透，使头发和头皮吸收养分，促进头皮血液循环和新陈代谢，达到防止脱发和养护的效果。

（七）茶油其他保健功效

地中海沿岸 7 国公民的冠心病及肿瘤导致的死亡率很低，即使这些国家脂肪供给占总能量的 40%，这种现象可能与食用富含油酸的橄榄油有关。据统计，爱斯基摩人大量摄取必需脂肪酸，他们很少发生癌症，而我国山茶油中的必需脂肪酸含量很高，同时兼有微量元素和茶多酚，因此它在防止乳腺癌、结肠癌、子宫癌等癌变中意义重大。有关专家预测：茶油在未来新的医药应用和康养保健中具广阔的发展前景。

茶油含有或可能含有生物活性物质，因此，其药用价值具体发挥效果的成分研究及其如何提取是今后茶油在医药保健方面研究的一个重要方向之一。目前对茶油的脂肪酸含量测定研究较多，而综合测定茶油功能、成分含量的报道还没有，因而综合测定茶油中所有功能成分的方法也是今后研究方向之一。我国是中药发源国，追根溯源，从中国古代医书记载的茶油医疗功能和使用方法中进一步开发以茶油为偏方、效果良好的中药也是一个重要的研究方向。

六、引领健康膳食新理念

茶油是优质食用油，具有很高的营养价值和保健作用。随着人们生活水平的提高和对健康膳食的重视，人们对粮油的保健功能提出了更高的要求，而这种对健康膳食的消费需求也将成为经济发展达到一定水平后的必然趋势。因此，随着贸易全球化以及国际市场对我国特有的油茶等木本油料产品优质特性的认知，我国茶油产品的国外需求量也必将扩大。

说到食用油，有很多问题大家经常遇到但没有引起注意。

（1）如何因人而异选用食用油？长期使用一种油可能导致获取营养单一，建议适当更换油的品种，尽量食用多样化。

（2）大桶装油与小桶装油哪种油更健康？油桶开盖后，尽量在三个月内用完比较健康，买小桶或大桶则根据自己家人口数购买，一般开盖后，最好控制在三个月内食用完。

（3）反复煎炸过的油还可以吃吗？高温油炸后，油质会产生裂变，长期食用可能加重致癌风险。在避免再次高温烹炒的前提下，可在短期内进行凉拌菜及炖煮时应用，千万不要多次高温炸食。

（4）一个菜放多少油？你们可知道炒菜时放多少油也关系到我们的健康？25g 是每人每天的推荐量，不是炒一个菜的量，一定要根据菜的多少来控制，最好配备一个控油壶，如没有控油壶用调羹来控量也可以。而控油壶更重要的是起到健康警示作用。在现今高标准的生活条件下，我们也要不断地改进烹饪方法。

据"中国健康与营养调查"项目的调查数据，我国膳食结构模式已逐渐从植物性食品为主转向动植物并重型的模式，而在膳食结构变迁的关键时期，满足营养转型时期居民对食品消费升级的需求并正视食品消费升级对营养结构的影响，科学合理地宣传、引导国民注重膳食营养均衡，建立合理的膳食结构是我们面临的一项紧迫而艰巨的任务，也是油茶产业发展的重要机遇。

近年来，茶油越来越受人们的青睐，茶油是真正的纯天然绿色食用油，营养价值高，对多种疾病有明显的改善作用，如高血压和肥胖症。经测试：茶油不饱和脂肪酸高达 90% 以上，油酸达到 75%～83%，亚油酸达 7.4%～13%，并富含蛋白质和维生素 A、维生素 B、维生素 D、维生素 E 等，尤其是它含有丰富的人体必需而又不能合成的亚麻酸。有关资料显示，我国有血脂异常患者和高血压患者 2.9 亿人，而长期食用茶油，对于一些心脑血管疾病具有很好的医疗保健作用。其次，茶油中的不饱和脂肪酸主要为较稳定的油酸，油中又富含生育酚、角鲨烯等天然抗氧化剂，因此茶油稳定性好，不易氧化酸败。而茶油烟点高，热稳定性好，在烹调过程中不易因油温升高和重复使用产生对人体有害的物质。通过对茶油不断深入的研究发现，长期食用茶油具有明显降低血液中的胆固醇（TC）和低密度脂蛋白胆固醇（LDL－C）的作用，而高密度脂蛋白胆固醇（HDL－C）则基本不变，从而明显延缓动脉粥样硬化的形成。总之，茶油是一种具有良好的营养价值和保健功能的高级食用油。

第三章　油茶市场分析与预测

第一节　我国食用油市场供需分析

一、油料生产形势

我国是个食用油消费大国，2000 年以来，我国食用植物油供应主要依靠进口解决了原料供给不足的问题，例如，2016 年我国进口大豆 8000 万 t、棕榈油 650 万 t，而使得油脂产量得到更快的增长。在植物油的国内生产结构上，国内自产油脂（含以进口油料为原料压榨的油脂）产量超过百万吨的大宗油料有豆油、菜籽油、花生油、棉籽油等，产量较少的小品种油有葵花籽油、芝麻油等。主要靠进口的油脂包括豆油、棕榈油、菜籽油和橄榄油等。其中豆油和菜籽油总产量占全部食用植物油脂产量的 70% 左右。

根据国家粮油信息中心预测，2013 年我国油菜籽、大豆、花生、棉籽、葵花籽、芝麻、油茶籽、亚麻籽八大油料总产量为 5846.8 万 t，与 2012 年实际产量 5972.3 万 t 基本持平。从表 3-1 可以看出，自 2011 年起我国油茶籽的产量与榨油量增长幅度较大，其中 2013 年榨油量都较 2012 年增长 9%～10%。这充分说明，在国家的支持与扶持下，我国油茶产业的发展很有成效。

表 3-1　　　　　　　　　　2000～2013 年我国主要油料生产情况　　　　　　　单位：万 t

年份	油料总产量	棉籽	大豆	油菜籽	花生	葵花籽	芝麻	亚麻籽	油茶籽
2000	5291.0	795.1	1541.1	1138.1	1443.7	195.4	81.1	34.4	82.3
2001	5363.8	958.2	1540.7	1133.1	1441.6	147.8	80.4	24.3	82.5
2002	5378.8	830.9	1650.7	1055.2	1481.8	194.6	89.5	40.9	85.5
2003	5225.1	874.7	1539.4	1142.0	1342.0	174.3	59.3	45.0	78.0
2004	5944.5	1138.2	1740.4	1318.2	1434.2	155.2	70.4	42.6	87.5
2005	5740.7	1028.6	1635.0	1305.2	1434.2	192.8	62.5	36.2	87.5
2006	5504.4	1355.9	1508.2	1096.6	1273.8	144.0	66.2	37.4	92.0
2007	5213.5	1372.3	1272.5	1057.3	1302.7	118.7	55.7	26.8	93.9
2008	5855.9	1348.6	1554.5	1210.2	1428.6	179.2	58.6	35.0	99.0
2009	5800.3	1147.9	1498.1	1365.7	1470.8	195.6	62.2	31.8	116.9

续表

年份	油料总产量	棉籽	大豆	油菜籽	花生	葵花籽	芝麻	亚麻籽	油茶籽
2010	5811.4	1073.0	1508.3	1308.2	1564.4	229.8	58.7	32.4	109.2
2011	5941.3	1186.0	1448.5	1342.6	1604.6	231.3	60.6	35.9	148.0
2012	5972.3	1230.5	1305.0	1400.7	1669.2	232.3	63.9	39.1	172.8
2013	5846.8	1135.8	1180.0	1440.0	1700.0	235.0	63.5	38.5	190.0

注：资料来自国家粮油信息中心

二、油料进出口形势

我国以进口豆油、棕榈油和菜籽油为主，而且进口总体呈增长趋势。从进口来源国看，豆油进口主要来自阿根廷、巴西和美国，棕榈油进口主要来自马来西亚和印尼。2005年以来，我国花生油出口占世界总出口量的比重逐年下降，近3年维持在5%左右。2011年，我国花生油出口量占世界总贸易量的5.4%。从食用植物油进口结构看，棕榈油是我国进口量最大的产品，进口量约占食用植物油进口总量的70%，豆油次之，约占进口总量的25.7%。

为满足食用油市场供应日益增长的需要，2013年我国进口油脂油料的数量继续呈上升趋势。据海关总署统计，2013年我国进口油脂油料的折油总计达2453.9万t，较2012年增长3.00%，与2012年较2011年增长20.48%相比，增幅开始趋缓。其中，进口大豆6337.5万t、油菜籽366.2万t、花生1.9万t、芝麻44.1万t、亚麻籽18.1万t；进口大豆油115.8万t、棕榈油597.9万t、菜籽油152.7万t、花生油6.1万t、橄榄油及其分离品3.7万t、其他植物油55.7万t、人造黄油24.6万t（表3-2、表3-3）。另据统计，2013年出口油脂油料的折油总计为26.2万t，较上年增长0.17%（表3-4）。

表3-2　　　　　　　　2000～2013年中国油脂油料进口量　　　　　　单位：万t

年份	油料进口量		植物油进口量				
	大豆	油菜籽	总量	大豆油	棕榈油	菜籽油	其他植物油
2000	1041.6	296.9	187.3	30.8	139.1	7.5	9.9
2001	1393.7	172.4	167.4	7.0	151.7	4.9	3.8
2002	1131.5	61.8	321.2	87.0	222.1	7.8	4.3
2003	2074.1	16.7	541.8	188.4	332.5	15.2	5.7
2004	2022.9	42.4	676.5	251.7	385.7	35.3	3.8
2005	2659.0	29.6	621.3	169.4	433.0	17.8	1.1
2006	2827.0	73.8	671.5	154.3	508.2	4.4	4.6
2007	3082.1	83.3	839.7	282.3	509.5	37.5	10.4

续表

年份	油料进口量		植物油进口量				
	大豆	油菜籽	总量	大豆油	棕榈油	菜籽油	其他植物油
2008	3743.6	130.3	816.3	258.6	528.2	27.0	2.5
2009	4255.2	328.6	950.2	239.1	644.1	46.8	20.2
2010	5479.7	160.0	826.2	134.1	569.6	98.5	24.0
2011	5264.0	126.2	779.8	114.3	591.2	55.1	19.2
2012	5838.4	293.0	960.0	182.6	634.1	117.6	25.7
2013	6337.5	366.2	922.1	115.8	597.9	152.7	55.7

注：资料来自国家粮油信息中心

表 3－3　　　　　　　　　　　2013 年中国油脂油料进口统计

商品名称	12 月数量（吨）	1～12 月累计	
		数量（吨）	与上年同比（％）
大豆油	89500.52	1157586.31	－36.61
棕榈油	652502.75	5979071.05	－5.71
其中：硬脂	108549.79	1105228.15	－0.49
菜籽油或芥花籽油	89410.11	1526832.99	29.85
初榨椰子油	2183.99	30521.78	－77.09
其他椰子油	4889.42	100160.75	34.30
初榨棕榈仁油或巴巴苏棕榈果油	23430.30	188069.14	－27.60
其他棕榈仁油或巴巴苏棕榈果油及其分离品	45685.75	426071.83	88.68
初榨亚麻籽油	997.44	17557.91	－52.01
其他亚麻籽油	19.78	738.86	－27.28
芝麻油	133.33	2244.89	7.18
人造黄油	29687.68	245746.13	－29.15
其中：混合油	1526.34	18468.38	22.67
橄榄油及其分离品	3459.14	36703.21	－11.08
花生油	3839.44	61030.57	－3.39
初榨葵花籽油或红花籽油	77089.88	432767.40	313.60
其他葵花籽油或红花籽油	381.81	3239.95	49.93
大豆	7402442.83	36375349.99	8.55
油菜籽	506509.40	3662410.23	25.01

续表

商品名称	12月数量（吨）	1～12月累计	
		数量（吨）	与上年同比（％）
花生	710.44	19162.46	−16.38
其中：花生仁	0.00	0.00	—
其他芝麻	18205.30	441111.51	11.49
葵花籽	1043.45	1828.45	−38.56
亚麻籽	21387.41	180649.78	22.13
起酥油	26608.12	211801.96	−32.92
折油总计	2692190.37	24539672.18	3.00

注：资料来自海关总署

表 3 − 4　　　　　　　　　2013 年中国油脂油料出口统计

商品名称	12月数量（吨）	1～12月累计	
		数量（吨）	与上年同比（％）
大豆油	6379.81	89612.21	37.05
棕榈油	255.12	2005.72	130.24
其中：硬脂	0.00	40.16	—
花生油	1297.76	7444.57	−9.43
菜籽油或芥花籽油	694.05	6208.99	−6.36
芝麻油	487.45	3566.97	−6.28
初榨亚麻籽油	1.23	258.30	−22.81
其他亚麻籽油	17.11	991.55	−12.32
其他葵花籽油或红花油	39.44	157.03	−14.23
人造黄油	955.31	7691.09	−10.29
其中：混合油	0.00	0.00	—
花生	19369.77	134739.82	−7.75
其中：花生仁	0.00	0.00	—
大豆	30537.70	208968.71	−34.72
油菜籽	692.92	162.28	−51.63
葵花籽	0.00	190413.87	3.37
亚麻籽	4018.24	3749.30	−11.21
种用芝麻	0.00	1.65	253.00

续表

商品名称	12月数量（吨）	1～12月累计	
		数量（吨）	与上年同比（%）
其他芝麻	125.05	34125.76	−7.60
红花籽	27728.55	119.69	−93.30
初榨葵花籽油或红花籽油		1146.23	13.89
折油总计		261799.47	0.17

注：资料来自海关总署

三、油脂消费

2000年以来，随着人口规模的增长和居民收入水平的提高，我国食用植物油消费总量稳步增长。从品种看，棕榈油和大豆油消费增长非常快，花生油和菜籽油消费增长较慢。从消费结构看，大豆油是我国第一大消费植物油消费品种，2011年消费量占总消费量的48.2%；其次是菜籽油和棕榈油，2011年其消费量之和占总消费量的20%左右；最后是花生油，2011年消费量占总消费量的8.9%。从变化趋势来看，2000年以来，大豆油和棕榈油在总消费中的比重不断上升。

根据国家粮油信息中心对我国食用油市场综合平衡分析，2012～2013年度，我国食用油市场的总供给量为3374.3万t，其中包括国产油料和进口油料合计生产的食用油2371.5万t，及直接进口的各种食用油1002.8万t（表3-5）。

表3-5　　　　　　2012～2013年度中国食用油市场综合平衡分析　　　　　单位：万吨

指标	大豆油	菜籽油	棉籽油	花生油	棕榈油	其他油脂	总计
生产量	1155.5	587.9	143.0	245.1	0.0	240.0	2371.5
进口量	140.9	153.3	0.0	6.5	658.9	43.2	1002.8
年度供给量	1296.4	741.2	143.0	251.6	658.9	283.2	3374.3
国内食用消费	1140.0	550.0	135.0	250.0	470.0	210.0	2755.0
工业及其他消费	105.0	0.0	0.0	0.0	130.0	40.0	275.0
出口量	8.4	0.6	0.1	0.6	0.0	1.1	10.8
年度需求总量	1253.4	550.6	135.1	250.6	600.0	251.1	3040.8
节余量	43.0	190.6	7.9	1.0	58.9	32.1	333.5

注：资料来自国家粮油信息中心

从表3-5可以看出，2012～2013年度我国食用油的食用消费量为2755.0万t，工业及其他消费为275.0万t，出口油脂油料的折油总计为10.8万t，合计年度需求总量为3040.8万t，年度结余量为333.5万t。这里，我们可以推算出2012～2013年度我国食用油的自给率为38.5%，即2013年国产油料榨油量（1169.4万t）与年度需求总量（3040.8万t）之比。

从表3-6可以看出，2012/2013年度我国食用油的需求总量为3040.8万t，按全国13.5亿人口计算，人均年消费量为22.5kg，较上年的21.4kg提高了1.1kg。

表3-6　　　　　　　　　2000～2013年我国人均年食用油消费情况

年份	消费量（万吨）	人均年消费量（千克）
2000	1002.5	7.7
2001	1090.7	8.4
2002	1245.7	9.6
2003	1330.0	10.2
2004	1410.0	10.8
2005	1500.0	11.5
2006	1750.0	13.5
2007	1850～1900	14.2～14.6
2008	2271.7	17.5
2009	2509.7	19.3
2010	2684.7	20.7
2011	2777.4	20.6
2012	2894.6	21.4
2013	3040.8	22.5

注：2000～2008年我国人均年消费按13亿人口计算；2011年后按13.5亿人口计算。

第二节　世界食用油市场供需状况概述

全球以榨油为主的植物油料主要有大豆、油菜籽、棉籽、花生、葵花籽、棕榈仁、椰子等。根据美国农业部的统计，2009年全球油籽产量约4.4亿t，其中大豆产量2.6亿t，占58.9%。大豆主要生产国是美国、巴西、阿根廷、中国四国，产量占世界总产量的70%。2003年起，南美的巴西、阿根廷两国的产量超过美国。2009年全球油菜籽产量为6062万t，占13.7%，主产国包括中国、欧盟、加拿大、印度，约占全球总产量的88%。2009年全球葵花籽产量为3045万t，主要产量集中在俄罗斯、乌克兰、欧盟、阿根廷、土耳其等地。2009年全球棉籽产量为3922万t，占比8.9%，主产国美国、印度和中国。2009年棕榈仁产量为1222万t，占比2.8%，主产国为印度尼西亚和马来西亚。

由表3-7可知，在2001～2009年期间，全球植物油产量从9274.7万t增长至14007.8万t，累计增长51.0%，年均增长5.3%。其中产量最大的是棕榈油，其次是大豆油。两者总产量接近 9000 万 t，占所有植物油的 64％。棕榈的主产地是东南亚的印度尼西亚和马来西亚，2009 年度两国总产量达到 4000 万 t。虽然棕榈油种植面积远不及大豆，但是棕榈单产高达 4.9 吨/公顷，是大豆的近一倍。自 2004 年起，棕榈油产量超过大豆油而成为全球产量最大的油脂，也是世界上国际贸易量最多的品种。其中马来西亚棕榈油出口量占产量的 85％以上，印度尼西亚为 77％。大豆以美国、巴西、阿根廷为代表。大豆作为重要植物油料在国际流通的同时，豆油和豆粕作为其加工品的流通也很广泛。

表 3-7　　　　　　　　　　全球植物油生产形势　　　　　　　　单位：万吨

	2001/02	2005/06	2006/07	2007/08	2008/09	2009/10
椰子油	317.0	345.7	321.7	353.1	352.7	361.5
棉籽油	380.3	490.5	513.2	521.6	478.4	464.7
橄榄油	274.5	264.7	282.8	277.7	278.4	304.8
棕榈油	2530.0	3578.4	3732.9	4108.4	4399.2	4586.2
棕榈仁油	313.7	435.8	443.5	488.3	517.3	550.1
花生油	519.6	496.5	453.1	490.5	500.3	466.6
油菜籽油	1305.9	1735.7	1713.4	1843.4	2048.7	2235.1
豆油	2889.7	3479.0	3644.6	3771.5	3574.3	3876.2
葵花籽油	744.0	1064.2	1069.5	1002.6	1198.6	1162.6
合计	9274.7	11890.5	12174.7	12857.1	13347.9	14007.8

注：数据来自美国农业部

由表 3-8 可知，在 2001～2009 年期间，全球植物油消费量从 8039.7 万 t 增长至 10730.1 万 t，累计增长了 3.5％，年均增长 3.7％。推动消费增长的原因之一是世界人口的快速增长和生活水平的提高。随着生活水平的提高，全球人均食用油水平逐年增加，按 68 亿人口算，2009 年全球人均年油脂消费量 20kg，其中人均食用植物油 16kg；欧盟人均油脂消费量 47.5kg，人均食用植物油消费量为 26kg；美国 38kg；中国 18kg；印度人均 13kg。发达国家植物油工业消费量较大，发展中国家还是以食用需求为主。目前我国已赶上全球平均消费水平，但跟发达国家相比还有一定的差距。原因之二是美国和欧盟等发达国家的植物油工业消费需求迅猛增加。20 世纪末以来，全球植物油的消费结构开始发生明显变化，工业消费比重逐年提高，而食用比重相对逐年走低，主要还是归因于生物柴油需求增长的推动作用。最近两年随着原油价格的回落，生物柴油利润空间被大大压缩才又使这一变化趋势有些放缓。今后植物油的工业需求对市场的影响作用将日益显现。

表 3 - 8			全球植物油食用消费形势			单位：万 t
	2001/02	2005/06	2006/07	2007/08	2008/09	2009/10
椰子油	180.9	192.3	177	180.1	175.8	214.9
棉籽油	370.6	467.6	482.2	489	452.4	440
橄榄油	248.4	265.1	279.4	282.4	289.6	293.7
棕榈油	2009.6	2568.6	2705.9	2961.5	3129.3	3345.7
棕榈仁油	97.1	106.4	110	108.5	130.8	129.5
花生油	509.4	496.7	466	480.7	483.5	481.2
油菜籽油	1207.2	1313.2	1261.3	1319.5	1404.8	1523.2
豆油	2702.8	3104.6	3154.9	3256.2	3129.7	3257.7
葵花籽油	713.7	930.2	960.3	831	993.7	1044.2
合计	8039.7	9444.7	9597	9908.9	10189.6	10730.1

注：数据来自美国农业部

第三节　油茶产业发展现状分析

一、油茶的自然属性与分布现状

油茶是我国特有的木本食用油树种之一，适生于我国南方低山丘陵带。除中国外只在越南、缅甸、泰国、马来西亚和日本有少量分布，而我国南方则为其自然分布中心带，主要原因是我国南方的气候条件适宜油茶的生长。调查研究资料显示，气候是影响油茶生长发育和完成生命周期的主导因素。首先是温度，包括年均温、积温、花期气温、冬季月均温和极端最低气温等，必须达到和满足油茶的年周期生长最低要求；其次是水分，即年降水量和月降水量的分布，对油茶果实的生长发育和油脂形成起着重要的决定性作用。此外，地形、土壤、生物以及人类生产活动等也与油茶的生长发育有着密切的关系。如普通油茶一般种植于海拔 800m 以下，土壤 pH 值 4.0～6.5 的酸性丘陵地区。

油茶林的分布遍及我国 16 个省区 1100 多个县，油茶在我国的适应范围广泛，全国适宜油茶生长的有 3 个带、9 个区，主要有油茶北带：东部桐柏山、大别山低山丘陵区、西部秦巴山地区；油茶中带：江赣浙闽低山丘陵区、川东盆地区、贵州高原区、滇北川南高原区；油茶南带：桂粤闽南低山丘陵区、滇东南桂西高原山地坝区、桂粤沿海丘陵区。我国油茶主产区集中分布在湖南、江西、广西、浙江、福建、广东、湖北、贵州、安徽、云南、重庆、河南、四川和陕西 14 个省（区、市）的 642 个县（市、区）。

二、油茶的种植与供给现状

根据《全国油茶产业发展规划（2009～2020）》的数据，至 2008 年全国油茶种植总面积为 4531.20 万亩，其中进入衰产期的面积为 2133.7 万亩，占油茶种植总面积近一半的比重；而盛产期面积为 1977.7 万亩，约为总面积的 43.65%，但现有高产油茶林面积比重很小。我国现有宜林地 25692.0 万亩，其中适宜种植油茶的林地面积为 5380.70 万亩，油茶产业发展的后备林地资源充足。在油茶主产区中，湖南、江西、广西三省的种植面积最大，占到总种植面积的 76.15%，其产量占到油茶籽总产量的 72.71%。其中，湖南省 2008 年油茶种植总面积为 1778 万亩，占全国总面积的 39.24%；茶油产量为 10 万 t，占全国总产量的 41%。江西、广西、浙江和福建种植面积分别位列 2～5 位，而福建省茶油总产量超过浙江省位居第四。

2008 年我国茶油产量达到 24.4 万 t，平均亩产茶油为 5.4kg，只有安徽、福建、湖北、广西、湖南高于平均产量，其余省份均低于平均产量，可见我国大部分的油茶林单产低于全国平均水平。从各主要省份油茶籽生产情况看，1978～2008 年各省油茶籽产量都呈现出增长的趋势，产量长期位居前四位的分别是湖南、江西、广西和福建。

2017 年湖南油茶林面积达 2092 万亩，茶油产量达到 25.1 万 t，油茶年总产值 305.2 亿元。

三、油茶的生产经营技术现状

油茶生产经营技术首先体现为高产、高含油油茶良种的培育和推广，包括良种选育、基地生产能力以及示范推广效应。在我国油茶主产区 14 个省（区、市）中，湖南、江西、广西、浙江、安徽、湖北、福建、云南和重庆 9 省（区、市）通过国家或省级审（认）定的油茶良种有 174 个，其中通过国家级审（认）定的良种 54 个，省级审（认）定的良种 120 个，主要种植的油茶品种有普通油茶、小果油茶、越南油茶、浙江红花油茶、攸县油茶等 20 余种，其中以普通油茶为主，这些良种的产量为每亩 35～50kg，有的亩产茶油已达到 75kg。

近年来油茶产品市场逐渐升温，油茶无性系品种高产优质特性逐步为社会所认识，但油茶生产仍处于较粗放的层面。

（1）当前科研机构在油茶的良种认定、繁育、丰产栽培技术、深加工利用技术等方面的系统研究还不够深入，尤其是良种的丰产示范、推广环节与科研环节的脱节使油茶的高产优良品种并未得到大面积的推广应用，我国油茶林总面积中，进入衰退期的老油茶林比重很大，而且多为低产的油茶品种，直接影响了油茶的丰产和品质的提高。

（2）早实丰产优质的油茶生产实用技术未能普及推广，也是影响农户发展油茶产业的重要因素。从调研情况看，很多农户在长期经营中形成了"人种天养"的落后生产观念，视油茶等木本粮油为天赐之物，不抚不育，完全依靠自然生产力。

（3）油茶抚育管理技术相对于用材林树种而言较复杂，而由于经营技术培训不足和科技服务支撑体系不完善等原因，很多农户未能有效掌握油茶优质早实丰产的实用技术。绝大部分农户的油茶林经营管理十分粗放，通常只进行一年一次的锄草或劈草，很少采取修剪、深翻和施肥等抚育管理措施，导致油茶林林相混乱、树龄老化、生长衰退、大小年现象明显、产量低、经济效益低下。

（4）油茶生产经营技术和服务体系的落后一定程度上影响了农户种植和经营油茶的意愿，是当前油茶产业规模化效应难以实现的重要原因之一。

四、油茶的生产加工现状

生产加工环节是油茶产业链保值增值的关键，包括开发油茶初级产品，实现初级产业化和深层次的产品开发，建立完备的加工体系，应用先进的科学技术，使其走上规模化生产、系列化开发之路，提高产品附加值和市场竞争力。至 2008 年年底全国 14 个油茶主产省（区、市）共有油茶加工企业 659 家，油茶籽设计加工能力可达到 424.83 万 t，为全国油茶原料实际供给能力的 4.35 倍，年可加工茶油 110.79 万 t，加工能力在 500t 以上的企业有 178 家，具有精炼能力的企业达 200 多家，油茶加工业已形成一定规模，具备一定的产业基础。

油茶副产品综合开发利用技术也呈现出良好的势头：目前可年产茶粕 68.39 万 t，茶皂素 1.86 万 t，留下的残渣经过粉碎加工制成产品，作为虾、鱼塘清理、消毒剂，产品大量出口东南亚地区，油茶籽利用程度接近 100%，资源利用水平较高。在油茶产业链的上、中、下游链接中，油茶籽原料的生产供应能力还是薄弱环节，低于现有油茶加工企业的实际生产能力，造成了一定的产能浪费；在产业链的下游深加工环节，由于原料收购、生产服务体系不完善等方面的欠缺，油茶深层次的价值并未得到允分的利用，还有很大的产业化提升空间。

由于资源、技术、装备、产品和市场需求等相关要素有效衔接不够，龙头企业规模、效益和技术水平没有起到龙头作用。油茶传统加工利用技术主要以沿用草本大宗油料（如油菜、大豆和花生）成熟的加工利用技术为主，工艺技术匹配性差，技术相对落后。受原料资源规模持续有效供应限制，实际生产能力偏小；油茶综合利用水平低，油脂及其功能性活性成分损耗大。湖南省林业科学院长期致力于油茶资源的高效开发和利用研究，经过了 40 多年的发展，油茶育种、高产栽培、油脂制备和剩余物资源代利用等方面的科技创新取得了重大进步，尤其是 2009 年和 2014 年湖南省先后有两项木本油料领域的科研成果获国家科技进步二等奖，初步形成了全国领先且具有湖南特色的木本油料产业技术体系，相应技术也分别在湖南粮食集团、湖南林之神生物科技有限公司以及湖南湘纯农业科技有限公司等推广应用，取得了良好的应用效果。

五、油茶的市场需求现状分析

2008 年以来，我国油茶产业得到了快速发展。2018 年我国茶油产量为 63 万 t，年人均占有量为 0.45kg，仅为食用油人均占有量的 2.05%，远低于发达国家年人均占有橄榄油 20kg 的水平。此外，橄榄油的消费量一般占其植物油总消费量的 40% 以上，但我国木本油料占消费结构的比重极仍有很大空间,目前茶油所占比重尚不足植物油总消费量的 5%。如果要达到年人均茶油占有量 2kg 的标准,我国茶油产量需增加 10 倍,年缺口达 250 万 t 左右,可见,未来茶油的市场需求非常旺盛,油茶产业发展潜力巨大。

此外,油茶副产品茶枯、茶壳的利用价值也很高,其精加工产品可作为工业原材料,广泛用于建材、日用化工、医药和农药等方面,其市场消费约有一半在欧美发达国家。茶枯还可加工成具有较高营养价值的饲料,是鱼类养殖不可缺少的原料,茶壳和茶籽壳可生产食品用高级活性炭,市场前景广阔。可见,不管是从国际市场现状还是国内市场的趋势看,油茶产业的市场需求都具有巨大的增长态势,增加油茶的供给具有重大的现实紧迫性。

第四节　油茶产业发展态势

一、国内食用油需求缺口巨大

粮油安全问题是关系到任何一个国家社会稳定和经济发展的重大战略问题。从中国的国情来看,解决 14 亿人口的粮油安全问题始终是治国安邦的头等大事,食用油安全是一个事关国家战略的重要课题。中国粮油的进出口数量变化已经成为国际粮食和油料价格的晴雨表,对国际粮油市场具有重大的影响。

从食用油生产现状看,我国地域广大,地理和气候条件多样,适合多种油料作物生长,草本作物主要有菜籽油、大豆油、花生油、芝麻油、葵花籽油、棉籽油,还有新开发的如米糠油和玉米胚油等;木本植物主要有油茶、油棕和核桃油等。我国主要的食用油料作物为花生、油菜籽、芝麻等。1978 年全国食用油生产总量为 521.8 万 t,2008 年为 2952.8 万 t,为 1978 年产量的 5.66 倍。2017 年我国食用油消费量 3200 万 t,其中进口达 2770 万 t。从总体上看,20 多年来我国食用油生产量增长迅速,但 2000 年以后产量波动较剧烈,其中 2003 年总产量降至 2568.7 万 t,低于 1999 年的产量水平。这与我国近年来耕地面积,特别是人均耕地面积的不断减少,以及油料作物种植面积的降低有关。从总产量上看油茶所占比重很小,还属于小油料种类,很难与花生、油菜籽等主要油料植物直接竞争,但油茶籽的产量自 2001 年以来增长趋势明显,特别是 2008 年以来呈现出较稳定的增长态势,这与我国召开油茶产业发展现场会、集体林权制度改革后林农拥有山林生产决策权、国家政策鼓励林农生产油茶以及近年来油茶市场需求扩大、价格提升有很大的关系。

从食用油消费现状看,我国是食用油消费大国,从 1949~2008 年的人均占有食用油料数据看,1949 年全国人均食用油消费量仅为 4.7kg,1960 年降低至 2.6kg。1978 年以后,我国食用油的消费呈现出快速增长的趋势,2004 年达到人均 23.7kg,近几年略有回落。2008 年我国食用油人均消耗量约 22.3kg,与发达国家的人均消耗水平相比,仍有较大的差距。发达国家的人均食用油消耗为 30~45kg,如 2006 年美国人均食用植物油为 34.2kg，欧盟人均消费量高达 37kg，分别相当于同期我国人均占有量的 1.7 倍和 1.8 倍。随着我国经济的快速发展和人口的增长，食用油消费量将逐年上升。据估计，2020 年中国人口将增加到 14.5 亿，2008 年我国人均食用油占用量为22.3kg，按人均食用油消费 22kg 计算，2020 年食用油的消费总量将达到 3200 万 t，而目前我国各类植物油年生产能力仅为 1000 多万 t，即使按每年 10％的增长速度，10年后产量仅能达到 2000 万 t，需增加约 1.8 亿亩的油料播种面积，且每年仍需进口1000 多万 t 植物油和油料等成品油脂，才能满足市场需求。

从国内食用油供需均衡看，我国是世界粮油进口大国，食用油长期以来缺口很大，食用油进口依存度高达 60％，世界三大植物油品种——棕榈油、大豆油、菜籽油已占我国食用油 75％以上市场份额，其中：棕榈油 100％进口，大豆和大豆油 2/3 以上进口，菜籽虽全部自给，但年产仅 1500 万 t，约生产 350 万 t 食用油，其他 25％为花生油、葵花籽油和芝麻油、棉籽油等油种。据海关总署统计，2007 年全年中国进口食用油 838 万 t，较 2006 年增加了 167 万 t，2008 全年中国进口食用油 816 万 t，进口金额高达 89.77 亿美元，比 2007 年增加了 27.41 亿美元。近年来，国际粮油价格的上涨压力不断加大，粮油市场供需矛盾不断加剧，实现食用油长期供需平衡仍面临着巨大的压力。从中国食用油的生产和消费现状可以看出，食用油供给不足的问题仍然突出，且近年来有愈演愈烈的趋势。而发展油茶，既可维护国家粮油安全，其四季常绿树种又能维护国家生态安全。

二、膳食结构改善和高品质食用油的需求持续增长

据"中国健康与营养调查"项目的调查数据，我国膳食结构模式已逐渐从植物性食品为主转向动植物并重型的模式，而在膳食结构变迁的关键时期，满足营养转型时期居民对食品消费升级的需求并正视食品消费升级对营养结构的影响，科学合理地宣传、引导国民注重膳食营养均衡，建立合理的膳食结构是我们面临的一项紧迫而艰巨的任务，也是油茶产业发展的重要机遇。

从食物功能看，茶油是优质食用油，具有很高的营养价值和保健作用。随着人们生活水平的提高和对健康膳食的重视，粮油产品的消费已不仅停留于解决温饱问题，而是对粮油的保健功能提出了更高的要求。人们开始逐步正视由于动物性食品提供的饱和脂肪酸所容易诱发的动脉粥样硬化、冠心病、脑血管疾病等"文明病"问题，对高纤维、高维生素，营养丰富且具有保健功效的食品投以青睐的目光，而这种对健康膳食的消费需求也将成为经济发展达到一定水平后的必然趋势。因此，随着贸易全球化以及国际市场对茶油品质的认知，我国茶油产品的国外需求量也必将扩大。

综合分析国内外食用油料市场供需状况可以得知，我国当前食用油需求缺口很大，供求矛盾突出，我国食用油的大量进口会对国际粮油安全造成一定的冲击。而进口食用油中有一部分为转基因食品，其安全性引起了广泛的争议和忧虑。此外，随着居民消费结构的不断升级，人们对高档食用油消费需求增加，而目前国内居民消费安全食用油和高品质食用油的需求尚未得到满足。因此，适应现阶段居民膳食的需求，扩大

食用油的供给来源，解决食用油安全问题仍然是中国迫切需要解决的问题。茶油与普通的草本食用油相比具有品质优势，与高品质食用油——橄榄油相比，具有价格优势。我国山林面积广阔，发展油茶产业具有巨大的生产潜力和广阔的市场。因此，充分发挥我国林地面积广阔的优势，重新正视林业供给食物的功能，推动油茶产业的发展具有必要性和紧迫性。

第五节　茶油目标市场策略

一、目前市场食用油销售情况价格

目前，我国居民日常食用的植物油主要是花生油、豆油和菜油，以及与这些油料有关的各种调和油。根据对全国茶油消费市场进行的问卷调查得知，在目前消费者大量长期食用的食用油中菜油占 62.9%，豆油、花生油占 34.3%，动物油占 5.7%。而茶油作为一个新兴的小油种，虽然其具有许多特有功效，有利于消费者的健康，但作为 FAO 推荐的健康食用油的茶油只有在油茶产区才有一定的了解，在我国北方及西部地区，茶油还不被人们所熟知。四川农业大学学生 2007 年在我国西部地区的调查表明，与橄榄油、玉米油、棕榈油等保健食用油的认知度相比较，茶油仅占 31.4%，远远低于橄榄油的 57.1% 和玉米油、棕榈油的 34.3%。

在当前市场上销售的各种食用植物油料中，主要有菜油、豆油和花生油，这些是被消费者普遍接受的食用油，其销售价格一般在 8~15 元/千克，大小超市都可买到，市场供应也较为充足，是我国居民大众食用油，与茶油相比保健功能相对较低。而茶油，因其单产较低，生产成本较高并且具有保健功能的品质等因素，因此，市场销售价格较高。市场上普通压榨纯茶油的销售价格在 100~120 元/千克，精制纯茶油一般为 160 元/千克以上，品质高的价格会更高。相对于现阶段的大众食用油来说，价格高出了 6 倍。根据对湖南省最大的连锁超市全年食用油销量的统计分析，该公司全年食用油销售总量约为 1920 万 kg，其中，纯茶油仅为 0.73%，加上茶油调和油其销量也不足 27%，而以其他植物油为主的食用油占 73%。可以看出，即使在茶油传统消费市场的湖南省，由于茶油销售价格居高不下，销售量很小，难以被普通消费者接受。显然，茶油还不能替代现阶段菜油、花生油和豆油等成为大众家庭消费的食用油。

二、竞争产品分析

竞争产品是指具有相同或相近消费群体的同质产品，茶油与菜油、豆油、花生油等大众家庭食用油相比，一是价格高出了近 6 倍，二是具有较高的保健功能的品质。因此，茶油的消费群体与菜油、豆油、花生油的消费群体明显不同。

目前，市场上与茶油品质接近的有"液体黄金""植物油皇后"和"地中海甘露"之称的橄榄油，分初榨橄榄油和橄榄果渣油，初榨橄榄油又分为特级初榨橄榄油、初级初榨橄榄油和普通初榨橄榄油。根据对湖南省最大的连锁超市——步步高超市食用油销售情况了解，销售的食用橄榄油以普通初榨橄榄油为主，价格在 60～80 元/千克，与普通纯茶油相差不大，而特级初榨橄榄油价格在 100 元/千克左右，与精制纯茶油相当。从产品性质和价格来看，茶油的最大市场竞争者就是橄榄油。

我国每年自产食用橄榄油 20 t 左右，国内食用橄榄油主要从国外进口。橄榄油随着近代西方文化的扩张推向全世界，得到了消费者的认可，在高端食用油市场独占鳌头。茶油产于我国南方大部分省份，属我国特有品种，粮油等关系民生的物质供应都由国家统一监管，在政策上本国生产的茶油比进口橄榄油更具有优势。因此，创造一个知名的国产茶油品牌，是茶油替代橄榄油，扩大竞争市场，提升产品营销竞争力的市场策略之路。

三、茶油的目标市场

茶油主产于我国南方省区，因其特有的品质和目前人工生产成本增加等因素，导致市场价格较高。根据 2014 年对全国茶油消费市场进行的问卷调查结果，普通压榨纯茶油的销售价格为 60～80 元/千克，69.2% 的消费者愿意接受 20 元/千克以下的单价，其中只有 47.5% 的消费者愿意接受更高一点，也就是 20～26 元/千克，对于高于 26 元/千克的单价，大部分消费者认为与普通食用油相差太大而不能接受。因此，地理位置和收入水平决定了茶油的市场细分。当前，食用茶油的地区主要有湖南、湖北、江西、安徽、浙江、福建、广西、广东和贵州，而其他地区因生活习惯等原因基本对食用茶油缺乏认知。由于茶油价格较高，因此，大部分消费者集中在城市中高收入家庭和高档餐馆，购买者也多为更注重健康的有一定收入的中老年群体家庭，还有一部分消费者购买茶油作为礼品赠送。湖南林之神生物科技有限公司、湖南大三湘茶油股份有限公司、湖南湘纯农业科技有限公司以及湖南金浩茶油股份有限公司专门开发出了精品茶油系列产品，以满足部分高层次消费者送礼需求，正如其广告宣传"送烟送酒，不如送金浩茶油"。但这些经过加工和包装的茶油价格更贵，其市场售价为 98 元/升（约 109 元/千克），而贡品礼盒系列更是高达 278 元/升（约 309 元/千克）。

鉴于生产成本和市场需求的关系，目前市场上一些商家采用浸提法生产的茶油冒充压榨纯茶油，以油茶名义大量生产调和油，虽然满足了部分低端市场的需求，但对油茶整体市场造成很大的冲击。根据对湖南省最大的某连锁超市食用油销量的统计分析，该公司年共销售茶油调和油 502.46 万 kg，占该公司全年茶油销售总量的约 97.3%，纯茶油仅为 14.02 万 kg，仅占食用茶油销售总量的 2.7%。这些茶油调和油价格相对较低，只比普通的菜油、豆油和花生油等日常食用油高出了 1 倍，但这些茶油调和油的品质远远低于压榨纯茶油，很容易给消费者造成混淆。

四、茶油的市场定位与营销策略

1. 茶油的市场定位

市场定位是指确定产品在消费者心目中适当的位置并留下深刻的印象，以影响消费者对产品的全面认识和感知，以便吸引更多的消费者。目前，茶油市场可能存在着结构性需求不足，所谓结构性需求不足是指两个方面，一是产量少而市场需求量大，出现供不应求；二是茶油因价格过高而使得需求仅限于特定的消费者阶层，当油茶产量超过这一需求时，将会出现供给过剩。现在，许多学者和经营者在预测茶油销售市场时，往往按发达国家高档食用油的消费量来计算我国将来的茶油的消费量，这实质上是混淆了心理上的需要和实际购买能力下的需求两个不同的概念。当前，茶油的销售价格比豆油、菜油和花生油等日常食用油高出了5～6倍，限制了一般消费阶层对茶油的消费。据统计，目前纯茶油的销售量仅为食用油销售总量的0.73%，另外，在调查中发现，许多农户卖出压榨茶油，而买进更便宜的菜油等其他食用油供自家食用，从中可以看出，目前茶油的消费只限定于特定的消费阶层。

因此，依据茶油的特性与当前的茶油市场价格的实际状况，茶油的目标市场主要是城市中高收入注重保健的家庭，其定位就应是保健型高档食用油。然而，目前对于茶油内在的保健作用及机理尚不清楚，也缺乏深层次的挖掘。高档食用油不仅能满足部分高收入家庭日常食用的需要，还可以满足部分消费者作为礼品赠送的需求。相对于普通的菜油、豆油和花生油等日常食用油来说，茶油属高档食用油，但消费者对于茶油真正的保健功效尚缺乏全面真实的了解。国家和地方政府应设立专项，开展相关科学研究，为茶油产品的推广普及提供更强大的科技支撑。

2. 茶油的目标市场选择模式及营销策略

在目前油茶单产较低，茶油生产成本较高且市场供给不足的情况下，茶油的营销适宜选择密集单一的市场模式，采用集中市场营销策略，通过创建茶油品牌，以压榨纯茶油等高档食用油的方式提供给中高收入群体。随着高产新品种的推广应用，油茶单产的提升和出油率的提高，油茶生产成本随之降低，加上这些年在国家和地方政府大力发展油茶产业政策的推动下，油茶的种植面积迅速扩大，油茶市场供给将会逐渐增多。在生产压榨纯茶油等高档茶油的同时，可以适当调整工艺，研发一些具备营养保健功能的产品，实行市场专业化模式。在茶油目标市场的营销选择上，采取差异性的市场营销策略，通过高档茶油的品牌效应推广，扩大茶油在大众消费者中的认知度，以多样化的茶油产品来满足不同层次、不同消费水平的消费者需求。

第六节　茶油加工业发展趋势

随着油茶产业的发展，目前油茶加工业具有以下发展趋势。

趋势一：油茶果采收及预处理向工程化智能化发展。目前油料的采收和采后预处理已经成为制约产业发展的瓶颈之一。现有油茶的采收及预处理主要依靠人工，干燥主要靠日晒等方式，存在采收劳动强度大、烘干效率低等问题，同时还存在果壳分离等技术难点。率先突破油料的采收及采后预处理技术将会有效促进油茶产业的发展，后面将有专述。

趋势二：茶油制备技术的绿色化、规模化和多联产化。茶油的油脂制备技术已经从传统的土榨或以六号溶剂浸提等方式，正在向清洁化、绿色化、规模化发展。制低温榨油、绿色溶剂体系及近临界流体等技术实现其绿色高效制油是当前的热点。同时，在提取茶油的中联产高附加值产物也是当前油茶制油技术的重要发展趋势之一。

趋势三：油茶衍生物产品的功能化。基于茶油油脂分子结构特点，采用油脂分子修饰技术，开发出茶油基功能性产品已成为研究热点。

趋势四：加工剩余物资源的高值化。除油以外的资源以质量计，大约占了油料本身的70％以上。针对加工副产物组分复杂的特点，创新热化学转化及发酵工程技术，将这一资源挖掘，生产有效活性成分、成型燃料和生物肥料，可以极大地提升产业竞争力。

总之，目前油茶加工业正走向以油料采摘的智能化、油料资源利用高值化，低碳、低能耗、低污染的绿色化，多联产高附加值产品为主的环境友好型新技术体系正在逐步形成。

第四章　油茶良种选育与快繁

2008 年 9 月，在湖南长沙召开全国油茶产业发展现场会以后，油茶产业进入了发展的快车道。原国家林业局贾治邦局长强调："发展油茶产业，种苗是基础，良种是关键。"因此，油茶产业发展对良种和壮苗的需求十分迫切，要想推动油茶产业健康可持续发展，加快良种创新和推广应用是重中之重。

导致油茶林单位面积产量低的根本原因是遗传分化严重。油茶是异花授粉树种，在 2300 余年的栽培过程中，长期的天然杂交导致后代高度杂合，后代性状的分离现象十分普遍，植株个体在形态、物候、生产力和抗病力等方面都有显著的多样性。例如：在同一油茶群体中，有的结果累累，可产油 1～2 千克/株，有的结果很少，有的甚至根本不结果。根据湖南省林业科学院连续 6 年的观测，传统油茶林分中低产株和不结果株的比例高达 59.3%；邱金兴等调查表明，油茶自然林分中高产株的比例只占15.3%，却提供了林分 30% 的产量，而低产株和不结果株的比例占 53.5%；在油茶炭疽病严重的林分中，发现一些类型或单株具有较强的抗病力，这些都与种质的遗传特性有关。因此，要实现油茶高产稳产，选择和利用具有高产、高抗、优质、适应性强的油茶良种是关键。

第一节　油茶的常规育种

前文已经提到，中国油茶种质资源丰富，除普通油茶外，还有小果油茶、越南油茶、广宁红花油茶、腾冲红花油茶、宛田红花油茶、浙江红花油茶、博白大果油茶、攸县油茶等 10 余种。我国油茶的栽培品种都是经过长期自然选择和人工选择培育出来的，主要有农家品种、优良无性系、优良家系和优良杂交组合等。从油茶栽培的经济效益看，普通油茶比所有其他品种都具有较多的优良性状，因而在悠久的栽培历史中，普通油茶始终占领栽培种植的首位，成为我国分布最广、栽培面积最大的一个油茶物种。

传统上的油茶栽培基本处于半野生的粗放经营状态，新中国成立后，各省（自治区）林业科学研究所先后开展油茶科学研究。1960 年 9 月底在湖南永兴县召开了全国油茶科研协作会，成立了全国油茶科研协作组，从此开始了我国油茶良种选育的研究工作。经油茶科研工作者 50 多年的努力，发现与培育出一大批油茶良种，已通过鉴定的油茶优良无性系达 230 多个、优良家系 19 个、优良杂交组合 10 个；还有油茶近缘物种 40 多个，优良农家品种 20 多个和优树资源 6000 多株，其中通过国家和省级林木良种审定且亩产油在 50kg 以上的良种有 50 多个。这些资源对各地油茶生产的发展起到了很大的促进作用。

总结我国油茶选育工作，大致经历了四个发展过程：

（1）油茶早期农家品种调查，即 20 世纪 50 年代到 60 年代末；

（2）选优树，测定优树和攻克油茶繁殖技术难关，即 20 世纪 60 年代末到 70 年代末；

（3）油茶被列为国家重点攻关项目，全面开展油茶选种工作，即 20 世纪 70 年代初到 80 年代初；

（4）新品种选育及种质创新，即 21 世纪开始至今。

一、选择育种

（一）优树选择

优树是指在产量和质量方面均表现优良但尚未经子代鉴定确证其遗传品质是否优良的那些优良单株。一旦通过鉴定，判明其遗传品质优良可靠，比对照品种或对照优株有明显的遗传增益者，即可作为一个优良家系或优良无性系加以培育扩大培养。

油茶是虫媒异花授粉植物，生产上长期以来大都是采用实生繁殖方式，管理粗放，自然林分中单株间分化较大，通过在林分中进行系统的选择，是最容易达到提高遗传增益目的的育种方法。从 20 世纪 60 年代中期开始，在全国各油茶产区开展了轰轰烈烈的优树选择工作，1974 年根据中国林科院亚热带林业研究所主持全国油茶协作组制定的《油茶优树选择标准与方法》，各地积极行动起来，在全国各地选择了林相较好的 10.05 万亩油茶林进行选优，初选优树 11000 多株，经过复选和决选，最后决选出 1000 多株优树，其中，广西、江西、湖南、浙江等省（区）较多，为油茶良种选育奠定了良好的种质基础。随后，各地选择部分优树进行了子代和无性系测定。

1. 优树选择的标准

由湖南省林业科学院主持编写的林业行业标准《油茶 第 1 部分：优树选择和优良无性系选育技术规程》（LY/T 1730.1—2008）中规定油茶优树标准是：

（1）在自然林分中选择，要求树龄 15 年以上；在优良家系和优良杂交组合中选择，要求树龄 6 年以上；

（2）树形完整、树冠开张、生长良好、产量和质量方面均表现优良；

（3）优良单株率不高于相同群体株数的 10%，按冠幅乘积计算连续 4 年平均每平方米冠幅产果 1kg 以上，最低年产果量每平方米冠幅不少于 0.5kg。连续 4 年平均单株产果量达 6kg 以上；

（4）平均鲜果含油率 6% 以上，鲜出籽率 40% 以上，干籽出仁率 25% 以上，种仁含油率 42% 以上。

2. 油茶优树选择的程序

油茶优树选择的程序包括初选、复选、决选等几个步骤：

（1）初选：首先了解当地油茶栽培历史、基本情况和优树线索，在油茶林分中选择树形完整、树冠开张、生长良好、结实好的单株，实地调查冠幅、产量、果实大小及分布、果皮厚薄、花芽分布、病虫害等情况。

（2）复选：继续实测第二年单株产果量及炭疽病，达到或超过标准的产量指标，低于规定炭疽病率的通过复选。

（3）决选：继续实测第二年株产果量及炭疽病，随机取 2 份果实样品密封包装，做好标记，每份样品茶果 0.5kg，2 天内测定鲜果出籽率，然后将鲜籽晒干后测定其出籽率、种仁含油率、茶油酸价等，各项指标合格者中选优树。

按照单株产量或者特优性状的差异对优树进行分类和利用。对于个别抗性特强、含油率特高或具有其他特别优良性状的单株，即使产量达不到规定标准，也可以作为一种特优性状的优树在育种中加以利用。孤立木、林缘木一般不能作为优树，但个别特别好的单株也可以作为优树。树冠一半结果一半不结果的植株不能作为优树。特大自然灾害造成油茶普遍减产时，当年的产量不作为评选依据，可延长一年决选。

（二）油茶优良类型和农家品种

农家品种是介于类型与品种之间的育种群体，是群众通过在长期的生产实践中，对一些具有特殊性状的优良类型进行集团或单株混合选择而形成了适应该地区气候和环境的地方品种，并成为该地区的主栽品种，因而农家品种是一个比较复杂的群体，这些品种大多数未经现代育种技术改良，存在一些明显的缺点，但往往保持一些特殊的性状和特性，只有通过进一步的选育才能提升为品种。如果农家品种的栽培范围不断扩大，适应了某一地区气候和环境，成为该地区的主栽品种，即地方品种。因此，油茶的地方品种与农家品种关系紧密，同属人工选择的混合品种范畴，两者仅在时间和空间上有所差别而已。根据果实成熟期的先后不同，可以将油茶划分出秋分籽、寒露籽、霜降籽和立冬籽 4 个基本品种群，我国各省（区）大面积栽培的主要品种是霜降籽。

20 世纪 70 年代通过调查选育，全国共选育出优良农家品种 20 多个，先后建立油茶母树林 2.52 万亩、实生种子园 6060 亩。目前所选育的优良家系与优良无性系大多是从这些优良农家品种中选育出来的优良单株。1980 年，由全国油茶科研协作组，将各主要产区所选育出的 12 个油茶农家品种和类型，在湘、赣、桂、粤、闽、浙、皖、鄂、贵和豫等省（区）的 26 个试验点进行区域性试验，选出了衡东大桃等 6 个优良农家品种，并划分出了各优良品种的适生区域带等。岑溪软枝油茶是广西壮族自治区林科所 1982 年选育出来的普通油茶型优良农家品种，2002 年通过国家良种审定（国 S-SC-CO-011-2002），10 年生亩产油达 25kg，现已在全国 14 个省区 300 多个单位引种和推广应用。原湖南省林业科学研究所和永兴县油科所共同选出永兴中苞红球是霜降籽与寒露籽在长期自然杂交和人工选择过程中形成的一大类群，主要形态特征介于两者之间，4 年平均亩产油 30.8kg，比本地霜降籽增产 41.56%，经引种试验证明在中北亚热带大部分地区适合种植。由中国林科院亚林所与湖南衡东县选育的衡东大桃，果大桃形，早实高产稳产，造林后一般 3 年开花，4 年后有收益，8～10 年进入盛果期，亩产油 10kg 以上，在长江以南的湘、赣、浙、桂、闽、粤以及云贵高原等均有栽植。农家品种可通过提纯改造，发挥群体选择的增产效益，是研究早期油茶良种选育的一条主要途径，它能较快地为生产提供经初步改良的品种。但随着油茶选育工作的深入开展，普通农家品种因产量增益不是很高，已极少在生产中应用。

目前生产上使用的主要油茶优良农家品种和优良类型有：永兴中苞红球、岑溪软枝油茶、衡东大桃、巴陵籽、葡萄油茶、宜春白皮中子、鄂东大红果、望谟油茶。

1. 永兴中苞红球

由湖南省林业科学院等单位选育。原产湖南省永兴县。由霜降类型与寒露类型油茶长期自然杂交和人工选育形成，主要形态特征介于两个类型之间，倾向于霜降籽，果熟于霜降和寒露之间。成熟时果皮多为红色，果实中等大小、球形，故称"永兴中苞红球"。产量较高且稳定，鲜果出籽率 35%～50%，干籽含油率 33.8%～35.1%，种仁含油率 50.5%～53.5%。

2. 岑溪软枝油茶

以枝条韧软、挂果下垂而得名。原产于广西岑溪、藤县、苍梧一带，属普通油茶中的农家油茶品种。

岑溪软枝油茶最主要的形态特征是分枝角度大，叶大枝软，冠幅大，具有速生高产，适应性强的特点，比一般品种提早 1～2 年开花结果；产量高 1～2 倍。种植后 3～4 年开花，7 年进入盛产期，广西林科所试验林 10 年生亩产油量达 25kg，丰产年亩产油量可达 61kg，连续 5 年平均亩产油量达 32.6kg。种仁含油率高达 51.37% 左右；油质好，酸价为 1.06～1.46，折光系数 1.4672。

图 4-1　岑溪软枝油茶

3. 衡东大桃

原产湖南衡东县。主要形态特征基本上同霜降籽品种类型，果实大，呈桃形，故名"衡东大桃"。早实高产稳产，造林后一般 3 年开花，4 年有收益，8 年进入盛果期，果大出籽率高，鲜果出籽率 42%～48%。适应性强，湘、赣、浙、桂、粤及云贵高原等地都有栽植。

4. 巴陵油茶

由湖南省林业科学院和岳阳地区林科所选育。属普通油茶中寒露籽类型，其树体形态、分枝习性、果实大小、果皮颜色等都与普通寒露籽相似。原产岳阳市绕村乡，当地群众俗称五粒籽、武宁籽、五棱籽。巴陵籽的果形多数为桃形或近橄榄形，籽实大小均匀，产量高、适应性强，已在湖南省大部分地区推广。

5. 葡萄油茶

由广西桂林地区林科所选育。原产广西灵川县。葡萄油茶属普通油茶的寒露籽类型，是早熟高产的农家品种。花芽或果常 2 个以上，呈丛状着生一处，花芽最多达 22 个，果最多达 7 个，犹如葡萄状，故名葡萄油茶。据测定，鲜果出籽率为 40%，出仁率 70.1%，种仁含油率 56.4%，具有高产稳产适应性强的特点，树形较小，适宜密植。

6. 宜春白皮中子

由江西省宜春市油茶实验林场选育。属小果油茶中果实较大的类型。果皮白绿色，集中产于宜春，故称"宜春白皮中子"。该品种具有独特的丰产性状，树冠呈自然圆头形，叶片较小，分枝较密而匀，短果枝多，结果面积大。鲜果出籽率高达 60%～70%；种子含油率高达 31%～37%；抗炭疽病，病果率在 3% 以下，适应 pH 值 4.0～5.6 的酸性、瘠薄土壤，抗虫害。

7. 鄂东大红果

由湖北省林科院等单位选出。属普通油茶中霜降籽类型，其形态特征与霜降籽类型基本相同。主要特点是产量高、果实大、出籽率高、种仁含油率高，抗性强，病果和生理落果率低，已在黄冈等地区推广。

8. 望谟油茶

由贵州省林科院等单位选育。原产于贵州省望谟县。其形态特征与普通油茶霜降籽类型基本相同。优点是：生长快，结实早；果大、皮薄、出籽率高，丰产林产油 20 千克/亩以上。抗性强，适应性广，在海拔 300～1100m 的丘陵地区生长表现良好。

（三）优良无性系选育

选取油茶优树的穗条，通过嫁接或扦插等无性繁殖方式培育苗木，进行无性系测定，选择出的无性系即为优良无性系。油茶优良无性系是经过优树选择、采穗圃观测和品比试验的系统程序选育出来的；采用无性繁殖能充分保持亲本优良性状，具有早实、丰产的特点。

1. 油茶优良无性系选育标准

全国油茶协作组于 1976 年 9 月在湖南邵东县黄草坪林场召开了全国油茶优树测定会，制定了《全国油茶优良家系和优良无性系选育标准和方法》，推动了各地优树测定工作。2008 年湖南省林业科学院制定了《油茶良种选育与苗木质量分级》标准，重新对油茶选优方法和产量测定标准进行了规定，进一步规范了油茶良种选育工作。

林业行业标准《油茶 第1部分：优树选择和优良无性系选育技术规程》（LY/T 1730.1—2008）中规定油茶优良无性系选育标准是：

油茶新造林进入盛果期后，年平均亩产油 30kg 以上，比参试无性系平均值高 10% 以上，或比对照高 30% 以上；鲜果出籽率 40% 以上；干籽出仁率 25% 以上；种子含油率 45% 以上；抗油茶炭疽病等病的能力强，病果率在 3% 以下，落果、裂果较少。要求测定林实际亩产油量第五年 5kg 以上，4 年平均 15kg 以上。每平方米冠幅产果 1.2kg 以上。

大树换冠测定林产量进入盛果期后，年平均亩产油 30kg 以上，比参试无性系平均值高 10% 以上，或比对照高 30% 以上；鲜果出籽率 40% 以上；干籽出仁率 25% 以上；种子含油率 45% 以上；抗油茶炭疽病等病的能力强，病果率在 3% 以下，落果、裂果较少。要求测定林实际亩产油量第四年 10kg 以上，4 年平均 25kg 以上。每平方米冠幅产果 1.2kg 以上。

在油茶优树选择的基础上，我国从 20 世纪 80 年代初开始通过布置各种无性系测定林开始油茶优良无性系的鉴定选育工作。经过多年的不懈努力，按照全国油茶攻关协作组制定的选育程序和标准，先后选育出 200 多个优良无性系。到 1986 年，我国第一批进行优树测定的单位已选育鉴出一批优良无性系，中国林业科学研究院亚热带林业研究所选育出的"亚林 1"等 3 个优良家系和"亚林 6"等 14 个优良无性系；福建林业科学研究所熊年康研究员选育出 11 个优良家系和闽 20 等 8 个优良无性系；广东韶关地区林业科学研究所陈家耀选育出韶蒙等 8 个优良无性系；浙江林业科学研究所邹达明等选育出 16 个优良无性系；浙江常山油茶研究所沈清等选育出 14 个优良无性系。1993 年以后，中国林业科学研究院亚热带林业研究中心、江西赣州地区林业科学研究所、江西省林业科学研究所、湖南省林业科学研究所和广西林业科学研究所等都各自选育出一批优良无性系。早期选育出的农家品种、母树林、优良类型、优良家系均显示出一定的丰产潜力，统称为一代良种；后期选育出的优良无性系，品种纯化、增产潜力高，统称为二代良种；但由于 80～90 年代我国油茶新造林发展缓慢，使这些高产无性系良种育成后没有得到有效应用，以致这些良种未能发挥出应有的生产潜力。

2. 通过国家林木良种审定的油茶优良无性系

目前生产上主要应用的油茶良种资源是我国选育出的第二代油茶良种，如湖南省林业科学院选育的"湘林系列"、江西省林业科学院选育的"赣无系列"、广西区林业科学研究院选育的"岑软系列"、赣州林科所选育的"赣油系列"、中国林业科学研究院亚热带林业研究所选育的"亚林系列"、中国林业科学研究院亚热带林业研究中心选育的"长林系列"等，这些良种已成为我国油茶生产上最重要的良种资源。近几年，湖北、安徽、云南等省也选出了一些优良无性系。截至 2017 年，全国选育出油茶优良无性系 200 多个，其中通过国家审定的油茶优良无性系有 68 个，这些良种具有丰产性能好、经济性状优、生长旺盛、适应性强和抗病虫能力强等优点，是我国新一代良种，现已在生产上广泛应用，在油茶产业发展中发挥了重要作用。油茶优良无性系的应用，为新建以高产、优质、高抗新品种为核心，配套现代集成栽培技术体系的油茶基地，建立油茶发展的新模式以及集约化规模生产奠定了良好基础。

通过国家林业局林木品种审定委员会审（认）定的油茶良种如下：

（1）岑溪软枝油茶（国 S－SC－CO－011－2002）

品种特性：3 年开花，4 年结果，骨干多枝，向外呈圆弧状，形成"自然开心形"，主枝、小枝细长柔软，挂果普遍下垂。油脂酸价 1.06～1.46，种仁含油率 51.37%～53.60%。

栽培技术要点：选择丘陵林地，带状或块状细致整地。株行距 3m×2.5m，施足基肥，及时抚育、施肥。

适宜种植范围：广东连州市，广西南宁、桂林，江西赣州、南昌，福建闽侯，贵州贵阳，湖南长沙，浙江富阳，安徽黄山，湖北武昌，河南新县。

（2）GLS 赣州油 1 号（国 S－SC－CO－012－2002）

品种特性：树冠开张，分枝均匀，平均冠幅产果量 2.356kg/m^2，鲜果出籽率 41.09%，种仁含油率 48.47%。果皮淡红色，用于食用植物油生产。

栽培技术要点：选择低山丘陵造林地，环山水平带穴状整地，120 株/亩，施足基肥，选择健壮嫁接苗造林。当年免耕，第二年起主要加强抚育管理，辅以追肥，防治病虫，5 年内不宜挂果。

适宜种植范围：江西南部。

图 4－2　GLS 赣州油 1 号

（3）GLS 赣州油 2 号（国 S－SC－CO－013－2002）

品种特性：树冠开张，分枝均匀，果皮红色，平均冠幅产果量 1.501kg/m^2，鲜果出籽率 42%，种仁含油率 58.32%。连续 4 年平均亩产油量 64.4kg，用于食用植物油生产。

栽培技术要点：选择低山丘陵造林地，环山水平带穴状整地，120 株/亩，施足基肥，选择健壮嫁接苗造林。当年免耕，第二年起主要加强抚育管理，辅以追肥，防治病虫，5 年内不宜挂果。

适宜种植范围：江西南部。

图 4 - 3　GLS赣州油 2 号

（4）桂无 2 号（国 S - SC - CO - 011 - 2005）

品种特性：早实、丰产、油质好、抗逆性强、适应性广。4 年平均亩产油量 53.247kg，鲜果出籽率 47％，干籽出仁率 27％，种仁含油率 53.6％。

栽培技术要点：用苗高 30cm 以上、地径 0.3cm 以上的嫁接苗造林，株行距 2m× 3m，在 15 度以下红壤或红黄壤立地上造林。

适宜种植范围：广西、湖南、江西等省的油茶产区。

（5）桂无 3 号（国 S - SC - CO - 012 - 2005）

图 4 - 4　桂无 3 号

品种特性：早实、丰产、油质好、抗逆性强、适应性广。4 年平均亩产油量 53.24kg，鲜果出籽率 51％，干籽出仁率 28.5％，种仁含油率 54.73％。

栽培技术要点：用苗高 30cm 以上、地径 0.3cm 以上的嫁接苗造林，株行距
2m×3m，在 15 度以下红壤或红黄壤立地上造林。

适宜种植范围：广西、湖南、江西等省的油茶产区。

（6）桂无 5 号（国 S－SC－CO－013－2005）

图 4-5　桂无 5 号

品种特性：早实、丰产、油质好、抗逆性强、适应性广。4 年平均亩产油量
43.37kg，鲜果出籽率 49.5%，干籽出仁率 26.3%，种仁含油率 51.32%。

栽培技术要点：用苗高 30cm 以上、地径 0.3cm 以上的嫁接苗造林，株行距
2m×3m，在 15 度以下红壤或红黄壤立地上造林。

适宜种植范围：广西、湖南、江西等省的油茶产区。

（7）湘林 1 号。（国 S－SC－CO－013－2006）

图 4-6　湘林 1 号

品种特性：树体生长旺盛，树冠紧凑，平均冠幅产果量 1.161kg/m²，每 500g 鲜
果的果实数量为 26 个，鲜果出籽率 46.8%，干籽出仁率 52.07%，种仁含油率
38.47%，鲜果含油率 8.869%，连续 4 年平均亩产油量达 48.15kg。油质好，油酸、
亚油酸含量达 88.81%。

栽培技术要点：选择丘陵林地，带状或块状整地。每亩 60～120 株，施足基肥，及时抚育、施肥。

适宜种植范围：南方油茶中心产区。

（8）湘林 104（国 S－SC－CO－014－2006）

图 4-7　湘林 104

品种特性：树体生长旺盛，树冠紧凑，平均冠幅产果量 1.37kg/m²，果实青红，500g 鲜果为 77 个，鲜果出籽率 40.5%，干籽出仁率 66.61%，种仁含油率 49.56%，鲜果含油率 8.755%，连续 4 年平均亩产油量达 55.98kg。油质好，油酸、亚油酸含量达 90.21%。

栽培技术要点：选择丘陵林地，带状或块状整地。每亩 60～120 株，施足基肥，及时抚育、施肥。

适宜种植范围：湖南北部、东北部、中部和广西北部、江西西部等寒露籽传统产区。

（9）湘林 XLC15（国 S－SC－CO－015－2006）

图 4-8　湘林 XLC15

品种特性：树体生长旺盛，树冠紧凑，平均冠幅产果量 1.293kg/m²，果实红球、橘形，500g 鲜果为 19.7 个，鲜果出籽率 40%，鲜果含油率 5.81%，连续 4 年平均亩产油量达 37.57kg。油质好，油酸、亚油酸含量达 90.18%。

栽培技术要点：选择丘陵林地，带状或块状整地。每亩 60～120 株，施足基肥，及时抚育、施肥。

适宜种植范围：南方油茶中心产区。

（10）赣石 84-8（国 S-SC-CO-003-2007）

品种特性：树体生长旺盛，树冠紧凑。果皮红色，平均冠幅产果量 0.26kg/m²，500g 鲜果为 55 个，鲜果出籽率 56%，干籽出仁率 71.4%，种仁含油率 62.7%，鲜果含油率 17.2%，连续 4 年平均亩产油量达 122.8kg。

栽培技术要点：选择丘陵林地，带状或块状细致大穴整地。选用合格芽苗砧嫁接苗造林，每亩 60～120 株，施足基肥，及时抚育管理，协调营养生长和生殖生长的关系。

适宜种植范围：江西、湖南。

图 4-9　赣石 84-8

（11）赣抚 20（国 S-SC-CO-004-2007）

品种特性：树体生长旺盛，树冠紧凑。果皮红色，平均冠幅产果量 0.17kg/m²，500g 鲜果为 44 个，鲜果出籽率 30.8%，干籽出仁率 60.1%，种仁含油率 62.7%，鲜果含油率 11.8%，连续 4 年平均亩产油量达 79.2kg。

栽培技术要点：选择丘陵林地，带状或块状细致大穴整地。选用合格芽苗砧嫁接苗造林，每亩 60～120 株，施足基肥，及时抚育管理，协调营养生长和生殖生长的关系。

适宜种植范围：江西、湖南。

（12）赣永 6（国 S-SC-CO-005-2007）

品种特性：树体生长旺盛，树冠紧凑。果皮红色，平均冠幅产果量 0.12kg/m²，500g 鲜果为 62 个，鲜果出籽率 63%，干籽出仁率 35.7%，种仁含油率 44.1%，鲜果含油率 9.3%，连续 4 年平均亩产油量达 58.6kg。

栽培技术要点：选择丘陵林地，带状或块状细致大穴整地。选用合格芽苗砧嫁接苗造林，每亩 60～120 株，施足基肥，及时抚育管理，协调营养生长和生殖生长的关系。

适宜种植范围：江西、湖南。

图 4‑10　赣永 6

（13）赣兴 48（国 S‑SC‑CO‑006‑2007）

品种特性：树体生长旺盛，树冠紧凑。果皮红色，平均冠幅产果量 0.16kg/m²，500g 鲜果为 64 个，鲜果出籽率 40.5%，干籽出仁率 26.6%，种仁含油率 56.7%，鲜果含油率 10.1%，连续 4 年平均亩产油量达 72.6kg。

栽培技术要点：选择丘陵林地，带状或块状细致大穴整地。选用合格芽苗砧嫁接苗造林，每亩 60～120 株，施足基肥，及时抚育管理，协调营养生长和生殖生长的关系。

适宜种植范围：江西、湖南。

图 4‑11　赣兴 48

（14）赣无 1 号（国 S‑SC‑CO‑007‑2007）

品种特性：树体生长旺盛，树冠紧凑。果皮红色，平均冠幅产果量 0.13kg/m²，500g 鲜果为 44 个，鲜果出籽率 56%，种籽出仁率 37.7%，种仁含油率 54.4%，鲜果含油率 13.4%，连续 4 年平均亩产油量达 67.3kg。

栽培技术要点：选择丘陵林地，带状或块状细致大穴整地。选用合格芽苗砧嫁接苗造林，每亩 60～120 株，施足基肥，及时抚育管理，协调营养生长和生殖生长的关系。

适宜种植范围：江西、湖南。

图 4-12 赣无 1

（15）GLS 赣州油 3 号（国 S-SC-CO-008-2007）

品种特性：树冠开张，分枝均匀，栽植 10 年后进入盛果丰产期，亩产油 50kg 以上，果皮红色，鲜果出籽率 49.2％，干籽出仁率 48.78％，种仁含油率 52.02％。用于食用植物油生产。

栽培技术要点：选择低山丘陵造林地，环山水平带穴状整地，施足基肥，120 株/亩，施足基肥，选择健壮嫁接苗造林。当年免耕，第二年起主要加强抚育管理，辅以追肥，防治病虫，5 年内不宜挂果。

适宜种植范围：江西南部。

图 4-13 GLS 赣州油 3 号

（16）GLS 赣州油 4 号（国 S-SC-CO-009-2007）

品种特性：树冠开张，分枝均匀，栽植 10 年后进入盛果丰产期，亩产油 50kg 以上，果皮红色，鲜果出籽率 45.8％，干籽出仁率 52.4％，种仁含油率 50.66％。用于食用植物油生产。

栽培技术要点：选择低山丘陵造林地，环山水平带穴状整地，施足基肥，120 株/亩，施足基肥，选择健壮嫁接苗造林。当年免耕，第二年起主要加强抚育管理，辅以追肥，防治病虫，5 年内不宜挂果。

适宜种植范围：江西南部。

图 4 - 14　GLS 赣州油 4 号

（17）GLS 赣州油 5 号（国 S - SC - CO - 010 - 2007）

品种特性：树冠开张，分枝均匀，栽植 10 年后进入盛果丰产期，亩产油 50kg 以上，果皮红色，鲜果出籽率 45%，干籽出仁率 57.33%，种仁含油率 48.81%。用于食用植物油生产。

栽培技术要点：选择低山丘陵造林地，环山水平带穴状整地，施足基肥，120 株/亩，施足基肥，选择健壮嫁接苗造林。当年免耕，第二年起主要加强抚育管理，辅以追肥，防治病虫，5 年内不宜挂果。

适宜种植范围：江西南部。

图 4 - 15　GLS 赣州油 5 号

（18）亚林 1 号（国 S - SC - CO - 011 - 2007）

品种特性：树冠开张，分枝力强，果实 64 个/千克，盛果期在 10 月，4 年平均亩产油 35kg，鲜果出籽率 45.98%，种仁含油率 47.35%，鲜果含油率 8.63%。可作为食用油、化妆品原料。

栽培技术要点：选择丘陵山地或缓坡地，水平带状整地，穴长50cm×宽50cm×深40cm，施足基肥，110株/亩，选择健壮嫁接苗造林。选择花期配合，成熟期一致的多个无性系混栽，早期适当密植，盛果期后及时调整密度，加强管理和病虫害防治。

适宜种植范围：湖南、江西、浙江、广西等油茶适生区。

（19）亚林4号（国S-SC-CO-012-2007）

品种特性：树冠开张，分枝力强，500g鲜果为25个，盛果期在10月，4年平均亩产油45.6kg，鲜果出籽率46.04％，种仁含油率50.99％，鲜果含油率9.23％。可作为食用油、化妆品原料。

栽培技术要点：选择丘陵山地或缓坡地，水平带状整地，穴长50cm×宽50cm×深40cm，施足基肥，110株/亩，选择健壮嫁接苗造林。选择花期和成熟期一致的多个无性系混栽，早期适当密植，盛果期后及时调整密度，加强管理和病虫害防治。

适宜种植范围：湖南、江西、浙江、广西等油茶适生区。

（20）亚林9号（国S-SC-CO-013-2007）

品种特性：树冠开张，分枝力强，盛果期在10月，4年平均亩产油40.46kg，鲜果出籽率49.45％，种仁含油率48％，鲜果含油率8.89％。可作为食用油、化妆品原料。

栽培技术要点：选择丘陵山地或缓坡地，水平带状整地，穴长50cm×宽50cm×深40cm，施足基肥，选择健壮嫁接苗造林，110株/亩。选择花期配合、成熟期一致的多个无性系混栽，早期适当密植，盛果期后及时调整密度，加强管理和病虫害防治。

适宜种植范围：湖南、江西、浙江、广西等油茶适生区。

（21）岑软2号（国S-SC-CO-001-2008）

图4-16 岑软2号

品种特性：冠幅大，圆头形；枝条柔软、细长，叶片披针形；500g鲜果为17个，果青色，呈倒杯状；盛产期亩产油可达61kg，鲜果出籽率40.7％，种仁含油率41.93％，鲜果含油率7.06％。可作为食用油、化妆品原料。

栽培技术要点：选择低丘或缓坡地，坡度<15°，造林密度3m×2m。造林要求苗高30cm以上，地径0.3cm以上，生长健壮、无病虫害、无机械损伤。每亩施农家肥、

厩肥、草木灰等积肥 1000～1500kg。

适宜种植范围：广西、湖南、江西、贵州油茶种植区。

（22）岑软 3 号（国 S - SC - CO - 002 - 2008）

品种特性：树形较直立，枝条较粗、节间短；叶片倒卵形，500g 鲜果为 24 个，果青红色，球形；盛产期亩产油可达 62.5kg，鲜果出籽率 39.72%，种仁含油率 50.8%，鲜果含油率 7.13%。可作为食用油、化妆品原料。

栽培技术要点：选择低丘或缓坡地，坡度＜15°，造林密度 3m×2m。造林要求苗高 30cm 以上，地径 0.3cm 以上，生长健壮、无病虫害、无机械损伤。每亩施农家肥、厩肥、草木灰等积肥 1000～1500kg。

适宜种植范围：广西、湖南、江西、贵州油茶种植区。

图 4 - 17　岑软 3 号

（23）桂无 1 号（国 S - SC - CO - 003 - 2008）

品种特性：树形中等，枝条较粗、较直立，叶片椭圆形；果实青黄色、球形或梨形，多着生于枝顶。平均冠幅产果量 1.48kg/m²，500g 鲜果为 23 个，鲜果出籽率 39%，干籽出仁率 66.7%，种仁含油率 52.39%，盛产期亩产油可达 57.9kg。可作为食用油、化妆品原料。

栽培技术要点：选择退耕地、缓坡地、低丘或山冈地，造林密度 3m×2m；选择嫁接苗，苗高 30cm 以上，生长健壮、无病虫害、无机械损伤；施足基肥，加强幼树管理。

适宜种植范围：广西、湖南、江西油茶种植区。

（24）桂无 4 号（国 S - SC - CO - 004 - 2008）

品种特性：树冠开张，自然开心形；果实青红色，多为球形；枝条分枝角度较大，质地柔软下垂；平均冠幅产果量 1.48kg/m²，500g 鲜果为 19 个，鲜果出籽率 35.5%，干籽出仁率 65.2%，种仁含油率 54.7%，盛产期亩产油可达 49kg。可作为食用油、化妆品原料。

栽培技术要点：选择退耕地、缓坡地、低丘或山冈地，造林密度 3m×2m；选择嫁接苗，苗高 30cm 以上，生长健壮、无病虫害、无机械损伤；施足基肥，加强幼树管理。

适宜种植范围：广西、湖南、江西油茶种植区。

图 4-18 桂无 2 号

（25）长林 3 号（国 S-SC-CO-005-2008）

品种特性：树体长势中等偏强，枝叶稍开张，枝条细长散生；叶近柳叶形；果桃形或近橄榄形，青偏黄。6 年生单株产果量 4kg 以上，亩产油可以超过 20kg；盛产期亩产油可达 54.6kg；干籽出仁率 24%，种仁含油率 46.8%；油酸含量 82.15%，亚油酸含量 6.7%。可作为食用油、化妆品原料。

栽培技术要点：选择土层较厚的丘陵山地或缓坡地，水平带整地，施足基肥。配置花期相似或一致的多系混栽；早期适当密植，盛产期后适时调整密度，每年抚育施肥；注意兰翅天牛、象鼻虫等虫害防治。

适宜种植范围：广西、湖南、江西油茶种植区。

（26）长林 4 号（国 S-SC-CO-006-2008）

品种特性：长势旺，枝叶茂密；果桃形，青带红；叶宽卵形。6 年生单株产果量 5～6kg 以上，亩产油可以超过 35kg；盛产期亩产油可达 60kg；干籽出仁率 54%，种仁含油率 46%；油酸含量 83.09%，亚油酸含量 7.07%。可作为食用油、化妆品原料。

栽培技术要点：选择土层较厚的丘陵山地或缓坡地，水平带整地，施足基肥。配置花期相似或一致的多系混栽；早期适当密植，盛产期后适时调整密度，每年抚育施肥；注意兰翅天牛、象鼻虫等虫害防治。

适宜种植范围：浙江、江西、广西、福建、湖北油茶种植区。

（27）长林 18 号（国 S-SC-CO-007-2008）

品种特性：长势旺，枝叶茂密；果球形至橘形，红色，俗称大红袍；叶面平，花有红斑。6 年生单株产果量 3kg 以上，亩产油可以超过 20kg；盛产期亩产油能达到 41.6kg；干籽出仁率 61.8%，种仁含油率 48.6%；油酸含量 85.51%，亚油酸含量 3.99%。可作为食用油、化妆品原料。

栽培技术要点：选择土层较厚的丘陵山地或缓坡地，水平带整地。配置花期相似或一致的多系混栽；早期适当密植，盛产期后适时调整密度，每年抚育施肥；注意兰翅天牛、象鼻虫等虫害防治。

适宜种植范围：浙江、江西、广西、福建、湖北油茶种植区。

（28）长林 21 号（国 S-SC-CO-008-2008）

品种特性：长势中等，枝叶茂密；果近橘形，黄绿色；叶背灰白。6 年生单株产果量 3kg 以上，亩产油可以超过 19kg；盛产期亩产油可达 70.9kg；干籽出仁率 69.3%，种仁含油率 53.5%；油酸含量 82.88%，亚油酸含量 5.21%。可作为食用油、化妆品原料。

栽培技术要点：选择土层较厚的丘陵山地或缓坡地，水平带整地，施足基肥。配置花期相似或一致的多系混栽；早期适当密植，盛产期后适时调整密度，每年抚育施肥；注意兰翅天牛、象鼻虫等虫害防治。

适宜种植范围：浙江、江西油茶种植区。

（29）长林 23 号（国 S-SC-CO-009-2008）

品种特性：长势旺，枝叶茂密；果球形，黄带橙色，叶短矩形。6 年生单株产果量 3kg 以上，亩产油可以超过 30kg；盛产期亩产油可达 61.6kg；干籽出仁率 57.2%，种仁含油率 49.7%；油酸含量 85.24%，亚油酸含量 4.07%。可作为食用油、化妆品原料。

栽培技术要点：选择土层较厚的丘陵山地或缓坡地，水平带整地，施足基肥。配置花期相似或一致的多系混栽；早期适当密植，盛产期后适时调整密度，每年抚育施肥；注意兰翅天牛、象鼻虫等虫害防治。

适宜种植范围：浙江、江西油茶种植区。

（30）长林 27 号（国 S-SC-CO-010-2008）

品种特性：枝条粗壮直立，叶宽卵形；果球形，皮红色。平均冠幅产果量 1.33kg/m^2，500g 鲜果为 37 个，6 年生单株产果量 4kg 以上，亩产油可以超过 25kg；盛产期亩产油能达到 70.4kg；鲜果出籽率 63%，干籽出仁率 21.4%，种仁含油率 48.6%，鲜果含油率 9.3%；油酸含量 82.26%，亚油酸含量 7.29%。可作为食用油、化妆品原料。

栽培技术要点：选择土层较厚的丘陵山地或缓坡地，水平带整地，施足基肥。配置花期相似或一致的多系混栽；早期适当密植，盛产期后适时调整密度，每年抚育施肥；注意兰翅天牛、象鼻虫等虫害防治。

适宜种植范围：浙江、江西、广西、福建、湖南、湖北油茶种植区。

（31）长林 40 号（国 S-SC-CO-011-2008）

品种特性：长势旺，枝叶茂密；果有棱，青色；叶矩卵形。6 年生单株产果量 8kg 以上，亩产油可以超过 40kg；盛产期亩产油达 65.9kg；干籽出仁率 63.1%，种仁含油率 50.3%；油酸含量 82.12%，亚油酸含量 7.34%。可作为食用油、化妆品原料。

栽培技术要点：选择土层较厚的丘陵山地或缓坡地，水平带整地，施足基肥。配置花期相似或一致的多系混栽；早期适当密植，盛产期后适时调整密度，每年抚育施肥；注意兰翅天牛、象鼻虫等虫害防治。

适宜种植范围：浙江、江西、广西、湖南油茶种植区。

（32）长林53号（国S-SC-CO-012-2008）

品种特性：树体矮壮，粗枝，枝条硬，叶子浓密；果梨形，黄带红。6年生单株产果量5kg以上，亩产油可以超过25kg；盛产期亩产油达70.4kg；干籽出仁率59.2%，种仁含油率45%；油酸含量86.23%，亚油酸含量3.18%；可作为食用油、化妆品原料。

栽培技术要点：选择土层较厚的丘陵山地或缓坡地，水平带整地，施足基肥。配置花期相似或一致的多系混栽；早期适当密植，盛产期后适时调整密度，每年抚育施肥；注意兰翅天牛、象鼻虫等虫害防治。

适宜种植范围：浙江、江西油茶种植区。

（33）长林55号（国S-SC-CO-013-2008）

品种特性：长势较强，枝条细长密生；果桃形，青色为主，略带红；叶宽矩卵形。6年生单株产果量1.5kg以上，亩产油可以超过15kg；盛产期亩产油达58.9kg；干籽出仁率68.2%，种仁含油率53.5%；油酸含量84.33%，亚油酸含量5.64%。可作为食用油、化妆品原料。

栽培技术要点：选择土层较厚的丘陵山地或缓坡地，水平带整地，施足基肥。配置花期相似或一致的多系混栽；早期适当密植，盛产期后适时调整密度，每年抚育施肥；注意兰翅天牛、象鼻虫等虫害防治。

适宜种植范围：浙江、江西、广西油茶种植区。

（34）赣州油1号（国S-SC-CO-014-2008）

图4-19　赣州油1号

品种特性：树冠开张，分枝均匀，果桃形，果皮青色，鲜果出籽率35.15%，种仁含油率49.67%。油酸含量82.18%，亚油酸含量8.99%。栽植10年后进入盛产期，每亩产油 50kg 左右。可用于食用植物油生产。

栽培技术要点：选择低山丘陵造林地，环山水平带穴状整地，施足基肥，造林密度 3m×2m，选择健壮嫁接苗造林。当年免耕，第二年起主要加强抚育管理，辅以追肥，防治病虫，5 年内不宜挂果。

适宜种植范围：江西、广东、福建油茶适生区。

（35）赣州油 2 号（国 S－SC－CO－015－2008）

图 4－20 赣州油 2 号

品种特性：树冠开张，分枝均匀，果楔形，果皮红色，鲜果出籽率 37.51％，种仁含油率 48.45％。油酸含量 80.45％，亚油酸含量 7.62％。栽植 10 年后进入盛产期，每亩产油 50kg 左右，可用于食用植物油生产。

栽培技术要点：选择低山丘陵造林地，环山水平带穴状整地，施足基肥，造林密度 3m×2m，选择健壮嫁接苗造林。当年免耕，第二年起主要加强抚育管理，辅以追肥，防治病虫，5 年内不宜挂果。

适宜种植范围：江西省油茶适生区。

（36）赣州油 6 号（国 S－SC－CO－016－2008）

图 4－21 赣州油 6 号

品种特性：树冠开张，分枝均匀，果皮黄色，鲜果出籽率 44.02％，种仁含油率 49.75％。油酸含量 85.56％，亚油酸含量 4.54％。栽植 10 年后进入盛产期，每亩产油 50kg 左右。可用于食用植物油生产。

栽培技术要点：选择低山丘陵造林地，环山水平带穴状整地，施足基肥，造林密度 3m×2m，选择健壮嫁接苗造林。当年免耕，第二年起主要加强抚育管理，辅以追肥，防治病虫，5 年内不宜挂果。

适宜种植范围：江西省油茶适生区。

（37）赣州油 7 号（国 S－SC－CO－017－2008）

图 4－22　赣州油 7 号

品种特性：树冠开张，分枝均匀，果皮青色，鲜果出籽率 39.19％，种仁含油率 54.86％。油酸含量 81.3％，亚油酸含量 7.95％。栽植 10 年后进入盛产期，每亩产油 50kg 以上，可用于食用植物油生产。

栽培技术要点：选择低山丘陵造林地，环山水平带穴状整地，施足基肥，造林密度 3m×2m，选择健壮嫁接苗造林。当年免耕，第二年起主要加强抚育管理，辅以追肥，防治病虫，5 年内不宜挂果。

适宜种植范围：江西、广东、福建油茶适生区。

（38）赣州油 8 号（国 S－SC－CO－018－2008）

图 4－23　赣州油 8 号

品种特性：树冠开张，分枝均匀，果球形，皮红色，鲜果出籽率38.93%，种仁含油率50.61%。油酸含量82.73%，亚油酸含量8.27%。栽植10年后进入盛产期，每亩产油50kg以上，可用于食用植物油生产。

栽培技术要点：选择低山丘陵造林地，环山水平带穴状整地，施足基肥，造林密度3m×2m，选择健壮嫁接苗造林。当年免耕，第二年起主要加强抚育管理，辅以追肥，防治病虫，5年内不宜挂果。

适宜种植范围：江西、广东、福建油茶适生区。

（39）赣州油9号（国S-SC-CO-019-2008）

品种特性：树冠开张，分枝均匀，果橘形，皮红色，鲜果出籽率40.57%，种仁含油率49.41%。油酸含量74%，亚油酸含量13.21%。栽植10年后进入盛产期，每亩产油50kg左右，可用于食用植物油生产。

栽培技术要点：选择低山丘陵造林地，环山水平带穴状整地，施足基肥，造林密度3m×2m，选择健壮嫁接苗造林。当年免耕，第二年起主要加强抚育管理，辅以追肥，防治病虫，5年内不宜挂果。

适宜种植范围：江西省油茶适生区。

图4-24　GLS赣州油9号

（40）赣8（国S-SC-CO-020-2008）

品种特性：树体生长旺盛，树冠紧凑；果皮红色，平均冠幅产果量0.16kg/m²，500g鲜果为35个，鲜果出籽率47.9%，干籽出仁率57.5%，干仁含油率53.9%，鲜果含油率8.1%，盛产期连续4年平均每亩产油量可达72.6kg。可用于食用植物油生产。

栽培技术要点：选择丘陵林地，带状或块状细致大穴整地。选用合格芽苗砧嫁接苗造林，造林密度3m×(2~4)m，施足基肥，及时抚育管理。

适宜种植范围：江西、湖南、广西油茶适生区。

（41）赣 190（国 S – SC – CO – 021 – 2008）

品种特性：树体生长旺盛，树冠紧凑；果皮红色，平均冠幅产果量 0.11kg/m²，500g 鲜果为 47 个，鲜果出籽率 44.6%，干籽出仁率 55.6%，种仁含油率 49.1%，鲜果含油率 7.1%，盛产期连续 4 年平均每亩产油量可达 54.1kg。可用于食用植物油生产。

栽培技术要点：选择丘陵林地，带状或块状细致大穴整地。选用合格芽苗砧嫁接苗造林，造林密度 3m×(2～4)m，施足基肥，及时抚育管理。

适宜种植范围：江西、湖南、广西油茶适生区。

图 4 – 25　赣 190

（42）赣 447（国 S – SC – CO – 022 – 2008）

品种特性：树体生长旺盛，树冠紧凑；果皮青色，平均冠幅产果量 0.17kg/m²，500g 鲜果为 44 个，鲜果出籽率 46.7%，干籽出仁率 30.8%，种仁含油率 60.1%，鲜果含油率 11.8%，盛产期连续 4 年平均每亩产油量可达 79.2kg。可用于食用植物油生产。

栽培技术要点：选择丘陵林地，带状或块状细致大穴整地。选用合格芽苗砧嫁接苗造林，造林密度 3m×(2～4)m，施足基肥，及时抚育管理。

适宜种植范围：江西省油茶适生区。

（43）赣石 84 – 3（国 S – SC – CO – 023 – 2008）

品种特性：树体生长旺盛，树冠紧凑；果皮红色，平均冠幅产果量 0.13kg/m²，500g 鲜果为 49 个，鲜果出籽率 42.5%，干籽出仁率 67.5%，种仁含油率 55.7%，鲜果含油率 10.8%，盛产期连续 4 年平均每亩产油量可达 60.9kg。可用于食用植物油生产。

栽培技术要点：选择丘陵林地，带状或块状细致大穴整地。选用合格芽苗砧嫁接苗造林，造林密度 3m×(2～4)m，施足基肥，及时抚育管理。

适宜种植范围：江西省油茶适生区。

（44）赣石 83 - 1（国 S - SC - CO - 024 - 2008）

品种特性：树体生长旺盛，树冠紧凑；果皮红色，平均冠幅产果量 0.13kg/m²，500g 鲜果为 36 个，鲜果出籽率 50.7%，干籽出仁率 32.4%，种仁含油率 52.3%，鲜果含油率 11.1%，盛产期连续 4 年平均每亩产油量可达 63kg。可用于食用植物油生产。

栽培技术要点：选择丘陵林地，带状或块状细致大穴整地。选用合格芽苗砧嫁接苗造林，造林密度 3m×（2～4）m，施足基肥，及时抚育管理。

适宜种植范围：江西、湖南、广西油茶适生区。

（45）赣石 83 - 4（国 S - SC - CO - 025 - 2008）

品种特性：树体生长旺盛，树冠紧凑；果皮红色，平均冠幅产果量 0.11kg/m²，500g 鲜果为 44 个，鲜果出籽率 48.3%，干籽出仁率 65.6%，种仁含油率 59.6%，鲜果含油率 11.9%，盛产期连续 4 年平均每亩产油量可达 63kg。可用于食用植物油生产。

栽培技术要点：选择丘陵林地，带状或块状细致大穴整地。选用合格芽苗砧嫁接苗造林，造林密度 3m×（2～4）m，施足基肥，及时抚育管理。

适宜种植范围：江西、湖南、广西油茶适生区。

图 4 - 26　赣石 83 - 4

（46）赣无 2（国 S - SC - CO - 026 - 2008）

品种特性：树体生长旺盛，树冠紧凑；果皮黄色，平均冠幅产果量 0.09kg/m²，500g 鲜果为 41 个，鲜果出籽率 48.1%，干籽出仁率 27.8%，种仁含油率 49.4%，鲜果含油率 8.1%，盛产期连续 4 年平均每亩产油量可达 49kg。油酸含量 85%，亚油酸含量 6.36%。可用于食用植物油生产。

栽培技术要点：选择丘陵林地，带状或块状细致大穴整地。选用合格芽苗砧嫁接苗造林，造林密度 3m×（2～4）m，施足基肥，及时抚育管理。

适宜种植范围：江西、湖南油茶适生区。

（47）赣无 11（国 S - SC - CO - 027 - 2008）

品种特性：树体生长旺盛，树冠紧凑；果皮红色，平均冠幅产果量 0.18kg/m²，500g 鲜果为 36 个，鲜果出籽率 51.4％，干籽出仁率 30.5％，种仁含油率 57.8％，鲜果含油率 12.4％，盛产期连续 4 年平均每亩产油量可达 92.2kg。油酸含量 78.73％，亚油酸含量 11.34％。可用于食用植物油生产。

栽培技术要点：选择丘陵林地，带状或块状细致大穴整地。选用合格芽苗砧嫁接苗造林，造林密度 3m×（2～4）m，施足基肥，及时抚育管理。

适宜种植范围：江西、湖南油茶适生区。

（48）赣兴 46（国 S - SC - CO - 028 - 2008）

品种特性：树体生长旺盛，树冠紧凑；果皮黄色，平均冠幅产果量 0.14kg/m²，500g 鲜果为 65 个，鲜果出籽率 52.1％，干籽出仁率 28.6％，种仁含油率 45.1％，鲜果含油率 8.1％，盛产期连续 4 年平均每亩产油量可达 63.5kg。油酸含量 79.24％，亚油酸含量 10.4％。可用于食用植物油生产。

栽培技术要点：选择丘陵林地，带状或块状细致大穴整地。选用合格芽苗砧嫁接苗造林，造林密度 3m×（2～4）m，施足基肥，及时抚育管理。

适宜种植范围：江西、湖南油茶适生区。

图 4-27　赣兴 46

（49）赣永 5（国 S - SC - CO - 029 - 2008）

品种特性：树体生长旺盛，树冠紧凑；果皮青色，平均冠幅产果量 0.14kg/m²，500g 鲜果为 55 个，鲜果出籽率 50.1％，干籽出仁率 61.8％，种仁含油率 48.2％，鲜果含油率 7.4％，盛产期连续 4 年平均每亩产油量可达 66.4kg。油酸含量 82.7％，亚油酸含量 8.15％。可用于食用植物油生产。

栽培技术要点：选择丘陵林地，带状或块状细致大穴整地。选用合格芽苗砧嫁接苗造林，造林密度 3m×（2～4）m，施足基肥，及时抚育管理。

（50）华鑫（国 S - SC - CO - 009 - 2009）

品种特性：树冠自然圆头，叶宽卵形，叶色较深。果实较大，扁圆形，果皮 4～5 裂，种子数 7～15 粒。抗逆性强，病虫害少。鲜果出籽率 52.56%，种子百粒重 310.37g，干籽含油率 39.97%，丰产稳产，抗病性强。

栽培技术要点：芽苗砧嫁接。培育容器苗或轻质苗栽植。栽植时施足基肥，配置授粉树，株行距 2m×3m。

适宜种植范围：湖南省油茶适宜栽培区。

（51）华金（国 S‑SC‑CO‑010‑2009）

品种特性：树冠纺锤形，叶卵形，浓绿富光泽。果实较大，青色，椭圆形，心皮 3～4 个，种子数 6～10 粒。抗逆性强，病虫害少。鲜果出籽率 36.38%，种子百粒重 220.82g，干籽含油率 46.00%，丰产稳产，抗病性强。

栽培技术要点：芽苗砧嫁接。培育容器苗或轻质苗栽植。栽植时施足基肥，配置授粉树，株行距 2m×3m。

适宜种植范围：湖南省油茶适宜栽培区。

（52）华硕（国 S‑SC‑CO‑011‑2009）

品种特性：树冠圆头形，树体紧凑，叶卵形，反卷，墨绿色。果实硕大，橘形，成熟时黄色。心皮 4 个，种子数 12～18 粒。鲜果出籽率 42.36%，种子百粒重 250.0g，干籽含油率 41.71%，丰产稳产，抗炭疽病能力强。

栽培技术要点：芽苗砧嫁接。培育容器苗或轻质苗栽植。栽植时施足基肥，配置授粉树，株行距 2m×3m。

适宜种植范围：湖南省油茶适宜栽培区。

（53）湘林 5 号（国 S‑SC‑CO‑012‑2009）

图 4‑28　湘林 5 号

品种特性：树冠自然圆头形，分枝力强，枝叶浓密，生长旺盛。果球形，青黄或青红色，花期 11 月初至 12 月。鲜果出籽率 45.2%，种仁含油率 50.3%。

栽培技术要点：芽苗砧嫁接繁殖为主，扦插、组织培养繁殖也可。选择低山丘陵林地种植，带状或块状整地，施足底肥，75～110 株/亩。加强水肥管理，合理修剪，防治病虫害。

适宜种植范围：湖南、广西、江西油茶适宜栽培区。

（54）湘林 27 号（国 S－SC－CO－013－2009）

图 4－29　湘林 27 号

品种特性：树冠自然圆头形，分支力强，枝叶浓密，生长旺盛。果青红色卵形，有浅棱。花期 10 月下旬至 12 月。鲜果出籽率 48.7％，种仁含油率 34.7％。

栽培技术要点：芽苗砧嫁接繁殖为主，扦插、组织培养繁殖也可。选择低山丘陵林地种植，带状或块状整地，施足底肥，75～110 株/亩。加强水肥管理，合理修剪，防治病虫害。

适宜种植范围：湖南、广西、江西油茶适宜栽培区。

（55）湘林 56 号（国 S－SC－CO－014－2009）

图 4－30　湘林 56 号

品种特性：树冠自然圆头形，冠张开，树形较小。果卵形至橄榄形，果青红或紫红色，早花早熟，花期 10 月中下旬至 12 月。鲜果出籽率 39.4%，种仁含油率 45.4%。

栽培技术要点：芽苗砧嫁接繁殖为主，扦插、组织培养繁殖也可。选择低山丘陵林地种植，带状或块状整地，施足底肥，75～110 株/亩。加强水肥管理，合理修剪，防治病虫害。

适宜种植范围：湖南、广西、江西油茶适宜栽培区。

(56) 湘林 67 号（国 S－SC－CO－015－2009）

图 4-31 湘林 67 号

品种特性：果形为桃形，果色为青黄，鲜果出籽率 44.4%，每千克果数为 62 个，鲜果含油率 9.076%，嫁接后第四年平均亩产油 69.72kg。

栽培技术要点：芽苗砧嫁接繁殖为主，扦插、组织培养繁殖也可。选择低山丘陵林地种植，带状或块状整地，施足底肥，75～110 株/亩。加强水肥管理，合理修剪，防治病虫害。

适宜种植范围：湖南、广西、江西油茶适宜栽培区。

(57) 湘林 69 号（国 S－SC－CO－016－2009）

图 4-32 湘林 69 号

品种特性：树冠自然圆头形，枝叶浓密，生长旺盛。籽黑，大小均匀，果青红或黄红色卵球形，花期 10 月下旬至 12 月。鲜果出籽率 48.0%，种仁含油率 55.5%。

栽培技术要点：芽苗砧嫁接繁殖为主，扦插、组织培养繁殖也可。选择低山丘陵林地种植，带状或块状整地，施足底肥，75～110 株/亩。加强水肥管理，合理修剪，防治病虫害。

适宜种植范围：湖南、广西、江西油茶适宜栽培区。

（58）湘林 70 号（国 S-SC-CO-017-2009）

品种特性：树冠自然圆头形，分支力强，生长旺盛。花径较小，籽黑亮大小均匀，果卵形或橄榄形，青黄或青红色。花期 10 月中旬至 12 月。鲜果出籽率 41.6%，种仁含油率 57.3%。

栽培技术要点：芽苗砧嫁接繁殖为主，扦插、组织培养繁殖也可。选择低山丘陵林地种植，带状或块状整地，施足底肥，75～110 株/亩。加强水肥管理，合理修剪，防治病虫害。

适宜种植范围：湖南、广西、江西油茶适宜栽培区。

图 4-33　湘林 70

（59）湘林 82 号（国 S-SC-CO-018-2009）

品种特性：树冠自然圆头形，分枝力强，生长旺盛。果青黄或青红色卵形，果皮较薄。花期 10 月下旬至 12 月。鲜果出籽率 53.6%，种仁含油率 54.4%。

栽培技术要点：芽苗砧嫁接繁殖为主，扦插、组织培养繁殖也可。选择低山丘陵林地种植，带状或块状整地，施足底肥，75～110 株/亩。加强水肥管理，合理修剪，防治病虫害。

适宜种植范围：湖南、广西、江西油茶适宜栽培区。

图 4-34　湘林 82 号

（60）湘林 97 号（国 S-SC-CO-019-2009）

品种特性：树冠自然圆头形，分枝力强，生长旺盛。花径较大，果多，果红或青红色卵球形。花期 10 月下旬至 12 月。鲜果出籽率 47.6%，种仁含油率 50.5%。

栽培技术要点：芽苗砧嫁接繁殖为主，扦插、组织培养繁殖也可。选择低山丘陵林地种植，带状或块状整地，施足底肥，75～110 株/亩。加强水肥管理，合理修剪，防治病虫害。

适宜种植范围：湖南、广西、江西油茶适宜栽培区。

图 4-35　湘林 97 号

（61）赣 70（国 S-SC-CO-025-2010）

品种特性：树体生长旺盛、树冠紧凑，500g 鲜果为 28 个，鲜果出籽率 49.2%，干籽出仁率 29.1%，干出仁率 65.1%，种仁含油率 50.5%，鲜果含油率 9.6%，连续

4 年每亩产油量达 52.8kg。茶油油酸含量 82.53％，亚油酸含量 7.27％，可用于食用植物油生产。

栽培技术要点：选择丘陵林地，带状或块状细致大穴整地。选用合格芽苗砧嫁接苗造林，每亩栽植 60～120 株。施足基肥，及时抚育、施肥，促进幼林生长。结果树要做好抚育，及时补充营养，保持高产稳产。

适宜种植范围：江西、广西、湖南油茶适生区。

图 4 - 36　赣石 70

（62）赣无 12（国 S - SC - CO - 026 - 2010）

品种特性：树体生长旺盛、树冠紧凑，500g 鲜果为 42 个，鲜果出籽率 40.3％，干籽出仁率为 24.2％，干出仁率 61.4％，种仁含油率 52.1％，鲜果含油率为 7.8％，连续 4 年每亩产油量达 68.9kg。茶油油酸含量 80.1％，亚油酸含量 8.66％，可用于食用植物油生产。

栽培技术要点：选择丘陵林地，带状或块状细致大穴整地。选用合格芽苗砧嫁接苗造林，每亩栽植 60～120 株。施足基肥，及时抚育、施肥，促进幼林生长。结果树要做好抚育，及时补充营养，保持高产稳产。

适宜种植范围：江西、广西油茶适生区。

（63）赣无 24（国 S - SC - CO - 027 - 2010）

品种特性：树体生长旺盛、树冠紧凑，500g 鲜果为 33 个，鲜果出籽率 51.9％，干籽出仁率为 29.8％，干出仁率 66.2％，种仁含油率 50.9％，鲜果含油率为 10.1％，连续 4 年每亩产油量达 62.6kg。茶油油酸含量 85％，亚油酸含量 6.36％，可用于食用植物油生产。

栽培技术要点：选择丘陵林地，带状或块状细致大穴整地。选用合格芽苗砧嫁接苗造林，每亩栽植 60～120 株。施足基肥，及时抚育、施肥，促进幼林生长。结果树要做好抚育，及时补充营养，保持高产稳产。

适宜种植范围：江西、广西、湖南油茶适生区。

（64）桂普32（国 S－SC－CO－028－2010）

品种特性：树形为自然开张形，鲜果出籽率46.1％，干籽出仁率26.5％，干出仁率62.7％，种仁含油率45.5％，鲜果含油率7.5％，连续4年每亩产油量达50kg。茶油油酸含量80.2％，亚油酸含量9.5％，可用于食用植物油及化妆品生产。

栽培技术要点：选择酸性红壤，土层深厚，排水好的退耕地，缓坡地，低山丘陵地等为宜。选用苗高30cm以上，地径0.3cm以上的健壮苗木造林，每亩栽植74～110株。施足基肥，及时抚育、施肥，促进幼林生长。结果树要做好抚育，及时补充营养，保持高产稳产。

适宜种植范围：江西、广西油茶适生区。

（65）桂普101（国 S－SC－CO－029－2010）

品种特性：树形为圆头形，冠幅大、开张，鲜果出籽率46.32％，干籽出仁率26.86％，干出仁率62.48％，种仁含油率47.03％，鲜果含油率7.87％。连续4年每亩产油量达50kg。茶油油酸含量76.2％，亚油酸含量11.3％，可用于食用植物油及化妆品生产。

栽培技术要点：选择退耕地、缓坡地、低丘或山冈地等，选用苗高30cm以上，地径0.3cm以上的健壮苗木造林，每亩栽植80～120株。施足基肥，及时抚育、施肥，促进幼林生长。结果树要做好抚育，及时补充营养，保持高产稳产。

适宜种植范围：江西、广西油茶适生区。

（66）湘林32（国 S－SC－CO－033－2011）

图 4－37 湘林 32

品种特性：树体生长旺盛，冠形较开张，500g鲜果为25～45个，果实青黄或黄红色，卵球形，花期11～12月。鲜果出籽率47.9％，干籽含油率40.9％，鲜果含油率11.4％，亩产油54.4kg，茶油油酸含量87.54％，亚油酸含量3.57％。可用于食用植物油生产。

栽培技术要点：选择低山丘陵林地，带状或块状整地，合格壮苗造林，施足基肥，每亩75～110株。新造幼林前3年注意补植培蔸，秸秆覆盖抗旱，定干培养树形，摘除花苞，及时抚育管理。成林投产后加强水肥管理，合理修剪，及时防治病虫害。大树换冠树同新造林的成林管理。

适宜种植范围：湖南、湖北、江西油茶适生区。

（67）湘林 63（国 S－SC－CO－034－2011）

图 4－38　湘林 63

品种特性：树冠开心形，枝条开张，500g 鲜果为 22～42 个，果青黄或青红色，球形或卵球形，花期 10 月下旬至 12 月。鲜果出籽率 42.4%，干籽含油率 37%，鲜果含油率 10.7%，亩产油 53.2kg，茶油油酸含量 76.9%，亚油酸含量 6.24%。可用于食用植物油生产。

栽培技术要点：选择低山丘陵林地，带状或块状整地，合格壮苗造林，施足基肥，每亩 75～110 株。新造幼林前 3 年注意补植培蔸，秸秆覆盖抗旱，定干培养树形，摘除花苞，及时抚育管理。成林投产后加强水肥管理，合理修剪，及时防治病虫害。大树换冠树同新造林的成林管理。

适宜种植范围：湖南、湖北、江西油茶适生区。

（68）湘林 78（国 S－SC－CO－035－2011）

图 4－39　湘林 78

品种特性：树冠圆头形，分枝力强，500g 鲜果为 22～38 个，果实青黄或黄色卵球形，花期 10 下旬至 12 月。鲜果出籽率 47.0%，鲜果含油率 8.0%，鉴定亩产油

54.6kg，茶油油酸含量 88.05％，亚油酸含量 3.58％。可用于食用植物油生产。

栽培技术要点：选择低山丘陵林地，带状或块状整地，合格壮苗造林，施足基肥，每亩 75～110 株。新造幼林前 3 年注意补植培蔸，秸秆覆盖抗旱，定干培养树形，摘除花苞，及时抚育管理。成林投产后加强水肥管理，合理修剪，及时防治病虫害。大树换冠树同新造林的成林管理。

适宜种植范围：湖南、湖北、江西油茶适生区。

（四）优良家系选育

采用优树种子培育苗木，按一定的试验设计进行种植，开花结实后连续产量测定，通过评比选出优良的子代群体即为优良家系。优良家系是在选育优树、品比试验的基础上，后代的集团增益要比自然种群高 15％以上。优良家系是采用实生繁殖，虽然子代群体间在表型和经济性状上出现多样性，但不同于传统方法上的自然种群的实生繁殖。而且，优良家系以实生苗育种造林，技术要求和造林成本相对较低，群众易于掌握和接受。

1. 油茶优良家系选育标准

林业行业标准《油茶 第 2 部分：优良家系和优良杂交组合选育技术规程》（LY/T 1730.2—2008）中规定油茶优良家系选育标准是：

油茶新造林进入盛果期后，年平均亩产油 30kg 以上，比参试无性系平均值高 10％以上，或比对照高 30％以上；鲜果出籽率 40％以上；干籽出仁率 25％以上；种子含油率 45％以上；抗油茶炭疽病等病的能力强，病果率在 3％以下，落果、裂果较少。

2. 油茶优良家系

中国林业科学研究院亚热带林业研究所 1986 年选育出"亚 1"等 3 个优良家系，其主要经济性状的遗传力较高，冠幅、枝下高、分枝角度和分枝数等的遗传力均在 55％以上。湖南郴州地区林科所通过 8 年品比试验研究，选育出的优良家系"71 - 2"，平均亩产油量 79.17kg，比参试 4 个家系平均增产 32.6％，主要经济性状的广义遗传力较高，种仁含油率为 86.59％。湖南省林业科学院选育出"湘 5""湘 7"和"湘 9" 3 个优良家系，平均亩产油 36.8～39.5kg，这些优良家系已在湖南衡东和福建省福安市等地推广应用。2004 年又选育出"XLJ2"和"XLC14" 2 个优良家系，亩产油量分别为 34.15kg 和 32.74kg，比对照增产 38.5％和 32.8％。为服务油茶人，现将部分优良家系的特性介绍如下：

（1）湘 5

由湖南省林业科学院于 1985 年选育出来的油茶优良家系。通过 20 多年的试验与应用，2006 年通过国家良种认定，良种证号为：国 R - SC - CO - 006 - 2006。灌木；散开型，基部以上分枝繁茂，树冠近球形；叶革质，椭圆形，中等大小，表面光亮无毛，上面中脉凹陷，叶缘有细锯齿，近柄端无锯齿，顶端短钝急尖；花白色，顶生、单生或并生；花瓣 5～7，分离，倒卵形，顶端深 1～2 裂；雄蕊多数，外轮花丝基部合生，花期 10～11 月；花柱顶端 3 短裂；蒴果，顶端有长柔毛，黄球，有浅棱，中等大小；果瓣厚木质，3裂，果期10月。亩产油36.8kg。鲜果出籽率41.9%，干仁含油率44.88%，鲜果含油率7.06%，4年平均单位冠幅产油量0.0736kg/m²，超过参试家系平均产油量的28.20%。

（2）XLJ14

由湖南省林业科学院于2003年选育出来的优良家系。2006年通过国家良种认定，良种证号为：国R-SC-CO-005-2006。灌木；披散型，基部分枝较多，底部和中部树冠较大，枝叶紧凑成锥形；叶革质，中等大小，表面光亮，幼树叶片色较灰暗，无毛，主脉凹陷，叶缘有细锯齿，顶端渐尖；花白色，顶生、单生或并生；花萼覆被细绒毛，花瓣5~7，倒卵形，顶端1~2浅裂；雄蕊多数，外轮花丝合生，花期10~11月；花柱顶端3短裂；蒴果，表面覆盖细绒毛，顶端有长柔毛，有浅棱，红橄榄形，顶端有疣状突起，果期10月。适用于各主要油茶产区。

图4-40　XLJ14

（3）XLJ2

由湖南省林业科学院于2003年选育出来的优良家系。2007年通过湖南省良种认定，良种证号：湘S0706-cola。树体生长旺盛，枝叶茂密紧凑，呈自然圆头形；花期10~11月；果实红青球形，每500g果数27.6个，每500g籽数318.8个，鲜果出籽率44.2%，鲜果含油率6.85%，平均亩产油量为34.15kg，比参试无性系平均值增产38.5%。

图4-41　XLJ2

（4）湘 7

由湖南省林业科学院于 1985 年从 12 个优树的子代测定中选育出来的霜降籽类型优良家系。亩产油 39.5kg。鲜果出籽率 43.4%，干仁含油率 45.76%，鲜果含油率 6.58%，4 年平均单位冠幅产油量 0.0790kg/m²，超过参试家系平均产油量的 37.62%。

（5）湘 9

由湖南省林业科学院于 1985 年从 12 个优树的子代测定中选育出来的霜降籽类型优良家系。亩产油 36.7kg。鲜果出籽率 43.7%，种仁含油率 42.67%，鲜果含油率 6.42%，4 年平均单位冠幅产油量 0.0734kg/m²，超过参试家系平均产油量的 27.85%。

（6）亚 1

由中国林业科学研究院亚热带林业研究所于 1985 年选育出来的优良家系。每 500g 果数 30 个，单位冠幅产油量 0.1061kg/m²，折合每亩产油 53.02kg，比参试品种增产 30.82%，鲜果出籽率 42.60%，种仁含油率 44.58%。果黄橘形。

（7）亚 2

由中国林业科学研究院亚热带林业研究所于 1985 年选育出来的优良家系。每 500g 果数 39 个，单位冠幅产油量 0.1092kg/m²，折合每亩产油 54.6kg，比参试品种增产 34.72%，鲜果出籽率 44.57%，种仁含油率 44.50%。果黄桃形。

（8）亚 6

由中国林业科学研究院亚热带林业研究所于 1985 年选育出来的优良家系。每 500g 果数 35 个，单位冠幅产油量 0.1041kg/m²，折合每亩产油 52.02kg，比参试品种增产 28.35%，鲜果出籽率 42.19%，种仁含油率 42.54%。果黄球形。

（9）闽优系列

福建省林业科学研究院于 1987 年选育出闽优系列 17 个优良家系，现在大多已流失。其中：

闽优 1。属霜降种群，叶为椭圆形，先端尖，圆柱冠形。单位冠幅产果量 0.852kg/m²，单位冠幅产油量 0.07523kg/m²，折合每亩产油 37.62kg，与参试家系平均值对比增产 61.3%。鲜果出籽率 44.3%，干籽出仁率 27.2%，干出仁率 60.6%，种仁含油率 53.59%，全果含油率 8.83%。果实红色球形。

闽优 2。属立冬种群，叶先端渐尖，圆球形冠。单位冠幅产果量 0.8304kg/m²，单位冠幅产油量 0.07216kg/m²，折合每亩产油 36.08kg，与参试家系平均值对比增产 54.7%。鲜果出籽率 44.0%，干籽出仁率 27.3%，干出仁率 59.9%，种仁含油率 53.13%，鲜果含油率 8.69%。果皮红色。

二、油茶杂交育种

杂交育种（hybridization）指不同种群、不同基因型个体间进行杂交，并在其杂种后代中选择而育成纯合品种的方法。杂交可以使双亲的基因重新组合，形成各种不同的类型，为选择提供丰富的材料。基因重组可以将双亲控制不同性状的优良基因结合于一体，或将双亲中控制同一性状的不同微效基因积累起来，产生在各该性状上超过亲本的类型。正确选择亲本并予以合理组配是杂交育种成败的关键。

　　杂交可以使生物的遗传物质从一个群体转移到另一群体，是增加生物变异性的一个重要方法。不同类型的亲本进行杂交可以获得性状的重新组合，杂交后代中可能出现双亲优良性状的组合，甚至出现超亲代的优良性状，当然也可能出现双亲的劣势性状组合，或双亲所没有的劣势性状。育种过程就是要在杂交后代众多类型中选留符合育种目标的个体进一步培育，直至获得优良性状稳定的新品种。

　　杂交育种在油茶育种中占有重要位置。通过杂交，可以获得兼有双亲优点的高产、稳产、高抗的杂种。油茶有性杂交可在种内、种间、山茶属间和组间进行。油茶自交高度不孕，坐果率低。普通油茶种内不同农家品种、类型间的杂交有极高的可孕性。普通油茶与越南油茶、南荣油茶与茶梨，杂交亲和力较高，坐果率达 20% 以上。

　　山茶属有 200 多种，基因资源丰富，进行种间杂交可以导入许多优良性状。多种物种的花粉可以低温储藏，半年以上仍然有较理想的发芽率，解决了不同花期的种间杂交困难。油茶无性繁殖技术问题基本解决，培育的杂种即使花粉败育，也能通过嫁接或扦插进行繁殖，因此山茶和油茶的种间杂交很有前途。

（一）亲本选择

　　油茶杂交育种能否取得成功的关键之一就是要正确地选择亲本。亲本选择得当，其后代可能出现较多的优良类型，从而能够比较容易选育出较多的优良品种。

　　亲本选择的原则：

　　（1）亲本质量：亲本应有较多优点和较少缺点，亲本间优缺点力求达到互补，这是选配亲本的首要原则；关于亲本性状互补，应着重于出籽率、含油率、抗性等遗传力高的与产量密切相关的性状。

　　（2）亲本选择：亲本中至少有一个是适应当地条件的优良品种，最好都是适应环境的品种；品种对外界环境的适应能力是影响高产稳产的重要因素。

　　（3）遗传力强：亲本之一的目标性状应有足够的遗传强度，并无难以克服的不良性状。

　　（4）亲本差异：生态类型、亲缘关系上存在一定差异，或在地理上相距较远。最好是在当地油茶林中选择生长、结实最好的优树作母本，与地理上隔离较远的优良父本进行杂交。在种间杂交时宜选用花粉量大的植株作父本，选用开花多、结实多、植株发育良好、种子发芽率高的单株作母本。

　　（5）亲本配合：亲本的一般配合力较好，主要表现在加性效应的配合力高。

　　选作油茶杂交育种的父本和母本，其花期要一致，才能有利于人工采粉和授粉的进行。一般情况下，父本、母本的花期至少有 1/2～1/3 是重叠的，否则的话要做好花粉的收集和长时间储藏。宜选用亲缘关系疏远、不同生态型的材料做亲本，最好是选择当地油茶林中生长、结实最好的优树作母本，与在地理上隔离较远的优良父本进行杂交。

（二）杂交技术

　　（1）花粉采集和储藏

为了防止异质花粉的混杂，在林分开花前做好父本的套袋或加罩隔离。在隔离情况下剪取父本花朵的花粉，装于干净的容器里，立即授粉或及时储藏。

（2）去雄

在母株盛花期花蕊含苞欲放时进行，去雄要干净又不损伤雌蕊，去雄后立即授粉或套袋隔离。

（3）授粉

一般在去雄后1～2天的晴天进行，方法是：用毛笔将花粉快速涂抹在柱头上，使柱头粘满花粉，授粉后套袋挂牌、标记。进行其他组合授粉时，用具要消毒，以免花粉混杂。

（4）授粉后管理

在授粉后花瓣凋谢时可以除去套袋，以利于受精后幼果的生长发育。幼果落果率高，要及时采取相应的保果措施。果实成熟后按杂交组合及时单独采收，室内考种。种子分别储藏，适时做好播种育苗。

（5）杂种后代选择

利用杂交后代种子培育苗木，按一定的试验设计开展对比试验。在开花结实后进行连续的产量测定，选出高产杂优品系和杂优组合。

图 4‑42　油茶杂交授粉

（三）油茶优良杂交组合选育标准

林业行业标准《油茶 第 2 部分：优良家系和优良杂交组合选育技术规程》（LY/T 1730.2—2008）中规定油茶优良杂交组合选育标准是：

油茶新造林进入盛果期后，年平均亩产油 30kg 以上，比参试无性系平均值高 10% 以上，或比对照高 30% 以上；鲜果出籽率 40% 以上；干籽出仁率 25% 以上；种仁含油率 45% 以上；抗油茶炭疽病等病的能力强，病果率在 3% 以下，落果、裂果较少。要求测定林实际亩产油量第 5 年 5kg 以上，4 年平均 15kg 以上。每平方米冠幅产果

1.2kg 以上。

20 世纪 70 年代，我国就在油茶种内和山茶属植物间开展杂交育种工作。如油茶花粉采集和发芽培养试验，油茶花粉在低温干燥条件下贮存 1 年，发芽率仍有 40%。杂交方法的研究中使用"吸管套柱法"，不但提高工效，而且节省成本。以前习惯认为油茶是自花不孕的树种，但后来在优良无性系选育中发现很多优良无性系不但可孕，而且自花授粉率还很高。90 年代初期，湖南省林科院开始开展油茶杂交育种研究。经过十多年的努力，首次选育出"XLH13"等 5 个优良杂交组合；亩产油量为 30.05～44.05kg，分别比对照增产 37.0%～100.8%。入选的 5 个优良杂交组合子代亩产油量平均值比参试自交组合子代平均值 11.18kg 增产 207.7%；在主要经济性状上比各自的亲本无性系有不同程度的增长，显示了很强的杂种优势，同时也论证了自交对油茶产量是不利的观点。在进行授粉生物学特性研究过程中，发现了 1 个因雄蕊败育不能自花授粉的油茶优良无性系"雄性不育系"；为利用杂种优势，提出了在油茶优良无性系选育的基础上开展油茶"两系"杂交育种的研究工作；选育出产量和经济性状不低于油茶优良无性系的杂交组合，建立杂交种子园；利用优良杂交种育苗，技术极为简便，1 年出圃，缩短了育苗时间，降低了成本和造林难度，从而调动起农民的种植积极性，大大加速了油茶良种化进程。湖南省林业科学院以此为基础形成的科研成果"油茶雄性不育杂交新品种选育及高效栽培基础和示范"，2009 年获得国家科技进步二等奖，为油茶科技成果最高奖项之一。

当前，油茶育种从选择育种向选择育种和杂交育种并举的方向发展。杂交育种需要更长的育种时间，从亲本选配到后代观测选择、无性系试验至少需要 22 年时间。

（四）油茶杂交组合

目前，全国通过国家或省级审定的油茶杂交组合只有 5 个，是由湖南省林业科学院于 2003 年选育出来的，2007 年通过湖南省林木良种审定，已在生产上使用。

（1）油茶杂交组合 13

图 4-43　油茶杂交组合 13

良种证号：湘 S0707 - colb。树体开张或自然圆头形；花期 11～12 月；果实青红球形或桃形，每 500g 果数 32.5 个，每 500g 籽数 284.7 个，鲜果出籽率 46.8％，鲜果含油率 8.99％，平均亩产油量为 44.05kg，比参试无性系平均值增产 100.8％。

（2）油茶杂交组合 17

图 4 - 44　油茶杂交组合 17

良种证号：湘 S0708 - colb。树体生长旺盛，枝叶紧凑稠密，呈自然圆头形；花期 10～11 月；果实青球形，每 500g 果数 21.6 个，每 500g 籽数 317.7 个，鲜果出籽率 41.6％，鲜果含油率 7.38％，连续 6 年平均亩产油量为 30.05kg，比参试无性系平均值增产 37.0％。

（3）油茶杂交组合 18

图 4 - 45　油茶杂交组合 18

良种证号：湘 S0709 - colb。树体开张，枝叶分布均匀；花期 10～11 月；果实红青球形，每 500g 果数 28.1 个，每 500g 籽数 296.5 个，鲜果出籽率 43.9%，鲜果含油率 8.86%，平均亩产油量为 37.23kg，比参试无性系平均值增产 69.7%。

（4）油茶杂交组合 31

图 4 - 46 油茶杂交组合 31

良种证号：湘 S07010 - colb。树体高大，枝叶相对直立开张；花期 10～11 月；果实青球形，每 500g 果数 17 个，每 500g 籽数 277.8 个，鲜果出籽率 42.86%，鲜果含油率 5.40%，平均单位冠幅产果量为 1.112kg/m²，平均亩产油量达 30.30kg。

（5）油茶杂交组合 32

图 4 - 47 油茶杂交组合 32

良种证号：湘 S07011 - colb。树体旺盛，枝叶浓密紧凑，呈自然圆头状；花期

10～11 月；果实红青球形，每 500g 果数 24.0 个，每 500g 籽数 296.5 个；鲜果出籽率 43.3％，鲜果含油率 5.59％，连续 6 年平均亩产油量为 30.27kg，比参试无性系平均值增产 38.0％。

（五）其他育种

在开展农家品种、优良家系和优良无性系的选育过程中，以选择育种为中心主线，在抗性选育、辐射和杂交育种上也作了不同程度的尝试和研究。中南林学院吴光金在 162 个油茶无性系中选育出 8 株自然感病率为 0.2％～2.5％的抗病优株。茶陵县林科所通过连续 6 年研究选育出感病率为 0.23％，冠幅产果 0.115kg/m² 的高抗丰产优株。湖南涟源林科所于 1981 年选育出笋 77 - 1 等 5 个抗病性强的优株。

目前常规育种主要是通过油茶的表型特征，它要求丰富的实践经验和长达十到数十年的时间，再加上油茶与众多林木一样固有的特性，使得育种周期相对更长，而且一些特殊性状还受到许多条件的限制。随着遗传学和生物技术的发展，油茶育种工作者也在常规育种的基础上，探讨利用现代生物技术进行定向育种，如通过分子标记进行辅助选择育种，通过基因工程进行品质和性状改良。中南林业科技大学和湖南省林业科学院正在进行油茶优良无性系的 RAPD 标记和 cDNA、EST 文库的构建和功能基因表达检测研究等基础性研究工作，通过对油茶杂交子代和优良单株等育种材料进行分子标记辅助选择育种，分离出具有经济价值的目标基因，为油茶选择育种提供理论依据和具体指标，可缩短育种周期、提高育种效率和减少育种的盲目性。这不但对当前油茶科研和生产具有很大的实用价值，而且对将来开展油茶基因工程定向育种缩短周期、提高效率有着重要的意义。

这一节的核心是良种具备巨大的增产潜力，但要真正转化成丰产，仍要把握以下重点：

一是新造林要选择良种嫁接苗，由定点苗圃生产的方能确保良种苗木的质量；

二是尽可能采用 2 年生苗，特别是 2 年生以上容器杯大苗，造林成活率高、适应性好、抗性强；

三是做好品种搭配，避免不同花期、成熟期的品种混栽，而导致花期授粉不良或果熟期不一致，影响良种高产稳产。

第二节　油茶的生物技术育种

一、植物细胞工程育种

植物细胞工程育种主要是指利用组织培养、体细胞杂交等技术进行育种的方法。主要的原理是植物细胞全能性。

（一）油茶组织培养

油茶与山茶属其他植物一样，细胞不易诱导分化产生再生植株，导致油茶组织培养的难度较大。最早是广西壮族自治区林科所于 1980 年报道通过油茶组织培养诱导出胚状体,他们从 1979 年开始研究油茶胚状体、假珠芽成苗过程及腋生枝快速繁殖等再生方式,建立了油茶组织培养及其上山造林的技术,给油茶无性系繁育工厂化开辟了新的途径。1981 年与 1982 年,湖南省邵阳地区林科所隆振雄和卢天玲先后分别通过油茶未成熟的子叶幼胚离体培养获得了完整的再生小植株。随后油茶组织培养基本停滞。2002 年,中南林学院张智俊、毕方铖等通过油茶优良无性系的腋芽培养,诱导出现再生小植株,并筛选出了再生丛芽、子叶形成胚性愈伤组织及其不定芽分化的最适培养基配方,还通过 RAPD 鉴别,发现分子水平上的变异,为油茶优良无性系组培扩繁和生物技术育种的再生体系建立打下了基础。2004 年,张智俊以油茶优良无性系"湘林 4 号"腋芽和子叶为外植体,分别采用添加不同种类激素的 MS 培养基对其进行组织培养实验,诱导出了完整植株,通过对胚状体形成过程中细胞组织学显微观察,初步揭示了油茶胚状体的起源和大致的发生过程。

(二)油茶体细胞杂交

植物体细胞杂交,又称原生质体融合,指将植物不同种、属,甚至科间的原生质体通过人工方法诱导融合,然后进行离体培养,使其再生杂种植株的技术。植物细胞具有细胞壁,未脱壁的两个细胞是很难融合的,植物细胞只有在脱去细胞壁成为原生质体后才能融合,所以植物的细胞融合也称为原生质体融合。

植物体细胞杂交是依据细胞膜的流动性和植物细胞全能性将细胞融合技术和植物组织培养技术相结合而发展起来的一项植物育种技术。植物体细胞杂交首先要将 2 种异源植物体细胞除去细胞壁,制备出完整的有活力的原生质体,然后通过刺激使 2 种异源原生质体融合成具有生物活性的杂种细胞,进而组织培养成杂种植株并进行优良性状植株的选择与繁育。

植物体细胞杂交包括如下步骤:原生质体的制备、原生质体的融合、杂种细胞的选择、杂种细胞的培养、由杂种愈伤组织再生植株以及杂种或胞质杂种植株的鉴定等。

植物体细胞杂交主要应用于培育抗虫、抗病植株,创造 CMS(雄性不育系),改良植物,培育新的植物材料等。至今未曾有关于油茶体细胞杂交的报道。

二、分子育种

分子育种是将分子生物学技术应用于育种研究,具体而言,就是把供体植物带目的性状的遗传信息分离提取出来导入待改良的植物细胞,受精卵、种胚细胞等,培育出具有经济价值的新品种。

所谓分子育种主要包含两部分内容:一是分子标记辅助育种(也叫分子标记辅助选择),二是转基因育种(也叫基因工程)。

(一)分子标记辅助育种

分子标记辅助育种是利用分子标记与决定目标性状基因紧密连锁的特点,通过检测分子标记,即可检测到目的基因的存在,达到选择目标性状的目的,具有快速、准确、不受环境条件干扰的优点。可作为鉴别亲本亲缘关系，回交育种中数量性状和隐性性状的转移、杂种后代的选择、杂种优势的预测及品种纯度鉴定等各个育种环节的辅助手段。

1. 油茶分子标记

广义的分子标记是指可遗传的并可检测的 DNA 序列或蛋白质。狭义分子标记是指能反映生物个体或种群间基因组中某种差异的特异性 DNA 片段。利用基因工程技术进行作物品种改良，系指以遗传工程技术，将特定基因或性状导入缺乏此基因或特性之目标作物的育种方法。因此，利用基因工程技术进行作物品种改良，可以突破种源之限制及种间杂交之瓶颈，创造新性状或新品种，亦即未来基因革命很可能迅速取代绿色革命。

随着现在生物技术的迅猛发展，传统意义上的油茶研究及应用手段，已经不能满足当今油茶产业快速发展的要求，迫切需要从分子水平上对油茶的遗传基础有个全面的认识。对油茶进行分子标记的目的是建立油茶不同品系的分子鉴别体系，并从中筛选与主要经济性状相关的特殊基因片段，有利于分子标记辅助选择育种。

目前常用的分子标记技术包括限制性片段长度多态性 RFLP、随机扩增多态性 RAPD、扩增片段长度多态性 AFLP、简单序列重复（即微卫星 DNA）SSR 等。

（1）限制性片段长度多态性 RFLP 标记

限制性片段长度多态性（RFLP，Restriction Fragment Length Polymorphism）RFLP 技术是第一代 DNA 分子标记技术。

原理：限制性内切酶能识别并切割基因组 DNA 分子中特定的位点，如果因碱基的突变、插入或缺失，或者染色体结构的变化而导致生物个体或种群间该酶切位点的消失或新的酶切位点的产生。那么利用特定的限制性内切酶切割不同个体的基因组 DNA，就可以得到长短、数量、种类不同的限制性 DNA 片段，通过电泳和 Southern 杂交转移到硝酸纤维素膜或尼龙膜上，选用一定的 DNA 标记探针与之杂交，放射自显影后就可得到反映个体特异性的 DNA 限制性片段多态性图谱。

（2）随机扩增多态性 RAPD 标记

随机扩增多态性 RAPD（Randomly Amplified Polymorphic DNA）是建立在 PCR 基础上的一种可对整个未知序列的基因组进行多态性分析的 DNA 分子标记技术。

原理：利用一个随机引物（一般为 10 个碱基）通过 PCR 反应非定点地扩增 DNA 片段，然后扩增片段经琼脂糖凝胶电泳或聚丙烯酰胺电泳分离后配合溴化乙啶染色或银染等专一性染色技术即可记录 RAPD 指纹，进行 DNA 多态性分析。RAPD 所用的一系列随机引物其序列各不相同，但对于每个特定的引物来讲，它同目标基因组的 DNA 序列都有其特定的结合位点、扩增 DNA 特定的区域片断，如果基因组的这些区域发生 DNA 片断或碱基的插入、缺失等突变，就可能导致这些特定结合位点、扩增片断发生相应的变化，而使 RAPD 扩增产物在电泳图谱中 DNA 带数增加、减少或片断长度发生相应变化，从而可以检测出基因组 DNA 在这些区域的多态性。

（3）扩增片段长度多态性 AFLP 标记

扩增片段长度多态性 AFLP（Amplified Fragment Length Polymorphism）标记是一种检测 DNA 多态性的分子标记方法。

原理：基因组 DNA 经限制性内切酶双酶切后，形成分子量大小不等的随机限制性片段，将特定的双链接头连接在这些 DNA 片段的两端，形成一个带接头的特异片段。通过接头序列和 PCR 引物 3′末端的选择性碱基的识别，扩增那些两端序列能与选择性碱基配对的限制性酶切片段。通过聚丙烯酰胺凝胶电泳，将特异的限制性片段分离开来，然后利用成像系统和分析软件检测凝胶上 DNA 指纹的多态性。

（4）简单序列重复 SSR 标记，即微卫星 DNA

微卫星是指以少数几个核苷酸（1～6 个）为单位多次串联重复的 DNA 序列，亦称简单序列重复（SSR）。这种序列存在于几乎所有真核生物的基因组中，含量丰富，且呈随机均匀分布。微卫星由核心序列和两侧的保守侧翼序列构成。保守的侧翼序列使微卫星特异地定位于染色体某一区域，核心序列重复数的差异则形成微卫星的高度多态性，这种多态性的信息量是比较丰富的。该技术即是基于基因组 DNA 重复序列的差异进行检测，不受组织、器官种类、环境条件等因素影响。

关于油茶分子标记的报道较多。中南林学院谭晓风教授等建立了改良 CTAB 法提取山茶属植物总 DNA 的技术方法，2003 年，张智俊博士等在此基础上进行改良为同时提取 DNA 与 RNA 方法，改进了油茶 RAPD 反应体系，所得到的 DNA 和 RNA 纯度高、完整性好，为油茶的分子标记研究打下基础。福建林学院张云博士等也对油茶随机扩增多态 DNA 条件做了研究。张云等以改进的 CTAB 法提取油茶嫩叶总 DNA，进行随机扩增多态 NA（RAPD）分析，分别测试了 Mg^{2+} 浓度、引物浓度、dNTP 浓度、模板 DNA 浓度和 taqDNA 聚合酶用量对反应结果的影响，确定了油茶 RAPD 分析的最适反应体系。黄永芳等优化了适用于油茶种质资源 RAPD 分析的 DNA 提取和 PCR 扩增条件；还探讨了引物数量、多态性比率和所用引物谱带丰富度对聚类分析结果的影响，结果表明，聚类分析准确度与引物数量、引物的谱带丰富度有关，多态性比率不是选用引物的主要标志。张智俊等以 22 个引物对 12 个油茶优良无性系进行 RAPD 标记，得到了 141 条多态性谱带，并通过引物将优良无性系与自然植株区别开来。雷治国等通过 18 条引物对 90 个油茶优良无性系进行 RAPD 标记，得到 569 条多态性谱带，其多态比率达到 94.7%，还找到了 32 条特异性谱带。湖南省林业科学院陈永忠等也对油茶"雄性不育"优良无性系进行鉴别标记，为建立比较完备的油茶优良无性系鉴别体系积累了丰富的技术与资料。温强等进行了油茶的简单重复序列间扩增（ISSR）分析，建立了可适用于其他 ISSR 引物和其他油茶品种的 ISSR-PCR 优化体系，该反应体系稳定可靠，可用于油茶品种的分子鉴别和遗传关系分析。张国武等进行了油茶的 IS-SR 分子标记研究，聚类结果表明，油茶优良无性系与普通油茶实生苗存在较大的遗传差异，同时也较准确地进行了各优良无性系的分子鉴别，为油茶的良种选育提供了理论依据。这些研究为今后开展油茶的分子标记辅助育种打下了良好的基础。

2. 油茶分子图谱的构建与基因的分离

遗传图谱是指某物种各种遗传标记在染色体上的线性排列图。构建油茶遗传连锁图，一是需要合适的遗传作图群体；二是需要利用各种遗传标记。通过分析各种标记之间、标记与性状之间的连锁关系建立遗传连锁图。油茶遗传作图群体最好是 F2 群体，选择利用差异较大的群体单株进行杂交得到 F1 代，用 F1 代单株进行自交得到 F2 代，此时 F2 代群体为分离群体可作为作图的遗传群体。利用 RFLP、SSR 等共显性标记技术作图群体各单株的 DNA 进行遗传分析，依据各单株分子遗传标记出现的情况，通过遗传连锁软件的数据运算，建立相应的油茶遗传连锁图。油茶含有许多重要的优质基因，如油茶品质、抗逆性等。分离克隆这些基因，对于油茶的遗传改良具有重大价值。基因分离克隆的方法有许多，但就油茶来说主要有：其一，从 EST 文库中分离克隆，首先对 EST 数据进行生物信息分析，可以找到某些特异组织特异表达的重要基因，从而分离克隆其 cDNA 序列，利用其 cDNA 序列，还可从基因组中"钓取"其基因组序列，进而克隆其基因组序列；其二为图位克隆法，利用构建的遗传图谱、图位克隆，采用染色体步查分离克隆相关的基因；其三为差示 cDNA 减法杂交法（cDNA 与 mRNA 杂交），基于油茶不同组织和发育阶段，或某个组织受到某种影响而呈现的特殊基因表达的差异，选择有差异的组织分别提取 mRNA，其中一方经逆转录合成 cDNA，另一方用生物素酰化标记，将两者进行分子杂交，从中筛选出不能杂交的部分，进而分离克隆特异表达基因。

　　油茶的相关遗传背景比较复杂，要分离克隆油茶的基因，最直接的方法是先建立 cDNA 文库，然后利用杂交或者其他方法来筛选和分离目的基因。2004 年，胡芳名等首次报道了油茶种子 cDNA 文库的构建，以湘林 1 号和湘林 4 号油茶优良无性系近成熟的种子为材料，构建了油茶种子油脂转化高峰期的 cDNA 文库，为油茶种子中与油脂合成有关的关键酶基因和其他基因的分离克隆奠定了重要的基础，在所构建的 cDNA 文库中挑选了 2 000 多个克隆进行测序分析，从中分离出油茶种子中与脂肪酸、蜡合成和代谢有关的主要基因脱酰 ACP 硫酯酶基因（$FatB1$）、硬脂酰- ACP 脱饱和酶基因（SAD）、油酸脱饱和酶基因（$FAD2$）、$FAD8$ 基因、ACP 基因等。在此基础上，石明旺等总结探讨了油茶种子 cDNA 文库构建中的问题与对策；胡芳名等分析油茶种子中储藏相关基因表达情况，大量的油体蛋白和储藏蛋白基因获得了表达，表明种子已经发育到成熟阶段。谭晓风等研究了油茶种子中的贮藏蛋白基因、与基因表达调控相关的基因、抗逆相关基因、种子成熟和胚胎发育相关的基因等几类基因，结果显示，它们表达的数量和趋势与种子接近发育成熟阶段相吻合。张党权等采用生物信息学方法，从随机测序而构建的油茶优良无性系湘林 1 号种子 EST 文库中初步鉴定了与油茶脂肪酸形成相关的大部分关键酶基因，并对其中几个直接控制不饱和脂肪酸的形成与转化的基因进行了相应的序列分析。2008 年，张党权等在以前构建的油茶 cD-NA 文库和 EST 文库的基础上，通过 5′RACE 技术获得了油茶 SAD 基因的全长 cDNA，通过较系统的生物信息学分析表明，油茶 SAD 基因在进化上较为保守，与其他植物 SAD 的相似性较高，为油茶 SAD 基因的开发应用及其他油脂植物的遗传改良奠定了理论和技术基础，也为油茶其他重要性状基因的全长 cDNA 克隆提供了借鉴。谭晓风等在构建的油茶 EST 文库基础上，采用 5′RACE 和交错延伸 PCR 技术，首次报道获得了油茶油脂合成代谢的关键酶基因 *FAD2* 基因的全长 cDNA 克隆，为油茶 *FAD2* 基因的结构和功能研究，以及转基因应用奠定了基础。谭晓风等以油茶近成熟种子 cDNA 文库和 EST 文库为基础，采用分子生物学技术分离克隆了油茶酰基载体蛋白基因全长 cDNA 序列，分析比较的结果表明，油茶酰基载体蛋白与油橄榄 ACP 的相似性最高。以上这些基因已部分登陆到了 GenBank，为油茶转基因育种与定向培育研究奠定了基础。

3. 油茶功能基因表达检测

在油茶功能基因表达检测方面，国外基本上没有进行过分子生物学方面相关的研究。至目前，GenBank 等数据库中未见与油茶相关的 DNA、cDNA 或 mRNA 的登录序列，也未见文献报道。油茶重要性状基因的分离鉴定更是处于研究的起始阶段。油茶育种的目标是提高产油量，为了从更深层次探索油茶油脂转化过程中其功能基因的作用情况，陈永忠等利用基因芯片技术对油茶果实的功能基因进行检测，旨在绘制各功能基因在油茶果实油脂转化过程中的表达图谱，为进一步深入开展高产油量、高含油量的油茶新品种的定向培育作前期探索研究。胡芳名等以油茶优良无性系"湘林 1号"和"湘林 4 号"近成熟种子为材料构建 cDNA 文库，随机挑取 2327 个克隆进行 3′端测序，并将所得序列与核酸数据库进行同源性比较，发现有 88 条油脂储藏蛋白相关基因和 3 种 61 条储藏蛋白基因表达，并具有典型的"时、空"特点。这些结果为揭示近成熟时期油茶种子中储藏蛋白特异表达的丰度和生理情况提供了科学依据。

（二）转基因育种

转基因育种就是将基因工程应用于育种工作中，通过基因导入，从而培育出一定要求的新品种的育种方法。利用基因工程技术可将外源基因直接导入油茶受体细胞或组织中，并经组织培养直接培育出转基因植株，实现对某单一性状进行有目的改良，缩短育种周期，避免常规育种中的连锁累赘。根据人类的需要，可以通过正常的转基因技术增加某种脂肪酸的含量，也可以通过反义技术减少某些脂肪酸的含量，从而实现对各脂肪酸比率的调控。另外还可以通过转基因技术来提高油茶的单位面积产量，提高适应性等。

油茶转基因植株培养建立在其组织培养成功的基础之上，油茶主要利用农杆菌法、基因枪法等进行转基因研究，然后主要通过简便、快速 PCR 或 RFLP 杂交的办法进行转基因植物的筛选。总体来说，油茶转基因育种技术尚未完全成熟，目标基因的确定、合适的载体与相应的转导技术等有待进一步研究，但时机一旦成熟，对油茶特定脂肪酸组成、高含油量、高抗病虫害新品种的转基因定向培育将是油茶转基因育种最有前景方向之一。油茶转基因育种尚处于研究阶段。

在常规育种的基础上，开展油茶生物技术育种，通过分子标记和遗传图谱的构建等基础工作，进一步深入开展分子标记辅助选择育种和目标基因的定位和克隆；结合油茶主要经济性状与其功能基因的表达机理，利用基因重组技术，通过筛选和研究油茶抗性基因及表达机理，培育转基因高产及抗虫、抗病新品种；通过研究油茶油脂形成过程中控制脂肪酸脱氢酶的基因及表达培育高油酸和高亚油酸新品种，提高油茶含油率和优化油脂质量；实现油茶生物技术定向培育高产、优质和高抗新品种，为油茶育种开辟了一个新的领域。

第三节　油茶的繁育

一、油茶繁殖技术

良种繁育是对选育的林木良种按照一定的繁育规程扩大良种的繁殖规模的过程，是在保持原种优良品质的前提下，研究如何快速地繁殖和推广良种，以求快速和有效地为油茶生产服务。一个优良品种的选育成功，就是良种繁育工作的开始。良种繁育的任务是：既要繁育良种种苗，又要保持和提高良种的特性，防止品种混杂和退化。因此，油茶的良种繁育实质上仍属于育种学的范畴，是选择育种的继续和发展，具有不断选择和优中选优的重要意义。

发展油茶产业，种苗是关键，要把种苗建设当作头等大事来抓。良种繁育的目的是根据生产的需要，培育数量充足且质量良好的苗木，即所谓的良种壮苗。

油茶良种繁育是指从低级到高级的过程，是从群体选择到个体选择，再到无性系的繁育和利用，实现高级良种化，也就是说主要采用无性繁殖的方法进行良种繁育。无性繁殖是直接利用母本一部分的器官（嫁接、扦插）或细胞团（组织培养）等营养体通过简单的细胞丝分裂培育成完整植株的过程。

全国油茶协作组于1975年6月在浙江富阳中国林科院亚热带林业研究所召开了全国油茶嫁接技术现场交流会。在小苗嫁接中，由中国林科院亚热带林业研究所韩宁林、高继银、黄爱珠研究和创造的"油茶芽苗砧嫁接法"具有快速、简便和成活率高的优点。在大树嫁接中，由湖南省林业科学研究所王德斌、陈永忠等人研究和创制的"嵌合枝接法"、江西林业科学研究所邱金兴等和中国林业科学研究院亚热带林业研究所庄瑞林等研究人员提出的"大树切接法"具有方法简便、成活率高、实用性强等优点。

（一）油茶有性繁殖

有性繁殖是用油茶种子繁殖苗木的方法，用种子培育出来的苗称为实生苗。实生苗具有完整的根系和顶芽，具有对外界环境条件适应性强、后期生长快、寿命长等优点。有性繁殖仅用于优良家系和优良杂交组合实生子代的繁殖。种子品质的优劣是油茶有性繁殖成败的关键，因此要选择发育充实、富有生命力、籽粒饱满、色深而有光泽、无病虫害的种子。实生苗一年生高达30cm以上，即可出圃上山造林。

1. 种子处理

10月份果实成熟后，适时采收，霜降籽在霜降前后采摘，寒露籽在寒露前后采摘，果实成熟后，种皮坚硬，呈黑褐色或棕褐色，有光泽。采收后进行选果，剔除病果、虫果以及发育不良的畸形果实。

果实采回后，摊在干燥、阴凉、通风的地方，切忌日晒、雨淋。摊放厚度要适宜，一般在 10cm 左右，并且每天翻动 1 次，3～5 天果实开裂，剥出种子。种子经脱壳处理后不要暴晒，为保护种子的生命力，在种子处理过程中应尽快从果实中取出种子，并使种子含水量保持在 30% 左右的安全含水量范围内，筛选粒大饱满的种子于阴凉处摊开或拌上潮湿的河沙存放，种子含水量低于 14% 时发芽力会大幅度下降。

2. 种子贮藏

油茶种子是脂肪型种子，含油丰富，种胚小，寿命短，贮藏较难。种子采收后如不能立即播种，应贮藏在低温、干燥、通风的地方。

3. 苗圃地准备

育苗圃地要选在地势平坦、避风向阳、土壤肥沃、疏松，保水和排水性能好、靠近水源又不渍涝的地方。雨水多的地方要在圃地周围和中央开好排水渠道，以农家土杂肥作基肥，做好 1.0～1.2m 宽的垄。有条件的地方适当搭建遮阳棚。苗圃地要求交通方便，劳动力充足。

4. 种子消毒

催芽前浸种 2～3 天，去掉浮于水面的种子和小粒种子，选取粒大、饱满、无病虫害的种子，用 0.1% 高锰酸钾溶液浸泡 5min，捞起冲洗干净。

5. 催芽播种

播种前 20～30 天要对种子进行湿沙催芽处理，用 25～30℃ 的温水浸种 4～5 天，每天换清水 1～2 次，再用湿沙和种子层积催芽。当种子部分破胸萌发时及时点播在容器中，每袋 1 粒，播后覆土 2cm，淋透水，用塑料薄膜覆盖苗床保湿。

6. 抚育管理

油茶幼苗较喜阴，为促进生长，最好搭建遮阳棚，透光率在 30% 左右。苗木出土后要及时清除杂草，可定期喷浇稀薄的叶面肥。11 月份抽梢太晚时适当喷施 0.5% 的磷酸二氢钾加快苗木封顶，预防寒害。

（二）油茶无性繁殖技术

1. 嫁接繁殖

嫁接繁殖是将一个植株的芽和短枝，嫁接在另一植株上，使两者愈合、生长在一起并发育成一新植株的方法。其中前者称为接穗，承受接穗的部分称为砧木。利用嫁接繁殖方法繁殖出来的苗称为嫁接苗。植物之所以能嫁接成活，主要是接穗与砧木的形成层细胞具有很强的分生能力，产生愈伤组织，将嫁接的伤口愈合好，并分化产生新的输导组织及其他组织，使之愈合成为一个统一的有机体。嫁接苗的特点是砧木吸收的养分和水分输送给接穗，接穗又把同化后的物质输送给砧木，两者形成了共生关系。芽苗砧嫁接是目前油茶繁殖最成熟的育苗方法。

嫁接繁殖的优点：一是保持原品种优良性状；二是提前开花挂果，由于接穗嫁接时已处于成熟阶段，砧木根系强大，能提供充足的营养，使其生长旺盛，有助于养分积累；三是成苗快，由于砧木比较容易获得，而接穗只用一小段枝条或一个芽，因而繁殖期短，可大量出苗；四是可以克服某些植物不易繁殖的特点，对于扦插不易成活或者播种繁殖不能保持优良特性的植物均可采用嫁接繁殖。

油茶苗木繁育主要采用芽苗砧嫁接法和小苗嫁接法，以芽苗砧嫁接方法为主。

（1）芽苗砧嫁接技术

芽苗砧嫁接育苗技术是采用油茶大粒种子经过沙藏促芽处理，待种子发芽但尚未展叶的幼芽作砧木，以当年生优树和优良无性系枝条作接穗的一种劈接法。芽苗砧嫁接的优点是可以大大缩短培育嫁接苗的时间，实现室内操作，提高工作效率，是目前培育油茶良种嫁接苗普遍采用的方法之一。嫁接时间在 5 月上中旬（当然，也有因特殊气候下提前或推后），油茶当年生春梢半木质化、砧木苗的胚茎长度超过 5cm 时，就可以进行嫁接。

操作方法和步骤如下：

1）砧木催芽

①砧木种子的选择与贮藏。油茶果收摘后在通风处堆放 3～4 天，然后脱壳，筛选大粒饱满的种子在阴凉处风干，用清洁稍干的河沙与种子在室内分层储藏（沙子与种子体积之比为 1.5：1）。

②沙床促芽。在 2 月底或 3 月上旬，把沙藏的种子筛出来，播在沙床上。沙床必须选在排水良好的平坦地面，沙床用沙为新鲜河沙，在地面上先垫一层 10～15cm 厚的清洁湿河沙，把种子均匀撒播在上面，种子尽量避免重叠，再盖上 10cm 厚的湿河沙，用清水喷透沙床，然后盖上薄膜或稻草，沙床要保持湿润，如发现湿度不够，应及时喷水，到 5 月中旬即可进行嫁接。

2）圃地准备

①圃地宜设在向阳、排灌方便、土壤肥沃疏松，pH 值 5.5～6.5 的黄壤、红壤地，也可选用稻田。高湿、排水不良、黏重板结或干燥的沙土、碱性土不宜作苗圃。

②整床。对选用的圃地，在先年的冬天挖翻，在当年 4 月底施足基肥（每亩施土杂肥 20 担，或复合肥 100kg），整好地后即开始作床，苗床要求宽 l.0～1.2m，床面覆盖一层 4cm 厚的黄心土。

③架好遮阳棚。栽植油茶嫁接苗的圃地必须设有阳棚，阳棚高 l.5～1.8m，遮阳度在 70%～80%。

④设置薄膜拱罩。在栽植芽砧苗并喷透水后，立即架设竹弓盖薄膜成拱棚，拱棚的四周要封闭严密。

3）嫁接和栽植

①嫁接材料准备。嫁接前准备好包扎用的铝箔，铝箔先剪成长 1.5～2.0cm、宽 0.6～0.8cm 的小片，再卷成筷子粗的筒状。也可用革命草草茎、牙膏牙做捆扎材料，草茎可于嫁接成活后自然干缩脱落，不污染圃地。其次是准备好嫁接用的单面刀片、毛巾、盆子、木板等用具。

②接穗的采运和保存：穗条应选择通过鉴定的优良无性系的当年生粗壮、腋芽饱满、无病害的半木质化新梢，随采随接为好。如果要长途运输，要注意保湿，应将采

下的穗条整齐地捆扎好，在下端包上浸饱水的脱脂棉，装入纸箱内，以免挤压。在运输过程中要做到保湿，对一时接不完的穗条，可插放在阴凉处的沙床上，注意经常喷水，一般可保存一周左右。

③嫁接。到5月中旬以后，优树当年生的春梢已停止生长，芽砧苗已长好，便可进行嫁接。操作程序如下：

a. 起砧：砧木苗的胚茎长度超过5cm时可以用于嫁接。在催芽的沙床内，用手轻轻挖起砧苗，从沙床内砧木苗的胚根部分起挖。起砧时注意不碰掉砧苗上的种子和碰断根部。起砧后用清水将砧苗上的沙子冲洗干净，洗净沙子后及时捞起砧苗，放在通气的容器内，保湿待用。

b. 削穗：选用接枝上饱满的腋芽和顶芽，在腋芽两侧的下部0.5cm处下刀，削成两个斜面（呈楔形），削面长0.8～1.0m，再在芽尖上部0.1～0.2cm处切断，接穗上的叶片，可以全部保留，也可以削掉一半，即成1叶1芽的接穗，将削好的接穗放在装有清水的盆内。

c. 削砧：在砧苗籽叶柄上2.0～3.0cm处切断，对准中轴切下一刀，1.0～1.2cm深，砧苗根部保留6cm左右，将多余的部分切除。

d. 插穗和包扎：把准备好的铝箔圈按粗细相当的卷筒套在削好的芽砧上，将接穗插入砧木的切口内，把铝箔圈提到接口处轻轻捏紧即可，将接好的苗木放在阴凉处以备栽植，并用湿布盖好，避免日光照射。

e. 栽植：将接好的苗木栽植到苗床内，当天嫁接当天栽完，若采用圃地栽植，株行距一般为3cm×15cm；若使用容器栽植，则1个容器1粒种子。栽植时，先用竹片在苗床上开1个小穴，穴的直径为2～3cm，深度为5～6cm，然后将嫁接苗的胚根插入穴中，种子最好埋入穴中，栽植深度是把苗砧上的种子刚埋入土内为度，然后将土压紧，用喷壶浇透水，为防止病菌侵染，淋水后喷洒1次杀菌剂，然后在竹弓架上盖上薄膜，四周用土压紧密封，罩内保持湿度在80%～90%。

在嫁接前搭好遮阳棚，棚高约2m，遮阳网透光度约为30%，四周也要围网，不能让苗木直接暴晒，也不能让其过度遮阳。如遇阴雨天，可以拆除四周的围网，适当增加透光率。

4）嫁接后苗圃管理

同嫁接容器苗苗期管理。

图 4-48　油茶芽苗砧嫁接流程图

整地   起砧

洗砧   削穗

切砧   嵌穗

包扎   移栽

浇定根水 　　　　　　　　　　　　　盖膜

图 4‑49　芽苗砧嫁接规模化育苗技术

（2）小苗嫁接技术

1）砧木选择

苗高 30cm、地径 0.4cm 以上，生长健壮、无病虫害的容器苗可用作砧木进行小苗嫁接。

2）削穗

在接穗芽两侧下方约 1cm 处，各斜削一刀成楔形的削面，削面长 1.5～2cm，然后在芽的上方 0.3cm 处斜截接穗，叶片保留 1/3～1/2，随削随接，或短时保湿待用。

3）削砧

在离容器营养土表面约 10cm 处平截砧木，砧木断面下如有叶片，要尽量保留。采用劈接法，在砧木断面中间，用刀向下垂直切一刀，刀口长与砧木削面长度相当。

4）嫁接

将削好的接穗小心插入砧木切口内，至少对准一侧形成层，接穗上端削面略高于砧木断面 0.1～0.2cm。

5）绑扎及覆膜

嫁接完用塑料薄膜带进行绑扎，然后在竹弓架上盖上薄膜，四周用土压紧密封，罩内保持湿度在 80%～90%。

6）搭遮阳棚

在嫁接前搭好遮阳棚，棚高约 2m，遮阳网透光度约为 30%，四周也要围网，不能让苗木直接暴晒，也不能让其过度遮阳。

7）嫁接后管理

嫁接后约 35 天揭去塑料薄膜，天气转凉后拆除遮阳网。拆除遮阳网后，全面浇灌 1 次，通过浇水、施肥，使苗木生长旺盛。

2. 扦插繁殖

扦插繁殖是指利用植物器官的再生机能，将植株的一部分营养器官（茎、枝条、叶、根等材料）插入基质中，在适宜的外部环境条件作用下，使之生根、发芽、抽梢、展叶，再次形成完整植株的繁殖方法。利用扦插繁殖出来的苗称为扦插苗。

扦插繁殖能保存母本的优良性状，繁殖方法简单易行，繁殖速度快，成苗快。但由于油茶扦插苗的根系不如实生苗和嫁接苗发达，同时还存在抗逆性差、根系差、造林成活率低等缺点，生产上应谨慎使用。油茶扦插一般采用苗床插穗移栽容器培育，或直接扦插到容器。

根据插穗不定根发生的部位不同，油茶扦插可分为两种生根类型：一是皮部生根类型，即以皮部生根为主，在插条周身皮部孔处发生很多不定根，皮部生根占总根量的70%以上，愈伤组织生根较少，甚至没有；二是愈伤组织生根类型，即以愈伤组织生根为主，从基部愈伤组织发生很多不定根，愈伤组织生根数占总根量的70%以上，皮部生根较少，甚至没有。皮部生根类型比愈伤组织生根类型发根要快7～10天。

（1）扦插苗移栽容器培育

1）扦插苗床的准备

插床选在四面通风、靠近水源的地方。四周用砖头或石砖围起来做成长方形的插床，床高20cm，长、宽以易于操作和管理方便为宜，床与床之间的沟宽40cm；床中间用1/2的河沙与原圃泥土混合铺高15cm左右，在畦面上再加3cm的黄心土。搭好遮阳棚，高度3m左右，透光度控制在30%左右，使用前3天用0.2%的硫酸亚铁溶液或0.2%多菌灵水溶液喷洒消毒插床，使用前一天，将插床喷透水。

2）扦插季节

油茶扦插在春、夏、秋季均可进行。春季2～3月份，春梢萌动前；夏季6～7月份，气温高，油茶生理活动旺盛，新陈代谢功能强烈，对愈合、生根十分有利，但因气温高、湿度低，浇水次数要增加；8月以后的秋梢发根率和保存率略有提高，但当年不能发根。一般以夏季扦插较好。

3）穗条的采集

穗条的采集，先选择好优良、健壮、无病虫害的优良无性系作为母树，剪取当年生半木质化、粗壮、腋芽饱满、叶片完整的枝条。为了使穗条生长粗壮，加速腋芽发育，最好在扦插前半个月进行打顶，可以提高扦插成活率。

采集时间一般为早上7：00～9：00。采下的枝条用湿毛巾包裹，或放入清水中存放在阴凉处，如果采集地离扦插苗圃较远，穗条经浸水后再用塑料膜包装好，放在阴凉处，及时运至扦插苗圃处理，防止因失水影响成活。

4）穗条的剪取

将采集的穗条放在阴凉处保湿，及时修剪。穗条剪成4～5cm长，保留一芽一叶。如果节间较短，可将两节剪成一穗。每个穗条的叶片可剪去半片，留半片，留全叶的水分蒸发较多，易枯死，且发根率低；带有花芽的穗条，要摘除花芽。剪穗时，穗条的上切口离芽0.5～1cm，断面要稍向芽的反面倾斜，下切口削成马耳形，切口要平滑，以利于愈合生根。

5）穗条的处理

为了提高插穗的生根率，将剪好的穗条，50～100根捆成一扎，放入生长素中进行处理。采用NAA 100mg/L和ABT生根粉50mg/L处理，可提高成活率。

6）扦插方法

将处理好的穗条按 10cm×3cm 的株行距插于整好的圃地上，插穗的叶和芽露出地面，叶面朝上，穗条下切口入土，深度 3cm，最后回土压紧，使穗和土壤紧接，插穗直立。插后洒水，使土壤湿润，然后再洒一层细沙，以减少水分蒸发。扦插后及时插拱形竹签，覆盖塑料薄膜保湿，空气湿度控制在 85% 左右。

在扦插前搭好遮阳网，透光度约为 30%，四周也要围网。

7）插后管理

发根前，需经常喷水，保持插床湿润，保持湿度在 85%～90%。30 天后出现愈伤组织，60 天左右长出须根。60～75 天抽梢展叶后，可喷施 0.1% 的速效氮肥促进生长，以薄施勤施为主。生根后减少喷水，降低湿度，及时揭膜，逐渐增加光照，促进插条根系生长。

8）移栽培育

插穗生根后 30 天左右，新根长出至 1.5～2.5cm，可移栽到容器中。容器使用硬质塑料杯或无纺布器皿，采用轻基质。移栽时，用竹签小心地从苗床挖出小苗，放入盛有清水的盆内，再用生根促进剂浆根，然后再移入容器。栽植时先在容器中填入少量基质，把生根的扦插苗立在容器中央，在苗的四周轻轻加基质，并略用手指沿容器边将基质压实，切不可沿插穗向下压而将新根压断。

栽后淋透水，待苗木根系恢复、长出新根后，开始施肥并进入正常的管理阶段。

（2）容器直接扦插育苗

1）容器及基质准备

扦插前，准备好基质，并将基质装入容器中，装满杯。装好基质后，将容器杯摆放整齐。扦插前 3 天用 0.2% 的硫酸亚铁溶液或 0.2% 多菌灵水溶液对基质进行消毒。

2）扦插

扦插前先用小木棒在基质上开 1 个小孔，然后将插穗插入孔内，并将周围的土稍加压实，叶和芽露出土面，插后及时浇水，覆盖薄膜进行保湿。

3）扦插后管理

扦插后管理方法同苗床扦插育苗。

全国油茶协作组于 1978 年 9 月在广西临桂、岑溪和广东佛岗召开了油茶优树测定会。佛冈县林业局和江苏省林业科学研究所介绍了油茶良种扦插苗造林情况。其中，佛冈县千亩扦插苗造林成活率高，生长良好，是我国油茶扦插苗造林的成功实例。在油茶良种繁殖上，不仅有嫁接良种苗造林，而且有扦插苗成片造林的实例，推动了油茶良种化的进行。中国林科院亚热带林业研究所于 20 世纪 70 年代在江苏省社渚林场对不同年份营造的扦插苗进行调查，调查发现扦插苗造林 1～2 年没有主根，须根发达，4～5 年以后，植株开始自然形成类似主根和侧根的生长较粗而又长的几根根系，长达 40～50cm 以上，7～8 年以后主根、侧根明显，植株生长良好。

3. 组织培养

组织培养是指通过无菌操作，将植物的组织、器官、细胞等接种于培养基上，在人工控制的环境条件下进行培养，以获得完整再生植株的一种技术。

油茶组织培养的程序：

（1）外植体的选择

油茶组织培养中应用较多的外植体为带有腋芽或顶芽的茎段以及子叶。茎段以春梢最佳，4～5月份采集；种子于7～10月份采集，未成熟及成熟种子均可。

（2）外植体的消毒

外植体采回后用洗衣粉水清洗，用1000倍的多菌灵浸泡3min，然后放流水下冲洗2～3h，置超净工作台用70％的酒精处理10～30s，再用0.1％升汞浸泡3～7min或用25％次氯酸钠浸泡20min，不断摇动，最后用无菌液反复冲洗，直至无消毒剂残留。

（3）培养基的选择

油茶组织培养常用的培养基有MS、WPM、改良ER、White和N6，其中MS、WPM效果较好。

（4）激素的选择

油茶的组织培养中，常用的生长素有2,4-D、NAA、IBA，细胞分裂素有6-BA、KT、TDZ、ZT。用茎段进行培养时，增殖培养基激素配比以6-BA 3.0mg/L+NAA 1.0mg/L及BA 3.0mg/L+IBA 0.5mg/L为宜；生根：将组培苗的基部在1000mg/L的IBA溶液中浸泡10秒，接种在1/4MS+AC 200mg/L的培养基上。

油茶初代培养

油茶增殖培养

油茶生根培养

油茶组培苗

图4-50 油茶组织培养

用子叶进行培养时应根据不同时期选择不同的激素，在愈伤组织诱导时期，2,4-D 2.0 mg/L＋KT 1.0 mg/L 效果最好；在不定芽诱导阶段，6-BA 2.5mg/L＋IAA 1.5mg/L 和 6-BA 3.0mg/L＋NAA 0.05 mg/L 效果最好；在不定根诱导时期，生长素 NAA 较 IBA 和 IAA 效果好。

（5）培养

培养室的培养条件：温度 25℃±2℃，光照强度为 2000lx。光照时间为 12h。

（6）移栽

当试管苗具有 3～5 条根时移栽。移栽前先打开炼苗 3～5 天。移栽时用清水洗掉根上的琼脂，移入装好基质的穴盘或容器杯中，基质为泥炭土、珍珠岩、蛭石等，移栽后浇透水，盖塑料薄膜保湿。

广西林业科学研究所颜慕勤于 1984 年采用组培油茶苗进行盆栽和上山造林获得成功；湖南省林业科学院成功攻克了油茶组织培养各项技术难关，在初代培养、继代培养、壮苗培养以及生根培养各个阶段取得了成功，在国内率先建立了完整的油茶组培快繁技术体系，培养出油茶组培苗，并上山造林，现已开花结果。这为油茶无性繁殖创造出一条既快速又适宜工厂规模化生产的新途径。

目前油茶组织培养还没完全成熟，只在科研应用，生产上未实现产业化。

（三）油茶容器育苗

容器育苗是指用特定容器培育幼苗的育苗方式。容器育苗是目前应用广泛的苗木生产技术，主要采用容器装入配制好的基质或营养土进行育苗，与裸根苗相比，具有育苗周期短、苗木规格和质量容易控制、苗木出圃率高、起苗运苗过程中根系不易受损、苗木失水少、造林成活率高、造林季节长、无缓苗期、便于育苗造林机械化等优点。

用于容器育苗的容器很多，油茶育苗容器大多采用塑料容器和无纺布容器，因塑料容器不能被微生物分解，造林时必须把容器袋取掉。装基质前将基质湿润，装填时将基质填实，以平容器口为宜。

育苗基质是培育容器苗的关键，基质的合适与否，直接关系容器苗生产的成败。按照基质的材质，可以分为三种：一是以各种营养土为材料，质地紧密的重型基质；二是以各种有机质为原料，质地疏松的轻型基质；三是以营养土和各种有机质按一定比例配制的半轻基质。

基质网袋容器育苗技术是一项新兴育苗技术，轻基质网袋容器育苗具有基质透气、透水、透根性能好，可进行空气修根以及容器重量小、苗木运输便利等优点。油茶轻基质容器育苗就是以轻基质网袋容器为苗木载体，进行设施苗木生产。

油茶容器育苗技术步骤如下：

1. 营养土配制

黄心土占 20%～40%，珍珠岩占 10%～30%，泥炭占 30%～50%，蛭石占 15%～25%。营养土配制好后进行消毒。

2. 容器装土和置床

营养土装入容器中时要边填边震实，装土不宜过满，然后将盛土的容器整齐地摆放于整平的苗床上，直立紧靠，四周培土以防容器倒斜。

3. 播种或植苗

播种育苗时，将经过精选、消毒和催芽的种子播入容器中，每容器播1粒。播种后用黄心土覆盖，厚度2～3cm，并浇透水，搭拱棚覆盖塑料薄膜保湿，并搭遮阳网遮阳。

培育嫁接苗时，将嫁接好的芽苗砧苗植入容器中培养。

4. 苗期管理

（1）播种容器苗苗期管理

1）浇水：在出苗期和幼苗期要勤浇水，保持营养土湿润；在幼苗长大一些后，减少浇水次数，加大每次的浇水量，以浇透为主。

2）除草：做到"除早、除小、除了"。

3）追肥：在幼苗期要追肥，以氮肥和磷肥为主，勤施薄施，每隔2～4周1次，浓度不超过0.3%；速生期以氮肥为主，每隔4～6周1次，浓度可适当大一些，追肥后要及时淋水。苗木硬化期停止追肥，以利于苗木在入冬前充分木质化。

（2）嫁接容器苗苗期管理

1）除萌：嫁接苗在生长过程中会不断产生萌蘖，与接穗争夺养分，直接影响接穗的成活和生长，所以要及时剪除，并要经常检查，随时发现，随时剪除。除萌时应将萌条从基部剪断。

2）除草和除杂：在高温高湿的条件下，杂草生长很快，应及时拔掉杂草和未嫁接成活的砧木苗。除草和除萌可以结合进行。

图4-51　油茶容器育苗

3）喷水与追肥：嫁接苗床不能积水也不能缺水，如缺水应及时喷灌，不能漫灌，每揭开一次薄膜都要喷一次水。当嫁接苗长到 3.0～5.0cm 时，追施沤制过的稀薄人粪水，或施 0.2% 的氮素化肥水，追肥可结合喷灌进行。

4）揭除薄膜罩和拆除遮阳棚：到 9 月份，可将薄膜棚罩两头揭开，过 2～3 天后再将薄膜全部揭除，到 9 月中旬后把遮阳棚拆除。到第二年，加强肥水管理和病虫害防治。

病虫害防治：嫁接苗定植浇透水后，以 800 倍甲基托布津喷雾，预防病害；除萌开始后，以甲基托布津、多菌灵、代森锰锌等防治为主，2 次/月。地老虎防治以克百威为主，1 次/月；其他虫害防治以甲胺磷、氧化乐果、硫磷菊酯为主，2 次/月。

二、油茶繁育基地建设

（一）采穗圃营建与管理

无性繁殖是油茶良种繁殖的主要方法，它可以保持母本的优良性状。进行无性繁殖必须有足够数量的优质穗条，这些穗条无法直接从数量有限、分布分散的优树上得到满足，只有通过建设采穗圃才能提供大量优质穗条。所以，采穗圃是提供良种优质无性繁殖材料的圃地，在优树决选且无性系测定后就要立即建立采穗圃，以便能及时、方便地提供穗条进行生产。

油茶采穗圃可按对建圃无性系遗传改良的水平而分类，如果是选择优树后，为尽快满足生产所需穗条而营建了采穗圃，因而这些表型优良尚未通过遗传鉴定，称为普通采穗圃或优树采集圃；如果通过鉴定，用再选择的优良遗传型或优良的品种而建立的采穗圃，则称为改良采穗圃或高级采穗圃。后者的改良水平及遗传品质高于前者。

采穗圃的特点：（1）能长期提供高品质穗条；（2）由于采穗圃集约经营，穗条生长粗壮、旺盛，能提高嫁接成活率，且生长良好；（3）经营管理方便，病虫害少，易防治；（4）可以保护优树资源，穗条的遗传品质保持不变；（5）停止采穗后仍可作为丰产林培育。

1. 采穗圃的营建

油茶采穗圃的营建多采用两种方法：兼用采穗圃和专用采穗圃。

（1）兼用采穗圃

把原有的油茶丰产林改造成采穗圃，砍除或用优良材料高接换冠非优良品种的单株，或对优良单株进行挂牌，标明单株的无性系号，画好定植图。

常用的油茶高接换冠方法有两种：一种是由湖南林业科学研究所王德斌等人研究和创造的"嵌合接枝法"，该方法在湖南、广东、福建、贵州等地应用广泛；一种是由江西林业科学研究所邱金兴等和中国林科院亚热带林业研究所庄瑞林等研究人员提出的"大树切接法"，该方法在江西、广西等地应用广泛，这两种方法均具有方法简便、成活率高、实用性强的优点。嫁接时间一般在 5～8 月，这时树液流动能剥开树皮，有利于嫁接，提高成活率。

1）油茶撕皮嵌接法

油茶撕皮嵌接法是一种先嫁接活再断砧的技术，易于操作和恢复树势。

①砧木的接前管理

选择生长旺盛的幼林、壮龄林植株。每株砧木选择2～4个分枝角度适当、干直光滑、无病虫害、生长健壮的主枝。

嫁接前剪除病虫枝、枯枝、弱枝、过密枝等；在3月份以前对林地进行挖垦一次，有条件的结合垦复追施氮肥一次，促使砧木生长旺盛。

②接穗的采运和保存

穗条应选择通过鉴定的优良无性系的当年生粗壮、腋芽饱满无病害的半木质化新梢，随采随接为好。如果要长途运输，应将采下的穗条整齐地捆扎好，在下端包上浸饱水的脱脂棉，装入纸箱内，以免挤压。在运输过程中要做到保湿，对一时接不完的穗条，可插放在阴凉处的沙床上，注意经常喷水，一般可保存一周左右。

③嫁接

a. 削砧：选好待嫁接的大树，在砧木的嫁接部位，先用布擦干净灰尘，然后用嫁接刀平行垂直划两刀，深达本质部，长度与接穗相同，宽与接穗粗细相当，在上部横切一刀，剖成"∏"型，深度以达到木质部为宜，自上向下撕开皮部。

b. 削穗：选取枝条中部或上部饱满的芽，将穗条削成长2.5cm左右，芽两端成马耳形的短穗，去掉1/2的叶片，然后在接合面（芽的背面）自一端撕去皮部，宽约为接穗粗的1/4左右，也可以用嫁接刀平削，削面要求平整、光滑，削下的皮层不带或稍带木质，削面恰好到形成层，削的深度一般为枝条粗的1/3左右。

c. 嵌穗：将削好的接穗，嵌入撕开皮部的砧木槽内，再把撕开的砧木皮部，覆盖在接穗的上面，对准形成层。

d. 包扎：嵌穗后，立即用塑料绑带进行包扎，包扎时注意在不伤接芽的前提下，尽量包扎紧。

e. 加罩：为了保湿，包扎后在接穗部位应加绑一个塑料罩，塑料罩在接芽的方位呈灯笼状，严禁塑料罩贴靠在接穗的叶片上，绑罩要严密。加罩的作用是防止太阳直接照射，减少水分蒸发，保持湿润，为接穗愈合生长创造良好条件。

④接后管理

a. 剪砧：剪砧一般可分作两次进行。第一次剪砧在接后40天左右，接穗与砧木愈合、接芽膨大或已开始抽梢时进行，剪口距接穗30cm以上，在剪口下方尽量保留1～2个小枝；第二次剪砧在翌年春，叶芽萌动前进行，一般剪口距接穗枝3～5cm，视砧桩粗细而定，粗砧桩应留长些，细砧桩可以短一些，对砧桩较粗的、直径在3cm以上的，在剪口处仍应保留1～2个小枝，然后涂上接蜡保护桩口。

b. 解罩与解绑：在第一次剪砧后10天左右即可解罩。解罩最好选在阴天进行，或在晴天的早晚进行。剪砧和解罩后，即在9～10月，将绑带解除，对还没有抽梢的接芽，可在翌年春进行解绑。

c. 除萌与扶绑：剪砧后，及时除掉砧木上长出的萌芽条，除萌是一件经常性的工作，一直到两年后砧木不再出现萌芽枝为止。大树砧嫁接，接枝生长很快，对这些徒长枝应及时扶绑在砧桩上，避免风折。

d. 虫害防治和林地管理：嫁接后，接枝生长幼嫩，易受金花虫、金龟子和象甲等危害，应及时进行药物防治。注意加强林地土壤肥水管理，进行垦复、除草和追肥等工作，满足树体养分的需求。

削砧　　　　　　　　　　　　　　削穗

绑扎　　　　　　　　　　　　　　加罩

图 4-52　油茶撕皮嵌接技术

2）改良拉皮切接

该法是在切接法基础上改进，嫁接后长势旺盛，除萌工作量少，但技术难度较大、对砧木要求也高，技术要点如下：

①砧木选择

选择生长旺盛的幼林、壮龄林植株。每株砧木选择 2～4 个分枝角度适当、干直光滑、无病虫害、生长健壮的主枝。

②穗条采集

穗条应在无性系采穗圃中选择。剪取树冠中上部外围，发育充实、健壮、腋芽饱满的当年生枝。采集穗条以早晨为宜，采集后，分无性系放入清水中浸湿，甩干水后，挂上标签装入塑料袋中密封保湿。穗条一般随采随用，若要运输，应放到阴凉的地方，不要挤压穗条，运达目的地要立即摊放在阴湿的地方。若要储藏，需每天取出透气，放入冷清水中浸泡降温 3～5min，甩干水后再密封保鲜。

　　③嫁接时期

　　改良拉皮切接以夏季和秋季嫁接为宜，夏接 5 月中旬～7 月上旬进行，秋接 9～10 月进行。

断砧　　　　　　　　　　　　　　削砧

切砧拉皮　　　　　　　　　　　　包扎

套袋　　　　　　　　　　　　　　遮阴

图 4-53　改良拉皮切接技术

　　④技术要领

　　a. 断砧：把选好的砧木在离地面 40～80cm 处锯断，修平断面。断砧时注意防止砧木皮层撕裂，每株留 2～3 个主枝作营养枝和遮阴用，其余全部清除。

　　b. 削砧：用嫁接刀削平锯口，削面里高外低略有斜度。

c. 切砧拉皮：按接穗大小和长短，用单面刀片在砧木断口边缘往下平行切两刀，深达木质部，然后将皮挑起拉开。每个砧木断面可开多个接口，嫁接多个接穗。

d. 削穗：用单面刀片在穗条叶芽反面从芽基稍下方，平直往下斜拉一切面，长2cm 左右，切面稍见木质部，基部可见髓心，在叶芽正下方斜切一短接口，切成 20°～30°的斜面，呈马耳形，在芽尖上方平切一刀，即成一芽一叶的接穗。叶片小的留一叶，叶片大的留1/2，接穗切好后放入清水中待用。

e. 嵌穗：接穗长切面朝内，对准形成层，紧靠一边插入拉皮槽内，接穗切面稍高出砧木断口（称露白），然后将砧木挑起的皮覆盖在接穗的短切面上。一个砧木可接1～3 个接穗。

f. 绑扎：用拉力较强、2～2.5cm 宽的薄膜带自下而上绑扎接口，注意防止接穗移动。

g. 保湿遮阳：绑扎接穗后，随即罩上塑料袋密封保湿，在加罩薄膜前先绑扎两条直立的小木棒用以支撑薄膜，然后套上塑料袋，下端将袋口扎紧。另外用牛皮纸按东西方向扎在塑料袋外层遮阳。

h. 接后管理：嫁接后用毒笔在遮阳纸下方绕砧木画一圈，防止蚂蚁侵害。接后 30天愈合抽梢，40 天左右在傍晚除去保湿袋，但还需遮阳。当新梢长至 6cm 时，可解绑。要适量施肥，每株施尿素、氯化钾各 100g，防止人畜危害。

（2）专用采穗圃

用通过审（认）定的优良无性系，采用新造的方式营造的采穗圃。要画好定植图，注明每个品种所在的位置和数量，最好挂上标牌方便采穗和识别。

专用油茶采穗圃的营建方法：

1）造林地选择

根据油茶的适生性，以选择地势平缓、土层深厚、排水良好、土壤肥沃、疏松，pH 值为 4.0～6.0 的砂质红壤、黄壤、黄红壤为宜。要求土层厚度在 1m 以上，地下水位在地面 1m 以下，海拔 100～500m，山地造林以坡度小于 25°的缓坡中下部为宜。同时要注意交通要便利。

2）种苗选择

必须选择通过国家或省级良种审定的油茶优良新品种。目前生产上主要采用的优良无性系如：湖南省林业科学院选育的"湘林"系列、江西省林业科学院选育的"赣无"系列、中国林业科学院亚热带林业研究所选育的"亚林"系列、中国林业科学院亚热带林业实验中心选育的"长林"系列，广西区林业科学研究院选育的"岑软"系列、中南林业科技大学选育的"三华"系列等。选择壮苗：采用芽苗砧嫁接 2 年生以上容器苗。

3）整地方式

油茶整地方式有全垦、带状和块状整地 3 种。全垦整地适用于坡度小于 15°，不易造成水土流失的缓坡；带状整地适用于坡度在 16°～25°的山地，沿等高线整地，以利水土保持；块状整地适用于坡度较陡，坡块破碎，四旁树木可继续利用的山地。

整地工作应在造林前 3～4 个月进行，素有"秋季整地，冬季造林；冬季整地，来春造林；夏伏整地，秋季造林"的说法。根据林地坡度的缓陡进行全垦或带状整地，撩 70cm×70cm 宽深的壕沟或挖 80cm×80cm×80cm 长宽深的大穴，用厩肥、堆肥和饼肥等有机肥作基肥，每亩施 3～5t，与回填表土充分拌匀，然后填满待稍沉降后栽植。

4）种植密度

栽植密度据油茶生物学特性、坡度、土壤肥力和栽培管理水平等情况而定，做到合理密植。栽植密度比丰产林要密一些，一般用 1.5m×2.5m 或 2m×3m。定植时，可按品种或无性系成行或成块排列，同一种材料为一个小区。

5）造林季节

油茶造林在冬季 11 月下旬到次年 3 月上旬均可，以春季较好，在"立春"至"惊蛰"之间，芽将萌动之前造林最为适宜，宜选在阴天或晴天傍晚进行，雨天土太湿时不宜。

6）种植方法

使嫁接口与地面平，浇透水以使根系与土壤紧密结合，做到根舒、苗正、土实。

2. 采穗圃的培育管理

（1）施肥

进入采穗期后，施肥的目的是补充采摘穗条的营养损失，提高发抽梢率。为了防止土壤肥力减退，每年冬季适当增施油茶专用有机肥，每株 2～3kg；春季施油茶专用复合肥，每株 0.5～1kg。

（2）整形修枝

修剪的时间，一般在 11 月至次年 2 月间。该段时间春梢尚未萌发，对油茶生长影响不大；同时，此时气温低，湿度小，病菌活动力弱，减少入侵。整形修枝的重点主要是修剪不必要的徒长枝、脚枝、寄生枝、枯枝、萌蘖枝等，以使林内通风透光，促进正常生长。

（3）中耕除草

每年夏、秋季各抚育 1 次，主要是松土除草；第二年的春、夏季再进行铲草松土，松土深度为 10～15cm，不宜过深；到第四年后每年秋、冬季垦复 1 次，深 20～25cm。

（4）抑花促梢

抹去花芽以促进枝梢生长，保持树势生长旺盛，促进穗条高产健壮。抹芽时要注意，花芽在叶芽基部呈桃形，生长粗壮；叶芽比较细长，顶尖，要加以识别。

3. 采穗圃的复壮

采穗母树随着年龄的增长，可能产生过熟或老化现象，使得穗条萌发能力减弱，穗条产量降低，以致生产穗条质量下降，影响嫁接和扦插成活率，所以，通常采用一些技术措施诱导老树复壮返幼及阻滞幼龄个体老化。

油茶采穗圃最常用的方法是回缩复壮，即利用壮龄油茶树具有萌生不定芽的能力，通过断干的方式促使油茶树从树干基部萌生不定芽，重新形成新的树冠。

采穗圃复壮 1 年后　　　　　采穗圃复壮 3 年后　　　　　　　　复壮采穗圃

图 4-54　复壮采穗圃

4. 采穗圃经营管理

（1）采穗圃基本情况

主要有采穗圃名称、建设地点、面积、建设年份、投产年份、嫁接无性系来源、数量、名称、建圃方式、穗条产量等。

（2）无性系定植图

定植图可以直观地反映采穗圃油茶无性系分布的位置状况，是重要的归档资料。

（3）穗条生产情况

主要有生产单位、无性系名称、无性系来源、穗条生产地立地条件、周围环境、穗条剪取时间、数量、包装保存方法。

（4）穗条流向

调出穗条无性系名称、穗条调出时间、数量、单价、销售协议、购入单位名称（个人姓名）、地址、联系方式、林木种子（苗）生产许可证编号。

5. 湖南省油茶采穗圃现状

采穗圃是为生产提供大量优质良种穗条的繁殖基地，在完成穗条生产任务后，同样是油茶生产中一种良种丰产林分。我国在 20 世纪 70 年代中期以来，已建立各种性能的采穗圃 2000 余亩，在油茶科研和良种生产中起到了很大的作用。2008 年以后，我国各油茶产区相继建立优良品种采穗圃，为良种苗木生产提供持续支持。按照《全国油茶产业发展规划（2009～2020）》，2009～2011 年，全国改扩建或新建良种采穗圃 77 个，其中改扩建 28 个，新建 49 个，形成良种采穗圃总面积 12630 亩。

截至 2017 年，湖南省共有定点采穗圃 25 个，分布于 14 个市州，每年可生产良种穗条 8660 个芽，可以满足湖南省育苗需求。

表 4-1　　　　　　　　　　　湖南省油茶定点采穗圃统计表

序号	采穗圃名称	穗条产量（万芽）	所在市州
1	湖南省林业科学院油茶采穗圃	1000	长沙市
2	中南林业科技大学（浏阳镇头镇）油茶采穗圃	100	浏阳市

续表

序号	采穗圃名称	穗条产量（万芽）	所在市州
3	湖南天华油茶有限公司新市采穗圃	700	株洲市
4	株洲市地杰现代农业有限责任公司油茶采穗圃	400	
5	茶陵县二铺苗圃油茶采穗圃	300	
6	醴陵市苗圃油茶采穗圃	200	
7	湘潭市林科所油茶采穗圃	150	湘潭市
8	平江县献钟苗圃油茶采穗圃	400	岳阳市
9	汨罗市桃林国有林场油茶采穗圃	300	
10	衡阳县苗圃油茶采穗圃	500	衡阳市
11	耒阳市林业局林业科技推广站油茶采穗圃	100	
12	邵东县黄草坪油茶林场油茶采穗圃	450	邵阳市
13	绥宁县武阳国有林场油茶采穗圃	200	
14	邵阳县林科所油茶采穗圃	30	
15	国有桃源县苗圃油茶采穗圃	350	常德市
16	常德市林科所油茶采穗圃	400	
17	慈利县苗圃油茶采穗圃	150	张家界市
18	祁阳县苗圃油茶采穗圃	550	永州市
19	永丰农林科技开发有限公司油茶采穗圃	800	
20	苏仙区苗圃油茶采穗圃	650	郴州市
21	桂阳县油茶采穗圃	100	
22	怀化市洪源农林开发有限公司油茶采穗圃	150	怀化市
23	沅陵县苗圃油茶采穗圃	150	
24	辰溪县天球农林开发有限公司马溪苗圃油茶采穗圃	200	
25	湘西州森林生态研究试验站油茶采穗圃	330	湘西自治州

6. 湖南省油茶采穗圃管理办法（试行）

邓三龙在担任湖南省林业厅厅长期间，多次强调要确保种子与种苗安全，在他看来，农业上的种子不安全，影响的是一季，而林业上的种苗不安全，影响的是数年甚至上十年，是政府官员对老百姓的"犯罪"。因此，湖南出台了自己的油茶采穗圃管理办法。该办法是硬邦邦的八条：

第一条

为加强油茶采穗圃的管理，确保油茶种苗质量，根据《中华人民共和国森林法》、《中华人民共和国种子法》和《湖南省实施〈中华人民共和国种子法〉办法》的规定，制定本办法。

第二条

本办法所称的油茶采穗圃是指用油茶优良无性系嫁接苗栽植或用油茶优良无性系穗条对现有油茶林进行高接换冠，并按照油茶采穗圃营建技术规范建立的，以生产油茶穗条为目的的油茶良种繁育基地。

第三条

油茶采穗圃属于特种用途林，其母树和林地使用权不得转让；采穗圃中保存的油茶种质资源，任何单位和个人不得侵占和破坏。

第四条

油茶采穗圃经营管理单位生产良种穗条，必须取得林木种子生产许可证。许可证由生产者所在地县级以上林业主管部门审核，省林业厅核发。

第五条

油茶优良品种（无性系、家系）、油茶采穗圃穗条在推广应用前必须按照《中华人民共和国种子法》的规定通过国家级或省级审定（认定）；凡国家投资或以国家投资为主或享受国家补助的油茶新造林必须使用良种苗木造林。

第六条

油茶采穗圃的经营管理单位应当配备技术人员和档案管理人员，建立、健全良种穗条生产、经营档案，确保良种穗条质量。

第七条

油茶采穗圃穗条生产经营档案包括以下内容：

（1）采穗圃基本情况：采穗圃名称、建设地点、面积、建设年份、投产年份、嫁接无性系来源、数量、名称、建圃方式、穗条产量等；

（2）无性系定植图；

（3）穗条生产情况：生产单位、无性系名称、无性系来源、穗条生产地立地条件、周围环境、穗条剪取时间、数量、包装保存方法；

（4）穗条流向：调出穗条无性系名称、穗条调出时间、数量、单价、销售协议、购入单位名称（个人姓名）、地址、联系方式、林木种子（苗）生产许可证编号；

（5）采穗圃经营单位负责人、技术负责人和经办人员。

采穗圃经营单位应当填写《湖南省油茶采穗圃生产经营档案》。

第八条

实行油茶采穗圃授牌公示制度。省厅将根据油茶产业发展对油茶良种穗条的需求和油茶良种选育进程定期公布良种穗条采穗圃名单和穗条生产数量。

（二）油茶育苗基地

按照《全国油茶产业发展规划（2009～2020）》，2009～2011 年，全国改扩建或新建育苗基地 161 个，其中改扩建 57 个，新建育苗基地 104 个，新增育苗基地面积16450 亩，新增育苗塑料大棚 37.6 万 m^2、炼苗阴棚（炼苗场）56.3 万 m^2。

　　按照《湖南省林业厅关于做好 2017 年油茶育苗工作的通知》，截至 2017 年，湖南省油茶定点育苗基地 53 处，培育良种油茶苗木 6600 万株。坚持"四定三清楚"。"四定三清楚"（定点采穗、定点育苗、定单生产、定向供应，品种清楚、种源清楚、销售去向清楚），保证油茶种苗质量、推进油茶产业科学健康发展。

　　湖南省对育苗基地的要求主要有四点：

　　（1）定点育苗基地必须到定点采穗圃购买油茶良种穗条，一个定点育苗基地限一处育苗。

　　（2）定点育苗单位只能使用通过省林木品种审定委员会审（认）定的采穗圃生产的分区域重点推广的油茶品种穗条进行嫁接，育苗品种控制在 10 个以内。

　　（3）新嫁接的油茶苗栽植密度控制在 125 株/米^2 左右；采用轻基质培育一年生出圃苗的，嫁接后必须直接栽植在无纺布营养袋中；芽苗砧嫁接时，一律不得采用根接，并尽量保留砧木上的种胚，砧苗胚根保留长度不得小于 6cm。

　　（4）实行分系育苗。育苗基地必须严格分品种调运穗条，分品种嫁接和栽植，并绘制定植图，圃地内要有明显标识牌。

图 4‑55　油茶育苗基地

表 4‑2　　　　　　　　　　　　湖南省油茶育苗基地统计表

序号	定点育苗基地名称	育苗基地面积（亩）	育苗计划（万株）	所在市州
1	湖南省林业种苗中心	20	100	长沙市
2	中南林科大经济林育种与栽培国家林业局重点实验室	20	100	
3	浏阳市永安苗圃	50	200	

续表1

序号	定点育苗基地名称	育苗基地面积（亩）	育苗计划（万株）	所在市州
4	攸县白茅洲苗圃	50	200	株洲市
5	湖南天华油茶科技股份有限公司	50	200	
6	株洲地杰现代农业有限责任公司	50	200	
7	茶陵县二铺苗圃	50	200	
8	株洲同兴林业有限公司	20	100	
9	醴陵市苗圃	25	100	
10	株洲县林科所	12	50	
11	湖南林之神生物科技有限公司（湖南省林业科学院湘潭苗圃）	60	300	湘潭市
12	湘潭县石潭镇新庄油茶育苗基地	15	50	
13	衡东县苗圃	30	120	衡阳市
14	常宁市中心苗圃	50	200	
15	湖南中联天地油茶开发有限公司	80	400	
16	衡山县苗圃	5	20	
17	耒阳市国营苗圃	10	40	
18	湖南神农油茶科技发展有限公司	15	60	
19	衡阳县苗圃	20	80	
20	衡南县林欣苗木花卉中心	20	80	
21	新邵县助球农林综合开发有限公司	40	150	邵阳市
22	绥宁县武阳林科所	5	20	
23	邵阳市林业科学研究所	80	350	
24	邵阳县林科所	40	200	
25	邵东县黄草坪国有油茶林场	40	180	
26	平江县献钟苗圃	60	250	岳阳市
27	岳阳市曙光林业科技有限公司	25	100	
28	常德市林科所	25	100	常德市
29	桃源县国有苗圃	18	100	
30	鼎城区国有苗圃	20	80	
31	长岭公司	10	50	
32	安化县沙湾苗圃	3	10	益阳市
33	国营桃江苗圃	8	30	

续表 2

序号	定点育苗基地名称	育苗基地面积（亩）	育苗计划（万株）	所在市州
34	永州市永丰农林科技开发有限公司	45	200	永州市
35	祁阳县金铃农业生态有限公司	30	100	
36	东安县林木种子场	5	20	
37	国营道县五里牌苗圃	30	130	
38	江华瑶族自治县辛夷苗圃场	20	100	
39	宁远县国营苗圃	35	130	
40	苏仙区国营苗圃	26	100	郴州市
41	桂阳县林业局苗圃	25	100	
42	永兴县油科所	35	170	
43	桂东县桥头绿友花卉苗木专业合作社	10	30	
44	娄底市娄星区赛辉油茶专业合作社	30	100	娄底市
45	新化县林业苗圃场	50	200	
46	涟源市祥兴农林科技开发有限公司	20	100	
47	辰溪县天球农林开发有限公司	15	70	怀化市
48	中方县宏源农林开发有限公司	20	100	
49	怀化市鹤城区花卉苗木基地	25	100	
50	沅陵县森达苗木开发有限公司	30	100	
51	永顺县不二门苗圃	30	150	湘西自治州
52	泸溪县国营森林苗圃	12	60	
53	湘西州森林生态研究实验站	20	120	

（三）油茶杂交种子园

种子园是由优树的无性系或家系组成，以生产大量优质种子为目的的特种人工林。应用单株选择法选择出来的优良单株，经过当代和子代鉴定证明母本的丰产优良性状能稳定遗传给后代，能获得较高选择增益的优树便可以用于建立种子园。为了杜绝或减少外界花粉源的侵染，保证种子高产、稳产及便于采收，对种子园应采取隔离及集约经营的措施。

种子园的优势：一是种子的遗传品质好；二是种子园结实早、多且稳定；三是种子园面积集中，经营管理方便；四是增加的造林成本低。

湖南省浏阳市油茶杂交种子园是我国唯一一个油茶两系杂交种子园，是由浏阳市林木种苗管理中心和湖南省林业科学院共同建设完成，是由油茶雄性不育系与油茶优良无性系按一定比例配置组建而成，5 个杂交组合均通过了湖南省林木良种审定。浏阳油茶杂交种子园种子［湘 S－CSO（1）－CO－059－2010］也于 2010 年通过省林木品种审定。

2001 年种子园正式开工建设，2004～2007 年完成了母本嫁接和补接工作，2005～2008 年完成了父本的嫁接和补接工作，完善了基础建设、设施设备等，具备了生产、储备油茶种子的基本条件，同时对种子园周边 1km 范围内建立了油茶种子园花粉隔离带，保证了园内油茶种子的遗传品质稳定。2009 年已投产，每年可生产油茶杂交种子6000kg 以上。

图 4-56　油茶杂交种子园

第五章　油茶高产高效栽培技术

第一节　油茶经营"十化"基本原则

油茶栽培大多仍沿袭传统粗放经营方式，存在品种不良、成活率不高、用工多、资金占用周期长、管理不到位、产量低、效益低等问题。随着高产良种推广应用，"良法"配套措施必不可少，因此，高产高效油茶林营造应全面贯彻"十化"原则。

图 5-1　油茶幼林间种百合农林复合经营

一、建设标准化

没有标准化就没有油茶产业的发展，标准化包括良种种苗标准、立地条件标准、机械化耕作标准、产品标准、管理规程等。一是油茶品种种植标准：采用适合本区域的优良品种，种植 3 年以上的优质大苗。二是立地条件标准：土地的酸碱度、土层的厚度、坡度等适合种植油茶并能实行机械化和自动化耕作。三是能实行机械化的种植标准：实行宽行窄株、实行机械化耕作和自然集籽技术。四是产品标准：生产的产品符合生态有机的要求。五是管理规程：符合良种良法、高产高效、环保生态的要求。

二、种植良种化

图5-2 自然落籽

品种就是生产力，选用坐果率高、抗性强、产量高、大小年不明显、出籽率高、出油率高、便于机械化采收和自动采收、用工少的优良品种。

三、耕作机械化

图5-3 油茶林机械垦复

机械化是油茶产业效益发展的唯一出路，没有机械化就难有规模化和管理化。油茶基地建设开始就要按机械化规划：修建机耕道、实行宽行窄株，行距4m以上，株距2m以上，横直对整齐。实行整地、中耕、除草、施肥、抗旱、采收机械化和自动化。

四、发展规模化

规模出效益，规模便于机械化生产。为此，要实行大集团小核算、大集团小业主。

每户种植面积 100～200 亩最好，并形成万亩以上连片基地。

五、管理现代化

管理出效益，三分种，七分管。注重十字法则的落实。即种（良种）、机、信（信息化）、水、肥、土、密、保（植保）、管（管理管护）、工（节工）。

六、服务专业化

图 5-4　无人机施肥

在专业化服务中，建立专业化服务公司。专业人做专业事。专业化服务可以提高劳动生产率，提高劳动者价值，提高科学技术水平。不做全产业链，做最有优势的部分节点，效益自然提高。

七、生产生态化

图 5-5　油茶林下养鸡除草、除虫、积肥

图5-6　油茶林配套养猪场

图5-7　油茶林下种植花生

图5-8　油茶林下种植玉竹

实行生物防治病虫害、不用或少用农药化肥，尤其不使用除草剂，不直接用有害的畜禽粪便。同时要注重林养结合，解决肥的问题；发展林下种养经济，解决中耕除草问题。

八、利用综合化

油茶基地建设的根本目标是创造效益，要充分发挥油茶林的综合效益，须做好林地管理贯彻"五以"耕作模式，基地经营做好"五个统一"，发展路径上兼顾"五个环节链"，在生产过程中要实行"五个结合"，在生产组织形式上要实施好"五个合作社"等。

图 5‐9　油茶林间种蔬菜

1. "五以"耕作模式

图 5‐10　油茶林间种药材

"五以"耕作模式，即：

以耕代抚。林下种植蔬菜、药材、红薯、西瓜、豆科类等作物；

以机代劳。中耕、除草、施肥、抗旱、防治病虫害，实现机械化耕种，提高劳动生产率，解决用工荒、用工多问题；

以养积肥。林下种植、林下种养提供生态有机肥；

以短养长。通过农林复合经营增加早期油茶林地收益，促进油茶长效发展。

以链增效。通过新产品研发和新领域拓展，逐步延伸油茶产业链，以链增效。

2. "五个统一"

"五个统一"即统一租地、统一机械、统一技术标准、统一服务、统一品牌。

3. "五个链"

在发展路径上实施五个环节链，即：

1) 纵向供应链：包括茶油生产链：高产油茶种苗培育—丰产林建设—油茶籽原料—精炼茶籽油；生物杀虫剂生物链：高产油茶种苗培育—丰产林建设—油茶籽原料—茶饼—茶皂素—生物杀虫剂。

2) 横向协作链：包括油茶籽加工链：精炼茶籽油—化妆品—医用品—美容保健品；油茶旅游链：油茶林—油茶花——茶油生产——风俗生态旅游观光。

3) 生态循环链：油茶林种植—油茶生产—茶饼饲料—畜禽养殖—粪肥—沼气—沼水沼泥—油茶林种植。

4) 衍生产业链。油茶林下经济链，油茶林套种套养—产品加工—废弃物—肥料—油茶林种植。

5) 产业价值链。整合油茶资源——构建生态产业链——经济价值、社会价值和生态价值。构建生态产业链是为了实现光合作用产物的完全循环利用，并在流动中实现增值。通过产业链的构建，提高油茶产业效益。

4. "五个结合"

在生产过程中实行"五个结合"，即产学研用结合、林养结合、林药结合、林蔬结合、林园结合。

5. "五个合作社"

在组织形式上实施"五个专业合作社"，即油茶、药材、蔬菜、养殖、园艺专业合作社。

九、融资多元化

包括自筹资金、股份融资、专项融资、银行融资、上市融资、期货融资等。

十、销售品牌化

整合小品牌，打造茶油大品牌、有机品牌、企业文化品牌、林下经济品牌、模式品牌、技术品牌、管理品牌，以及种植、加工、旅游"三产"融合品牌。

第二节　栽培区划分

油茶分布地域辽阔，主要栽培于亚热带地区。各油茶物种长期受到气候、地形、土壤、生物以及人类生产活动等环境生态因子的综合影响和自然选择，产生了各自的生理机制和地域适应范围。根据我国油茶分布和生产现状，将我国油茶物种栽培区划分为三个带、九个区域（图）并提出了各区带相应的栽培物种（表5-1）。

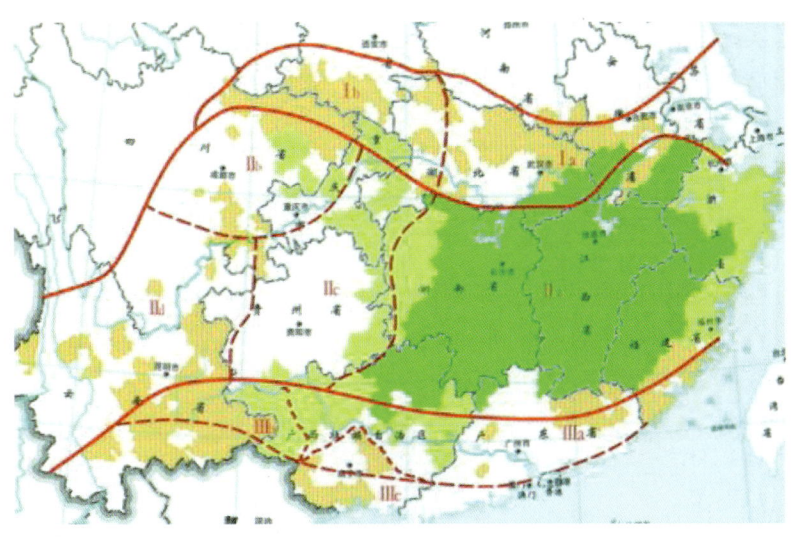

图 5-11　油茶物种栽培区划分示意图（庄瑞林，2012）

表 5-1　　　　　　　　　　各区带相应的栽培物种及适生立地条件

带	栽培区	油茶主要栽培物种/良种	普通油茶适生立地条件
Ⅰ 油茶北带	Ⅰa 北带东部桐柏山、大别山低丘陵区	普通油茶（三华、湘林、长林、大别山、黄山等）	海拔 300m 以下山麓向阳，土层深厚的缓坡丘陵地带，选避风向阳坡地，利用小地形构成的小气候
	Ⅰb 北带西部秦巴山地区	普通油茶（汉油、湘林、三华、金州等）、攸县油茶	海拔 600m 以下，盆地周围山坡向阳背风、土层深厚的缓坡地带
Ⅱ 油茶中带	Ⅱa 中带湘、浙、赣、闽低山丘陵区	普通油茶（长林、亚林、赣油、三华、湘林、赣无、鄂油、闽优等）小果油茶（龙眼茶）、茶梨、攸县油茶、浙江红花油茶	北部山地海拔 600m 以下，南部山地 800m 以下阳坡土层深厚的缓坡，丘陵宜土层深厚的酸性红黄壤
	Ⅱb 中带川东盆地区	普通油茶（长林、湘林、三华等）	海拔 300~700m 的盆地丘陵和开阔的宽谷、坝区缓坡地带、土层深厚的酸性紫色土、黄壤
	Ⅱc 中带贵州高原区	普通油茶（长林、三华、湘林）、威宁短柱油茶，小果油茶	海拔 300~600m 坝区开阔阳坡红壤、黄壤、土层深厚的缓坡
	Ⅱd 中带滇西北，川南高原区	普通油茶（三华、湘林、长林）、腾冲红花油茶（1~4 号）	海拔 2000m 以下，顶部平缓，地势开阔和坝区周围缓坡向阳，土层深厚的红壤、黄壤地带
Ⅲ 油茶南带	Ⅲa 南带桂、粤、闽南低山丘陵区	普通油茶（三华、湘林、芩软、韶关）。宛田红花油茶、广宁红花油茶、博白大果油茶、南山茶	海拔 100~500m 阳坡下部，山地丘陵，土层深厚的红壤背风地带
	Ⅲb 南带滇东南桂西高原区低坝区	普通油茶（芩软、滇油、湘林、三华、长林）、南荣油茶	海拔 300~1500m 的坝区开阔向阳坡地、土层深厚的山地红黄壤、红壤
	Ⅲc 南带桂粤沿海丘陵区	越南油茶	海拔 100m 以下，避风土层深厚肥沃、排水良好地带（越南油茶适生条件）

在生产实践中,应以遵循客观自然规律为原则,以生物气候为主导,综合考虑地形地貌、土壤等生态因子选择栽培物种和良种。切不可盲目调引物种和良种,以致造成不良后果。

第三节　油茶高产高效造林管理技术

"良种良法"是实现油茶高产高效的两个主要方面,其中良种是基础,而栽培技术(即良法)是良种得以高产的关键和保障。造林管理技术主要包括选地、整地、良种选择与配置、栽植、抚育管理及采收等技术环节。

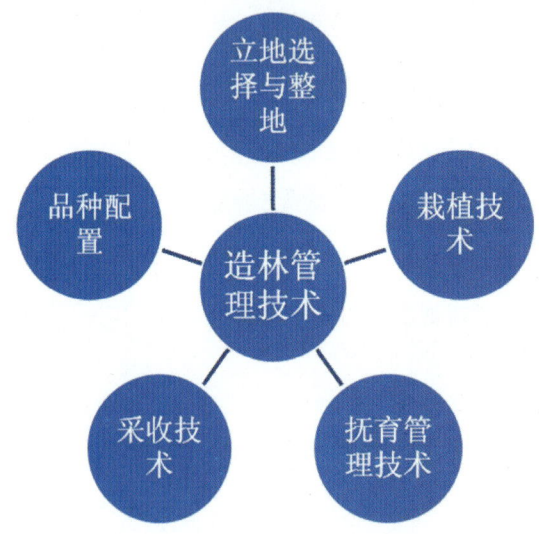

图 5‑12　油茶高产高效栽培主要环节

一、立地选择与整地

普通油茶的适应性较强,生态幅较宽,在我国南方 14 省(市、区)丘陵山地均可栽培,但以海拔低于 600m 较为适宜;云贵高原由于地形、气候复杂,在海拔 1000～1950m 也可以种植。选择土层厚度 50cm 以上、排水良好的酸性壤土、轻壤土或轻黏土且坡度 25°以下斜坡或缓坡种植,以南向、东向或东南向土层 1m 以上坡地为佳。

林地确定以后,根据园地规模、地形和地貌等条件,设置合理的道路和排水系统,两林道之间相隔 100m 为好,并将园地测绘成图。整地在造林前 3～4 个月进行,整地方式有全垦整地、带状整地和穴状整地三种。

1. 全垦整地

小于 5°的缓坡地、不容易造成水土流失的林地可用全垦整地。整地时可顺坡由下而上挖垦,并将土块翻转使草根向上,防止其再成活。挖垦深度视土壤情况而定,一般 30cm 左右。挖垦后按规定的株行距定点开穴。全垦后可沿水平等高线每隔 4～5 行挖一条 30cm 左右的拦水沟,可减少地表径流、防止水土流失。需要说明的是,在易冲刷的山坡地上，不提倡以翻动土壤的全垦整地方式，一是容易造成严重水土流失；二是破坏地表植被，对生态环境与生物多样性造成一定程度的破坏，要等到油茶树成林方能逐渐恢复。

图 5 - 13　油茶林全垦整地

2. 带状整地

坡度 10°～25°的山地适合带状整地。整地方式有以下两种（图 5 - 14）：

图 5 - 14　油茶林带状整地

（1）水平阶梯整地。先自上而下顺坡拉一条直线，而后按行距定点；再自各点沿水平方向环山定出等高点开带。垦带采取由上向下挖筑水平阶梯的方法，筑成内侧低、外缘高的水平阶梯，坡度为 3°～5°。阶梯内侧挖成深宽各 20cm 左右的竹节沟，以利蓄水防旱和防止水土流失。

（2）斜坡带状整地。即在坡度较陡、土层较浅、易水土流失的山坡上采取隔行保留水平草带的整地方式。按造林的行距要求，横向划分水平带，带宽随坡度和造林行距而定。挖垦的方法与全垦相同，只是每隔一定距离留有一条不垦的草带而已。

3. 穴状整地

穴状整地一般在坡度较陡，坡面破碎以及"四旁"植树时采用。先拉线定点，然后按规格挖穴，表土和心土分别堆放，先以表土填穴，与基肥拌匀，最后以心土覆在穴面（图 5 - 15）。

图 5 - 15　油茶林鱼鳞坑整地

（上图：等高线挖鱼鳞坑，下图：陡坡筑鱼鳞坑）

二、栽植技术

目前，栽植时间多在冬末至春初，即 12 月底至翌年 3 月初，云南、贵州西南、广西西部、四川东部等干热分明地区，多在 7、8 月雨季造林，容器苗造林可适当放宽时间限制。使用优良无性系苗木造林，为配合间作与机械化作业，参考密度为株行距 2m×4m，每亩栽植 83 株，也可采用株行距 4m×3m 的密度，每亩 56 株。原则上"好地宜稀，差地宜密"。

1. 苗木采购原则

（1）通过省级以上审定或认定的且适宜当地发展的良种。

（2）无性繁殖的种苗，应优先选择采用芽苗砧嫁接培育的苗木和根系发达的容器扦插苗。

（3）种苗供应单位必须有省级林业主管部门颁发的油茶种苗生产许可证，且能出示通过省级或省级以上审定的林木良种证或良种证拥有者许可的良种使用证明。

（4）一般采用花期一致的 5 个以上、比例合理的无性系实行多系混栽造林。如果有明确的配置方案优先采用，如湘林系列、赣、桂、长林系列等，推荐主栽华硕、华金、华鑫"三华"等品种，配栽湘林 210 号、湘林 1 号、湘林 27 号，或配长林 53 号、长林 4 号等。

2. 挖穴栽植

按既定的密度定点后，在定植点进行挖穴或挖壕沟，稀植林地适宜用挖穴，密植林地可挖壕沟。挖穴规格一般要求长、宽、深 60cm× 60cm × 50cm，壕沟要求深、宽各 60cm 以上。挖穴后定植前可每穴施腐熟农家肥 5～10kg 或饼肥（或专用有机肥）1～2kg，钙镁磷肥 0.5kg。将肥施于穴底与土拌匀，然后回填表土。严禁将树根、石块填至穴内。

栽植时要求适度深栽（嫁接口可以埋入土内），根系舒展，苗木扶正、踩实，最后在植株四周覆盖松土，填土应高出周围地表 10cm 左右，呈馒头状，以防止松土下沉积水。

3. 注意事项

（1）裸根苗造林。应选择阴天或下透雨后晴天造林，做到随起苗随造林，远距离运输过程中要注意保湿；栽植时应打顶、蘸泥浆，避免苗根直接与基肥接触；定植后，有条件的应浇透定根水；栽苗量较大时，栽植不完的苗木要开沟假植。

（2）容器苗造林。应选择雨季造林，造林时将容器浸湿，栽植坑宜小，坑底要平，以保证容器底与坑底结合紧密。回填土要从容器周边向容器方向四周压实（切不可向下挤压容器），使土壤与容器紧密结合，容器上面覆盖 3～4cm 厚的土。

（3）栽后覆盖。定植后可在树盘用稻草等覆盖并压上薄泥土，以利于增温保湿。

三、抚育管理技术

科学的抚育管理是保证造林成活、促进油茶生长发育、实现早实丰产的关键。油茶生长发育可分为幼林和成林两个阶段，幼林阶段主要是进行营养生长以形成庞大丰富的根系和完整树体，为开花结实做准备，因此，幼林的管护以促进树体营养生长、快速形成丰产树冠和稳定树型为目标；成林阶段是油茶高产、稳产的重要阶段，管护措施的重点是调节营养生长和生殖生长的平衡，达到提高产量、促进稳产的目的。

1. 施肥

随着油茶林分树龄的增长需肥量也逐年提高。一般每年施肥两次，5～6 月、12 月至翌年 3 月各施一次，以有机肥为主，化学肥料为辅，氮磷钾配合使用。施肥采用沟施或穴施，不宜撒施（表 5 - 2）。

表 5 - 2　　　　　　　　油茶生长结实所需的营养成分

项目	所吸取的养分量（千克）		
	N（硫酸铵）	P（过磷酸钙）	K（硝酸钾）
生长 50kg 枝叶	0.45	0.11	0.12
生长 50kg 果实	5.55	0.43	1.71

（1）幼林施肥。造林第一年原则上不追肥。确要施肥应在离蔸 20cm 外，施用量不超过 50 克/株，防止烧苗。两年后一年施两次肥。冬季每株施腐熟的农家肥 5～10kg 或生物有机肥 1kg 左右，在 5～6 月份可追施复合肥 0.1～0.2 千克/株，随着树龄的增加，追肥量可逐年适当增加。

（2）成林施肥。大年以磷钾肥、有机肥为主，小年以磷氮肥为主。肥料的施用方式采用穴施、沟施均可。陡坡地要施在油茶树的坡上沿，如有雨水浸入肥料可随水方向向下渗透，以使树根均匀受肥。一般每年施肥两次，5～6 月每平方米树冠施复合肥 0.2～0.3kg；冬季每平方米冠幅施腐熟农家肥 2～3kg；或成品有机肥 0.5～1kg。注意定期测量土壤成分，根据具体情况有针对性地施肥（图 5-16）。

图 5-16　成年油茶林开沟施肥
（上图：挖穴方式，下图：成林中开沟）

2. 中耕除草和套种

每年春末夏初（5 月底前）和秋季（9 月以后）各除草 1 次，培蔸正苗。注意，对当年新造林抚育时，在油茶四周 20cm 内只松碎表土，不要翻动根深部土壤；靠近油茶树体的杂草用手拔除，防止松动或损伤油茶根系，并用草皮土倒覆盖在幼树周围。种植当年 7～9 月（云南除外）一般不宜在根际松土除草，若杂草生长过快并覆盖住苗木,可劈掉过高杂草,使之露出苗木。

提倡以人工除草为主,也可机械除草。种植后第三年林地内深挖一次,深度20～25cm。第四、第五年每年秋季中耕除草1次,林地浅锄10cm左右,坡面用刀砍杂。以此类推,即"三年一深挖,一年一浅锄"。

适宜在油茶林地内间种的作物很多,但要合理选择,以不与油茶争光、争肥、争水为原则,同时还要求适应性强,不给油茶林带来病虫害。适宜套种植物参考表5-3。

表5-3 适宜套种植物参考表

适生地区	农作物	绿肥	经济作物
北回归线以南地区	黄粟、山芋、木薯、荞麦、芋头、花生、黄豆、绿豆、蚕豆、豌豆、竹豆、赤小豆、早禾等	印尼猪屎豆、大叶猪屎豆、山百合、光萼猪屎豆、三尖叶猪屎豆、紫花灰叶豆、三圆叶猪屎豆、白花灰叶豆、马来亚木豆、印度豇豆、木豆、日本草、巴西苜蓿、毛蔓豆、铺地木兰、野蓝靛、蓝靛、无刺含羞草、爪哇葛藤、望江南、柽麻、泰国黑绿豆等	生姜、砂仁、巴戟、蔬菜等
北回归线以北地区	大麦、黄粟、荞麦、黄花菜、山芋、马铃薯、花生、油菜、黄豆、绿豆、豇豆、饭豆、泥豆、蚕豆、豌豆等	印尼猪屎豆、三尖叶猪屎豆、印度豇豆、日本菁、印尼绿豆、木豆、日本草、巴西苜蓿、草木樨、鸡眼豆、满园花、红花草、兰花草、苜蓿等	矮秆金银花、生姜、旱烟、凉薯、脚板薯、白术、太子参、丹皮、田七、附子、党参、香叶、天竹等

在套种间作时,对花生、豆类、绿肥等作物,采收后应将作物秸秆及时压青(图5-17)。

图5-17 油茶林下套种旱稻

套种间作时不宜选用高秆、藤本和旱季耗水量大的作物，小麦、芝麻等吸肥力强的作物、块根作物，吸肥多深挖次数增多，容易伤害油茶根系。

3. 整形修剪

进行油茶修剪，是保证油茶林高产稳产的一项重要措施。科学修剪的树体结构合理，通风透光，枝梢健壮，花蕾饱满，病虫害少，方便采摘，产量提高。

整形修剪时间：油茶树整形修剪，幼林一年四季均可进行，成林以油茶采摘后到春梢萌动前进行为好（一般在 11 月至翌年 2 月）。

整形修剪原则：幼树轻剪，老树重剪；大年重剪，小年轻剪。方法要因树制宜，先修下部，后剪中、上部；先剪冠内，后剪冠外。做到修剪均匀，上下不过分重叠，左右不拥挤。切口平滑，稍倾斜。

（1）幼树整形修剪。幼林应以整形为主，轻度修剪，控制徒长枝，疏去细弱侧枝，促进侧枝生长，形成低矮的圆柱形树冠，扩大树冠提早结果。修剪应做到因树制宜，随枝作形，剪密留稀，去弱留强，弱树较重剪，促使保留的基础枝萌发良好的新梢。

一般来说，油茶主干长到一定高度时，就应按预定的主干高度截顶梢，然后在主干上部选 3～4 个枝条作主枝，均匀导引向外上方生长，第二年主枝适当修剪，控制长势，使之均衡生长，并逐步培养成自然圆头和开心形的树冠。

此外，为使树体迅速形成丰产型树冠，集中营养用于抽梢壮枝，未投产的幼林应及时抹去花蕾。

（2）成林整形修剪。成林油茶修枝的对象是枯枝、病虫枝、徒长枝、细弱枝、过密重叠枝、交叉枝、下脚枝等，通过修剪逐渐培养出开张形和受光面大的半椭圆形或半圆球形的树冠，以增加结果面，提高产量。

原则：浓密的适当重剪，稀疏的轻剪；树冠下部和内膛适当重剪，树冠上中部和外缘轻剪，生长势弱的适当重剪，生长势旺的宜轻剪。注意控制夏秋徒长枝生长（图 5 - 18）。

民间整形修剪也有许多好的方法甚至口诀，如"五子登科"修剪法，即：

掀被子——清除地表灌木、杂草等；

脱袜子——修剪油茶树的下部脚枝；

开窗子——剪除树冠中部的过密骨干枝；

卸膀子——将树体结构中已退化、多余的骨干枝剪除；

封顶子——控制顶梢长高。

注意事项：

①每次修剪的强度不宜过大，以免过多的消耗养分和减少光能利用。

②油茶花芽多集中在枝梢顶端，故宜疏

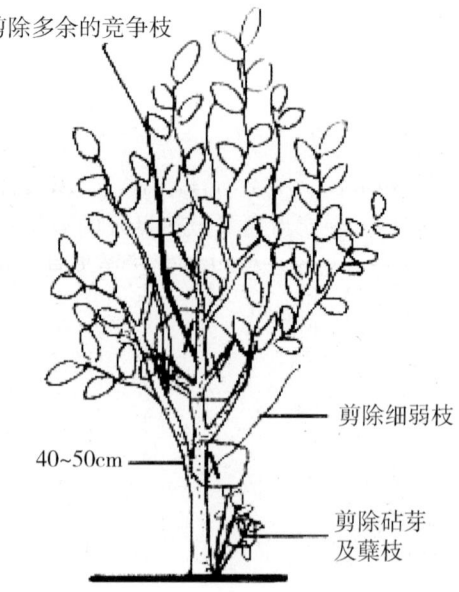

剪除多余的竞争枝

剪除细弱枝

40~50cm

剪除砧芽及蘖枝

图 5 - 18　油茶树整形修剪

删，不宜短截。

③修剪要与垦复、施肥、间作和防治病虫害等措施配合，以便尽快恢复树势，形成较理想的树体结构。

④修剪的切口要平滑，根据枝条不同部位和大小，分别用刀、剪、锯结合的方法修剪，但修剪工具要锋利。

⑤修去的病虫枝尽快搬出山林妥善处理，最好烧毁。

⑥修剪后加强树体管理，及时除萌、抹芽，以防止养分分散和干扰树形。

四、采收技术

采收的时间不同，茶籽含油率和油脂酸价也不一样。油茶必须在充分成熟后采收，这样才能获得最高的含油率和较优的品质，一般以 3％～5％ 的果实自然开裂为最佳采收时期（图 5-19）。

图 5-19　油茶果成熟开裂

油茶采收后要妥善处理，尽快使茶果开裂。可将茶果晾晒，果实失水后自然开裂。尽快取出茶籽进行日晒，然后去杂、筛选、分级、脱壳后尽快榨油。

如遇阴雨天无法及时晒干，应将茶籽铺在干燥通风处，厚约 20cm，每天翻动 1～2 次，防止发热霉烂或发芽，晒好的油茶籽应放在通风干燥处收藏。

如果种子用于培育砧木，必须使种子保持 30％～40％ 的安全水量。运送时盛放在有一定保湿能力而又散热良好的箩筐等容器内；调运时间应尽量缩短，一般不宜超过6～7 天。长途运输以果实运送为宜，抵达目的地后再及时处理，如要干籽调运（含水量在 12％～14％），途中要防止日晒雨淋，防止内部发热降低品质。

第四节　油茶低产林改造技术

我国油茶现有低产林的面积较大，一般都存在不同程度的荒、老、残、疏、密、杂等问题（图 5-20），主要的原因大致有下列几个：

（1）品种差，良种林分比例极低。

（2）林分密度不合理，植株长势参差不齐和林相混乱。

图 5-20　长年失管的油茶低产林

（3）病虫害严重同，有的林分感病率高，落果率达到 1/3 以上。

（4）管理粗放，林地贫瘠。不合理的垦复，使土层越来越薄，土壤肥力越来越低。

一、油茶低产林改造原则

低产林改造总的做法是：综合措施，分类改造。对现有油茶低产林彻底调查，充分了解林分密度、老残病植株的比例、林分的郁闭度、立地条件和品种类型等情况后，进行综合分析，全面规划，分类改造，有的放矢地制定出各类低产林的有效改造措施。原则要求：

（1）改荒山为熟山；

（2）改混山林为纯林；

（3）改密林、疏林为密度适中林；

（4）老残林复壮为新林；

（5）改劣种为良种；

（6）改低产树体为高产树体；

（7）改粗放管理为集约经营。

二、油茶低产林分类

为实现油茶低产林的分类改造，根据我国油茶低产林的现状与特点，将低产油茶林划分为以下三类：

Ⅰ类：油茶林有些简单管理，林相整齐，林龄一致（树龄 20～50 年），密度适宜（郁闭度在 0.6 以上），长势良好，当年结实株率 70% 以上，年产茶油 20 千克/亩以上。

Ⅱ类：油茶林长期无人管理，林相混乱，疏密不匀，油茶植株树龄不一，存在老、残、稀、杂等情况，光能利用率低，当年结实株率在 40%～60%，年产茶油 5～

20 千克/亩。

Ⅲ类：油茶林长期失管，林相较为整齐，树龄较大，树势衰弱，年产茶油低于5 千克/亩。

三、油茶低产林改造的技术措施

油茶低产林改造不能一刀切，必须根据各个地区不同的情况因地制宜，按低产林分类选择不同的低改方式，以一种方式为主，并结合其他的辅助方式。

低改的技术措施主要包括：清理林地、密林疏伐、林窗补植、品种置换、整枝修剪、垦复深挖、蓄水保土、合理施肥、更新复壮。

表 5 - 4　　　　　　　　　　低产油茶林分类改造措施

低产林类型	林分特点	主要技术措施	辅助措施
Ⅰ	林相整齐、密度适宜、长势良好	整形修剪、低产植株高接换种	垦复深挖、蓄水保土、合理施肥
Ⅱ	林相混乱、疏密不均、树龄不一	清理林地、密林疏伐、林窗补植、垦复深挖、蓄水保土	加强肥水管理，适当修剪
Ⅲ	林相整齐、树龄较大、树势衰弱	截干更新复壮、高接换种	垦复深挖、蓄水保土、合理施肥

四、主要技术手段

1. 林地管理

（1）林地清理。将油茶林中除油茶树外的高大林木、杂灌木、寄生植物和有害杂草清除，挖掉老残及病弱油茶树，同时做好清除寄生枝、病虫枝及枯死枝的"三清"工作。

图 5 - 21　油茶林地清理与密度调控

（2）劈山松土。每年六七月间，将油茶林内杂草灌木用刀劈或者镰刀刈倒，平铺在地面使其自然腐烂，为油茶树生长提供养分。结合劈山进行水平带状松土，留50cm生草到只劈刈不松土，松土深度5～10cm，减少病虫寄生场所，为油茶生长提供良好的生长条件。

（3）垦复。垦复方式有全垦、带垦和块状垦复，全垦即在梯带平地和缓坡地进行全垦，深度30cm左右，将林地中树蔸、竹筏蔸和老竹鞭挖除，为油茶树根系生长创造一个疏松的土壤环境条件。带垦适用于坡度25°～30°的山地，宜采取环山带状轮流整地，带宽8～10m，除去土中大石块，杂灌树蔸和草根等。块状垦复适宜坡度30°以上的陡坡地带的油茶林，结合施肥进行环状或块状整地。

垦复每两年一次，在冬季或早春进行，即在11月下旬至2月下旬（图5-22）。

图5-22　油茶林垦复低改

2. 施肥

结合垦复，增施一定的肥料，是大幅度提高油茶林产量的关键技术措施。

油茶林施肥以农家肥（冬季使用）或速效化肥（生长季节使用）为主。在劳动力比较充裕的情况下，应根据油茶果实生长发育过程按季节施肥，即在4月中旬至10月上旬施抽枝肥、促果肥、促花肥等。在劳动力比较缺乏的情况下，也可于春季萌动前每平方米树冠一次性施复合肥0.3kg。

施肥可采用株施或沟施。株施：在油茶植株树冠边际地面投影带开深15cm左右的环形（或半环形）沟，施肥后随之覆土。沟施：即在油茶林内沿株间开一深为15～20cm水平沟，将肥料施入后覆土填平。

3. 品种置换

油茶低产林多为早期采用实生繁殖营建的林分，一般低产植株占全林的50%以上，品种置换应视林分情况采取相应的技术措施。

（1）预栽更新

对密林中的劣质低产植株可结合林相改造，去劣留优。稀、老、残林中的劣种，可选良种补植和预栽，有条件的采用优良无性系3～5年大苗补植，逐步达到林分良种化。

（2）高接换种

对生长良好的劣种低产植株可采用高接换种的办法来改良。高接换种以夏季和秋季嫁接为宜，夏接5月下旬至7月上旬，秋接9～10月。每株砧木选3个分枝角度适当、干直光滑、无病虫害、生长健壮的主枝做砧枝，在其离地面30～80cm截断，选择良种接穗，采用切接法或插皮法嫁接换种。

穗条应在当地良种采穗圃中采集。剪取的接穗应为树冠中上部外围，发育充实、健壮、腋芽饱满的当年生半木质化枝条。穗条采集以早上为宜，采集后，挂上标签装入塑料袋中密封保湿。穗条一般随采随用，若要运输，应放到阴凉的地方，不要挤压穗条，运达目的地要立即一袋一袋摊放在阴湿的地方。若要贮藏，需每天取出透气，放入冷清水中浸泡降温3～5min，甩干水后再密封保鲜。

（3）高接换种步骤

采用切接法和插皮法接两种嫁接方法，具体嫁接步骤为：断砧→削砧→切砧→削穗→绑扎→套袋→遮阴。

1）断砧：把选好的砧木在离地面30～80cm处锯断，断砧时注意防止砧木劈裂，每株留1～2个主枝做营养枝和遮阴用，其余全部清除。

2）削砧：用嫁接刀削平锯口，削面里高外低略有斜度（图5-23）。

3）切砧拉皮：按接穗大小和长短，用单面刀片在砧木断口往下切一刀，深达木质部，然后将皮挑起拉开（图5-24）。

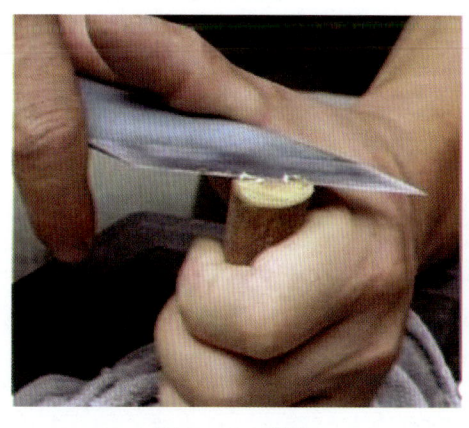

图5-23　削砧　　　　　　　　　　图5-24　切砧拉皮

4）切穗：用单面刀片在穗条叶芽反面从芽基稍下方，平直往下斜拉一切面，长2cm左右，切面稍见木质部，基部可见髓心，在叶芽正下方斜切一短接口，切成20°～30°的斜面，呈马耳形，在芽尖上方平切一刀，即成一芽一叶的接穗（叶片小的留一叶，叶片大的留1/2～1/3），接穗切好后放入清水中待用（图5-25）。

5）插穗：接穗长切面朝内，对准形成层，紧靠一边插入皮层，接穗切面稍高出砧木断口（称露白）。一个砧木可接1～3个接穗（图5-26）。

图 5-25　削好的穗条

图 5-26　接穗插入砧木皮层

6）绑扎：用拉力较强，2～2.5cm宽的薄膜带自下而上绑扎接口，注意防止接穗移动（图 5-27）。

7）嫁接后要防止蚂蚁侵害及人畜危害。接后 30 天愈合抽梢，40 天左右在傍晚除去保湿袋，保留遮阴罩。当新梢长至 6cm 以上时，可解绑，解绑后为防风折，应用枝干绑扶。同时，为促进新梢生长，接后要适量施肥，每株施尿素、硫酸钾各 100g。

图 5-27　绑扎

8）保湿遮阴：绑扎接穗后，绑两个支撑导流杆，随即罩上塑料袋密封保湿（图 5-28），用笋壳或其他遮阳材料按东西方向扎在塑料袋外遮阴（图 5-29）。

图 5-28　保湿

图 5-29　遮阳

4. 修剪

修剪一般在 12 月至翌年 3 月（收摘茶果后到春梢萌发前）进行。

（1）原则要求。上、下不重叠，左右不拥挤；一次修剪不宜过大，对无主干的丛生植株，原则上每蔸保留不超过3枝健壮的枝条；生长强势的轻剪，生长势弱的重剪，幼树强枝应重剪，弱枝轻剪。切口平滑。

（2）修剪步骤。先剪下部，后剪中、上部；先剪冠内，后剪冠外。要求小空，内饱外满，左右不重，枝叶繁茂，通风透光，增大结果体积。一般剪去干枯枝、衰老枝、下脚枝、病虫枝、荫蔽枝、蚂蚁枝、寄生枝等。对徒长枝、交叉枝视情况合理修剪。对火烧后萌发的丛生枝条应以疏删为主，每蔸选留2～3根作为主枝培育（图5-30）

图5-30　老油茶林整枝修剪

5. 更新改造

对原产量高、品种好但树体衰老的油茶林采用截干复壮的方法更新。复壮更新方式有截干更新、截枝回缩留骨更新两种：

（1）截干更新。即在油茶树休眠的冬季或早春，在离地10～20cm的树干基部处锯断萌发新树，待萌条长出后，选留长势最旺的萌条2～3根培养主枝，其余的除去。3～4年后，即可更新形成健康壮实的新树体，重新结果投产。

（2）截枝回缩留骨更新。在冬季或早春，对衰老油茶树进行留主枝和副主枝的截枝回缩，剪去其余所有枝条，仅留树体骨架，骨干枝完全暴露。这种更新一般2～3年即可恢复树冠，重新投产（图5-31）。

图5-31　油茶树截枝回缩留骨更新

第六章　油茶主要有害生物及防治

据普查，我国油茶主要产区油茶有害生物有 225 种，其中虫害有 195 种，病害 25 种，寄生性植物 5 种（附表 3）。为了促进油茶高效栽培，掌握主要油茶病虫害和寄生植物的防治技术，不仅能提高产量，而且将保证油茶质量。本章仅介绍常发性的主要有害生物危害和防治方法。

第一节　油茶主要病害及防治

油茶在不同的季节会发生不同的病害，表 6-1 以炭疽病、软腐病、茶疱病为例说明。

表 6-1　　　　　　　　　　　油茶病虫危害程度随季节变化简表

种类		1月	2月	3月	4月	5月	6月	7月	8月	9月	10月	11月	12月
炭疽病	叶	潜伏期			＋	＋＋	＋＋＋	＋＋	＋				潜伏期
	花										＋＋	＋＋＋	
	果实				＋	＋	＋＋	＋＋	＋＋＋	＋＋＋			
软腐病					＋	＋＋	＋＋＋		＋	＋＋	＋＋		
茶苞病			＋	＋＋	＋＋＋	潜伏期							

注：（＋）：感病株率 25％以下；（＋＋）：感病株率 25％～50％；（＋＋＋）：油茶病害潜伏期基本不表现症状；发病初期叶部出现病斑；高峰期叶片果实均出现深度病斑。

一、油茶炭疽病

油茶炭疽病 *Glomerella cingulata*（Stonem.）Spauld et Schrenk 是油茶的主要病害。在长江流域以南各省的大面积油茶栽培区，以及河南、陕西南部地区发生普遍。病害发生后，引起严重落果、落蕾、枝梢枯死，甚至整株衰亡。各省（区）油茶常年因该病减产 10％～30％，重病区可达 40％～50％。在典型林分，病落蕾占落蕾总数的 26％～45％。由于落果、落蕾，对当年产量影响很大（图 6-1）。

1. 症状

果实、枝梢、叶片均可发病。

果实上的典型病斑为黑褐色或棕褐色圆斑。嫩叶病斑多发生在叶间、叶缘，半圆

图6-1 油茶病害落叶、落果

形或不规则形，黑褐色，常有不规则轮状细皱纹，边缘紫红色。老叶病斑下陷，褐色，有时黑褐色，亦常有不规则、较稀轮纹，病斑边缘紫红色。春季嫩梢上病斑多在基部，呈舌状或椭圆形，褐色至黑褐色。夏、秋季以树基、树干、大枝上不定芽萌发梢的病斑占多数，症状同上，部位以中部居多。在两三年生枝条上病斑为梭形、下陷的溃疡斑。大枝和树干上为轮枝状大型病斑，由外向内逐层下陷，木质部灰黑色。

图6-2 油茶炭疽病（叶片与果实）

2. 发病规律

一般在炎热、潮湿的季节蔓延最快，每年4月就开始发病，首先是侵染嫩叶、嫩梢；5～6月病原菌侵染果实，8～9月落果；10月间侵染花蕾，病蕾脱落，丰收季造成油茶落果，导致油茶果减产20%～40%，最高可达60%以上。

3. 防治方法

（1）在普通油茶林，尤其重病区，选择抗病高产单株，就地繁育，及时推广。

（2）禁止从重病区调种；种子在果壳储藏或播种前，用 0.2％退菌特可湿性粉剂拌种处理。

（3）冬季至早春前，剪除病枝与带有病蕾、病幼果的小枝至病部以下 5cm 处；摘除病叶、病果。刮治大枝和干部病斑。刮口和工具经 0.1％升汞水或 75％酒精消毒，伤口涂敷波尔多液保护。

（4）结合抚育，抹除枝干上不定芽，剪除不定芽萌发梢。

（5）根据当地可能条件，喷药保护。选用药物有：波尔多液 1∶1∶100 加 1％～2％茶枯水；50％多菌灵可湿性粉剂加水 500 倍液；50％退菌特可湿性粉剂加水 800～1000 倍液。

二、油茶软腐病

油茶软腐病 *Agaricodochium camelliae* Liu，Wei et Fan 又名油茶落叶病，我国各油茶产区都有发生，是油茶的主要病害之一。

1. 症状

油茶软腐病主要危害油茶叶、芽和果实。病害多从叶尖或叶缘开始，也可在叶片任何部位发生。病斑初呈半圆形或圆形，水渍状，在阴雨潮湿时，迅速扩展为黄色或黄褐色不规则的大斑。芽或嫩叶感病后，即可枯黄腐烂而死。果实发病后造成大量裂果和落果。果实自发病到脱落，经 2～4 周，一般自 7 月份开始落果，直至采收时仍有脱落。

图 6 - 3　油茶软腐病症状（叶片与果实发病）

2. 发病规律

4～6 月是南方油茶产区多雨季节，气温适宜，是油茶软腐病发病高峰期。10～11 月小阳春天气，如遇多雨年份将出现第二个发病高峰。

3. 防治方法

密度过大的油茶林要及时整枝修剪或疏伐，使林内通风透光良好。冬季清除病叶、病果，消灭越冬病原。苗圃地要选择排水良好的地方，并加强管理。发病时喷洒 1∶1∶120 波尔多液，或 50％退菌特可湿性粉剂加水 600～800 倍液，或 100～300 倍多菌灵液。

三、油茶茶苞病

油茶茶苞病 *Exobasidium gracile*（Shirai）Syd. 又称叶肿病。主要分布于安徽、浙江、湖南、江西、福建、台湾、广西、广东、贵州等省（区）。

1. 症状

本病主要危害花芽、叶芽和嫩叶，导致过度生长，芽、叶肥肿变形，嫩梢最终枯死，影响植株生长和果实产量。开始时表面呈浅红棕色，或淡玫瑰紫色，间有黄绿色。以后，表皮开裂脱落，露出浅白色粉状物。最后粉状物被霉菌所污染，变为黑褐色，病部干缩，长期悬挂枝头而不脱落。嫩叶染病后，常局部出现圆形肿块，表面呈红色或浅绿色，背面为粉黄色或烟灰色，最后病叶脱落。

图 6 - 4　油茶茶苞病

2. 发病规律

该病季节明显，在低纬度地区，如在广西的中南部一般只在早春发病一次，发病时间相对较短。个别较阴凉的大山区，发病期可延至 4 月底。病菌有越夏特性，以菌丝形态在活的叶组织细胞间潜伏。病害的初侵染来源是越夏后引起发病的成熟担孢子，而绝不是干死后残留枝头的旧病物。病菌孢子以气流传播，在发病高峰期担孢子成熟后大量释放孢子。孢子数量随病源距离的增加而递减，20cm 以上的距离尚能捕捉到孢子。大风（4～5 级）天气，孢子的传播距离在千米以上。

3. 防治方法

在担孢子成熟飞散前，在受害部位以下，剪除受害部分，烧毁或深埋。必要时在发病期间喷洒 1∶1∶100 波尔多液或波美 0.5 度石硫合剂三至五次，亦可收到防病的效果。

四、油茶烟煤病

油茶烟煤病 *Neocapnodium* sp. 又称煤病或煤污病，在我国各油茶产区都有分布。茶林受害轻的影响油茶树生长，并造成落花落果，降低茶籽的产量和品质，重的枝枯叶落，终至全林枯死。

1. 症状

受害油茶树枝叶上产生黑色煤尘状菌苔。叶上菌苔最初常在叶片正面沿主脉产生，然后逐步扩及全叶以至叶的背面，并且逐渐增厚，厚度可达 0.5mm。菌苔表面粗糙，或呈绒毯状。有的煤污病的菌苔，初在叶正面呈黑色圆形霉点，后扩展成不规则形，或互相汇合覆盖整个叶面。

图 6-5　油茶烟煤病

2. 发病规律

病菌以菌丝、分生孢子或子囊壳在病部越冬。次年 3～6 月和 9～11 月为发病盛期。湿度大发病重，盛夏高温停止蔓延。油茶绵蚧和黑刺粉虱是本病发生的诱因，因病菌多从这 2 种虫的分泌物中吸取营养，同时也随蚜虫和蚧壳虫而传播。

3. 防治方法

油茶煤污病的防治首先应加强油茶林的抚育管理，及时间伐和修枝，保持适当的密度，使林内通风透光，既有利于开花坐果，又可减轻发病程度。初开始发病林分，诱病昆虫和煤污病大都出现在个别或局部枝叶上，可及早除去这些病虫枝叶加以烧毁，以免扩散蔓延。喷施石硫合剂，夏季用波美 0.5～1 度液，冬季用波美 3～5 度液，对煤污病有良好灭杀效果，但对蚧类害虫的效果稍差。如蚧类发生严重，可喷松脂合剂 12～20 倍液。

五、油茶白绢病

油茶白绢病 *Sclerotium rolfsii* Sacc. 又称菌核性根腐病，主要发生在热带和亚热带地区。我国南方各省的油茶产区较普遍，苗木受害严重。有些地方的苗圃，油茶发病率高达 50％以上，引起苗木大量死亡。

1. 症状

病害多发生于接近地表的苗木基部或根颈部。先是皮层变褐腐烂，不久即在其表面产生白色绢丝状菌丝层，并作扇形扩展，天气潮湿时，可蔓延至地面上。而后长出油茶籽状小菌核，初白色，后变淡红色、黄褐色，以至茶褐色。苗木受害后，影响水分和养分的输送，以致生长不良，叶片逐渐变黄凋萎，最终全株枯死。病苗容易拔起，其根部皮层腐烂，表面有白色菌丝层及菌核产生。

图 6-6　油茶白绢病

2. 发病规律

油茶幼林根腐病菌为根际土壤习居菌。在幼树根病部和土壤中越冬主要通过伤口侵入，也可直接侵入。每年4月中旬开始发病，4～5月和9～10月为发病高峰期，7～8月为重病树死亡期，11月病害停止发生。

3. 防治方法

发病初期，用1%硫酸铜液浇灌苗根，以防止病害继续蔓延，或用萎锈灵10mg/kg，或氧化萎锈灵25mg/kg以抑制病菌生长，也有良好的效果；在菌核形成前，拔除病株，并仔细掘起其周围病土，加入新土；在发病迹地上，每亩施用石灰50kg，可以减轻下一季度的病害；注意排水，消灭杂草，并增施有机肥料，以促使苗木生长旺盛，增强抗病能力。发病严重的圃地，可与禾本科作物，如玉米、高粱等进行轮作，轮作年限应在4年以上。

六、油茶半边疯病

油茶半边疯病 *Corticium sp.* 又名白皮病、白腐病、干枯病、石膏病、烂脚瘟等。1958年以来，广东、广西、浙江、江西、湖南等省（区）相继报道有该病发生。

1. 症状

由于枝干被害，生长显著衰退，枝叶稀疏，叶片发黄，继之落叶、落花和落果，最后枝干枯死。病害多从油茶枝干背阴面基部开始发生，感病后的树皮局部凹陷，病部与健部交界处有棱痕。病皮失去原有光泽，较为粗糙。以后产生石膏状白粉层，平铺于病组织表面，即病原菌子实体。病斑自枝干一边开始，纵向比横向扩展快，常呈长条形，并可向枝条上蔓延。病斑周围产生愈伤组织，使病斑下陷。病原菌丝

图 6 - 7　油茶半边疯病

侵入木质部后，木质部呈黄褐色腐朽。在横切面上，病部与健部交界处可见明显棕褐色带纹。

2. 发病规律

荫蔽处病斑发展快，7～8月气温高时病斑发展快，到9月病斑扩大到最大。

3. 防治方法

应着重加强抚育管理，增强油茶抗病力。结合垦复修剪，彻底清除病枝，集中烧毁，以减少侵染来源。对轻病枝干，及时刮治，然后涂抹1：3：15的波尔多液。

七、油茶藻斑病

油茶藻斑病 *Cephaleuros vireseens* Kunze 主要发生在长江以南，是油茶上普遍发生的一种叶部病害，在湿度大、通风透光不良的油茶林中，危害比较严重，影响油茶的生长。

1. 症状特点

油茶藻斑病发生在油茶的老叶上，叶的正反面均可发生病斑，但以叶反面为多。病斑初期是叶上产生淡黄色斑点，病斑灰绿色，稍有突起，然后逐渐向四周扩展。病斑中期变为青褐色，明显隆起，光照下观察呈黄绿色，中间

图6-8　油茶藻斑病

有褐色小点，病斑直径0.5～22mm不等，其上有不规则、不明显的放射状分枝。病斑后期为暗褐色，边缘色浅，近圆形、椭圆形或不规则形，表面光滑且隆起，从中央放射出分枝，并有毡状物，上面有纤维状的细纹和绒毛。

2. 发病规律

病原以菌丝体在病植株残体上越冬。翌年春季，在炎热潮湿的环境条件下，产生孢子囊。成熟孢子囊脱落后，借风雨传播，遇水后散出游动孢子，游动孢子自植株叶片的气孔侵入寄主组织，开始侵染活动。温暖潮湿的条件，利于孢子囊的产生和传播。庇荫过度、植株密集、通风透光不良，使植株长势衰弱时，该病易发生及蔓延。土壤贫瘠、积水及干燥地，发病严重。

3. 防治方法

对地下水位高的油茶园要开沟排水，并加强茶园清理，促使通风透光；多施磷钾肥，可以增强树势，提高抗病力；对发病严重的茶园，可以在4～6月或采果季节结束后，喷杀菌剂进行防治，出于藻类对铜素非常敏感，故可用1‰波尔多液喷雾防治效果较好。

第二节 油茶虫害及防治

每年的4～10月是油茶主要成灾性害虫的关键时期（图6-9）。

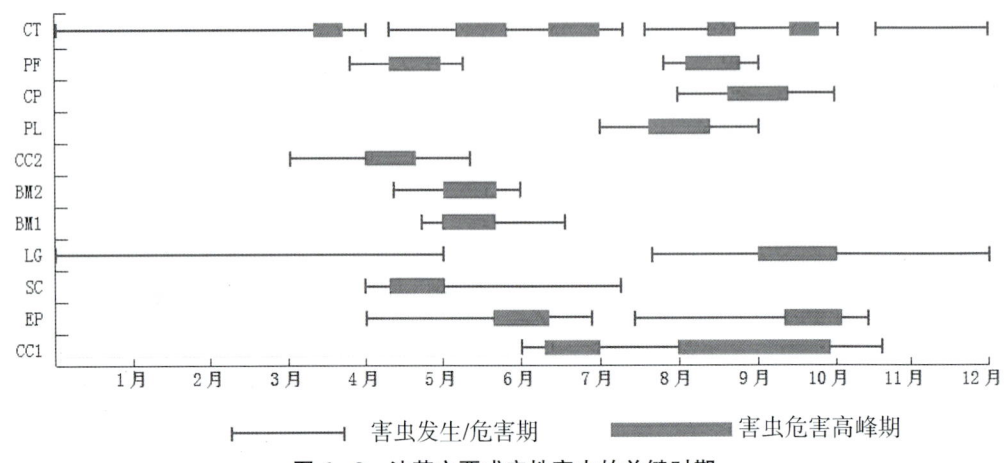

图 6-9 油茶主要成灾性害虫的关键时期

CT-茶长卷叶蛾、PF-斑喙丽金龟、CP-桃蛀螟、PL-斜纹夜蛾、CC2-油茶叶蜂、BM2-油茶尺蠖、BM1-茶角胸叶甲、LG-油茶堆砂蛀蛾、SC-广西灰象、EP-油茶毒蛾、CC1-茶籽象甲

一、油茶毒蛾

油茶毒蛾 *Euproctis pseudoconspersa* Strand 又名油茶毛虫、毛辣虫、茶辣子，全国各油茶产区均有分布。

1. 形态特征

雌蛾体长 10～13mm，全体黄褐色，雄蛾体长 7mm，全体黑褐色。卵乳黄色，球形。卵块外有黄色绒毛覆盖。幼虫体长 11～20mm。第 4～11 节两侧各有黑瘤突起两对，背上一对较大，瘤上簇生黄色毒毛。

图 6-10 油茶毒蛾幼虫

2. 生活习性

一般 1 年 2～3 代，以卵越冬。幼虫常聚集危害，在树干附近土中或在枯枝落叶中

结茧化蛹。成虫有趋光性，产卵在叶背中脉附近，覆有乳黄色绒毛。

3. 防治方法

（1）化学防治。3龄前可用0.2%阿维菌素2500～3000倍液进行防治；烟草水防治：烟草叶0.5kg，加水30kg或烟筋0.5kg加水10kg，浸一天，用时加0.5～1kg生石灰喷洒；用肥皂水浸泡幼虫，将肥皂或棉油皂切成薄片，用少量水煮溶，加水（不能用井水）配成150～200倍液，将有虫枝叶浸入肥皂水内，随即取出，杀虫率可达100%。（2）生物防治。4月中、下旬每亩用1.5万亿～2万亿白僵菌孢子喷雾或含孢量100亿/克白僵菌原粉1kg喷粉防治幼虫。（3）人工防治。越冬卵期结合茶籽收摘进行人工摘卵。此外，进行油茶抚育、蛹期垦复也有一定效果。

二、油茶尺蠖

油茶尺蠖 *Biston marginata* Matsumura 又名相思叶尺蝶、量尺虫、吊丝虫，是油茶的主要害虫。各油茶产区均有发生。

1. 形态特征

体长14～18mm，灰褐色。幼虫体长可达54mm，黄色，杂生黑褐色斑点，头顶有显著的三角形凹陷。蛹棕黑色，椭圆形，头顶两侧具有刻纹的耳状突起2个。

图6‑11 油茶尺蠖

2. 生活习性

1年1代，以蛹在茶苑附近疏松潮湿土面及枯枝落叶层中越冬，翌年2～3月成虫羽化。成虫于3月上旬开始产卵于枝干上，至4月中旬孵化，幼虫6月上旬开始陆续入土化蛹。

3. 防治方法

（1）物理防治。①挖蛹。油茶尺蛾蛹期长达8个月，可在秋、冬季结合复垦挖蛹，把翻出土面的蛹直接杀死，被翻入土内的蛹不易羽化出土。②培土埋蛹。蛹多分布在树苑附近，未经复垦的茶山可采取盖上16.5～23cm厚的土，用锄打紧，使成虫羽化后不能出土。③捕蛾刮卵。成虫飞翔力弱，易于捕捉；卵产在树枝的干阴凹面，黏附不紧，容易刮下。④捕捉幼虫。4～6龄幼虫抗药力强，药杀效果差，可人工捕捉。

（2）生物防治。用苏云金杆菌含孢子数0.5亿～1.0亿/毫升的菌液防治3～4龄幼虫；用松毛虫杆菌含孢子数0.5亿～0.7亿/毫升的菌液防治4龄幼虫。

（3）药剂防治。幼龄幼虫期可喷洒阿维菌素、20%氰戊菊酯乳油2000～3000倍液或鱼藤精300～400倍液进行防治。

三、山茶象

山茶象 *Curculio chinensis* Cheveolat 又名茶籽象鼻虫，是危害油茶籽实的主要害虫，分布于安徽、浙江、福建、江西、湖南、贵州、云南、四川、陕西等省。

1. 形态特征

成虫体长8～11mm，黑色。卵黄白色，长椭圆形，一端稍尖。幼虫体长10～20mm，多为金黄色。蛹长9～11mm，黄白色。

图6-12　山茶象

2. 生活习性

一般2年1代（少数地区1年1代），跨三个年度，世代重叠。成虫喜荫，有假死性。

3. 防治方法

（1）品种选择。选择抗虫较强的早熟品种和迟熟类型的紫红球、紫红桃等为籽种，并培育新的抗虫品种。（2）物理防治。冬挖夏铲，林粮间作，修枝抚育，以降低虫口密度，减轻危害；定期收集落果，以消灭大量幼虫；在成虫发生盛期，用盆或瓶盛置糖醋液，诱杀成虫；摘收的茶果堆放在水泥晒场上，幼虫出果后因不能入土而自然死亡。也可堆放在收割后的稻田里，幼虫出果入土，第2年放水灌田，也可淹死幼虫。（3）生物防治。在高温高湿的6月用白僵菌防治成虫。（4）药剂防治。在4～7月成虫盛发期，用绿色威雷200～300倍液于成虫羽化前喷1次。

四、茶蚕

茶蚕 *Andraca bipunctata* Walker 又名茶狗子、毛虫、茶叶家蚕、无毒毛虫等，为油茶和茗茶的重要食叶害虫。分布于安徽、湖南、江西、福建、浙江、广东、台湾、广西、湖北、云南等省（区）。

图 6-13　茶蚕

1. 形态特征

成虫棕黄色。卵椭圆形，黄褐色。幼虫体长可达 55mm，黑褐色，头棕色。

2. 生活习性

一般 1 年 2～3 代（安徽 2 代、广东 4 代）。以蛹在土中越冬，但温暖地区在冬季各种虫态可同时出现。成虫飞翔力弱。初期幼虫有群集性，4 龄后逐渐分散，在树基或枯枝落叶中结茧化蛹，蛹多集结在一处。

3. 防治方法

（1）结合秋冬油茶垦复培土消灭越冬蛹。（2）利用幼虫的群集性，人工捕捉或摘除卵块。（3）当孵化率达 16%～20% 时，可向后推加常年同一时期的 1～3 龄幼虫历期，即进入防治适期。每亩用 100 亿/克的苏云金杆菌孢子菌粉 0.5kg，兑水 100kg 喷雾。（4）在幼虫发生期喷洒鱼藤精 300 倍液。

五、茶枝镰蛾

茶枝镰蛾 *Casmara patrona* Meyrick 又名油茶蛀茎虫、茶枝蛀蛾、茶钻心虫，是油茶的主要害虫。分布于广东、福建、台湾、江西、浙江、江苏、湖南、安徽、四川、贵州和云南等省（区）。

1. 形态特征

成虫体长 16～20mm，前翅中央有两个圆圈白斑。卵马齿形，淡米黄色，具网状刻纹，散生。幼虫体长 25～30mm，头部黄褐色。蛹长 18～20mm，黄褐色，腹末有一对突起（图 6-14）。

2. 生活习性

1 年 1 代，以幼虫在被害枝条内越冬。成虫有趋光性，产卵于顶芽基部，每处一粒。初孵幼虫由叶腋蛀入芽鞘，以后由上而下蛀食木质部，每隔一定距离，有一圆形排泄孔，排出黄棕色颗粒状粪便，为此虫危害的主要特征。如已化蛹，羽化孔外部有

图 6-14　油茶枝镰蛾成虫（李密，2018）

丝膜封闭。

3. 防治方法

（1）加强林地管理。7～9月剪除被害枝，集中烧毁，清洁林地，减少病虫滋生环境。（2）物理防治。成虫羽化盛期设黑光灯诱杀。（3）化学防治。必要时用脱脂棉蘸80％敌敌畏乳油40～50倍液，塞进虫孔后用泥封住，毒杀幼虫。

六、茶梢蛾

茶梢蛾 *Parametriotes theae* Kuz. 又称茶蛾，主要危害油茶、茗茶和山茶等。分布于江西、湖南、江苏、安徽、浙江、贵州、四川、福建、广东、广西、云南等省。

1. 形态特征

成虫体长5～7mm，深灰色带金属光泽，卵淡黄色，椭圆形。幼虫体长8～10mm，头小，深褐色，腹足不发达。蛹长5～7mm，黄褐色，近圆筒形，腹末有一对向上伸出的突起（图6-15）。

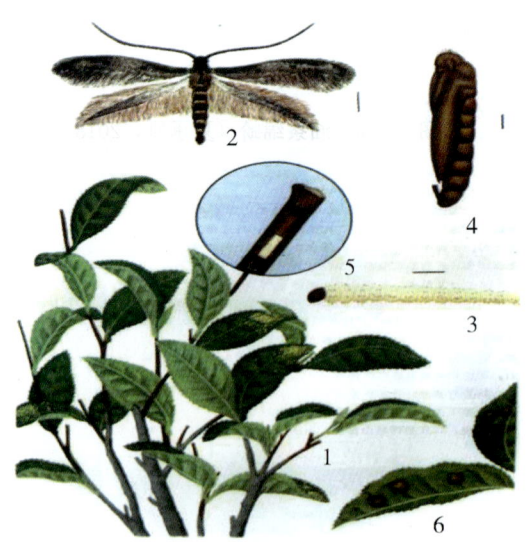

图 6-15　茶梢蛾

2. 生活习性

多数地区1年1代，福建、广东则1年2代。以幼虫在茶梢或叶片内越冬。成虫趋光性强，初孵幼虫从叶背潜食叶内，形成直径3～5mm的潜斑，被蛀枝梢有蛀孔。

3. 防治方法

（1）加强苗木调运检疫，防止传播蔓延。（2）剪除被害梢，集中放置林间纱笼内，待寄生蜂羽化后，茶梢蛾成虫羽化之前烧毁。（3）根据茶梢蛾成虫具有趋光性强的特性，利用黑灯光诱杀。（4）5～6月对严重受害林分用40%氧化乐果2.0%溶液加适量黄泥制成药泥浆，涂刷树干。（5）每年4月中、下旬越冬幼虫转蛀时（即转梢危害），用含孢子$2×10^8$/mL的白僵菌喷雾或喷粉。

七、油茶绵蚧

油茶绵蚧 *Metaceronema japonica* Mask 又名油茶白毛蚧、蜡丝蚧、日本卷毛蚧。危害油茶、茗茶等。江西、浙江、湖南、安徽等油茶产区均有分布。

1. 形态特征

雌成虫体长4～5mm，无翅，长椭圆形。雄成虫有翅一对，体淡黄色，尾部有一对细长的蜡丝。卵极小，肉白色，长圆形。初孵若虫淡黄色，2龄后开始分泌蜡毛。

图6-16　油茶绵蚧（夏承刚，2018）

2. 生活习性

1年1代，以受精雌成虫越冬。

3. 防治方法

（1）营林措施。适度整枝抚育，及时清除虫源。（2）生物防治。保护和利用宽缘唇瓢虫（*Chilocorus rufitarsus* Motschulsky），中华显盾瓢虫（*Hyperaspis sinensis* Crotch）等，瓢虫成虫以蚧若虫为食，幼虫专食蚧卵，捕食量极大；（3）化学防治。25%高渗苯氧威可湿性粉剂300倍液，应选择晴天，由下朝上喷雾。

八、黑跗眼天牛

黑跗眼天牛 *Chreonoma atritarsis* Pic. 又名油茶红颈蓝翅天牛、油茶蓝翅天牛、茶红颈天牛。长江以南各省均有分布。

1. 形态特征

成虫体长 9～12mm，体被长竖毛，头部橙黄色，复眼黑色，幼虫体长 18～22mm，黄白色，头部黄色。蛹长约 10mm，橙黄色。

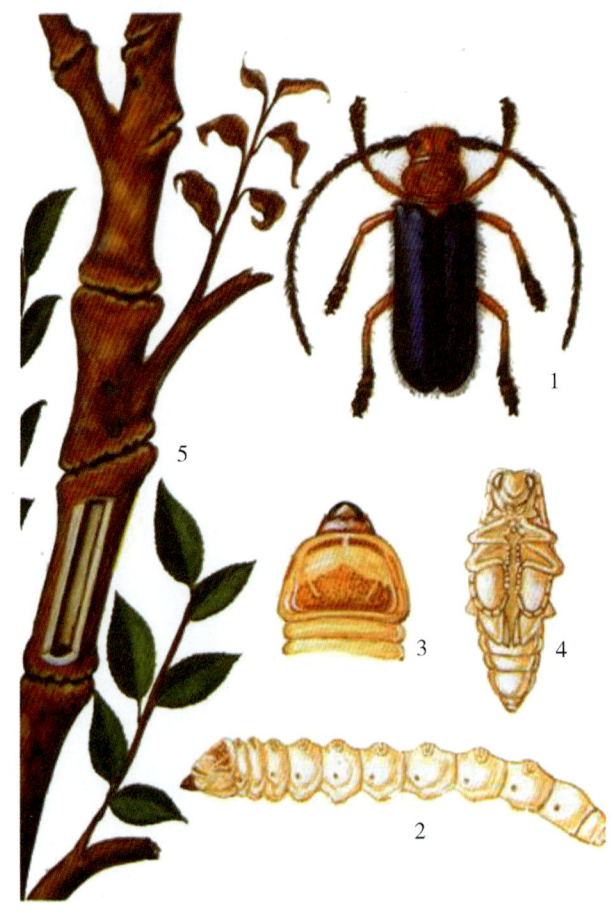

图 6‑17　黑跗眼天牛（唐尚杰绘）

1. 成虫　2. 幼虫　3. 前胸背板　4. 蛹　5. 油茶被害状

2. 生活习性

2～3 年 1 代，分别以上年和当年的幼虫越冬。成虫产卵时，将树皮咬破成新月形刻槽，然后产卵于刻槽裂缝皮层下。

3. 防治方法

（1）加强抚育管理并修剪灭虫，将被害枝条平环痕处剪去烧毁。

（2）人工捕捉成虫。成虫羽化期间，可以在每天早晨进行人工捕杀。

（3）保护和利用天敌。黑跗眼天牛需 2 年才完成 1 个世代，幼虫期特长，黄翅黑兜姬蜂等幼虫期的天敌有助于控制其种群数量。

（4）化学防治。8 月间晴好的天气，用 40% 氧化乐果的 20% 稀释液于有虫枝节结下部涂刷一圈，可杀死上年幼虫。

九、茶天牛

茶天牛 *Aeolesthes induta* Newman 又名楝树天牛，茶褐天牛。分布于浙江、安徽、江西、福建、贵州、广东、广西、台湾等省。

1. 形态特征

成虫体长 23～33mm，灰褐色，翅面呈黄褐色绢状光泽。卵乳白色，长椭圆形，一端稍尖削。幼虫体长 30～45mm，体乳白色。蛹长约 25mm，乳白色，复眼黑色。

图 6-18　茶天牛

2. 生活习性

在江西 3 年 1 代，第 1、第 2 年以幼虫越冬。幼虫可沿主根往下蛀食 1 尺多深，虫道大而弯曲，有大量蛀屑排出孔外，化蛹多在根颈部。

3. 防治方法

（1）结合油茶垦复，培土埋根颈，减少成虫产卵机会。

（2）在成虫出现前，于主干、根颈部用白涂剂涂刷，防止产卵。

（3）成虫发生期人工捕捉。

（4）药剂防治。向有虫树木的干部注入 10% 吡虫啉可湿性粉剂 1500 倍液，然后用黏土团封塞洞口。

十、绿鳞象甲

绿鳞象甲 *Hypomeces squamosus* Fabricius 又名绒绿象甲。食性极杂，除危害油茶外，还危害茶、油茶、柑橘、棉花、甘蔗、桑树、大豆、花生、玉米、烟、麻等百余种植物。分布于河南、江苏、安徽、浙江、江西、湖北、湖南、广东、广西、福建、台湾、四川、云南、贵州等省（区）。

1. 形态特征

成虫体长约 13mm，越冬成虫紫褐色。卵灰白色，长椭圆形。幼虫体长 10～17mm，乳白色至淡黄色。蛹长约 14mm，黄白色。

2. 生活习性

1年1代。以成虫或老熟幼虫在表土内越冬。

图 6-19　绿磷象甲

3. 防治方法

（1）利用成虫假死性进行人工捕捉。（2）成虫盛发期，用棉油皂50倍液喷雾。（3）用胶黏杀。用桐油加火熬制成糨糊状，涂在树干基部，宽约10cm，象甲上树时即被黏住。涂一次有效期2个月。

十一、油茶枯叶蛾

油茶枯叶蛾 *Lebeda nobilis* Walker，又名油茶毛虫、杨梅毛虫、杨梅老虎、大灰枯叶蛾（在台湾地区的名称）。分布于湖南、江西、浙江、江苏、台湾、广西等省（区）。

图 6-20　油茶枯叶蛾

1. 形态特征

成虫雌蛾翅展75～95mm，雄蛾翅展50～80mm。体色变化较大，有黄褐、赤褐、茶褐、灰褐等色，一般雄蛾体色较雌蛾深。前翅有2条淡褐色斜行横带，中室末端有1个银白色斑点，臀角处有2枚黑褐色斑纹；后翅赤褐色，中部有1条淡褐色横带。卵灰褐色，球形，直径2.5mm，上下球面各有1个棕黑色圆斑，圆斑外有1个灰白色环。

幼虫 1 龄幼虫体黑褐色；头深黑色，有光泽，上布稀疏白色类似绒毛；胸背棕黄色；腹背蓝紫色；2 龄幼虫全体蓝黑色，间有灰白色斑纹；胸背开始露出黑黄 2 色毛丛。3 龄幼虫灰褐色，胸背毛丛比 2 龄时宽。4 龄幼虫腹背第一至第八节，每节上增生浅黄与暗黑相间的 2 束毛丛，静止时前一毛束常覆盖于后一毛束之上。5 龄幼虫全体麻色，胸背黄黑色毛丛全变为蓝绿色。6 龄幼虫体灰褐色；腹下方浅灰色，密布红褐色斑点。7 龄幼虫体显著增大增长，体长 113～134mm。蛹长椭圆状，腹端略细，暗红褐色。头顶及腹部各节间密生黄褐色绒毛。雌蛹长 43～57mm，宽 24～27mm；雄蛹长 37～48mm，宽 20～24mm。

2. 生活习性

在湖南 1 年发生 1 代，以幼虫在卵内越冬。翌年 3 月上、中旬开始孵化。幼虫共 7 龄，发育历期为 123～160 天，8 月开始吐丝结茧，9 月中、下旬至 10 月上旬羽化、产卵，卵期长达 160 多天。幼虫孵化时，从卵的一端咬破一孔，并吃掉 1/3～1/2 卵壳，从卵内慢慢爬出。以 6:00～8:00 及 16:00～17:00 孵化最多，初孵幼虫群集一处取食；3 龄后逐渐分散取食，日夜进行；6 龄后正处于高温季节，白天停止取食，常静优于树干基部阴暗面，至黄昏和清晨再爬出来取食。幼虫共脱皮 6 次，脱皮前一天和脱皮当天不食不动。幼虫老熟后多在油茶树叶和松树针叶丛中结茧化蛹，也有在灌丛中结茧的。茧黄褐色，上附有较粗的毒毛，茧面有不规则的网状孔。预蛹期 7 天左右，蛹期 20～25 天。蛹近羽化时，腹部节间伸长，蛹壳变软。刚羽化出的成虫静伏 4～5min，翅微微振动展开，紧贴于背面。羽化后 6～8h 即交尾，交尾多在 4:00～5:00，产卵多在夜间进行。每雌平均产卵量 170 粒左右，分 2～3 次产完。卵产在油茶和灌木的小枝上或马尾松的针叶上。成虫白天静伏不动，夜间出来活动；有较强的趋光性。

3. 防治方法

（1）林业技术防治：加强经营管理，隔年进行垦复，补植稀疏残林并施肥，适当疏伐和修剪密度过大的林地，清除油茶林中的马尾松，以抑制油茶枯叶蛾发生。

（2）人工防治：人工除卵，人工捕杀幼虫，人工采茧，人工捕杀成虫。

（3）灯光诱杀。

（4）生物防治：用 5×10^8 PIB/mL 油茶枯叶蛾 NPV 喷杀 3～4 龄幼虫。

十二、茶角胸叶甲

茶角胸叶甲 *Basilepta melanopus* Lefevre，鞘翅目，叶甲科。茶角胸叶甲是我国南方部分茶区近年发生成灾的新害虫。20 世纪 80 年代湖南曾有 10 多万亩茶园发生此虫危害。广东省以粤北、粤东北的山区茶园发生较多而严重。

1. 形态特征

茶角胸叶甲属鞘翅目，叶甲科。成虫：体长 3.2～3.8mm，体宽 1.5～2.0mm；雄虫体略小。体、翅棕黄色。头颈短，复眼椭圆形，黑褐色，触角线状 11 节。前胸背板宽大于长，刻点较大而密，侧缘后端 1/3 处向外突出呈尖角状，这是该虫最显著的 特征。后缘有一隆脊线。后翅膜质，淡褐色。各足腿节和胫节的端部及跗节的 1～2 节黑褐色，其余黄褐色。卵：长椭圆形，初产时乳白色，孵化前转为暗黄色。幼虫：老熟幼虫体长 4.4～5.2mm，略弯曲成"C"字形。头部棕黄色，体乳白略带淡黄色，体背各节均有较深的皱褶。蛹：体长 3.9～4.1mm，头部淡黄色，复眼棕红色，其余均为乳白色。

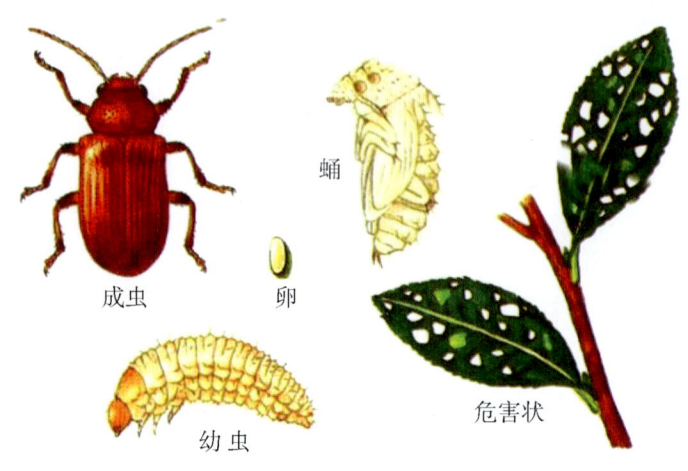

成虫　　卵　　蛹　　幼虫　　危害状

图 6－21　茶角胸叶甲

2. 生活习性

茶角胸叶甲在广东每年发生 1 代，以幼虫在土中越冬。3 月下旬越冬幼虫开始化蛹，4 月中旬成虫开始羽化出土，4 月下旬至 5 月下旬为成虫危害盛期。6 月上旬成虫在茶园逐渐少见。5 月中旬开始产卵，6 月上旬开始有幼虫出现。各态历期：卵期 14 天左右，幼虫期 260～300 天，蛹期 15～20 天，成虫期 40～60 天。成虫多在晚上羽化，羽化后 2～4 天才出土，并慢慢沿茶树枝干爬至茶丛中、下部取食当年生抽发的嫩梢芽叶，以傍晚取食最烈，不吃老叶，成虫在叶背咬成直径约 2mm 的圆孔，多个圆孔可连成不规则大洞，严重时叶片被咬得百孔千疮、破烂不堪。成虫白天静伏在茶丛叶背或表土层。有假死性，稍受惊扰即跌落地面，1～2min 后又开始爬起或飞翔，有一定的飞翔力。卵产于表土层或枯叶下，每雌产卵 50～80 粒。幼虫孵化后钻入表土取食腐殖质和须根，幼虫主要分布在离茶苑 20cm 半径的范围、离土表 10cm 深的表土层内，11 月后进入越冬。

3. 防治方法

（1）加强检疫，严防扩散，严禁在该虫害发生严重地区带土调运茶苗。（2）农业防治：于冬季和早春进行中耕翻土，破坏其越冬和化蛹场所。（3）人工防治：在成虫盛发期，可摇动茶丛，下用涂有粘着胶的薄膜承接，将震落的成虫集中消灭。此法应在早晚进行。（4）生物防治：提倡茶园养鸡，让鸡啄食成虫。（5）药剂防治：a. 土壤施药：在幼虫或蛹期进行，先翻松土层，在离茶丛 20cm 左右开一浅沟，喷上 50% 辛硫磷、80% 敌敌畏或 18% 杀虫双 500 倍液，喷后覆土；b. 叶面施药：在成虫开始羽化后的 10～15 天为喷药防治适期，可用 2.5% 敌杀死 4000～5000 倍液、80% 敌敌畏

800～1000 倍液、50％辛硫磷 1000 倍液或 25％西维因 1500 倍液，隔 10 天一次，连续 1～2 次。

第三节　油茶寄生性植物

一、油茶有害植物危害症状

油茶的有害植物主要是指油茶上的寄生性植物，油茶受害后，在枝干上丛生着寄生植物的植株，不仅夺取水分和营养物质，使寄主受到生理危害而且受害枝干的受害处稍许肿大，以后逐渐发展生长成瘤状，由于寄生植物的吸附根向下延伸，因而油茶受害枝干往往会变成马腿状的生长瘤，木质部纹理被破坏，严重时枝干枯朽或整株死亡。

二、油茶有害寄生植物及防治

1. 桑寄生

（1）植物特性

桑寄生学名：*Taxillus sutchuenensis*（Lecomte）Danser，是常绿寄生小灌木。老枝无毛，有凸起灰黄色皮孔，小枝梢被暗灰色短毛。叶互生或近于对生，革质，卵圆形至长椭圆状卵形，长 3～8cm，宽 2～5cm，先端钝圆，全缘，幼时被毛；叶柄长 1～1.5cm。聚伞花序 1～3 个聚生叶腋，总花梗、花梗、花萼和花冠均被红褐色星状短柔毛；花萼近球形，与子房合生；花冠狭管状，稍弯曲，紫红色，先端 4 裂；雄蕊 4；子房下位，1 室。浆果椭圆形，有瘤状突起。花期 8～9 月，果期 9～10 月。

图 6‑22　桑寄生

（2）防治方法

①对受害的油茶结合抚育或在 12 月至翌年 1 月油茶幼果还小时，砍除寄生枝，

在吸根侵入寄主的地方，由下而上先砍两刀，再从上往下砍除，以免砍口撕裂。砍后用刀将根盘刮净，以防寄生残根再发。为彻底清除寄生植物，还要将油茶林周围其他树上的寄生植物砍除。②加强抚育管理，增强树势，减少被害，抚育管理要连年坚持，才可防止桑寄生的发生。

2. 无根藤

（1）植物特性

无根藤（学名：*Cassytha filiformis* L.）寄生缠绕草本，借盘状吸根附于寄主上。茎线状，绿色或绿褐色。叶退化为微小鳞片。花极小，两性，白色，长不到2mm，组成长 2～5cm 的穗状花序，能育雄蕊 9，分 3 轮。果实小，球形，直径约7mm。分布于云贵、湖广、江西、福建、台湾、浙江等地的灌木丛。

（2）防治方法

①加强抚育管理，砍去杂灌木，清除杂草，适当整枝，以利油茶生长，促使林地早日荫蔽，减少无根藤发生。②冬季深挖垦复，把落在地上的无根藤种子深翻入土，使之不能萌发，特别要砍除缠绕在油茶树上的无根藤，将残藤从寄主树冠上除掉。

图 6-23　无根藤

3. 菟丝子

（1）植物特性

菟丝子（学名：*Cuscuta chinensis*）又名吐丝子、无娘藤、无根藤、萝丝子，为旋花科菟丝子属下的一个种，是一种生理构造特别的寄生植物，其组成的细胞中没有叶绿体，利用爬藤状构造攀附在其他植物上，并且从接触寄主的部位伸出尖刺，戳入宿主直达韧皮部，吸取养分以维生，更进一步还会储存成淀粉粒于组织中。一年生寄生草本。茎缠绕，黄色，纤细，直径约 1mm，无叶。花序侧生，少花或多花簇生成小伞形或小团伞花序，近于无总花序梗；苞片及小苞片小，鳞片状；花梗稍粗壮，长仅1mm；花萼杯状，中部以下连合，裂片三角状，长约 1.5mm，顶端钝；花冠白色，壶形，长约 3mm，裂片三角状卵形，顶端锐尖或钝，向外反折，宿存；雄蕊着生花冠裂片弯缺微下处；鳞片长圆形，边缘长流苏状；子房近球形，花柱 2，等长或不等长，柱头球形。蒴果球形，直径约 3mm，几乎全为宿存的花冠所包围，成熟时整齐的周裂。种子 2～49，淡褐色，卵形，长约 1mm，表面粗糙。

（2）防治方法

①将菟丝子消灭在种子发芽前和幼苗生长期间，发现危害时，立即将菟丝子和被害部分除掉，决不能让其开花结果和扩大蔓延。②在播种前的苗圃地要深翻，将菟丝子种子或幼苗深埋。发现菟丝子危害后，还可喷洒菟丝子菌粉，每亩 1.5～2.5kg，或喷药液（工业品 0.2～0.4kg，或土制品 1.0kg 加水 100kg），也可选用对油茶无药害的化学除草剂防治。此外，还有槲寄生是桑寄生科桑寄生属的常绿小灌木，黄绿色，呈双叉分枝，枝的顶端着生叶片一对，叶对生，厚革质，倒卵形，花单性，雌雄异株，但常常寄生在同一寄主上，果实为橙黄色浆果，侧根产生不定芽，寄生多在树皮，形成新植株。防治方法：①结合抚育，剪除寄生枝，适宜时间是开花结果而果实尚未成熟阶段；②果实成熟前，砍去寄生部位下 20cm 外的寄生植株，或用高浓度硫酸亚铁喷洒在寄生植物上杀死寄生植株。

图 6-24 菟丝子

第七章　油茶籽的采收和粗加工

油茶籽的采收是指油茶果实充分成熟后，经采摘脱除外果皮烘干，至可用于制取油脂的过程，主要包括果实采收、果壳分离、茶籽干燥和茶籽贮藏等方面。为了保证茶籽油具有良好的品质和理化指标，必须注重茶籽在采收、烘干、贮存和运输过程中不变质，因此，茶籽的采收和粗加工显得尤为重要。

第一节　油茶籽采收时期与方式

一、油茶籽采收时期

我国油茶树品种较多，果实成熟期一般在10～11月。不同油茶品种，采收时间不同，茶籽出油率也不同。即使是同一油茶品种，在不同时间采收，出油率均有差异。成熟果实有如下特征：茶果色泽鲜艳、发红或发黄、呈现油光，果皮绒毛脱尽，果基毛硬而粗，果壳微裂，籽壳变黑发亮，茶籽微裂，容易剥开。农民群众总结了采收油茶果的重要经验："寒露早、立冬迟，霜降采摘正适时"，而且还要求紧紧抓住"前三后七采摘适宜"—即霜降前三四天开始采摘到霜降后七八天摘完为最好。因此油茶籽采收要把握好以下三个关键点：

1. 分时节看品种

我国经营的大都为普通油茶，按其特征、特性、成熟期不同主要分为两大品种群：即寒露籽、霜降籽。寒露籽树冠小，叶小而密，果小皮薄，茶果内含种子1～3粒，"寒露节"时（每年10月7～8日）成熟、采收；霜降籽树冠较大，果中大，茶果内含种子4～11粒，"霜降节"时（每年10月22～23日）成熟、采收。

2. 立地观果色

虽然寒露籽品种群在"寒露"时成熟，霜降籽品种群在"霜降"时成熟，然而所处的立地条件不同，成熟时间也不一致。一般是高山先熟，低山后熟；阳坡先熟，阴坡后熟；老林先熟，幼林后熟；荒芜油茶先熟，熟土油茶后熟。采摘时，要注意选"熟"果。

3. 采样定成熟

根据油茶品种成熟季节，观察茶籽成熟特色。到林内随时采些茶果，剥开，发现茶籽发亮，进一步剥，种仁白中带黄，现油亮，证明茶果已充分成熟，这时可全面开山采收。

二、油茶籽采收方式

油茶果的采摘时间直接关系其产量和品质，确保适时采收能够保证油茶籽的产量和品质，提高出油率。未完全成熟的油茶果，在烘干和晒干处理过程不易开裂，容易出现"死果"现象，需要人工锤击才能破壳取仁。此外，也应避免过迟采摘，否则，易引起油茶果掉落或开裂，不但油茶籽容易发生霉变变质，且油茶籽散落，收捡困难，易造成不必要的浪费。

油茶籽在成熟过程中其含油量的增长过程表现为连续多个"平台-急升期"的递增过程。平台期为油茶籽中营养物质和油脂合成前体物质的贮备过程，当达到一定量时，进入油脂转化期，油脂含量快速增加。8月下旬至10月下旬果实成熟前为油脂转化积累期，此时果实体积增长极少，但果皮刚毛大量脱落，果实充分成熟，油脂的积累直线上升并达到高峰。除了油脂含量的极速变化，茶籽的出仁率、含水率及油脂的脂肪酸组成也在发生着重要变化。过早采收或过晚捡拾落地籽都有造成油脂酸值和过氧化值升高的风险；过早采收还会导致油中油酸含量、角鲨烯、β-谷甾醇及维生素E等含量偏低。

油茶果采摘还存在难度大的特点，主要是因为生长在不同坡度的山上以及茶果同期等。油茶主要分布区域山地丘陵，道路不便，坡面高差大，交通运输极为不便，多数地区还存在肩挑圆箩筐的原始方式上山采摘收集油茶果，劳动强度大。花果同期是油茶果的另一特征，民间俗称"抱子怀胎"——即：采摘油茶果之时，又正是新油茶花含苞待放之期，因此在采摘油茶果时，尽量不折断枝丫，并注意保持花蕾，以免影响油茶的来年产量。

日前油茶果"抢收"现象普遍，甚至还陷入利用长时间晾晒对采收的油茶果进行后熟处理以提高油茶籽含油率及茶油品质的误区。由于原料质量与产品品质、安全和效益指标直接相关，因此有必要对油茶果采收时间和后处理方式进行说明。目前茶籽收摘主要有自然落果收籽、人工摘果收籽和机械摘果收籽三种方式。

1. 自然落果收籽

自然落果收籽是让果实完全成熟后，种子与果壳自然分离，其籽从树上脱落掉下后再捡收。收籽适用于坡度较陡、采摘运输不方便的种植区。此类地区的油茶成熟期不一致，采收时间长，而且遇到雨天种子易霉烂变质，摘果会影响茶籽质量，因此不值得大力推广。

2. 人工摘果收籽

人工摘果是油茶果实成熟后直接从树上采摘鲜果，然后集中处理出籽，是目前普遍采用的采收方式。油茶果采收后，需要对其进行初步的处理。油茶果采后应及时脱掉果壳取出茶籽，并尽快晒干，遇到阴雨天气时脱壳后低温烘干，避免采用传统的堆沤处理，以防止油脂品质的劣变。

传统摘果采收后要及时处理出籽。油茶果采摘后先拌上少量石灰，在土坪上堆沤3～5天，完成油脂后熟过程，再摊晒脱籽，晾干做种或进一步暴晒干燥后用于榨油，主要包含以下过程：

（1）堆沤

油茶果采收回来后，一般要堆沤 6～7 天，目的是让油茶籽的后熟过程完成，增加油分。堆沤过程中要对产品进行必要的检查和翻堆，务必使堆沤充分、彻底、均匀，并根据天气情况进行覆盖或回收，不得受到雨水的淋浇。

（2）晾晒脱壳

晾晒油茶籽最好在竹席上进行，特殊情况下可以在干的土地上进行晾晒，不得使油茶籽受潮，影响晾晒效果。晒 3～4 天后，油茶籽就自然开裂，多数油茶籽能剥离，没有自动剥离的，就要手工剥离，然后过筛、扬净，继续晒干。阴雨天应将茶籽置于通风干燥的地方，厚约 20cm，每天翻动 1～2 次，防止发热、霉烂或发芽。

3. 机械智能摘果采收

油茶果采摘已成为油茶产业发展最为薄弱的一环，逐渐成为阻碍油茶产业快速发展的瓶颈。由于人工采收存在劳动力需求大、成本高、作业效率低下等缺陷，传统的人工采收方式已经无法满足产业化的需求。随着油茶种植面积不断增长，油茶果的机械化采收和自动化采收成为人们关注的热点。研制和推广油茶果采摘装备与技术对油茶产业的健康发展具有重要的意义。

油茶果实的机械化采摘是世界性难题，必须充分考虑山区地形、油茶树损伤程度、果实采收率等因素，并且还要考虑机械的制造成本和采收效率。因此目前油茶果采摘机械的研究多集中于可升降的采摘平台和末端执行机构，另外易于推广和轻便的辅助式采摘机也是一个重要的发展方向。

（1）气吸式油茶果采摘机

专利号 201520070541.1 公开了一种气吸式油茶果采摘机。采摘油茶果前先将伸缩杆对准待摘的油茶果，然后通过真空泵产生负压吸住待摘的油茶果，再开启电机带动

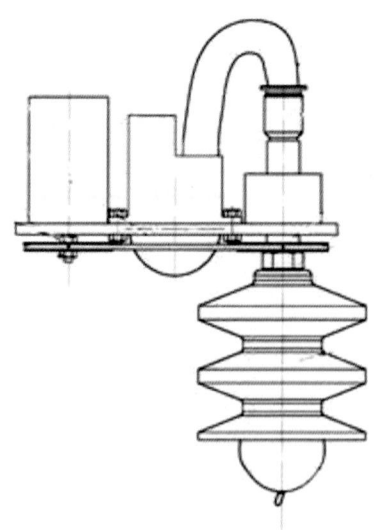

图 7 - 1　气吸式油茶果采摘机

真空吸盘旋转将带摘的油茶果从树上旋脱，不仅省力方便，工作效率高，劳动强度小，且不损伤油茶花苞，准确实现待摘油茶果的定位，防止漏摘。

（2）机器人油茶果采摘头

高自成等对油茶果采摘机器人的采摘头进行了设计与分析。采摘头由夹紧组件和振动组件构成，其工作方式为振动采摘。

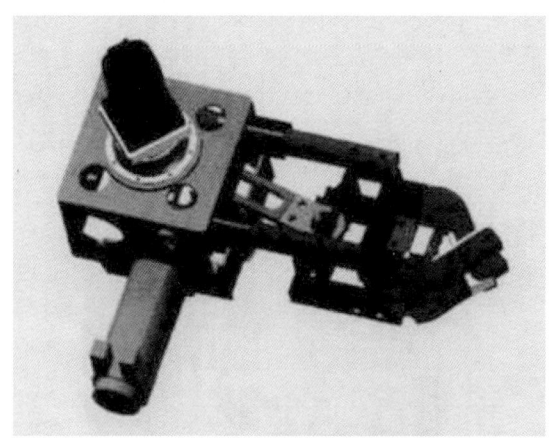

图 7-2　采摘头 3D 模型

（3）自走式油茶果采摘机

CN102668817A 公开了一种自走式油茶果采摘机，包括机架、底盘支腿、驱动该机架移动的底盘行驶系统。底盘行驶系统采用履带式，以适应复杂多变的油茶林地形。机架上装有采摘臂，采摘臂上装有振动采摘头。采摘臂为空间开链连杆机构，具有六个自由度，由液压系统驱动。

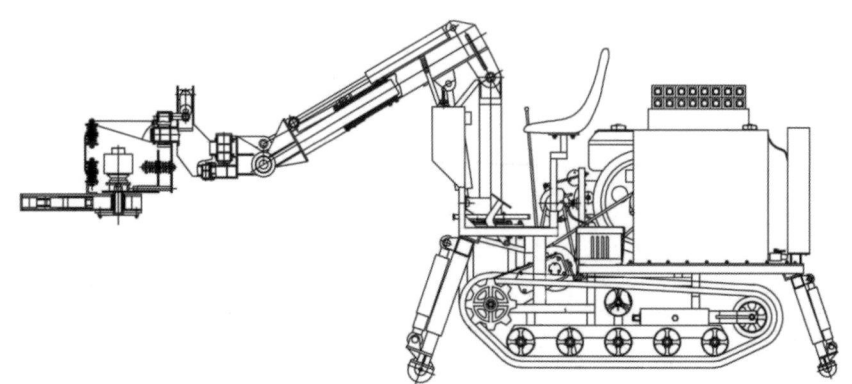

图 7-3　自走式油茶果采摘机

（4）胶辊式自主油茶果采收机

CN105940864A 公开了一种胶辊式自主油茶果采收机，基于视觉控制的油茶采收机。利用 CCD 摄像头对油茶树定时采集，对识别到的油茶果连续不断地自动采摘并收集；同时胶辊式采摘头可实现一次性较大范围油茶果采摘；自动化采摘程度较高，采摘环境适应性好，采摘机构间协调性能优越，能够保证采摘动作连续性，采摘效率高，漏采率低，特别对油茶花苞和枝叶损伤程度低。

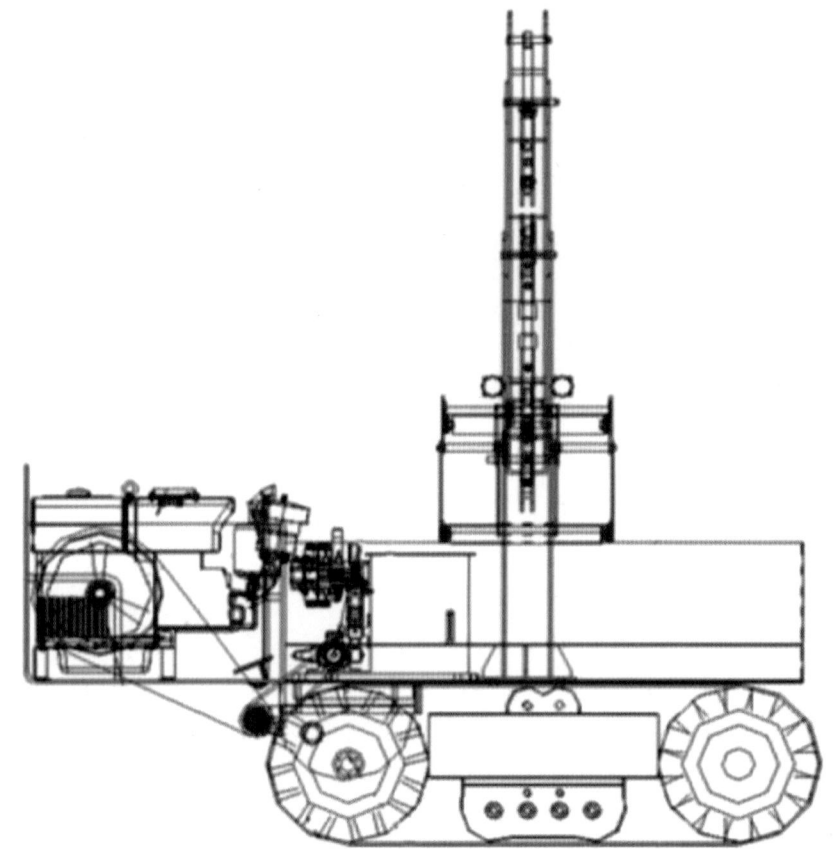

图 7 - 4　胶辊式自主油茶果采收机

需要说明的是，由湖南管天球组织研发的药水浇灌导致自动落果的技术已在试验中，相信不久的将来会投入实际应用。

<h2 align="center">第二节　油茶果剥壳清选</h2>

一、油茶果剥壳技术

油茶果剥壳清选是茶油加工中前期处理的第一个环节，在整个油茶产业链中起着承上启下的作用，具有十分重要的地位。油茶鲜果含水率较高，其中果壳平均含水率为 72.23%，茶籽含水率为 43.6%，油茶果采摘后必须及时进行剥壳、清选及烘干，否则易导致茶果腐烂、霉变，不但降低了茶油的品质，还会导致出油率降低，给生产造成巨大损失。并且果皮和种壳的主要成分为粗纤维，不含油脂，占整个鲜果的 45% ～ 65%，带壳压榨会带走油分，影响出油率，对加工油脂不利，因此油茶果加工利用前需作脱壳清选处理。

二、油茶果机械化剥壳清选

国内由于油茶机械加工起步较晚，还没形成规范的采后处理技术，相关研究近几年刚起步，目前常见的机械脱壳方法包括撞击法、剪切法、挤压法、碾搓法、搓撕法。涂立新利用搓擦原理研究了一种油茶果剥壳机，采用螺纹钢条焊成的内外笼式剥壳装置，茶果在内外笼之间受搓挤实现剥壳。由于螺纹钢条间隙不能调整，除了碎果坠落外，因油茶果大小不一，茶籽和碎果有时难免挤入外笼或内笼，因此该装置不能很好清选茶籽和果壳，对不同大小的油茶果适应性还需要改进。王建等采用剪切原理研究了一种油茶果剥壳机，利用刀片对茶果进行切割剥壳，剥壳速度较快，但果仁极易被刀片挤碎。樊涛等研制的油茶果脱皮机采用挤压原理，将果壳挤裂去皮，脱壳效率较高，但对油茶果大小的适应性也不强，果仁容易被挤碎。蓝峰等运用撞击、挤压和揉搓原理，研制了油茶果脱壳清选机，采用回转半径不同的脱壳杆，脱壳杆呈一定锥角和扭角，在滚筒里形成楔形脱壳室进行撞击、挤压脱壳，能适应不同大小的油茶果，脱壳效率较高，但只适合堆沤摊晒开裂的茶果脱壳，且结构较为复杂，制作成本大。

由于油茶果是天然生长的植物果，其大小形状均不一致，大小差别较大，而茶籽不耐受外力挤压，在一定的压力下就易破碎，损坏籽仁。目前的处理设备没有对油茶果进行大小分类，而是混合加工，由于脱壳工件均为刚性件，接触果壳籽粒的工件是刚性硬件，所以在对油茶果进行加工时，很多大籽被挤压破碎，而小果没有达到脱壳、壳和籽分离的目标，故普遍存在籽仁破碎率高，脱壳效果不佳的状况。在这里，我们

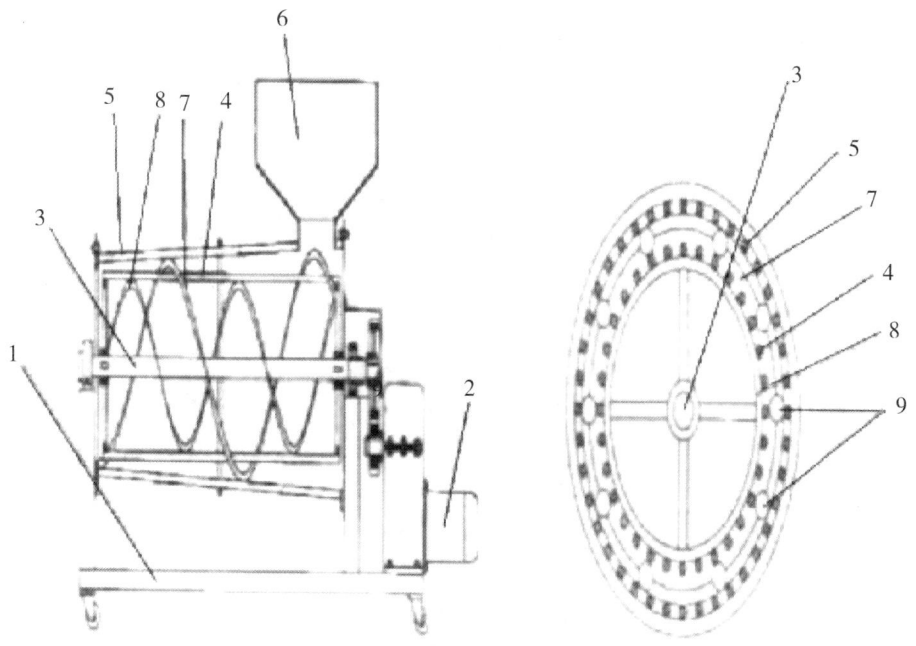

1. 机架　2. 电机　3. 主轴　4. 内笼　5. 外笼　6. 进料斗　7. 外叶片　8. 内叶片　9. 钢条

图 7-5　油茶剥壳机

尝试推荐以下几种具有代表性的油茶果脱壳设备。

1. 内外笼式搓挤剥壳

安徽黄山市徽山食用油业有限公司 2010 年研制的油茶果剥壳机主要结构采用内外笼式结构剥壳装置。内外笼都是用一圈螺纹钢条焊成的，同轴心且相对旋转，内外笼之间形成进料端大、出料端小的一楔形剥壳室，茶果在内外笼之间受搓挤而碎果，内笼的内外壁设有倒料输送螺旋叶片，以输送挤入的茶籽。楔形剥壳室的间隙需根据要处理的茶果大小来进行调整，因此使用起来不是很方便，许多籽和壳大小接近，使得清选效果不是很好。

2. 螺旋片挤压剥壳

广东新大地生物科技股份有限公司 2012 年开发了一种油茶果剥壳机，利用挤压和撞击的方式脱壳，振动筛清选。其脱壳是利用螺旋片将油茶果挤压至甩料转鼓，然后撞到带有锥凸起的栅形挡板上破裂脱壳，接着由双层往复筛清选，这种剥壳机只能脱摊晒 3 天以上开裂的油茶果，不能脱含水量较高的鲜果，且处理量小，其原因是破碎后混合物中渣壳和茶籽大小、直径差不多，多次往复筛选也不能有效分离壳与籽。

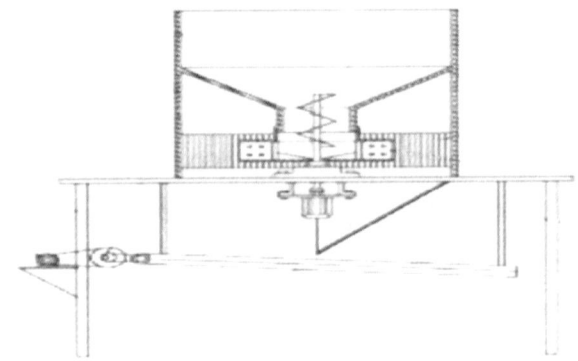

图 7-6　油茶剥壳机

图 7-7　油茶双辊挤压剥壳机

3. 双辊挤压剥壳

中国林业科学研究院林业新技术所和哈尔滨林业机械研究所 2011 年研制的油茶果脱青皮机采用双辊挤压破碎后柔性抽打使籽壳分离，用筛网清选茶籽。但这种方式没有考虑油茶果大小不一的实情，其挤压辊破壳，若辊间间距小必然造成较大茶籽破碎，间隙大则造成小茶果不能剥壳。因此可以在脱壳前增加原料茶果分级工序，把茶果分成不同等级分别破碎。

4. 锥楔形挤压剥壳

江西省农业机械研究所研制出 6BQY－1500 剥壳清选机，其剥壳原理是采用旋转的脱壳杆和滚筒构建的锥楔形空间对茶果撞击、挤压、揉搓，实现茶果脱壳。其清选是根据壳与茶籽粒不同的物理特征突破了较难的清选技术，创新性采用较小间隙的齿光棍对转式机构清选。具有可脱大小不一果、未开裂果，脱净率高，不伤茶籽，清选率高，效果好，破损率低等优点。

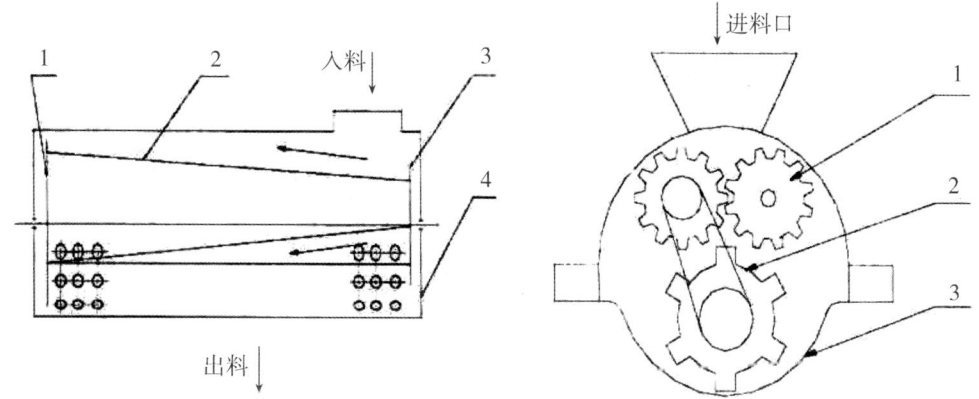

1. 大脱壳盘　2. 脱壳杆　3. 小脱壳盘　4. 脱壳滚筒　　　1. 挤压辊　2. 柔性抽打辊　3. 滤网

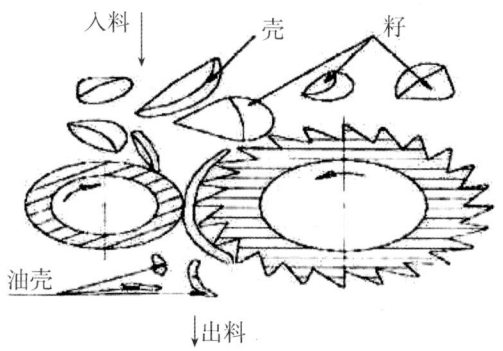

图 7－8　油茶 6BQY－1500 剥壳清选机

5. 揉搓型脱壳机

湖南省林业科学院陈泽君等采用揉搓原理，用分类滚动筛筛选大小不同的油茶果进入油茶果脱壳装置，在运输带与柔性揉搓板相互配合运动的揉搓作用下而脱壳，是一种既能有效对油茶进行分类脱壳，而不破损茶籽，又能将果壳和茶籽分选的集成装置。揉搓型油茶果分类脱壳分选机主要是由油茶果脱壳机、油茶籽分选机这两大部件组成。

油茶果在刚采摘下来时含水率高,果壳坚硬,脱壳困难。由于油茶果的直径差别较大,设计的揉搓型脱壳机就要按直径大小分三类来脱壳,直径≤25mm 分为一类,直径>25mm 及直径≤35mm 分为一类,直径>35mm 分为一类。经批量油茶果大小测量,直径≤25mm 和直径>35mm 的油茶果数量相对少些,而中等油茶果(25mm<直径≤35mm)这一类相对多些。利用滚筒筛筛分油茶果,大小不同的油茶果分别进入不同的搓揉空腔,利用柔性揉搓板和柔性面运输带在油茶果上相对运动进行揉搓去壳。油茶果脱壳后如何将籽粒从壳粒的混合物中分离出来是一个难题。生物特性研究证明壳与籽的密度相差不大,故不宜采用风选方法。通过研究发现,油茶果脱壳后,籽与果壳的形状及摩擦系数是不同的,果籽圆而厚,表面较光滑,摩擦系数小;果壳薄而有尖角,外表面粗糙,摩擦系数大。籽壳分选机由倾斜向上运动的橡皮输送带及振动托板组成,利用籽与壳的形状及摩擦系数的不同使油茶果壳向上运动而茶籽向下运动,籽与壳产生分离,来实现籽与壳清选的目的。在整个脱壳分选过程中,油茶果含水率、曲轴转速和橡皮履带速度、振动电机振动频率及分选带水平面倾角对脱净率等具有关键影响。

通过试验发现,该设备脱壳清选效率高,油茶果含水率对设备整体脱壳清选效果有一定影响,含水率越低,设备脱壳清选效果越好,但对设备总体效率影响较小。且与传统油茶果脱壳机相比,采用挤压和揉搓原理设计的油茶果分类脱壳分选机完全实现了油茶果不伤籽、快速脱壳和壳籽快速分离,具有脱壳清选效果好、性能稳定等特点。处理量≥900kg/h,脱净率≥97%,清选率≥97%,碎籽率低于5%,损耗率≤1%。

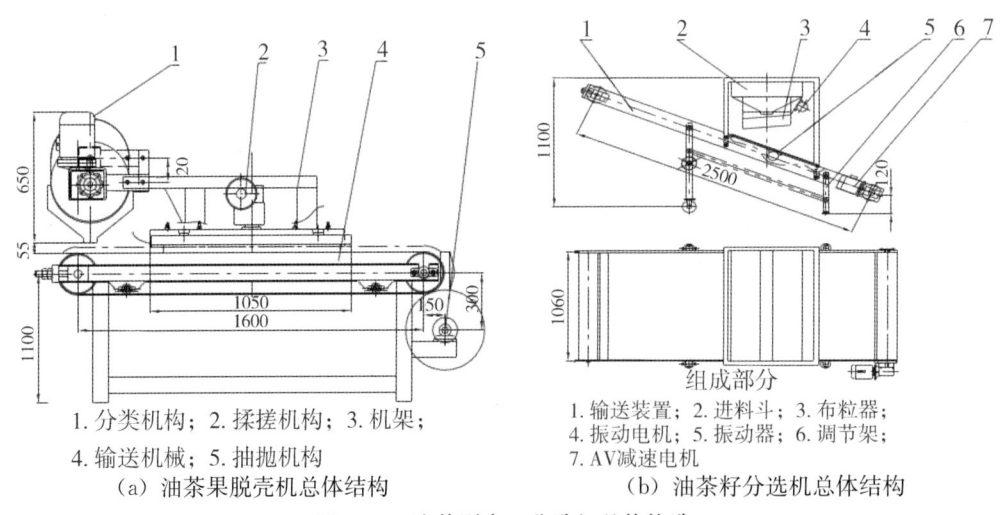

1. 分类机构;2. 揉搓机构;3. 机架;
4. 输送机械;5. 抽抛机构
(a)油茶果脱壳机总体结构

1. 输送装置;2. 进料斗;3. 布粒器;
4. 振动电机;5. 振动器;6. 调节架;
7. AV减速电机
(b)油茶籽分选机总体结构

图 7-9 油茶剥壳、分选机总体构造

6. 未来发展趋势——智能化采摘技术

智能化采摘包括计算机视觉系统、伺服系统、执行部件、控制系统、计算机信息处理系统等,能够实现精确采摘和最佳采摘期采摘。中国农业机械化科学研究院与江苏大学联合研制的苹果采摘机器人在实验室条件下的单果采摘时间为 15s。我国对机器人的研究起步较晚，应以收益高且迫切需求的采摘作业为切入点，把经济性、实用性与先进性相统一，开发适合我国农业现状的智能化采摘技术。

总之，由于油茶"抱籽怀胎"的特性，让机械能够辨别出哪些是花蕊、哪些是茶果，在采摘时不伤花蕊仍是一大难题。

第三节　茶籽干燥

干燥是加工过程中的重要工序之一，是一种被广泛应用于化工、医药、木材、食品等农副产品加工等诸多领域的单元操作。近年来，随着科学技术的发展，干燥已不仅仅是对产品实施单元操作的一项技术，它已被作为一种探索新产品、提高产品质量的新方法。

干燥是油茶籽加工利用的第二道工序，对油茶籽品质、出油率和油脂的品质有着重要影响，高水分含量的油茶籽仁不适宜加工。因此，新鲜油茶籽需要经过干燥后才能进入加工环节，或经干燥至安全水分含量后经短暂储存再进入加工环节。传统茶油主要是农户自种、自收、自管，采用作坊式榨油，干燥主要采用自然晒干法，其所需时间长且劳动强度大，加之南方多阴雨，高水分含量的油茶籽容易腐烂，油脂酸败，严重影响后续加工过程，成为茶油规模化生产的瓶颈之一。为了适应油茶的产业化生产，提高生产效率，同时适应国家政策趋势，选择合适的干燥方式至关重要。以下对干燥机理及干燥方式进行阐述。

一、不同原理烘干的性能特点

按茶籽与气流相对运动方向，烘干机可分为横流、混流、顺流、逆流及顺逆流、混逆流、顺混流等型式。

1. 横流烘干

横流烘干机是我国最先引进的一种机型，多为圆柱形筛孔式或方塔形筛孔式结构，目前国内仍有很多厂家生产。该机的优点是：制造工艺简单，安装方便，成本低，生产率高。缺点是：茶籽干燥均匀性差，单位热耗偏高，一机烘干多种茶籽受限，烘后部分茶籽品质较难达到要求，内外筛孔需经常清理等。但小型的循环式烘干机可以避免上述的一些不足。

2. 混流烘干

混流烘干机多为三角或五角盒交错（叉）排列组成的塔式结构。国内生产此机型的厂家比横流烘干的多，与横流烘干相比它的优点是：（1）热风供给均匀，烘后茶籽含水率较均匀；（2）单位热耗低 5%～15%；（3）相同条件下所需风机动力小，干燥介质单位消耗量也小；（4）烘干茶籽品种广，既能烘茶籽，又能烘种；（5）便于清理，不易混种。缺点是：（1）结构复杂，相同生产率条件下制造成本略高；（2）烘干机四个角落的一小部分茶籽降水偏慢。

3. 顺流烘干

顺流烘干机多为漏斗式进气道与角状盒排气道相结合的塔式结构，它不同于混流烘干机由一个主风管供热风，而是由多个（级）热风管供给不同或部分相同的热风。国内生产厂家数量少于混流烘干机厂家，其优点是：（1）使用热风温度高，一般一级高温段温度可达150～250℃；（2）单位热耗低，能保证烘后茶籽品质；（3）三级顺流以上的烘干机具有降大水分的优势，并能获得较高的生产率；（4）连续烘干时一次降水幅度大，一般可达10%～15%；（5）最适合烘干大水分的茶籽作物和种子。缺点是：（1）结构比较复杂，制造成本接近或略高于混流烘干机；（2）茶籽层厚度大，所需高压风机功率大，价格高。

4. 顺逆流、混逆流和顺混流烘干

纯逆流烘干机生产和使用的很少，它多数与其他气流的烘干机配合使用，即用于顺流或混流烘干机的冷却段，形成顺逆流和混逆流烘干机。逆流冷却的优点是使自然冷风能与茶籽充分接触，可增加冷却速度，适当降低冷却段高度。顺逆流、混逆流和顺混流烘干机是分别利用了各自的优点，以达到高温快速烘干，提高烘干能力，不增加单位热耗，保证茶籽品质和含水率均匀。

5. 塔式茶籽干燥

目前大型油茶籽加工企业多配备塔式烘干设备。烘干塔是一种塔式烘干设备，形如高塔，内装有角状气道，故又称气道分布式干燥机。塔式烘干机最大的优点是占地面积小、内部容积大、干燥时间长，可以较大幅度降水，一次降水可达5%～6%，适合需要大幅度降水的茶籽和油料。

二、油茶籽烘干设备选择原则

1. 根据当地的能源资源，选择烘干热源

选择烘干机时必须考虑当地的能源资源，以做到合理利用，降低成本。如有煤矿的茶籽产区，热源以用煤、无烟煤或焦炭为宜，其价格经济，但燃煤热风炉一次性投资大。有油田和天然气的茶籽产区，可用轻柴油、重油或天然气及丙烷等作为热风炉燃料，这类燃料使用成本高，但热风炉一次性投资小。专用种子烘干机应用燃油或天然气的热风炉为宜，因为它的风温稳定，易控制，能够保证烘干种子发芽率。

2. 以服务半径确定烘干机的生产能力

烘干机的配备宜大不宜小，因为多数情况下在收获季节遇上雨季时，才需要发挥烘干机的作用。国家及地方的储备库，茶籽集中的产区应建大、中型烘干机。固定式烘干机的服务半径宜小不宜大，以减少运输距离，降低成本，提高效益。移动式烘干机可用于农村产茶籽不集中地区和南方小产茶籽区，生产率一般为2～5吨/小时为宜，过小，不受用户欢迎，最好一机多用，不但适用于茶籽与茶籽种，还适用于一些经济作物，该服务半径应大些，才能发挥移动式烘干机的作用。

3. 附属设备的配备

烘干机要完成好烘干作业，必需配备一些附属设备。连续式烘干机在储茶籽段应

设上下料位器（或溢流管等），流程中的暂存仓应设满仓料位器，提升机应有自动停机及堵塞报警装置等。电机应设有过载保护装置，并能实现手动和自动连锁控制。排茶籽机构应能实现调速或无级变速。温控仪表应能显示热风温度及各段温度，并能高温报警。为测试茶籽的含水率，应配备快速水分测试仪。

第四节　油茶籽贮藏

茶籽原料的贮藏是制取优质油重要的一环。茶籽在贮藏期间，若能采用合理的贮藏条件，并能妥善管理，能保证油料不受损失或只有最低程度的损失，国内常采用以下四种方式贮藏油料：

干控：通过控制茶籽水分，创造一个不利于虫霉生长的干燥环境的贮藏技术。

温控：指控制原料贮藏温度，创造一个不利于虫霉生长低温环境的贮藏技术。

气控：通过改变贮藏环境的气体配比，达到杀虫、抑霉目的，保持茶籽品质的技术。

化控：指利用药剂产生的毒气阻断虫霉正常的代谢过程，达到杀虫抑菌目的的防治技术。

世界粮仓的演变历程是库容量趋向超大型，装卸、输送、处理设备趋向于自动化，采购网点布局趋向集中，建造大容量的钢板或砼筒仓、浅圆仓，采用低温、气调等多种贮藏技术，采用先进的计算机自动管理技术。其中机械通风是应用最多的贮藏技术，干燥是最经济最基本的降水技术，环流熏蒸是治理害虫的主要方法，气调贮藏和低温贮藏是绿色贮藏技术，测控系统及时掌握贮藏原料内情变化的趋势。

表 7-1　　　　　　　　　　　常温下油料的安全与临界水分含量

油料	安全水分含量/%	临界水分含量（平衡水分含量，相对湿度 78.7%）/%
花生仁	8～9	10～11(16℃)
花生果	9～10	11～12
大豆	11.5～12.5	13.5～14(13.97)
棉籽	8～10	11～13(11.57)
油菜籽	7～10	11～12
芝麻	5～8	9～10
葵花籽	6～8.5	9～10.5(8.37)
油桐籽	7～9	9.5～11
油茶籽	8～9.5	10～11
乌桕籽	7～10	11～12
亚麻籽	9～10.5	11～12(9.43)

续表

油料	安全水分含量/%	临界水分含量（平衡水分含量，相对湿度 78.7%）/%
红花籽	9～11	12～13
蓖麻籽	7～9	10～11(6.6)
椰子干	6～8	9～11
油棕籽	6～9	10～11
白芥籽	7～9	10～11(10.19)

（摘自《油脂加工技术》）

一、茶籽储存物理性质指标

油茶籽在大规模存贮过程中会产生很多生理、化学变化，为了准确描述和评价茶籽品质和质量，通常要使用到比热、导热、吸附、吸湿、微气流等重要物理参数。

1. 比热

使 1kg 的茶籽温度升高 1℃所需的热量。

2. 导热性

茶籽的导热性指物体传递热量的能力，用导热系数衡量。

3. 保湿性

茶籽堆保温性与贮藏的关系：（1）对贮藏有利（利用茶籽堆既不容易升温、也不容易降温的特性，进行低温贮藏）；（2）对贮藏不利（积热难散，滋生虫霉，危害茶籽品质）；（3）采取加快湿热气体散发，缩小茶籽堆各层（点）温差的措施，以利茶籽安全保管。

4. 吸附性

指茶籽吸附（解吸）各种气体、异味或水蒸气的能力。

5. 吸湿性

指茶籽吸附或解吸水汽的特性，是茶籽吸附性的一种具体表现。

6. 平衡水分

茶籽具有吸湿与解吸能力，在一定条件下，茶籽达到的最终水分值。

7. 吸湿性与贮藏过程的关系

①茶籽贮藏期间采取的措施要有利于茶籽水分解吸，而不利于吸湿，使茶籽处于较干燥的状态；

②利用吸湿平衡原理，判断茶籽水分的变化趋势或判断通风的可能性，是确定常规保管、通风与密闭的依据；

③由于吸附滞后现象的存在，在同一贮藏仓或茶籽堆中干湿混装后，茶籽水分很难达到均布，会给贮藏带来麻烦；

④干燥要符合水分含量下降规律，调整工艺条件，保持茶籽原有品质。

8. 微气流

茶籽堆的微气流运动：指茶籽堆生态系统中的气体流动，气体流速一般为0.1～1mm/s，速度极其缓慢，故称为微气流。

9. 湿热扩散

指在温差作用下，水分沿热流方向而移动的现象。湿热扩散所带来茶籽堆内的水分转移也是一个缓慢的过程，在贮藏过程中不能掉以轻心。

二、茶籽储存生理活动

1. 茶籽的呼吸作用

呼吸是生物吸进氧气，呼出二氧化碳的一种生理现象，是维持生命活动的基础。

有氧呼吸化学反应

$$C_6H_{12}O_6(淀粉)+6O_2 \rightarrow 6CO_2+6H_2O+2822kJ$$

有氧呼吸时，有机物氧化较彻底，同时释放出较多的能量，从维持生理活动看是必需的，但对茶籽贮藏则是不利的，这就是呼吸作用造成茶籽发热的重要原因之一。因此，在茶籽贮藏期间要人为地把有氧呼吸控制到最低水平。

呼吸强度是表示呼吸能力及强弱的大小，指在单位时间内，单位重量的茶籽在呼吸作用过程中所放出的CO_2量（QCO_2）或吸收的O_2量（QO_2）。

呼吸系数表示呼吸作用的性质，即呼吸时放出的CO_2体积与同时吸入的O_2体积两者的比值。为了解贮藏条件是否适宜，常需要了解茶籽在储藏期间的生理状态，需要测定贮藏的呼吸系数。

2. 后熟作用

茶籽从收获成熟到生理成熟所经历的时间为后熟期，以发芽率超过80％为完成后熟的标志。后熟期长短随品种、贮藏条件而异。

由于后熟期中的茶籽呼吸旺盛，易"乱温""出汗"，贮藏稳定性较差，保管员需不断翻动，通风降温散湿。因此有"新籽入库，保管员忙"的说法。

3. 萌发与休眠

萌发指种子由生命机能萌动到形成幼芽的过程。

休眠指有些具有生命力的种子即使在合适条件下仍处于不能萌发的状态。

影响发芽的因素主要包括温度、氧气、水分等。防止发芽的最有效手段是控制水分，发芽时茶籽质量严重劣变。

4. 陈化作用

陈化指随贮藏时间延长，虽无发热、霉变，但其生活力逐渐下降的现象；劣变指在不良条件下，生活力迅速丧失的现象。

三、茶籽储存技术

油茶籽大多是脱壳后直接压榨，当运输距离较远时必须考虑相应的存贮技术。当前常用的存贮方式有通风、低温、气调等存贮技术。

1. 通风存贮技术

通风是为改善贮存茶籽性能而向茶籽堆压入或抽出经选择或温度调节的空气的操作。是运用机械通风方式把一定条件的外界气体通过风机送入茶籽堆，从而改变茶籽堆内的温、湿度等参数，达到茶籽安全贮藏或改善加工工艺品质的目的。

（1）贮存茶籽机械通风的作用

贮存茶籽通风的主要作用在于：第一，创造低温环境，改善贮存茶籽性能；第二，均衡温度，防止水分结露；第三，制止茶籽发热和降低茶籽水分；第四，排除茶籽堆异味；第五，增湿调质，改进茶籽加工品质。

通风系统主要由风机、连接管、通风管道以及风机控制器等组成。单（多）管通风（一台风机与一根或多根风管组成的移动式通风系统）、地上笼风道（进料前风道安置在仓内地坪上的移动式通风系统，适用于不破坏地坪的仓房、露天垛和筒仓通风）、地槽风道（风道设在仓房地坪下的固定式通风系统，适用于未建地坪的老仓、新建仓房和浅圆仓）。

（2）送风形式与用途

压入式通风用于房式仓远离风道处的中、上层茶籽温高时通风；

吸出式通风用于房式仓如靠近风道处的中、下层茶籽温高时通风；

环流通风用于熏蒸杀虫或均衡茶籽温度、水分；

混合式通风用于厚茶籽堆的降温或降低水分含量。

（3）选用与布置原则

要选用布置对称，简捷美观，通风阻力小，气流分布均匀，施工或安装、操作管理方便的风道。通风途径比指气流由风道出来到达茶籽堆表面所经过的最短途径与最长途径的比值；用于确定风道间距的大小。降温：$K \leqslant 1:(1.5\sim1.8)$；降水：$K \leqslant 1:(1.2\sim1.5)$。对通风口盖板的要求：盖板应开关快捷、方便，能在风道内投药进行熏蒸；与风机、谷冷机等设备对接方便；通风口结构应气密性好，有隔热保温措施。在贮存茶籽过程中风道表面出现茶籽霉坏现象都与其隔热或密闭性能较差有关。

风机安装位置可依据降仓温或降茶籽温目的不同选用不同送风机。如果降仓温可选用轴流风机，每仓廒一般选用两台，建议安装在单侧的山墙或南墙上，其位置尽可能要高。这样冷风进仓可以最大限度地降低屋脊下三角地带的高温。如果降茶籽温可选用离心风机或轴流风机。单侧通风仓房，应将通风进风口设在仓房北侧，风机把温度最低的冷风送入茶籽堆，以获取最大的茶籽堆通风降温效果。同时，冷却机、环流熏蒸设备等在工作时也要避免阳光的直接照射。

（4）降低通风费用、减少失水量的途径

在满足通风的前提下，尽可能选择小风量通风；增大出风面，减少通风阻力，提高降温速率；合理选用风机，组合通风，减少耗电量，节约贮存茶籽费用；合理选择通风时机，取得事半功倍的效果；适当提高通风的温差值，提高通风效率；及时密闭或压盖冷却茶籽。

（5）针对不同发热原因采取相应措施

发热原因不同，处理不同，应从根本上解决问题；后熟作用引起的"乱温""出汗"现象，应进行通风降温散湿，并促进茶籽后熟过程；干热是大量害虫积聚造成的，需先杀虫后通风降温才行；杂质积聚发热是放入茶籽时杂质分级形成局部通风死角造成的，需清理杂质或加导风管。湿热是局部水分升高、微生物活动造成的，需先干燥水分；再抓住机会大剂量熏蒸杀虫；然后利用晚间低温时机，降低茶籽堆温度，使茶籽进入稳定贮藏状态。

2. 低温贮存茶籽技术

（1）低温贮存茶籽的条件

具备保温、密闭性能的仓房，具有冷却降温的有利时机，具有大堆散装压盖密封材料。保持茶籽温≤15℃为低温仓，15～20℃为准低温仓，20～25℃为常温仓。

（2）对压盖材料的要求

导热系数小，价格低廉，容重小，材料本身不能燃烧，不易吸水，不能散发有害的气体，不易霉烂、鼠咬、虫蛀，施工方便；常用材料：稻壳、膨胀珍珠岩、矿渣棉、聚苯乙烯泡沫塑料、硬质聚氨酯泡沫塑料、PEF 隔热保温板。

（3）冷却茶籽堆的方法

①在低温季节组织茶籽入仓；②有风道的仓房采用机械通风方式；③无风道的仓房、包装茶籽采取自然通风方式，对小量茶籽还可翻动、扒沟等；④在夏季进行应急处理或无低温季节的仓库采用制冷设备冷却茶籽；⑤结合茶籽质量整治，在低温季节采取倒仓或出仓方式冷却茶籽；⑥利用地（水）下较低的恒温条件，进行低温贮藏，也能较好保持茶籽的品质，但受条件与投资限制。

（4）谷冷机冷却技术

当前较常用的是谷冷机技术。谷冷机主要包括压缩机、冷凝器、膨胀阀和蒸发器四个部件。

谷冷机的使用特点：直接冷却茶籽堆，无须建造专门的低温仓；保持低温时间较长；干燥与冷却相结合，有利保持茶籽品质；缩小温差，有利防止钢板筒仓结露；及时冷却茶籽，延长存放期，赢得干燥或晾晒时间；降温快，复冷间隔时间长，耗电量低；合理操作是决定茶籽冷却效益的关键点。

谷冷机与以往冷却设备在使用方面的不同点：

谷冷机直接把冷风送入茶籽堆，冷却效率高，费用低，保冷时间长；老设备是通过冷却仓温后间接冷却茶籽堆，冷却效率低，对仓房隔热性能要求高，费用高。

谷冷机有后加热装置，可调整进入茶籽堆的冷风湿度，避免发生结露现象；老设备无此功能，要防止冷却过程中的结露问题。

（5）维持茶籽堆低温的措施

1）隔热层：应用保温材料，减少外温对建筑物内温度的影响。

2）仓房隔热改造：①屋面设架空隔热层，可降仓温 3～5℃；②仓内吊顶隔热；③屋面设置保温层：找平层、保温层、隔气层、防水层、保护层；④屋面喷涂反光隔热涂料或白化。

239

3）仓墙隔热密闭法：①空心墙（充填隔热材料）隔热；②外墙面涂隔热涂料或白化；③种植高大乔木或爬墙虎等植物遮盖仓体；④内墙贴隔热板。

4）仓房（门窗孔洞）隔热密闭法：①双门隔热密闭；②临时砌砖墙密封隔热；③窗户用泡沫塑料板、高密质海绵、PEF 板隔热保温；④用内胎密封孔洞；⑤进风口隔热密闭。

5）茶籽堆表面压盖密闭法：①稻壳加薄膜；②泡沫塑料板加薄膜；③PEF 隔热板加薄膜；④双层薄膜密闭与隔热；⑤茶籽堆表面压实密闭法；⑥低温包围压盖密闭法。

6）降低仓温、缓解温度上升的措施：①拱板仓隔层的排热降温（屋顶风机）；②在低温时机，用排风扇降仓温；③屋面温度超过 35℃时，喷水降仓温；④冷风机或谷冷机降仓温；⑤利用茶籽堆冷源、膜下环流，均衡温度；⑥智能通风排积热；⑦用深井冷源或地道风降温。

3. 气调贮存茶籽技术

（1）气调贮存的定义

气调贮藏是指通过调整和控制食品贮藏环境的气体成分和比例以及环境的温度和湿度来延长食品的贮藏寿命和货架期的一种技术。在一定的封闭体系内，通过各种调节方式得到不同于正常大气组成的调节气体，以此来抑制食品本身引起食品劣变的生理生化过程或抑制作用于食品的微生物活动过程。

（2）气调贮藏的特点

1）凡利用密闭粮仓或用塑料薄膜帐幕进行气控贮藏茶籽时，密闭设施应符合气密要求。

2）为达到杀虫目的，茶籽堆内氧浓度应控制在 2% 以下；为达到抑制霉菌的目的，茶籽堆内氧浓度应控制在 0.2% 以下。

3）根据特殊需要，成品粮、油料、小杂粮等均可采用复合薄膜负压或真空小包装贮藏。

4）油脂应采用密闭贮藏。有条件的可以在容器内空间充氮、充 CO_2 或负压贮藏。

（3）气调贮存茶籽工艺

1）基本要求

气调贮存茶籽要求仓房具有高度的气密性，当仓房达不到气密要求时，再考虑选用具有一定气密性能的材料来密封茶籽堆，如采用柔性气囊密封茶籽面，保证茶籽堆、仓门和孔洞部分达到气密要求。主要装置为供气配气系统（集中供气方式）、仓内气体浓度自动监测系统、智能通风控制系统及仓房压力平衡装置等组成。缺氧状态会对人员造成危害，为确保人员入仓工作安全，需配置氧呼吸器。防毒面具只能过滤有毒气体，不能用于缺氧的场合。

2）气调实现方法

生物缺氧：自然缺氧、微生物降氧、新鲜树叶降氧、异种粮互助脱氧。充氮方法：充液化氮、分子筛富氮、膜分离富氮。充 CO_2 方法：充液化 CO_2、燃烧缺氧、胶实包装。真空贮存茶籽主要使用真空设备将贮存茶籽空间气体抽空形成负压状态，致使空间氧含量降至低氧或绝氧，从而达到抑制虫霉、保持贮存茶籽品质的技术。

3）密封茶籽堆方法

①一面封：实际上指茶籽面的密封，它适用于地坪和墙壁密闭性能较好的仓房。

②五面封：指除地坪外，茶籽堆四周均密封，它适用于仓墙密闭性能不太好的仓房和仓内堆垛贮藏。

③六面封：即把整个茶籽堆用薄膜密封起来，此方法适合于地坪需铺垫器材的仓房和成品茶籽堆垛贮藏。

第八章　油茶的加工与综合利用

第一节　传统茶油的制取工艺

目前，我国的茶油制取工艺主要是采用压榨法和有机溶剂浸提法等传统方法。压榨法是利用物理压榨方式，从油茶籽中榨取茶油，是一种传统的提取工艺；浸出法则是利用物理化学原理，用食用级溶剂从油茶籽中抽提出茶油的一种方法。近年来，各科研单位和企业先后研究开发了冷榨、低温冷榨、水酶法、水代法、亚临界和超临界萃取法、鲜榨制取法等新型制取工艺。

一、压榨法

1. 制取原理与工艺分类

压榨法是借助机械外力的作用，将油脂从油料中挤压出来的取油方法，是目前国内植物油脂提取的主要方法。

压榨法按照制油设备来分，有古法木榨、液压榨油和螺旋榨油三种方法。液压榨油机和螺旋榨油机都是从古法榨机中演变而来。

古法木榨完全采用木头加工而成的水力碾籽机、杠杆原理的人力木榨机制油，充分体现了我国劳动人民的智慧结晶。在农村，一直被推崇的"土茶油"实际上就是该制取方法演变加工而成。目前油茶产区几乎每个村都有"土榨坊"，中国绝大部分茶籽都被这些分散的土榨坊榨掉，土榨法制成的茶饼再售给浸出茶油厂进一步提取饼中剩余的油。古法木榨是我们的先祖们在实践中取得的成果，值得传承和尊重，但传统方法也不能过分夸大、追捧。随着经济的发展和社会的进步，以及现代人对食品安全的要求，古法木榨还是有很多弊端需要改进。

液压榨油机又可以分为立式和卧式两类，目前广泛使用的是立式液压榨油机，但液压榨油机无法连续生产，劳动强度比较大。其机械原理是油料粉碎熟化后，包圆饼，通过液压系统高压挤压圆饼，榨料受压缩后，油脂流出圆饼。当圆饼不再出油时，停止挤压，拿出榨干后的圆饼。

螺旋榨油机又可以分为单螺旋和双螺旋两类，目前广泛使用的是双螺旋榨油机，可连续化生产。其机械原理是由于螺旋轴在榨膛内推进，使榨料连续向前推进，随着螺旋轴上榨螺螺距的缩短和根圆直径的增大，以及榨膛内径的减小，使榨膛空间体积不断缩小而对榨料产生压榨作用。榨料受压缩后，油脂从榨笼缝隙中流出，同时，榨料被压成饼块从榨膛末端排出。

在 20 世纪 60 年代以后，压榨法采用液压机；20 世纪 70 年代以后，普遍采用 95 型和 200 型螺旋压榨机。目前广大产区的乡村榨油厂（坊）中，液压机榨油仍占很大比重。

压榨法又按照工艺中油茶籽进料胚温度的高低分为冷榨法和热榨法，冷榨法的榨油温度为 60℃；热榨法经过高温蒸炒，榨油温度高达 150℃。在压榨工艺中，剥壳油茶籽一般要求水分含量为 12％～15％。

2. 工艺流程

油茶籽→烘干→清洗→剥壳→壳仁分离→压扁→蒸炒→压榨→过滤→毛油

（1）烘干

油茶籽含水分过高，籽壳疲软不易破碎，塑性大，压榨容易泻料。为了便于剥壳和轧坯，对含水量过高的油茶籽要进行烘干，使茶籽达到利于剥壳的水分含量。茶籽烘干在榨油加工中很重要，茶籽烘干的程度，对出油率有直接影响。对油茶籽采用分级振动筛进行分级处理，工艺条件为振动筛振幅 4～12mm，偏心轴转速 100～400r/min；对大、小油茶籽分别采用平板烘干机进行干燥处理，工艺条件为加热蒸汽压力 0.2～0.8Mpa，链条运行速度 1～4m/min，干燥时间 30～90min，使油茶籽的水分含量达到 4％～9％。

（2）清理

过筛扬净，除去油茶籽中的沙石、泥灰、茎叶及铁器等杂物。

（3）剥壳

茶籽的剥壳与破碎茶籽的剥壳可采用离心剥壳与筛分机进行。经过破碎后，采用油料破碎机使其粒度变小，以便于后续轧胚工序的进行。剥壳设备应根据油茶籽的品种而确定，主要有离心撞击式和锤片式两种，目前使用较广的是锤片式剥壳机。

从提高茶皂素品质的角度而言，茶籽的剥壳工序对茶皂素的色泽改善起决定性的作用。

（4）壳仁分离

仁壳分离仁壳分离是通过风力分选使仁与壳分开。壳中含仁的高低与剥壳设备有着密切关系。为了使物料在榨膛内的阻抗性和可塑性达到平衡，仁中含壳应控制在 12％～15％。

（5）压扁

由于剥壳后的茶仁含油量高，无法用破碎机破碎，须用大间隙低转速轧坯机对茶仁进行压扁。油料压扁的具体要求是轧片薄而均匀，少成粉，不露油，手握薄片发松、松手发散。

（6）蒸炒

油料的蒸炒过程可以起到 3 个方面的作用。一是能够让油脂较充分地制取出来；二是可以降低取油的动力消耗；三是便于制取品质更好的油脂。

油料的蒸炒可以采取多层的蒸炒锅进行，在下层炒锅出口处控制温度为预榨100℃，一次性压榨温度为120℃左右，水分为预榨2.5%～4.0%。

（7）压榨

蒸炒好的物料入榨温度不得低于80℃，水分应控制在3%左右。温度过高，可塑性加大；温度过低，阻抗性增强。茶仁入榨后的连续动态压榨过程中，毛茶油从榨机内不间断地释放出来。

从提高毛茶油品质来看，选择低温卧式液压榨油机及其工艺较为合适。为了扩大毛茶油产量，实现机械化生产，可以选择高温螺旋榨油机及其工艺，但茶油的精炼率有所降低。

3. 工艺优缺点

压榨法适应性强，工艺操作简单，生产设备维修方便，生产规模大小灵活，适合各种植物油的提取，同时生产比较安全，得到的油品质好，色泽较浅，风味纯正（图8-1）。

A. 烘籽　　　　　　　　　　　　　　B. 碾籽

C. 蒸胚　　　　　D. 做饼　　　　　E. 压饼

F. 压榨　　　　　　　　　　　　　　G. 出油

图 8-1　油茶籽油压榨工艺

但压榨法存在出油率低，劳动强度大，生产效率低，饼渣残油量高的缺点，并且榨油过程中有生坯蒸炒工序，使蛋白质变性严重，油料资源综合利用率低，动力消耗大，适合条件较落后的地区使用。

压榨法也是提取茶油的最基本方式，根据工艺不同，再结合目前市场茶油分类，压榨法所制取的茶油通常分为：土茶油、浓香山茶油和初榨山茶油。

4. "土茶油"制取

所谓"土茶油"就是目前油茶产区乡村常见的农家土作坊以最简单的传统压榨工艺所生产的、没通过检测和检验的精制茶油的总称。

土茶油主要是家庭作坊式的初级压榨，主要工序是：

油茶籽→烘籽→碾籽→蒸籽→做饼→榨油→土茶油
　　　　　　　　　　　　　　　　　↓
　　　　　　　　　　　　　　　　茶饼

该工艺过程相对较为简单，这样压榨出来的茶油含有较多的杂质和水分，油脂易氧化，破坏营养，仅仅只是半成品或者叫"毛油"。按照最新的国家油茶籽油标准（GB11765—2018）规定：毛油（原油）不能直接作为食用油商品上市销售。

5. "浓香山茶油"制取

采用热榨法，新鲜油茶籽脱壳后，经过120℃高温蒸炒，榨油温度高达150℃，使茶籽仁中香味物质散发并溶入茶油中。具体工艺流程如下：

油茶籽→清选→烘干→剥壳→蒸炒→热榨→过滤→浓香山茶油
　　　　　↓　　　　　↓　　　　　↓
　　　　杂质　　　　壳　　　　茶饼

（1）油茶籽：选择新鲜采摘晾晒油茶果所得的油茶籽，酸价<1mg KOH/g。

（2）清选：过筛扬净，除去油茶籽中的沙石、泥灰、茎叶及铁器等杂物。

（3）烘干：烘干后的茶籽含水量达到4%～7%，以便剥壳及压榨。

（4）剥壳：经烘干后的茶籽送入茶籽剥壳机内破壳，仁壳分离。另外，从提高茶皂素品质的角度而言，茶籽的剥壳工序对茶皂素的色泽改善起决定性的作用。

（5）蒸炒：茶籽仁在蒸炒锅内进行水分和温度的调节，确保入榨水分为2%～4%左右，入榨温度达到110～120℃（图8-2）。

（6）压榨：浓香山茶油压榨最好采用螺旋榨油机，更能体现香味，但为了滑膛，目前已基本普及反螺旋技术，采用双螺旋压榨机制油（图8-3）。如果按早期采用液压榨油机，则还需进行茶仁打粉，蒸熟后做饼。

（7）过滤：压榨后所得山茶油通过板框过滤机进行过滤。目前板框过滤机加滤布、滤纸的过滤效果是最好的。

6. 初榨山茶油

采用冷榨法压榨，进料温度60℃以下，不经过常规热榨工艺中的蒸炒过程而直接进行油脂的压榨。具体工艺流程如下：

图8-2　油茶籽压榨使用的立式蒸炒锅

图8-3　油茶籽压榨使用的双螺旋榨油机

油茶籽→风干→清选→脱壳→冷榨→过滤→初榨山茶油

　　　　　杂质　壳　茶饼

（1）油茶籽：选择新鲜采摘晾晒油茶果所得的油茶籽，酸价＜1mg KOH/g。

（2）风干：油茶籽在60℃以下进行干燥，风干后的茶籽含水量为10%以下，以便剥壳及压榨。低温干燥不会导致蛋白质变性，不影响茶油品质。

（3）清选：过筛扬净，除去油茶籽中的沙石、泥灰、茎叶及铁器等杂物。

（4）脱壳：油茶籽壳较薄，且经干燥后水分较低，易于破碎。采用滚刀将油茶籽壳打碎，并滚动筛出籽壳，获得茶仁。

（5）冷榨：冷榨选用压缩比较大的螺杆榨油机。由于炸膛内采用水冷压榨，整个生产均在环境温度下进行，且油茶籽仁中的蛋白质等未变性，茶仁柔软。另外，无论采用单螺杆榨油机还是双螺杆榨油机，均应对榨机结构进行一定的调整，以适应入榨料性质的变化，避免压榨滑膛，出饼厚薄不一。经调整后的螺杆榨油机一次压榨饼中

图8-4　油茶籽压榨使用的水冷式榨油机

残油即可达到 6% 干基以下，出油效率可达 90%。

（6）过滤：压榨后所得初榨山茶油通过板框过滤机进行过滤，获得成品初榨山茶油。目前板框过滤机加滤布、滤纸的过滤效果是最好的。

综上所述，压榨法制取的山茶油，保留了山茶油特有的风味及微量营养成分，山茶油受污染程度小，避免了与有机溶剂的接触，无有害物质残留于茶油中，是绿色食品。

虽然采用压榨法制取优质山茶油工艺很关键，但实际在原料选择上也是相当重要，决定了山茶油是否需要后续精炼才可以食用，是否还能保持特有的风味及微量营养成分。

压榨法制油主要问题是茶饼残油高，出油率低，一直得不到很好的发展。当然，现在有反螺旋技术及同轴校饼机的应用，将有望解决这些问题。

二、浸提法

1. 制取原理

浸提法也称浸出法、溶剂法、溶剂浸出法等，其制油的依据是萃取原理。利用油料中的油脂能够溶解在所选定的有机溶剂中，而使油脂从固相转移到液相的传质过程。有机溶剂首先润湿料胚的外表面，并同时溶解处于料坯的游离油脂，然后沿着孔隙渗透到料坯内部，溶解处于料坯内部的油脂，再渗透到细胞内部和二次结构中，接着混合油通过未破坏的细胞壁和二次结构的间壁，沿着孔隙、毛细管移动到料坯表面，再进入浸出设备的混合油主流中，最后再通过蒸馏等工艺过程将溶剂油从毛油中分离出来。该萃取原理在食品、医药等行业被广泛应用。

添加化学溶剂与油料充分混合后提取油脂　化学物质在油脂中会改变油脂固有香味，并微量残留

图 8-5　茶油浸提法示意图

溶剂法制油是当前衡量一个国家和地区油脂制取工业发展水平的标准，通常发达国家溶剂法制油所占比例均在 90% 以上，即实现了"浸出化"。我国 20 世纪 70 年代之后，大力发展和推广浸出法工艺，发展较快，生产水平、产品品质以及主要技术经济指标逐年提高，已接近国际先进水平。20 世纪 70 年代以后，油茶生产也采用了浸出

技术，但绝大多数是用于茶枯饼提取残油。

2. 工艺流程

采用浸出法从茶枯饼中提取残油来制取山茶油，首先是将油茶籽经过压榨获得压榨山茶油后，再用浸出法将压榨后的茶饼中的油充分地抽提出来，获得浸出茶油原油；将茶油原油精炼后方能成为茶油成品油。具体工艺流程如下：

（1）茶油原油浸提工艺

茶饼→破碎→浸出→混合油→第一蒸发→第二蒸发→汽提→浸出原茶油

　　　　　　　　　　湿粕→脱溶→干燥冷却→浸出茶粕

①茶饼：油茶籽经过压榨获得的残渣。

②破碎：将茶饼破碎成 1～2mm 小颗粒，适合后续食品级溶剂提取。

③浸出：采用食品级有机溶剂 55～60℃ 浸泡茶饼颗粒，使茶油溶解在溶剂内（形成混合油），然后将混合油与固体残渣（粕）分离。在分离排渣时，因为茶饼中含有大量糖类及小部分蛋白、淀粉，极易堵设备管道，所以选择设备时要注意。

④混合油蒸发、汽提：利用油脂与溶剂的沸点不同，首先将混合油加热蒸发，使绝大部分溶剂汽化而与茶油分离。然后，再利用油脂与溶剂挥发性的不同，将浓混合油进行水蒸气蒸馏（即汽提），把浸出原茶油中残留溶剂蒸馏出去，从而获得含溶剂量很低的浸出原茶油，然后通过精炼，获得可以食用的山茶油。

⑤湿粕脱溶：从浸出器卸出的粕中含有 25%～35% 的溶剂，为了使这些溶剂得以回收和获得质量较好的茶粕，采用间接蒸汽加热或直接汽提的方法以蒸脱溶剂。对浸出粕的脱溶烘干多采用高料层蒸烘机，引爆试验合格，方可排出，装袋打包。

图 8-6　茶油浸提法中的平转浸出器

（2）茶油原油的精炼工艺

浸出毛茶油→磷酸脱胶→碱炼→冷却低温过滤→脱色→脱臭→成品油

①浸出：筛选出一定量油茶籽，浸提溶剂采用六号溶剂，水浴温度为 50～75℃，

选用索氏提取器浸出毛茶油。

②磷酸脱胶：常温下，加入油质量 0.1％的磷酸，毛油的体积分数为 87％，快速搅拌 40min。

③碱炼：精炼初温采用 30℃，用 18°B'e 的氢氧化钠溶液，超量碱为 0.2％，加碱时以 60r/min 搅拌，然后升温至 60℃，同时以 30r/min 搅拌；静置 8～10h，放出皂脚，再用油质量 5％～10％的热水洗涤 2 次，洗涤时热水温度略高于油温。

④冷却低温过滤：将碱炼后的油冷却至室温，过滤。

⑤脱色：先将过滤茶油在真空度为 96kPa，温度为 95～100℃，转速 60r/min 下搅拌脱水约 40min，至脱水锅内无水雾为止。然后，加入油质量的 2％活性白土脱色 0.5h，其他条件不变。脱水、脱色后冷却至 70℃以下，破真空，过滤。

⑥脱臭：脱色后的油在真空度为 100.7kPa，温度为 230℃下蒸汽蒸馏 5h，冷却至 70℃以下，破真空，过滤，即得成品茶油。

3. 工艺优缺点

溶剂浸提法制油是一个化工过程，从生产效率、成本来看，优点很多，如粕中残油少，出油率高，溶剂可回收；加工成本低，生产条件良好；粕的品质高，油料资源得到了充分利用，许多优点是压榨法无法比拟的。工业常用溶剂有轻汽油和己烷，轻汽油具有更强的易燃性，因此己烷更为常用。

当然，其所采用的食品级有机溶剂具有很强的易燃性，易爆，属于甲级危险性。浸出毛油中含非油物质较多，色泽深，质量较差，溶剂回收过程中易引起不饱和脂肪酸分解，使制得的毛油皂化值偏高，且产品中有溶剂残留，溶剂极易燃，存在安全隐患。另外，有机溶剂中的残留物尤其是芳烃类物质也引起人们对于健康的担忧。同时，浸提时释放的有机溶剂污染坏境，是一个重要的环境污染源。因此，我们呼吁食品生产不论何时要安全至上，环境保护至上。

第二节　茶油制取的新型工艺

随着科学技术的不断发展以及人们生活水平的不断提高，冷榨法、水代法、水酶法和超临界 CO_2 萃取法等茶油提取技术和优势越来越受到人们的重视，上述都是新型油脂制取方法，技术工艺尚未完全成熟，应用于工厂化生产尚少，但为将来的工业应用提供了很好的理论和技术依据。

一、冷榨冷提

1. 制取原理

冷榨冷提也称为冷榨法、低温冷榨等，是以传统冷榨法为基础，配合精炼工序而形成的新型工艺整合技术。在工艺上首次将茶籽清洗、全脱壳、色选、反螺旋技术、同轴校饼结构、外循环冷冻技术融合，解决传统压榨法色香味及微量营养成分损失的问题。

2. 工艺流程

常用冷榨法的工艺流程如下：

油茶籽→拣选→磁选→清选→清洗→调质→脱壳→色选→冷榨→过滤→冷提→成
品山茶油   茶饼

A. 拣选　　　　　　　　　　　　　　　B. 清选

C. 清洗　　　　　　　　　　　　　　　D. 色选

E. 冷榨

图 8-7　茶油冷榨冷提工艺

该工艺的主要环节包括：

（1）清理除杂

采用两层振动筛去除油茶籽中的大小杂质，通过磁选除去铁质杂质，水洗除去表面尘埃，通过色选除去酶变茶籽仁和其它杂质等。

（2）脱壳及壳仁分离

采样撞击式粉碎机将油茶籽打碎，油茶籽壳较薄，且经干燥后水分较低，易于破碎。

（3）破碎

采用带齿对辊破碎机对含有一定量壳的油茶籽仁进行破碎，其目的是将大小不一的颗粒细化和均匀化，使其具有最大的表面积，有利于加水调质，但粉末度不能太粗，因此应严格控制两齿辊的间距。

（4）加水调质

油茶籽仁加水后整个结构发生了较大变化，这种变化有利于油脂的压榨挤出。考虑到榨料应具有一定的塑性和弹性，加水量一般控制在2%左右。

（5）冷压榨

采用冷榨法压榨，进料温度60℃以下，压榨选用压缩比较大的双螺杆榨油机。由于整个生产均在较低温度下进行，油茶籽仁中的蛋白质等未变性，因此无论采用单螺杆榨油机，还是采用双螺杆榨油机，均应对榨机结构进行一定的调整，以适应入榨料性质的变化。经调整后的双螺杆榨油机，一次压榨饼中残油可达到8%干基以下，出油效率可达86%。双螺杆榨油机虽然在油料脱壳（皮）冷榨上显示出较大的优越性，但也存在某些不足，如榨料在压榨时间上并非完全一致，出饼口处饼块厚薄相差较大。

（6）冷提

压榨后过滤获得压榨山茶油，再通过4℃以下物理定向吸附去除可能存在的污染物，如苯丙芘、重金属、农药残留等，获得保留茶油原始色香味及微量活性成分（角鲨烯、植物甾醇、维生素E等）的山茶油。

3. 工艺优缺点

冷榨冷提法制取的山茶油保留了冷榨法山茶油特有的风味及微量营养成分，又融合了精炼，工序对山茶油提炼确保食品安全。

当然，目前冷榨冷提法与压榨法制油一样存在茶饼残油高、出油率低的问题，相信随着反螺旋技术及同轴校饼机构的成熟应用，会彻底解决这些问题。

二、水代法

1. 制取原理

水代法是"以水代油法"的简称，是从油料中以水代油而得脂肪的方法。不用压力榨出，不用溶剂提出。这种制油方法利用一定条件下，水与蛋白质的亲和力比油与蛋白质的亲和力大，因而水分浸入油料而代出油脂，以及油水之间的密度不同而将油分离。

2. 工艺流程

油茶籽→去壳→脱皮→干燥→加水兑浆提取→离心→清油、乳化层、油茶蛋白水溶液、浆渣

3. 工艺优缺点

水代法提取茶油的最大优点在于设备简单，成本低廉。同时水代法以水作为介质，实现油水分离，整个提油过程相当于油经过"水洗"的过程，去掉了杂质和异味。油

图 8 - 8 茶油水代法示意图

茶籽仁含油量高，属软质油料，适合于水代法提取。水代法避免使用有机溶剂，制取茶油符合"安全、营养、绿色"的要求，对环境污染小，残渣中的油茶蛋白可以进一步回收利用，利于油茶的综合利用。

水代法的缺点主要是提油率偏低，原因是水代法工艺易形成的乳化层技术难题没能很好地解决，还需要后续加大破乳技术的研究。

三、水酶法

1. 提取原理

水酶法是在水代法的基础上改进而来，是在水代法的水中加入适当的酶，从植物中浸提油脂的工艺过程。水酶法提取油脂是研究较多的油脂制取方式。其提取工艺是指将油料充分研磨，破坏油料的细胞壁，然后用水浸泡使油料充分吸水膨胀，加蛋白酶、纤维素酶进一步破坏细胞壁，使与蛋白、糖等大分子结合的油脂分离，再利用油脂与水相的不相溶性及密度的差异将其分离。

2. 工艺流程

油茶籽→脱壳→研磨→水、酶提取→分离（液相、残渣）→粗茶籽油

图 8 - 9 水酶法制油工艺

3. 工艺优缺点

水酶法提取工艺的最大优势是在提取油的同时，能有效回收植物原料中的蛋白质（或其水解产物）及碳水化合物。利用水酶法提取茶油，出油率高，油品质好，不需要精炼，没有废水与废渣，对环境不会造成污染。利用水替代有机溶剂提取，生产成本不受石油价格上涨的影响，有利于节约石油资源；可以获得粗茶皂素和茶籽多糖等未变性的有效成分，有利于油茶籽的综合利用；提油后的工艺水可循环利用，通过 L—乳酸发酵生产乳糖，既可提高工艺水的澄清效果，又可提高资源的利用率，进一步增加油茶附加值。同时，水酶法具有条件温和、设备简单、污染小、油品质高等优点，采用该工艺不仅可以得到高品质的茶籽油，而且有利于其他成分的综合利用。但同时也存在酶价格高、易乳化等问题。

水酶法制取茶油的缺点是所采用的酶造价较高，生产成本高于压榨法，同时，酶还存在易乳化等问题。控制茶皂素的溶解度是用水酶法提取茶籽油的关键点之一，也是水酶法迟迟难以用于工业化提取茶籽油的重要原因。

四、亚临界萃取法

1. 制取原理

亚临界萃取是指低温浸出、常温脱溶，采用溶剂为丁烷或丁烷和丙烷的混合物，利用溶剂的沸点低、常温下是气态，很容易挥发的特点，将油脂浸泡出来，再脱溶，获得原油。从茶籽加工来看，与传统浸出法一样，更适合对压榨后所得的茶饼进行萃取。

图 8-10　茶油亚临界萃取工艺

2. 工艺流程

油茶籽→风干→清选→脱壳→冷榨→茶饼

　　　　　　　　　　　　　茶籽仁

茶饼/茶籽仁→破碎→萃取→混合油→脱溶→原茶油

　　　　　　　　　　　湿粕→脱溶→干燥冷却→茶粕

3. 工艺优缺点

亚临界萃取实际类似于传统浸出法，从生产效率、成本来看，所得粕中残油少，出油率高，溶剂可回收；且因为是低温浸出、常温脱溶，蛋白质不变性，粕的品质高，油料资源得到了充分利用。

当然，相对于传统浸出法，其生产线投资大，所采用溶剂为丁烷或丁烷和丙烷的混合物，具有更强的易燃性、易爆性，属于甲级危险性。其次，跟传统浸出法一样，所得毛油中含非油物质较多，色泽深，质量较差，溶剂残留，存在食品安全隐患。因此，所得浸出山茶油需要后续进行精炼。

五、超临界 CO_2 萃取法

1. 制取原理

超临界 CO_2 萃取法是以超临界流体为萃取剂，在临界温度与压力条件下，从流体或固体物料中获取分离组分的方法。常用的超临界流体萃取剂有 CO_2、CCl_4、CH_3CCl_3、NH_3、H_2O 等，在几种常用的超临界萃取剂中，超临界 CO_2 是食品工业中使用最广泛的。超临界 CO_2 流体萃取技术是利用 CO_2 在超临界状态下对溶质有很高的溶解能力，而在非超临界状态下对溶质的溶解能力又很低的这一特性，来实现对目标成分的提取和分离。

2. 工艺流程

油茶籽→干燥→去壳→液态 CO_2 萃取→分离→过滤→山茶油
          ↓
         茶粕

图 8 - 11　茶油超临界 CO_2 萃取工艺

3. 工艺优缺点

利用超临界 CO_2 萃取技术可高效萃取油茶籽中的茶油，有效地保留了油茶籽中的天然香气和风味，得到的油品收率高，杂质含量低，色泽浅。简化精炼工艺，可省去后续的减压蒸馏和脱臭等精制工序，缩短生产周期，减少成品油损失。

　　超临界 CO_2 萃取生产线生产效率低、投资过高，加工成本相对而言也是最大的。对于食用油来说，难以推广。

六、茶果鲜榨制取法

1. 制取原理

刚采摘的新鲜饱满油料细胞中充满汁液，而油脂实际上就在汁液中，通过合适的挤压方式，把汁液提取出来，并发酵分离出油脂。

2. 工艺流程

油茶鲜果→磁选→脱皮→清洗→破碎→发酵→榨汁→发酵→分离→山茶油、皂液、固体蛋白、淀粉

　　该工艺选择新鲜饱满的油茶果，磁选去除铁制品，剥皮机脱除果皮，清洗去除鲜茶籽表面碎皮屑，调节破碎度，进行发酵后榨汁。汁液再进行一次发酵，一定温度及破乳剂下离心分离，同步获得山茶油、皂液、固体蛋白、淀粉几个产品。

A. 磁选

B. 脱皮

C. 清洗

D. 发酵榨汁

E. 发酵

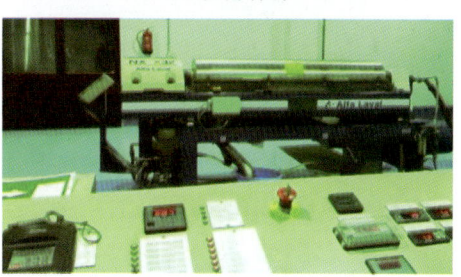

F. 分离

图 8 - 12　茶油鲜榨工艺

3. 工艺优缺点

该工艺缩短了加工工序及解决烦琐、困难的茶果加工、干燥问题，所得山茶油保留的微量营养成分（角鲨烯、维生素E、植物甾醇、木脂素等）是目前其他工艺技术所无法达到的，同时又彻底的分离出皂液和固体蛋白、淀粉，残渣含油小于2%，可以说把油茶果吃干榨尽了。

但是，相对压榨法而言，目前该工艺的设备投资比较大，液体多，带走的油脂比较多，随着设备的改进，该工艺会得到认可、推广。

七、前景与展望

茶油是中国特色的油料树种，兼具营养食用、医药保健、美容护肤、工业日用等多种功能，传统的植物油脂提取方法已经不能满足茶油产业的发展和国际竞争的要求，须对其工艺进行必要改进和完善，以提高出油率、工作效率及保证安全生产。新兴的油脂提取工艺已经慢慢地崭露头角，随着其研究的不断深入，朝着工业化方向的不断迈进，必将给油脂工业带来飞速发展。不断完善与创新发展的提取技术必将取代传统的阻碍我国茶油产业发展的低级落后的提取方法。

第三节　茶油的精炼与应用

不管是压榨法还是浸出法制取的原茶油，均为毛油，毛油口感差，营养成分低，并且含有大量的榨取或浸出过程中产生的皂素、游离脂肪酸、蛋白质及其降解物甚至是有毒物质，对人体健康不利且不易保存，必须经过进一步的物理和化学处理的精炼过程，去除杂质，提高油茶籽油的品质，成为成品油后才能食用。

从原茶油到成品茶油的完整加工过程，一般包含脱胶、脱酸、水洗、脱色、脱蜡、脱臭等步骤——俗称"六脱"，且精炼后的油脂必须经国家标准检测达标后才可成为相应的高级食用油、药用油茶籽油以及化妆品用油茶籽油。

也就是说，压榨和浸出只是制取原茶油的工艺过程，而要使原茶油变成成品茶油，都必须经过一个物理化学过程的精炼（GB11765—2018）。

一、茶油的精炼

1. 脱胶

茶油的胶质主要是指磷脂、蛋白质胶状物的混合物及其他杂质，而磷脂会影响脱臭和在水蒸气蒸馏过程中的脱色，还能与金属离子螯合，增加氧化过程，影响油的稳定性，毛油的脱胶主要是清除茶油中的全部胶质和其他杂质，以及生产有价值的副产品。要得到符合要求的油茶籽油产品，脱胶工艺处理是必不可少的。脱胶方法主要包括酸法脱胶、水化脱胶、生物技术脱胶等。

2. 脱酸

脱酸主要目的是通过加碱来中和毛油中的游离脂肪酸，是油脂精炼最关键的阶段。

脱酸方法主要包括碱炼法、膜分离法、酯化脱酸法、超临界 CO_2 脱酸法等，其中最常用的是碱炼法。油脂碱炼就是用氢氧化物中和游离脂肪酸的方法。

3. 脱水

脱酸后的茶油含有皂，需要进行水洗，去除。去除皂后的茶油在真空条件下进行脱水，使之后续脱色效果达到最佳。

4. 脱色

色泽是茶油的重要品质之一，是油脂加工、存储、销售等过程的一项必检项目，是产品质量好坏的外在表现之一，而目前色泽的测定主观因素占有较大比例。脱色是油脂精炼必不可少的环节。脱色的目的主要是脱除油脂中的色素、残留农药、微量金属和残留的微量皂粒、磷脂等胶质及多环芳烃等。脱色有吸附法和化学法，吸附法是油茶籽油普遍的脱色方法，吸附剂一般用活性白土和凹凸棒土等，茶油脱色选择活性炭更合适。

5. 脱蜡

脱蜡也叫冬化，茶油中含有长链甘油三酸酯、蜡质等环烃类杂质，在低温条件下长期存放会从油脂中悬浮析出，降低透明度，直接影响茶油的外观和档次。脱蜡是在低温条件下，人为先将蜡质冷冻析出，并过滤掉。该工序是油茶籽油精炼过程中不可缺少的部分。

类似于冬化的技术，还有一个称之为分提，目的是将油脂中饱和脂肪酸冷冻析出，过滤后改变油脂脂肪酸结构，提高油脂中不饱和脂肪酸的含量，减少饱和脂肪酸特别是硬脂肪酸含量。该技术适合茶油深加工应用，毕竟已经改变了茶油脂肪酸的属性。

6. 脱臭

脱臭主要是脱除油脂中的臭味物质，其原理是借助油脂中的臭味物质和甘油三酸酯的挥发度差异，在高温真空条件下，借助水蒸气脱除臭味物质的工艺过程。脱臭不但能脱除油脂中的臭味物质，改善食品风味，还能提高油脂的烟点。

二、茶油的应用

（一）油在食品行业中的应用

油茶籽油是我国最古老的木本食用植物油之一，色清味香，营养价值高。在我国历来属于皇家贡品，是我国的传统食用植物油。在几种主要食用油脂肪酸组成中，茶籽油的油酸、亚油酸、亚麻酸含量分别为 81.91%、8.05%、0.51%；橄榄油的油酸、亚油酸、亚麻酸含量分别为 72.70%、6.95%、4.10%，花生油的油酸、亚油酸、亚麻酸含量分别为 48.00%、32.3%、1.45%，菜籽油的油酸、亚油酸、亚麻酸含量分别为 40.44%、40.46%、7.22%，而大豆油的油酸、亚油酸、亚麻酸含量分别为 19.74%、52.07%、11.50%，由此可见，油茶籽油的油酸、亚油酸及亚麻酸的含量是食用植物油中最高的。作为日常调味品，油茶籽油有热炒、煎炸、烘烤、蒸煮、凉拌等食用方法。热炒时为保证食物的色香味和营养，可采用热锅冷油的方法；普通植物油烟点较低，在高温煎炸时会产生有害物质，油茶籽油的烟点高，在保证品质的前提下可以经受长时间的高温煎炸，不产生反式脂肪酸，是一种很适宜煎炸的食用油；在烘烤的食物上涂抹一层油茶籽油，可以保持食物的鲜香口感和鲜黄外表，不易焦煳；在蒸煮食物时，加入适量油茶籽油即可使食物味道鲜香可口；油茶籽油可以在不加热的情况下直接用于凉拌，用油茶籽油调拌的色拉酱味道清新，爽滑不油腻。

1. 凉拌

普通的食用油在不加热至熟的情况下，不能直接用于凉拌，而茶油不同于其他食用油非得烧热才能够使用。茶油能够在不需加热的情况下，可直接用于凉拌各种荤、素菜，同时还可以调制色拉酱，具有色泽鲜亮、口味爽滑，清淡、不油腻等特点。

2. 热炒

营养专家指出"热锅冷油"的烹调方式可以保证菜品色、香、味和营养。一般食用油的烟点在100℃左右。而油茶籽油烟点高达200℃，用精品茶油热炒食品不发黑，清爽可口，不油腻。但要注意：油烧七分热就好，不要热到冒烟才烹调食物。油脂加热到烟点时，会产生丙烯醛等物质，刺激眼睛和喉咙。精炼程度高的茶油发烟点相对提高，反复使用的油脂发烟点会下降。

3. 煎炸

煎炸食物时，普通食用油在高温下会产生过氧化物，对人体极为有害。而精品茶油含有抗氧化物成分，可以在220℃高温连续油炸20h不变质，不产生反式脂肪酸，品质也不会发生改变，是更理想、更健康的煎、炸食用油。但要注意：每次用完油，应及时将瓶盖盖紧，用过的油不要倒入新油中，炸过的油可用来炒菜，要尽快用完，不要反复使用。

4. 烘烤

在烘烤前或烘烤时涂抹一层精品茶油，可以保持食物鲜香酥脆，口感爽滑，不易煳焦。

5. 汤菜

在煮汤时或煮汤后加入一些精品茶油，使汤更清鲜味美。

6. 清蒸

在清蒸前或清蒸后加入一些精品茶油，如蒸腊味、蒸鱼或蒸蛋等，菜品更清香鲜亮。

（二）茶油在医药行业的应用

在油茶籽油的主产区，油茶籽油被誉为"长寿油"。《本草纲目拾遗》中记载，茶油具有抗炎杀菌、镇痛等作用，肝火虚胜、咽喉疼痛、咳嗽，通过内服油茶籽油，可以很快见效；人体撞伤、烫伤、破皮时，外用涂抹油茶籽油，能取得良好的功效。因油茶籽油既可内服又可外用，被《中国药典》收录为药用油，经常用于针剂或者制取各类药膏、药丸等。

油茶籽油可作为偏方医治很多病例。早年的各种药膏、药丸就常以油茶籽油为调剂搭配进各种传统的中医配方中。普通百姓家也常把蜈蚣、螃蟹等浸在油茶籽油中来涂抹治疗外伤。同时，对于杀虫解毒、清热化湿油茶籽油具有疗效。

　　随着生活条件日益提高，患有心脑血管以及"三高"的人们越来越多，如果能够经常服用油茶籽油，不仅可以预防动脉硬化、高血压以及心脑血管系统疾病，同时还可以延缓衰老。

　　最近的研究发现：茶油在预防产后肥胖，保证胎儿健康成长也有重要作用。调查研究表明：我国有 80％的女性产后肥胖，20％的女性产后永久性肥胖。科学研究证实，这与食用油选择不当，饱和脂肪酸含量摄入量过多有关。普通食用油进入人体后，其未消化部分会聚集在体内转化为脂肪，导致肥胖诱发其他疾病。茶油中的单不饱和脂肪酸，能与体内的分解酵素产生作用，被碳酸气分解转换为能量，阻断脂肪在内脏及皮下生成，因此能有效预防产后肥胖。茶油被福建、台湾一带广泛地用于孕产妇调理身体，俗称"产子油"、"月子宝"。

　　在日常生活中，直接涂抹油茶籽油还能起到抵抗紫外线的功效。

　　同理，把油茶籽油搭配洗发露一起使用不仅可以防止头屑、脱发的产生，还能预防慢性湿疹、皮肤瘙痒等疾病。

（三）茶油在化妆品行业的应用

　　化妆品指以涂擦、喷洒或者其他类似的方法，散布于人体表面任何部位（皮肤、毛发、指甲、口唇等），以达到清洁、消除不良气味、护肤、美容和修饰目的的日用化学工业产品。随着化妆品行业的发展，显现出的问题也很多，最主要就是部分生产者为提高化妆品的所谓美容效果，超量或违规添加禁用或限用化学成分。科学实验和临床案例证明，那些含有合成化学物质的化妆品是造成皮肤过早老化的根本原因之一。而以纯天然原料的化妆品是以生化技术为基础的，大大提高了化妆品的安全性，降低了过敏率。行业内早就有专家预计，以天然物质为主要原料、融合了现代生命科学和药物学的生物功能性化妆品将是最具前途的化妆品，也将是 21 世纪化妆品的主流。

　　同橄榄油一样，茶油是化妆品用植物油之一。首先，茶籽油天然温和，无油腻感，有较强的渗透性，与皮肤的亲和性好，是一种良好的化妆品用基础油；其次，茶籽油含有甾醇、生育酚、角鲨烯、山茶苷和茶多酚等多种生理活性物质，作为一种化妆品基础用油，既能防腐杀菌，又能平衡油脂的分泌；第三，精制的茶籽油热稳定性好，不易氧化变质，安全无毒副作用；最后，根据对茶籽油进行紫外线吸收实验得知，在310nm 波长处对中波紫外线（UVB）有很强的吸收作用，作为一种优质的天然高级美容护肤品原料，其性能优于矿物油。因此，茶油在化妆品中的应用也比较广泛。油茶籽油的主要成分是油脂甘油酸，还含有多种脂溶性成分，对皮肤无刺激，易吸收，是一种油分补给剂的优质油；富含的维生素 E 和抗氧化物质，能润肤美白，防止皮肤损伤和减缓衰老；研究表明，油茶籽油能吸收对人体有害的中波紫外线，是一种优质的高级化妆用植物油。用油茶籽油洗发护发，可以去屑止痒，令秀发乌黑亮丽。相关报道称日本每年要消耗数百吨油茶籽油用于制造化妆品。目前国内用油茶籽油制成的洗护品多种多样，从洗面奶、化妆水、润肤霜到洗发乳、卸妆油等都深受消费者的喜爱。

（四）茶油在化工行业的应用

与橄榄油相比，茶油有着自己独特的成分和作用，其广泛应用于我们日常生活中的各个方面。茶油还是肥皂、高级机械润滑油、机械防锈油等工业产品的原料。在化工、轻工行业，茶油可作为生产助剂和表面活性剂的原料，可以直接磺化，制成磺化油用于丝绸工业。除此之外，最近还有报道称茶油烷醇酰胺具有良好的表面活性，用茶油可制取液体洗涤剂和增稠剂。油茶籽油中的油酸和亚油酸含量高达90％，从油茶籽油中提取的油酸纯度高，可用来制备塑料增塑剂；油茶籽油中的亚油酸可作为催干剂应用于油漆、油墨等产品中。

（五）制备茶油微胶囊

微胶囊是一种通过成膜物质将囊内空间与囊外空间隔离开来，形成特定几何结构的微型容器，直径一般为 $1\sim1000\mu m$。微胶囊的优点在于形成微胶囊后，芯材料性质不受外界影响被保留下来，通过微胶囊化可以减轻外界环境对敏感心材的影响程度，提高其储存性能，改善可操作性，掩盖异味。自从20世纪50年代开发出第一个微胶囊化产品以来，微胶囊化技术作为一种具有优越性能的商品化手段被广泛利用。70年代微胶囊制备技术工艺日益成熟，应用范围也逐渐扩大。80年代以来，微胶囊技术研究取得更大的进展，进一步开发出粒径在纳米范围的微纳米胶囊。

微胶囊化技术作为一种食品加工的新方法在欧美已十分普遍，在中国食品行业的应用也正得到大力发展。国内外已有大量关于微胶囊化工艺及技术的综述、专利和微胶囊化油脂、维生素、香辛料、香精等的文献报道，但关于茶籽油的微胶囊化技术的研究报道还较少。

茶籽油富含亚麻酸、亚油酸等不饱和脂肪酸，易受环境中的空气、水、日光等外界因素的影响，发生氧化反应，从而产生油脂氧化酸败现象，破坏了油中原有的营养物质及风味物质，严重影响了油脂的质量。此外，茶籽油为液体状态，给保藏、运输和加工带来了许多困难，限制了其应用与开发。因此将微胶囊技术应用于茶籽油很有必要。

茶油是我国特有的木本油脂，具有较高的食用油价值，对人体健康极为有益。茶油以其合理的脂肪酸组成，丰富的营养成分，明显的保健功能以及广泛的工业用途，必将成为我国一个具有特色的产业，在食品、医药、化妆品等行业有着巨大的发展空间。随着人们生活水平的提高，消费观念的改变，茶油将具有广阔的市场前景。但目前我国的茶油工艺还处在一个相对比较落后的阶段，茶油精制工艺仍有待改进。

三、茶油的保存

茶油是一种值得推荐的对人体健康有益的保健型营养油，适合长期食用。然而正由于茶油里富含不饱和脂肪酸、维生素等易氧化的成分，因此难于保存，在贮藏过程中油脂会发生水解和氧化作用产生醛酮类物质，再进一步氧化低分子脂肪酸的过程即为酸败。

国内外学者已经开展了相当多的有关油脂贮藏方面的研究，并且总结出了影响油脂品质变化的主要因素以及油脂贮藏技术。由于油茶为中国特有的树种，国外鲜有油茶相关的研究，但对植物油如橄榄油的研究较多，而且比较成熟。

综合国内许多油茶企业的实践，我们推荐以下一些方法。

1. 控温技术

油脂的自动氧化速率随温度升高而加快，一般温度每升高 15℃ 氧化反应速度就增加一倍，可见温度升高会引起品质的劣变，G. P. García-Inza 等人在橄榄油的研究上发现在整个范围（16～32℃）温度每升高 1℃，含油率下降 1.1%，而油酸浓度在相同的范围内以 0.7% 下降。

2. 避光与包装技术

波长为 390～490μm 短波长光线因其所含的能量较大对油脂氧化的影响较大。程建华等人选取同批次精炼棉籽油为试验材料，分别放置在外表涂有不同颜色（银白、绿色和黑色）的同型立式油罐中贮藏两年，结果表明绿罐和银白罐效果基本相当且稍优于黑罐。王亚萍等人研究了不同容器对油茶籽油的贮藏稳定性的影响结果显示油茶籽油的包装及贮存以尽量减少透明材质为宜；不同容器材料中，贮藏效果由好到差的顺序为：铁罐＞玻璃瓶＞塑料瓶。

3. 隔绝氧气技术

油脂接触空气中的氧气而引起的氧化酸败是影响稳定性的主要因素。赵中元等人的研究显示，氧浓度控制在 1.5% 左右，可将相对氧化速率抑制在 8% 以下，如能使用除氧剂将氧分压降至零点，其抑制氧化作用的效果将更为有效。

郝文川等人试验证明满罐贮油技术自然地消除了因罐内外温差而引起的盖顶内结露及由此带来的污染，有利延缓油脂品质的劣变。

丁明等从贮藏条件对油茶籽油酸值和过氧化值的影响中发现，酸价和过氧化值随着贮藏时间的延长总体都呈上升趋势；充入氮气可以保护油茶籽油贮藏酸价和过氧化值的上升，但效果没有容器材料显著。

因此，茶油应避免强光、高温、潮湿，可选择阴凉、干燥、无日光直射的地方贮存，最佳温度 10～25℃。低温下会有乳白色絮状结晶物，这是正常现象不影响食用（注：精品茶油经过冷冻处理不会有此现象）。外界温度高自然会消失，由于茶油中含有大量的抗氧化物，因此在常温下的保质期可长达两年，比一般食用油长很多时间。另外，用过的油瓶不要再反复盛装，可以将已启封但可能较长时间不用的油放于冰箱中冷藏。盛装时，盛装的容器要干燥清洁。

第四节　副产品的加工与利用

一、茶籽壳的利用

茶籽壳是茶籽综合利用后数量较多的副产品，它包括果壳和种壳两部分，其主要成分萎缩成糠醛和木质素，在一定条件下，水解可产生糠醛和木糖醇，经热解可制取活性炭，同时利用油茶果蒲壳为原料还可生产栲胶、醋酸钠、甲酸、甲醇、丙醇以及乙酰丙酸等化学产品。我国茶籽壳年产量几十万吨，基本是作为废弃物。目前国内对油茶果蒲壳的利用研究比较多的是膳食纤维、糠醛、木糖醇与活性炭的制备，其他如栲胶、醋酸钾、低聚木糖、单宁、木质素衍生品等的利用研究也正在逐步开展起来。

1. 利用茶籽壳制备膳食纤维

膳食纤维是一种复杂的混合物的总称，1972 年由 Trowell 等人将其定义为：不被人体所消化吸收的多糖类碳水化合物与木质素。随着科学技术的发展，人们对膳食纤维的认识程度不断深入。1981 年 AOAC 会议将 Trowell 等 1976 年提出的定义确定为膳食纤维的统一定义，并建立了统一的检测方法。目前世界上研究比较多的膳食纤维主要有：谷物纤维、果蔬纤维、微生物多糖、合成纤维等 30 余种。膳食纤维因其较强的持油、持水力，具有增溶作用和诱导微生物作用，而能减少和预防冠心病、糖尿病、高血压、便秘、肥胖症等疾病，在食品中添加一定量的膳食纤维，可缩短食物通过肠道的时间，能降低血液中胆固醇的含量而被营养学家定义为"第七营养素"。

纤维素、木质素、半纤维素为膳食纤维的主要部分，而茶籽壳的主要成分为纤维素、木质素、半纤维素等，所以用油茶籽壳来加工膳食纤维具有一定的发展前景和经济价值。油茶籽中壳的含量占 $35\% \sim 55\%$，中国每年大概有 20 万 t 左右的油茶籽壳产生。油茶籽壳比较坚硬，主要由难以被微生物分解的木质素和纤维素等组成。如果不加以利用即成为废物，会造成对环境的污染。如果能将这些茶籽壳进行开发利用，那无疑会对环境起到很好的保护作用。另外，对茶籽壳进行加工利用，其成本非常低廉，能够大大地提高油茶产业的经济价值。目前，中国还没有从茶籽壳中提取膳食纤维的研究。

加工膳食纤维的工艺流程为：

原料→浸泡→离心→残渣→ NaOH 溶液浸泡→离心→残渣→热水洗去残碱→脱色→离心→滤渣→干燥→粉碎→成品

2. 利用茶籽壳制备糠醛

油茶果蒲壳中含有大量的多缩戊糖（戊聚糖），其含量约为 30%，经水解可生成糠醛，从理论上可获得 47% 左右的产量，为所有农作物废料中含量最高（约 19%）的一种。糠醛是一种稀有的中间有机化合物，至今既无法从石油化学工业的衍生物中提取，又不能用有机化学方法合成，只能利用植物废料，通过水解的方法提取。糠醛作为一种经济价值较大的化工原料，广泛应用于合成树脂、涂料、医药、农药等工业，目前我国已形成了一套以油茶果蒲壳为原料生产糠醛的工艺方法和技术措施。

利用油茶果蒲壳制取糠醛的生产工艺一般为：油茶果蒲壳→酸水解→中和→蒸发→粗馏→中和→精制→糠醛产品。在进行酸水解时，一般以盐酸为水解催化剂为宜，其浓度要求一般在10%左右；硫酸法生产糠醛工艺已基本成熟，在我国应用较广，而苏联学者科鲁宾斯提出的以硫酸氧钛（$TISO_4$）为水解催化剂的生产糠醛工艺，是目前多缩戊糖水解生产糠醛最有前途的生产工艺之一。在油茶果蒲壳水解生产糠醛的同时，原料中的淀粉也被水解，发生醋酸反应生成醋酸，其中和液经过过滤、蒸发、脱色、二次过滤、二道蒸发浓缩以及结晶等工序，即可获得结晶醋酸钠，从而进一步提高油茶果蒲壳的经济利用价值。

3. 利用茶籽壳制备木糖醇

利用油茶果蒲壳中的多缩戊糖在一定的条件下水解生成木糖，再经高压加氢即可制得木糖醇。木糖醇是一种天然存在的五碳糖醇，是人与动物碳水化合物代谢的普遍中间产物，广泛存在于各种果蔬中，但其含量很少。木糖醇具有与甘油相似的作用，是一种用途很广的多元醇，具有多种功能，能够防止龋齿，这主要是由于木糖醇在口腔中不会被细菌发酵利用；能够降低血糖；还能够调节人体脂肪代谢，降低血液中游离脂肪酸的含量，从而减少脂肪组织的形成，其低热性不会提高人体脂肪酶的活性，可降低体内脂肪的积蓄等功能。木糖醇广泛应用于牙膏、卷烟、玻璃、油漆、表面活性剂以及食品等工业。

木糖醇生产的主要工艺流程为：油茶果蒲壳→酸水解→蒸发→粗馏→中和→精制→高压加氢→木糖醇产品。木糖醇的生产方法主要有中和脱酸法和离子交换法，这两种生产工艺各有特点，从目前的生产情况来看，中和脱酸法除燃煤外其他化工原料如硫酸、纯碱、活性炭等的消耗均较离子交换法少，但蒸发效率低、耗煤多、中和浓缩糖浆的质量差、灰分高，增大了净化工序的负荷。从木糖醇生产长远发展的角度来看，只要能找到脱酸效果好、抗污能力强和寿命长的交换树脂，那么采用离子交换工艺生产更有发展前途。利用油茶果蒲壳生产木糖醇，除了能获得主产品——结晶木糖醇外，其副产品如木糖醇母液、废酸、废碱及废活性炭等也有较大回收利用价值。木糖醇母液经脱色精制后可获得液体木糖醇，代替结晶木糖醇应用于牙膏、食品等工业中；废脱色炭经酸洗、碱洗、沉淀、分离和再生活化，可恢复2/3的脱色力；废酸、废碱经回收处理后亦可再利用。

4. 利用茶籽壳制备活性炭

活性炭是一种重要的多孔功能材料，其生产和应用可谓历史悠久。20世纪70年代前，活性炭在中国的应用主要集中于制糖、制药、味精工业、水处理和环保等行业；20世纪90年代，除以上领域外，还扩大到溶剂回收、食品饮料提纯、空气净化、脱硫、载体、医药、黄金提取、半导体应用等领域。目前，欧美国家在药用活性炭方面开展的工作较多。传统的活性炭原料是木材、果壳和优质煤，木材虽是可再生资源，但其生长周期长，受环境保护和生态平衡的制约，不可能大量地用作活性炭原料。近几年，木屑资源短缺也日趋严重，因此，不断开发活性炭生产的原料、探索新的工艺条件、增加新品种是中国乃至世界活性炭工业发展的重要任务。

碳素含量在茶籽壳总重中占有的比例很大，是一种替代木材、木屑和煤来生产活性炭的良好资源。因此，利用油茶果蒲壳及其生产糠醛的残渣作为原料生产活性炭综合性能好，各项质量指标完全可以达到其他果壳活性炭的水平，其活性炭得率高，原料消耗以及生产成本也接近于或优于其他木质素原料。

茶籽壳制备活性炭工艺流程一般为：茶籽壳→粉碎→筛分→干燥→预处理→炭化→酸化→水洗→干燥→筛分→成品。利用油茶果蒲壳生产活性炭的方法主要有氯化锌和气体活化法（高温炭化法），前者采用氯化锌作为活化剂，其炭化和活化要求的温度较低，能源和水蒸气消耗较少，产品活性较高；而后者是采用空气、二氧化碳、氧气或它们的混合物作为活化剂，不需要价格昂贵的化学溶剂，对环境的污染轻微，产品杂质含量低，但炭化和活化的温度较高，能源消耗大。目前我国生产活性炭主要采用氯化锌法，采用此法生产活性炭所排放的废水、废气必须采取有效的措施加以回收利用。废水处理可采用中国林科院林化所的科研人员提出的采用石灰中和絮凝沉淀、污泥回收利用的方法，能获得良好的处理效果和较高的社会经济效益，而废气中的氯化锌则可采用高压静电法加以回收处理。

二、茶籽粕的利用

茶籽粕是茶籽经过加工提取油脂后的残渣，是油茶籽的主要副产品。茶籽粕含有大量的糖类、蛋白质、油茶皂素、粗脂肪、单宁、咖啡因等化学物质。

茶籽粕含有丰富的营养成分，作为饲料，其营养价值与燕麦、米糠饼的营养价值相近。茶籽饼中主要的有害物质是溶血性的皂甙（茶皂素），含量在10%左右，不易被动物的肠胃吸收，并易于分解；另外茶籽粕中还含有2%的单宁和4%的咖啡因；作为饲料时虽然无毒，但会影响饲料的适口性和消化性。因此，从茶籽粕中提取皂甙，既可以提高茶籽粕的饲用价值，同时又可以获得具有良好起泡、乳化、去污等性能的，可用作生产清洁剂、起泡剂、乳化剂和杀虫剂的日用化工原料。

1. 利用茶籽粕制备皂素

茶皂素又称茶皂苷、茶皂甙、茶皂角甙，是一类齐墩果烷型五环三萜类皂甙，含有杂质时，一般呈现为褐色至淡黄色粉末状，纯度越高颜色越淡，其纯品是无色无味的微细柱状晶体，具有皂苷的一般通性，味苦、辛辣，发泡力强，是一种性能优良的天然非离子型表面活性剂、清洁剂、发泡剂、减磨剂、水油乳剂和杀虫剂，可广泛用在食品、轻化工、医药、农药、建材、橡胶、灭火材料、电影胶卷、洗护发用品等中。茶皂素的应用开发潜力很大，据估计可开发出180余种系列产品。

对茶皂素的研究工作主要由中国相关研究人员完成，但研究起步较晚，始于20世纪50年代末，很多研究者对茶皂素的性质、提取精制、应用及含量检测做了一系列的研究。已经确定茶皂素的分子结构式，研究了茶皂素的起泡、去污等表面活性及应用，溶血性、鱼毒性及促进植物生长等类生物激素性及应用。

茶籽粕制备茶皂素的工艺流程设计如下：茶籽粕→粉碎→浸提→过滤→沉淀→转沉淀→过滤→浓缩→产品。茶皂素的提取目前主要有水浸法和有机溶剂提取法两种。

前者是将粉碎的茶籽饼用热水浸泡，然后过滤、浓缩、脱色、再浓缩、再脱水后干燥可得 85% 以上含量的茶皂素粉料；后者则是对茶籽饼脱油后用甲醇、乙醇等浸提，所得浆料浓缩、烘干得 90% 以上的粉料。由于传统水浸法的茶皂素提取率偏低、质量较差、颜色较深，且只能得到粗产品而不能充分利用饼粕；而传统有机溶剂提取法（即二步法）工艺复杂、操作技术要求高、生产成本高，因此，近年来对提取方法做了不同程度的改进，如有机溶剂提取一步法、混合溶剂法、吸附树脂法等。

全国每年有榨油后剩下的油茶饼粕约 50 万 t，油茶饼粕中含茶皂素 10%～15%，但至今尚未得到充分的开发利用，大部分饼粕当燃料烧掉，或廉价出口到日本、东南亚等国家，造成资源的极大浪费，更为严重的是积压的油茶饼粕发霉生虫污染环境，这种局面应该得到改观。据报道，目前茶皂素已卖到 4 万元/吨，产品还供不应求，而茶饼现行价只有 400 元/吨。但是由于种种原因，目前国内对茶皂素的生产和应用还未真正形成规模。如何提高茶皂素的收率、纯度及降低成本是当前急需解决的问题。因此，从油茶饼粕中提取茶皂素具有广阔的发展前景。

2. 利用茶籽粕制备茶籽多糖

根据前人的研究显示，茶籽多糖主要由 6 种单糖组成，即甘露糖、半乳糖、阿拉伯糖、葡萄糖、鼠李糖、木糖，平均分子量 2.4 万。近 20 年来，随着分子生物学及生物信息学的发展，人们逐渐认识到多糖及其复合物与细胞的各种生命现象的调节有着密切关系。大量药理和临床实验证明，从天然产物中分离出的多糖与免疫功能的调节、细胞与细胞的识别、细胞间物质的传输、癌症的诊断与治疗等都有密切关系。据报道，茶籽多糖具有明显延长血栓形成时间，缩短血栓长度，从而起到抗血栓的药理作用；茶籽多糖还具有降血糖作用，还可能有修复糖代谢紊乱的作用。

据统计，中国茶籽年产油茶籽 60 余万吨，取油之后的茶籽粕中含有 30%～50% 的糖类。因此，从茶籽粕中提取茶籽多糖具有重要的实际意义。

茶饼粕制备茶籽多糖的工艺流程设计如下：茶饼粕的粉碎→浸提→沉降→超滤→醇沉→干燥→成品。

3. 茶籽蛋白

茶籽饼粕含有大量的蛋白质，其氨基酸组成为 17 种，其中 7 种是人体必需氨基酸。茶籽蛋白可作为蛋白饮料、焙烤食品、冲调食品的蛋白质强化剂，并可作为酱油等发酵产品的蛋白质原料。

茶蛋白的加工工艺：脱皂茶饼粕→粉碎→浸提→碱液浸提→沉淀→茶籽蛋白。目前未见规模生产的报道。

4. 饼粕饲料

提取完茶皂素的余粕中，还含有较丰富的蛋白质、淀粉和木质素、矿物质元素，稍作加工即可作为禽、畜、鱼饲料。还可利用生物工程技术，以茶籽粕为原料进行混菌固体发酵生产菌体蛋白饲料，实现余粕的增值增效。以这种技术生产出来的菌体蛋白质可以任意比例添加制成各种预混或浓缩饲料，由于其适口性的有效改善，加之富含茶多糖和微量茶多酚等抗氧化活性成分，可使饲养的畜禽抗病能力强、肉质优异。

第九章 油茶林下经济的开发与利用

林下经济是基于森林不被砍伐，生态依然保持良好，充分利用林地土壤及空间等资源而开展种养活动的经济模式。林下经济在近年才被正式提出，在现实中，它以立体经营的方式，选择发展林下种植业、养殖业、采集业和休闲旅游业等附属产业，提高林地生态与经济效益，为人们提供更多的就业机会和优质生活产品，是林业、农业供给侧结构改革的重要实践。

油茶作为一种常绿树种，且大部分是纯林，由于种植密度小，地表空置面积大，丰产前林下光照较充足，造林前期抚育时间长，是发展油茶间种蔬菜、中药材、粮油作物、牧草等种植业和养殖蜜蜂、土鸡、鹅等养殖业的最好方式，通过一地多用，既能有效实现油茶林高产抚育，又能增加油茶林地产出，提高经济效益。在生态效益上，可产生长期的正向效果：一是使林地植被多层次结构，高效利用光照，增加地表覆盖，减少土壤水分蒸发，有利于保持水土，涵养水源；二是能增加耕作层深度，加速土壤熟化和有机质的积累，提高土壤肥力；三是有效防控病虫草害，减少除草剂、杀虫杀菌化学药剂的使用；四是为油茶林地休闲旅游提供观赏、采摘、品尝、购买等产品。

下面我们将重点介绍部分适宜油茶林下种植的、具有加工或典型特色的蔬菜、大宗中药材、粮油作物及牧草的露地栽培技术，促进油茶花授粉的蜜蜂养殖、散养土鸡及放养鹅的技术，简述油茶林下休闲旅游的几种模式。

第一节 油茶林下种植

油茶林地环境大多表现为：土壤酸性、贫瘠、易板结，春季多阴雨、夏季多暴雨、秋冬季多干旱，成林树冠底部距地空间少。在选择林下种植植物类别及品种上宜遵循以下原则：①不与油茶竞争地面上层空间，不宜间种乔木、高大果树、藤本植物、高秆作物，果树、观赏林木或经济林木可作纯林隔离带栽培。②不与油茶争地下空间，不宜种深根植物。③不能种植与油茶有较多的共生病虫害植物。④不宜种植块根块茎繁殖快或分蘖力强，易转变为恶性杂草的植物。⑤宜选种矮秆、抗倒、抗病、耐旱、耐热的草本植物，选择豆科植物在改良土壤、培肥地力等方面有很好的作用；在幼林期，根据地形及灌溉条件，可种植喜光的蔬菜、中药材；在成林后，可种植耐阴、抗旱的牧草、饲料蔬菜、中药材。

在油茶林下种植作物的基本要求：

（1）根据油茶郁闭度选好耕作带，在缓坡地，宜选向阳面行间作为耕作带，另一面作为抚育行走带，耕作带宽宜 0.8～1.2m；梯土一般选择两相邻株间作为耕作带，以梯土外向边作为行走带。新造油茶林耕作带两边排水沟距油茶基部不少于 50cm，并根据油茶树冠的扩大而相应增加。

（2）多施有机肥与磷钾肥，间种豆科植物时接种根瘤菌。

（3）翻耕或收获时，油茶树冠垂直投影区不宜深翻。

（4）林地排水通畅，不能积水。

（5）适时播种，避免夏秋高温干旱。

（6）做好病虫害的农业综合防治，少用农药，不能用剧毒农药。间种作物的病虫害综合防治措施有：①土壤、种子消毒处理。②冬垦夏锄。冬垦翻土，夏秋除草，消灭病原菌、越冬虫卵。③清除病虫株、枝、叶、果等，集中烧毁，防止病虫害蔓延扩展。④合理密植，保持通风透光。⑤清沟沥水，防止积水。⑥灯光诱杀成虫等。

一、油茶林下种植蔬菜

（一）油茶林间作黄花菜

黄花菜俗名金针菜、忘忧草，属百合科萱草属多年生三倍体草本植物，供食用的部分为花蕾，具有喜温光、好湿润、畏酸碱、怕粘渍、耐瘠薄干旱等特性。黄花菜对土壤要求不严，以中性或微酸性、质地疏松不粘重、团粒结构好、背风向阳、排水方便的地块最适宜。

图 9-1　黄花菜

1. 整地施肥

选择 1～3 年龄油茶林外缘 60～80cm 宽的耕作带，以土壤疏松、土层深厚的沙壤土为宜，深耕平整，按行穴距（50～70)cm×(35～45)cm 开穴，穴深 15～25cm、宽20～30cm；每 40 穴施腐熟猪牛栏粪 50kg 或发酵好的饼肥 10kg，复合肥 1kg，与穴土拌匀，并于穴内撒上一层薄土。

2. 选苗与移栽

黄花菜属无性繁殖，种苗需选用生长 5～6 年的大丛黄花菜头。移栽时，选择晴朗天气，将黄花菜头挖起，再用小刀将菜头切割成单株，每株种苗保留 1～2 层新根，新根长 4～5cm，其余全部剪去，同时剪掉根豆、根部的黑须根及肉根；每穴植 3～4 株，穴内株距 10cm 左右，按三角形或正方形排列，种植深度以 10～15cm 为宜，移栽时，先稍盖土覆蔸，然后施入土杂肥，再浇入稀薄粪水并覆土。

移栽时期除盛苗期至采摘期外，其余时段均可取苗栽种，以白露和立春两个节气较宜，最好在白露栽植。

3. 栽培管理

（1）追肥：萌发第 1 次新叶时施春薹肥，抽薹期施催薹肥，结蕾期施催蕾肥，采摘后及时割苗再施越冬苗肥。前 3 次可追施化肥或粪水，以氮肥为主，配合复合肥，最后 1 次施入有机肥；按照"差苗多施、壮苗少施，瘦地多施、肥地少施，晴天水施、雨天干施"的原则巧施肥料。

（2）中耕：每次追肥前先进行中耕除草。第 1 次中耕宜深，约 15cm，第 2、第 3次宜浅，第 4 次中耕应在采收完后抓紧选择晴天土地干燥时进行，青壮龄期深 30cm以上，新扩种的只在行间深挖，在近蔸处浅挖。黄花菜叶片对除草剂很敏感，茶园应慎用化学除草剂。

（3）堆蔸：黄花菜的根系每年从新生的基节上发生，有渐向上生长的趋势，冬苗冻死后应随即用肥土堆蔸，可加深耕作层，有利于新根生长，新植的不必堆蔸。

（4）更新复壮：黄花菜栽植一定年限后，当地上部分成为密集的株丛、地下部产生许多粗短肥大肉质根时就需要更新。采收完成后深中耕时，在老蔸的一边连根挖掉1/3 分蘖，让其另长新苗，3～4 年后又在另一边挖掉 1/3 分蘖，以后挖掉全部老蔸，重新深翻土地，选苗移栽。

（5）病虫害防治：黄花菜病害主要有褐斑病、炭疽病、叶斑病、白绢病、锈病等，虫害主要有红蜘蛛、蚜虫等。防治病虫害首先应采用农业防治，在采摘完黄花菜后及时清除病残体，集中深埋或烧毁，以减少病源。采用配方施肥技术，提倡施用酵素菌沤制的堆肥或腐熟有机肥；加强田间管理，注意及时排水，避免田间积水或地表湿度过大；加强黄花菜冬培春肥工作，以增强其抗病能力；适时更新复壮老蔸，选用抗病性强的品种。病害发生初期可选用百菌清 500 倍液、多菌灵可湿性粉剂 1000 倍液、50% 可湿性托布津 1000 倍液、60% 代森锌 500 倍液等防治，隔 7～10 天喷 1 次，连续防治 2～3 次，采收前一星期停止用药。红蜘蛛可选用 0.5～1 波美度石硫合剂或浏阳霉素（20% 复方剂）1000～1200 倍液或 20% 螨卵酯可湿性粉剂 800～1000 倍液或 20%克螨特乳油 4000 倍液或 20% 哒螨酮可湿性粉剂 2000～3000 倍液，每隔一星期喷 1 次，连喷 2～3 次。蚜虫可用 70% 吡虫啉 6000 倍液或 25% 噻虫嗪 2000 倍液喷雾防治。

4. 采收加工

花蕾黄色饱满、花瓣上的纵沟明显时为采摘最佳期，在采摘期内，每天都要下地采摘。采回的花蕾鲜嫩，易滋生霉菌，不可久置，要及时蒸烤处理。蒸烤方法：把鲜花蕾按头对头、尾对尾整齐排列放置于蒸筛里，排放时要注意装蕾的厚度不可超过5cm，将装满花蕾的蒸筛置于密封的蒸笼或蒸烤箱内，用100～120℃高温蒸熏5～8min，倒出、摊松，放到通风洁净处晾干，或置于阳光下晒干，若遇上阴雨天，可用微火烤干，以125g为一束绑捆收藏。收藏时，由于晾干与烤干的颜色截然不同，风味有别，产品价格悬殊。故不可混装成统货，应依色装束，分别归位，按级别类次整齐排置于不同的防水塑料袋中。并置于桶内或缸内压实、扎紧，加上桶（缸）盖，置于通风干燥处。

（二）油茶林间作薤头

　　薤头别名薤或薤子，系百合科葱属多年生草本植物，适应性广，各种土壤均可栽培。在冷凉湿润的气候条件下，气温超过25℃时，即行休眠。能适应较弱的光照，可与果树间作，在鳞茎发育时，需较长的日照时间。薤头喜沙质土壤，不耐连作，多以鳞茎作为蔬菜上市。

图 9 - 2　薤头

1. 整地做畦

一般选择土质疏松、排灌方便、近 2 年内未种过百合科葱蒜类作物、具有灌溉条件的油茶林耕作带，深翻碎土，平整做畦。结合整地，施足基肥。基肥以有机肥为主，每亩施腐熟厩肥 2000kg 或饼肥 100kg、复合肥 10～15kg，用辛硫磷或毒死蜱拌肥或制成药土撒施，防治地下虫害。

2. 播种

（1）品种选择：根据各地市场需要或生产习惯，可选用大叶藠（南藠）、长柄藠（白鸡腿）、细叶藠（紫皮藠、黑皮藠）或生米藠头（加工用藠头品种）。

（2）播种时间：油茶林地间作藠头，一般在 9 月中旬至 10 月中旬种植，翌年春季鳞茎膨大，初夏抽薹开花，谷雨后到夏至前后，温度升高，叶片生长受抑制，叶鞘增厚，老化加快，同化产物大量转入鳞茎，为鳞茎发育膨大期。

（3）种子消毒：藠头用鳞茎繁殖，种藠极易带病毒，选用无病虫、无伤口、无烂根的鳞茎，去除干叶，剪掉长根，保留 1.6cm 长的根，用 70% 甲基硫菌灵可湿性粉剂或 50% 多菌灵可湿性粉剂 1000 倍液对种藠进行种子消毒，晾干后再播。

（4）播种密度：按行穴距（20～25）cm×（12～16）cm 每亩栽 2.5 万～3.0 万株，大个型用种量 300kg、中小个型 230kg。

（5）播种：在畦的一端开第一条沟，深 6～10cm，将种藠按穴距 12～16cm 沿沟内一边平行排列，每穴排 2～3 棵种藠，再开第二条沟，并将第二条沟的土盖到第一条沟内，如此开沟播种，直至播完，沟距 20～25cm，种藠上盖土要薄，以稍露茌柄顶端为宜。播种后用稻草覆盖畦面，每亩浇盖 50% 的腐熟畜粪 1000～1500kg，并注意浇水，保持土壤湿润，7～10 天就能发芽出土。

3. 栽培管理

（1）追肥：播种出苗后，开始追施一次肥，每亩用 1000kg 10% 左右腐熟粪水浇施，年前可根据苗情结合抗旱，每隔半个月少量追肥一次；在翌年 2 月上中旬，气温回升，藠头的生长进入旺盛期，可每亩施尿素 20kg、氯化钾 10kg，趁中小雨撒施；3 月底当藠头进入鳞茎膨大期时，每亩施三元复合肥 25～30kg；5 月初，每亩施氯化钾 5～7kg，不再施氮肥。

（2）培土：在藠头生长中后期，在小满（5 月 20 日左右）前后连续培土 2～3 次，把根茎部裸露的鳞茎全部深盖。

（3）除草：在藠叶未封行之前，可采取人工除草，翌年 2 月底 3 月初结合中耕进行 1 次人工除草，5 月上中旬再进行 1 次除草。化学除草一般在播种前一星期每亩用 48% 仲丁灵乳油 200g 加 50% 乙草胺乳油 150g 兑水 40～50kg 均匀喷于土表。

（4）病虫害防治：藠头的病虫害发生比较轻，对藠头病虫害主要采取综合防治措施，如选择无病区的健壮藠头鳞茎作种，对连续种植的田块进行轮作换种，开沟排水降低田间湿度。选用高效低毒低残留农药防治以蓟马为主虫害，可用 10% 吡虫啉可湿性粉剂 1000～2000 倍液或 2.5% 多杀霉素悬浮剂 1000～1500 倍液防治；零星混合发生的害虫还有葱蝇和蚜虫，每亩用 25% 阿克泰（噻虫嗪）水分散粒剂 4g 兑水 40kg 进行茎叶喷雾。病害以霜霉病和炭疽病为主，霜霉病每亩选用 53％金雷多米尔锰锌（精甲霜锰锌）50～60g 兑水 50kg 叶面喷雾；炭疽病可用 25％咪鲜胺乳油或 80％炭疽福美可湿性粉剂 800 倍液防治。

4. 采收与留种

叶用薹头，在大寒至翌年清明期间，可陆续采收。采收薹头的要在小满以后，当叶色由绿转枯黄时采收，采收时注意不要挖伤鳞茎，挖出后拍去泥土、去除枯叶、修剪适量残根、留柄 2～3cm，贮放于阴暗通风处即可。留种的可在 7 月以后或播种前采收，采挖后轻轻抖掉泥土，不要清洗，选择大小适中、无病虫、无伤口、无烂根的鳞茎，去掉枯叶，剪去须根，留柄 3cm 左右，在阳光下暴晒 2～3 天，使其含水量降低至表皮松软，然后堆放于通风透气、干燥凉爽的房间，每半个月翻动一次，防止种子霉变。

（三）油茶林间作大蒜

大蒜，别名：胡蒜或蒜，属百合科葱属一二年生草本植物，喜冷凉，喜湿怕旱，对土壤要求不严，最适土壤 pH 值为 5.5～6.0。大蒜需要在 13h 以上的长日照及较高温度条件下才开始发芽和鳞芽风发，在短日照而冷凉的环境下，只长茎叶不结鳞茎，超过 26℃停止生长。大蒜忌连作或与其他葱属类植物重茬。

1. 品种选择

油茶林地间作大蒜可选择当主栽品种或辣味浓、品质优良适合秋播的紫皮品种。种蒜要求蒜瓣肥大，色泽洁白，无病斑，无伤口。一般每亩用种量为 70～75kg 干瓣。

2. 整地施基肥

选择缓坡或宽梯、排灌条件好的油茶幼林耕作带，精耕细耙，整平作畦。结合翻耕施足基肥和适量石灰，每亩施腐熟的人畜粪 1000kg，土杂肥 500～2000kg，复混肥 100kg。

3. 播种

（1）种植时间：一般在 8 月下旬至 10 月中旬。

（2）合理密植：根据蒜种的熟期及蒜瓣的大小及播期，确定栽培密度，迟熟、早播、大瓣，宜稀播，早熟、迟播、大瓣，宜密播。采收鳞茎的每亩保苗 4 万～4.5 万株，采收嫩苗的可密植 10 万株。

（3）播种方法：大蒜适宜浅栽，开沟点播，先在畦的一侧开第 1 条沟，栽蒜后，用开第 2 条沟的土覆盖第 1 条沟的蒜，依次进行，一般播种深度 3～4cm，以看不到种子为宜，播后盖薄层稻草，用稀薄粪水将畦面浇透。

4. 栽培管理

（1）肥水管理：大蒜播种后出土前根据天气情况，做到浅浇水；秋冬季遇干旱要勤浇水，春季要注意排水。适时追肥，第 1 次在播种后 30～35 天亩施复合肥 10～15kg 尿素，或结合浇水施稀粪水＋5kg 尿素；第 2 次在植株生长旺盛期，播种后 60～70 天，用尿素 10kg、钾肥 5kg、复合肥 5kg 撒施，施后浇透水。

（2）中耕除草：出苗后松土除草 3～4 次，松土后注意浇稀薄粪水。化学除草，播后苗前每亩用 50%敌草胺 100g 或金都尔 100mL 兑水喷雾，封杂草；苗期可用 0.8%高效盖草能 45mL 兑水喷雾，灭禾本科杂草。

（3）病虫防治：每亩用 75%百菌清可湿性粉剂 100g 或 70%甲基托布津 70g，兑水稀释后喷雾防治叶枯病、锈病、叶斑病。发现蒜蛆可用 50%辛硫磷乳油 100mL 兑水稀释后随水向大蒜根部浇灌。

5. 采收

（1）蒜薹采收：当蒜薹花序的苞叶伸出叶鞘 13～16cm 时即可采收蒜薹。选晴天下午或阴天露水干后进行。

（2）蒜头采收：蒜薹收后 25 天左右，1/2 叶片变黄微软，为蒜头收获适期，选晴天收获蒜，采收时去泥，削根须，剪把，挂到通风阴凉处晾干。

（四）油茶林间作马铃薯

1. 林地选择

土壤疏松、土层深厚和排灌方便的缓坡或宽梯 1～3 年的油茶幼林地。前茬不能为甘薯、萝卜、辣椒或茄子。

2. 选种与催芽

选育结薯早、薯块膨大快、休眠期短、抗逆性强、抗病抗退化、高产优质的早熟品种。选种后要及时催芽切块育苗。

（1）催芽：将购进的未发芽的种薯按 2～3 层堆放到 12～15℃干净通风的室内进行暖种处理，促使种薯解除休眠和芽眼萌动，在贮藏过程中，必须保持通风、透气、防寒的室内环境，切忌光线直射种薯。相对湿度控制在 80%～90%，若湿度达不到要求，可采取必要的措施进行增湿，如地面洒水、蒸汽等方法。

（2）炼苗：当种薯萌发出 5～6 个芽，长度为 2～3cm 时，不要等到薯皮发生皱缩，就可以进行切种处理。在切种前的 1～2 天要对种薯进行炼苗，一般方式是放置在自然光下进行光照，炼苗到嫩芽薯皮有绿色出现，表皮发生木栓化后结束。炼苗能提高马铃薯抵御病菌的能力。

（3）切块：一般在种植前 1 天切块，在切块前要剔除掉病、烂和冻伤的种薯，选用经过消毒锋利的刀进行切种操作，沿种薯顶端自上而下进行纵切，将薯块切成小块。25g 以下的薯块仅切除脐尾部，25～50g 的薯块纵切 2 块，80～100g 薯块可上下纵切成 4 块，较大薯块可先上下纵切两半再从脐尾部芽眼依次切块，要确保每个切块 25g 以上，切块上都要有一个芽眼。在切块前要准备好经过高锰酸钾（浓度为 2%）或酒精（浓度为 75%）消毒处理过的切刀 2 把，便于交替使用。切块后将种块摊在背风向阳处，晾干切口明水，促进伤口愈合。

3. 整地和施基肥

种植前要对油茶幼林耕作带进行深耕和平整，制成畦，一般畦高度为 25～30cm，宽度为 80cm，深度为 40cm。为了避免下雨造成积渍，还要在种植地的四边挖排水沟。

为了保证马铃薯生长前期和中期的养分需求，必须要对其进行大量基肥的施用，一般亩施腐熟有机肥 4000～5000kg 或饼肥 100kg、硫酸钾复合肥 50kg，在耕作带中央开沟施肥。

4. 移栽定植

油茶幼林间作马铃薯一般在 1 月下旬至 2 月中下旬进行春季马铃薯播种，气温较低的地区可以适当延迟播种期。在施肥沟两旁开间距 45～50cm 的种植沟，按株距 25cm 排薯，覆土厚度 10cm 左右，播种后进行一次灌水，即灌即排。为预防寒潮和草害，最好盖上黑色地膜，地膜上适当压土防风吹。

5. 栽培管理

（1）及时破膜：在出苗期间进行巡查，当发现幼苗顶膜时要及时破膜，并用土覆盖好破损的地膜。

（2）水分管理：在整个马铃薯的生长期，需要较多的水分。出苗后，如果遇到干旱天气，再灌半沟水。需水量将在花蕾出现到开花阶段增大，此时开始形成块茎并膨大。成熟期不要过多的水分，水分过多会使土壤通气变差，导致马铃薯发生腐烂，同时也不利于贮藏。

（3）培土：露地栽培需要培土，培土一般在齐苗后大约 10 天内进行，此时苗高 20～25cm。培土的厚度为 3～4cm。现蕾期要进行清沟，结合撒施客土，将因薯块膨大而导致裂缝盖住，这样能够有效预防青皮的发生，提高品质。

（4）除草：齐苗后应及时除草，一般在植株封垄前除草 2～3 次。如采取化学除草，苗前除草为：下种当日或第二日，盖膜前每亩用 50% 的丁草胺乳油 150g，兑水 50kg 进行田间喷雾。露地栽培，苗后除草为：一般在 3～4 叶时进行，每亩用 25～30g 盖草能兑水 50kg，进行喷施。

（5）追肥：根据基肥用量、土质和天气等因素决定着追肥的施用量，底肥足，苗情好，少施追肥。根据苗情适当浇施腐熟人畜粪尿或复合肥作提苗肥。现蕾期施结薯肥 1 次，每亩为 15kg 复合肥兑水 1000kg，在晴好天气淋施。

（6）病虫防治：马铃薯危害较为严重的病害有晚疫病、病毒病、青枯病、环腐病和黑胫病等。一般要从种薯开始预防病害，主要为将带病种薯、烂薯及时剔除出来和对种薯进行消毒。在生长期间防治晚疫病最重要。它主要是通过带病的块茎传染。田间发现病株要立即拔除，同时用杀菌剂瑞毒霉、百菌清、甲霜灵 800 倍液喷雾防治。一般 7～10 天喷 1 次。地下害虫主要有地老虎、蝼蛄等，可结合中耕培土用阿维菌素或高效氯氰菊酯或辛硫·高氯氟喷杀。

6. 收获

当薯叶由绿变黄，或拔茎摇动，薯块易脱落，表明马铃薯已经成熟，可以收获。收获时间以晴天上午 10 点以前为好，阴天可全天进行。收薯时若表皮脱落，影响品质，可拔掉茎叶，经 3～5 天让薯块木栓化后再挖薯。收获的薯块应随收随运，没有及时运走的可用茎叶覆盖，不能在太阳下曝晒，否则容易腐烂。

（五）油茶林间作辣椒

辣椒属茄科辣椒属一年生或多年生草本植物，主根不发达，根量少、入土浅，茎直立，喜高温多湿的条件，对光照要求不严格，对土壤的适应性较大，以保水能力好的土壤或腐殖土最适宜，其酸度以 pH 6.8 为最适宜。

图 9-3　辣椒

1. 栽培地选择

选择排灌条件好、土层深厚、坡度小、1～3 年的油茶幼林地，前茬为非茄科作物。

2. 品种选择

根据栽培区域的气候特点、灌溉条件及市场需要，选用不同熟期的品种；根据用途，可选用鲜椒型、干椒型或适合于做剁椒等加工的品种；根据消费习惯，可选用甜椒型、微辣型或辣味型品种。

3. 播种育苗

（1）播种期：根据不同的栽培目的、当地的栽培条件、品种特性和育苗技术水平而定，从移栽到丰产期无霜冻。如长江中游地区，用大棚温床播种育苗，播期选择 12 月中下旬至 1 月下旬。

（2）苗床土：床土必须是排水良好、肥沃疏松、保水透气、无病虫残留、富含有机质的沙壤土；可用 2/4 烤晒过的熟菜园土、1/4 腐熟的猪粪渣、1/4 的炭化谷壳混合均匀做苗床营养土，营养土铺 3～4cm 厚。

（3）床土消毒：1000kg 营养土用 40% 福尔马林 200～300mL，兑水 25～30kg 喷洒，适当翻动，用薄膜覆盖 5～7 天，或用该药液直接喷洒于苗床，盖地膜闷土 5～7 天，然后敞开透气 10 天备用。

（4）种子处理：先晒种 2～3 天或置于 70℃ 烘箱中干热 72h，消灭附着在种子表面的病菌和病毒，然后用 55℃ 温水浸种 20min，不断搅动，30℃ 清水浸泡 4h，之后用

10％的磷酸三钠溶液浸种 30min 预防病毒病；或用 1000mL/L 链霉素浸种 30min 预防疮痂病和青枯病；或用 1％硫酸铜溶液浸 5min 预防炭疽病和疮痂病。药剂浸种后用清水洗净。

（5）催芽：处理后的种子用草纸或纱布包着，放在 30℃的盆内催芽，也可用塑料薄膜包好，贴身放着催芽，种子应经常翻动。有条件的可置于 25～30℃条件下的培养浸箱、催芽箱或简易催芽器中催芽，一般 3～4 天，约 70％左右的种子破嘴时即可播种。催芽时，还可在个别种子破嘴时，置于 0℃左右低温下锻炼 7～8h 后再继续催芽，以提高抗寒性。

（6）播种：若假植则每平方米播种量 15～20g，若直接移栽则每平方米播 5～10g，播种前先浇足底水待水渗下后，耙松表土，均匀播种。播种后盖 1.5～2.0cm 的营养土，薄洒一层压籽水，盖好稻草或塌地薄膜或搭建小拱棚保温保湿。

（7）苗期管理：保温保湿，温度 20～30℃，湿度为土壤含水量 60％。出现顶壳或发芽延迟，可人工辅助或加少量的水。70％幼苗出土后去掉稻草或塌地薄膜。小拱棚育苗，晴朗天气多通风见光，使床土"露白"，避免温度过高引起秧苗徒长；以后逐渐揭膜见光，分苗前 3～4 天适当进行秧苗锻炼。若床土养分不足，可于 2 片真叶后结合浇水喷施 1～2 次猪粪水或 0.3％复合肥水液，发现猝倒病，应连土拔除病苗，并撒多菌灵或百菌清药土防治。

（8）分苗假植：3 片真叶时即可假植，假植床营养土同苗床营养土。假植后密闭 2～3 天。如果假植期间温度过高，晴天时应盖遮阳网降温，防止"烧苗"。发现秧苗徒长，可喷施 50mg/kg 多效唑抑制。

4. 定植

（1）定植期：无霜冻即可。

（2）整地：选择油茶幼林向阳面空地翻耕 60～80cm 宽的耕作带，底土粗、表土细且平整。亩施 50～75kg 复合肥、人畜粪作底肥，撒施或穴施。

（3）定植：在耕作带内栽双行，株行距早熟品种一般为 40cm×50cm、中晚熟品种一般为 45cm×55cm，选晴天干土定植，栽植深度以齐子叶为宜，浇足压根水。

5. 栽培管理

（1）施肥：缓苗后浇 1～2 次稀粪水，第一批果实坐稳后可每亩追施腐熟人畜粪水 10 担或三元复合肥 5～10kg，大量坐果后每采摘一批每亩重施复合肥 10～15kg。

（2）浇水灌水：高温干旱时应及时浇水降温，避免高温浇水，尽量早晨或傍晚浇水。油茶林地不宜淹灌，如有条件淹灌，水不能漫畦，即灌即排，不能有积水。

（3）中耕除草：露地栽培，每 7～10 天中耕一次，中耕的深度和范围随辣椒长大而加深、扩大，每次中耕以松土不伤根为前提，并结合中耕进行培土除草，封行前进行一次大中耕，深及底土，此后只行锄草，不再中耕。生长中后期应注意插扦固定植株。

（4）主要病虫害防治

1）辣椒疫病：定植前选用 58％瑞毒霉锰锌可湿性粉剂 400 倍液，或 64％杀毒矾可湿性粉剂浸根，每穴 50～100mL。发现中心病株，用 50％瑞毒霉可湿性粉剂 800～1000 倍液，或 1：1：200 波尔多液灌根封闭发病中心。定植时，缓苗后和开花盛期，选用 58％瑞毒霉锰锌可湿性粉剂 400～500 倍液，或 40％乙磷铝可湿性粉剂 500 倍液，或 72％普力克 600～800 倍液灌根 1～2 次。

2）辣椒炭疽病：用 1：1：200 波尔多液或 70％甲基硫菌灵可湿性粉剂 800 倍液＋75％百菌清可湿性粉剂 800 倍液或 70％代森锰锌 400 倍液喷雾防治。

3）辣椒疮痂病：于 5 月中旬喷施 1：1：200 波尔多液，5 月下旬或发病初期用 47％加瑞农可湿性粉剂 800 倍液或农用链霉素 2000～3000 倍液或新植霉素 4000～5000 倍液或 60％DTM 可湿性粉剂 500 倍液喷雾。

4）辣椒病毒病：用 50％马拉硫磷乳油 2000 倍液或 50％辟蚜雾可湿性粉剂 2000 倍液等及时防蚜。用病毒 K 或病毒 A400～500 倍液，或 1.5％植病灵乳剂 1000 倍液，或 NS-83 增抗剂 100 倍液喷雾防治。

5）辣椒白绢病：每亩用五氯硝基苯 1～1.5kg 拌湿细土 30～50kg，撒在茎基部及其四周。或用 50％代森铵 800～1000 倍液、25％粉锈宁可湿性粉剂 2000 倍液灌根。

6）烟青虫：在幼虫 3 龄以前用菊酯类药剂 2000 倍液喷雾。

7）蚜虫：用 20％吡虫啉 6000 倍液或高效氯氰菊酯 6000 倍液喷雾。

6. 采收

收嫩鲜椒，早熟品种 5 月上旬始收，中熟品种 6 月上旬始收，晚熟品种 6 月下旬始收。

（六）油茶林间作秋花椰菜

花椰菜又名松花菜，属长日照性喜冷凉蔬菜，不耐旱、不耐涝渍，要求栽培地排灌良好、耕层深厚、土质疏松肥沃、保水保肥力强，土壤 pH 值为 5.5～8.0 时都能种植。

图 9-4 花椰菜

1. 品种选择

因地制宜选用熟期适中、抗病、抗虫、不散球、花球产量高及商品性好的品种，一般选择 80～100 天的中熟品种或 120 天的晚熟品种。

2. 培育壮苗

（1）床土配制：选近 3 年未种过十字花科蔬菜的肥沃田园土与充分腐熟过筛圈粪按 2∶1 比例配置，按每立方米加三元复合肥 1kg、50％多菌灵可湿性粉剂与 50％福美双可湿性粉剂各 5g，拌匀作床土铺入苗床内，厚度 10cm 左右。

（2）种子处理：将种子放在 30～40℃的水中搅拌 15min，除去秕籽，在室温水中浸泡 2h，再用清水洗净备播。

（3）播种：一般 8 月中旬至 9 月中旬播种，每亩用种 15～20g。播种后用床土盖种，浇水，保持苗床湿润。待 70％种芽出土后覆盖遮阳网，通风降温。

（4）育苗：要及时对苗床除草、早晚浇稀薄粪水抗旱，防治蚜虫、菜青虫，及时间苗和拔除病苗。

3. 移栽

（1）整地施肥：选油茶幼林耕作带深翻 25～30cm，每亩撒施优质腐熟畜禽粪 5000kg、复合肥 25kg、硼肥 1kg 作基肥。

（2）种植：选阴天或傍晚移栽，每一耕作带栽 2 行，行株距 60cm×50cm，移栽当天浇足定根水，以后 2～3 天如不下雨，需浇活棵水。

4. 栽培管理

（1）浇水追肥：花椰菜为喜湿植物，在生长期间要保持土壤湿润，在干旱季节每天早晚浇水，切忌漫灌，以免引起沤根，阴天停止浇水。追肥一般分 3 次进行，①提苗肥，活棵后进行穴施，每亩施尿素 5kg 加复合肥 15kg；②花球膨大肥，每亩用复合肥 20kg，腐熟禽畜粪 100kg 加 100g 硼砂对水浇施。③花球直径达 3～5cm 时，每亩施硫酸钾 10kg，慎浇粪水，以防花球腐烂。

（2）中耕除草：从定植到封行浅中耕 2～3 次，结合中耕进行培土和清除杂草。

（3）遮盖花球：当花球直径 8～10cm 时将花球附近的大片叶子束叶或折叶盖在花球上，以防止强光照射，保持花球洁白，并防霜冻。

（4）病虫害防治：花椰菜病害主要有根腐病、霜霉病、软腐病、黑腐病，虫害主要有菜青虫、斜纹夜蛾及蚜虫。病害以预防为主，药剂防治主要是在病害初期，用 77％可杀得可湿性粉剂 500 倍液灌苑防治根腐病；用 70％代森锰锌可湿性粉剂 600～800 倍液或 50％多菌灵 800 倍液或甲霜灵 400～600 倍液进行喷雾防治霜霉病，用硫酸链霉素或 72％农用链霉素可湿性粉剂 3000～4000 倍液喷雾防治软腐病和黑腐病。选用苏云金杆菌制剂 500～1000 倍液或 0.5％甲氨基阿维菌素兑水或氯氰菊酯 10％兑水或 Bt 乳油对水或 50％的辛硫磷乳油 1000～2000 倍液进行喷雾防治菜青虫、斜纹夜蛾，用苦参碱或蚜虱净或吡虫啉对水叶面喷施，防治蚜虫同时可以兼防其他鳞翅目类和鞘翅目类害虫。

5. 收获

花椰菜的采收，一般是在花球充分长大、表面圆正、边缘尚未散开时为佳，采收时在花球下带 5～6 片叶子割下，以便在运输过程中保护花球。

（七）油茶林间作甘蓝

1. 土壤选择

以土层深厚、疏松、肥沃的壤土或沙壤土为最理想，土壤 pH 值宜在 6.0～7.0。

2. 播种期

甘蓝喜冷凉气候，一般在 9 月至翌年 1 月播种。夏秋季栽培应选择耐热品种。

3. 播种育苗

（1）播种：苗床要施足基肥。种植 1 亩甘蓝需苗床 8～10m²，需种子 40～50g。做好苗床后浇足水，并可用多菌灵或撒石灰对土壤处理，每平方米均匀撒种 5～8g。

（2）苗期管理：夏季和早秋育苗，需采用遮阳网覆盖进行育苗，出苗后及时揭开遮阳网，晴天上午 10 时至下午 4 时盖上，早、晚及阴雨天不要盖遮阳网。待幼苗长到 2～3 片真叶时间苗 1 次，移栽前可间苗 2～3 次，每次间苗后浇少量粪水，若遇干旱，每天早晚各浇水一次，同时施少量的提苗肥。

苗期要做好立枯病和虫害的防治，并结合蚜虫防治进行病毒病预防，可使用噁霜锰锌 500～1000 倍液、阿维菌素 1000～1500 倍液等每隔 5～7 天防治一次。秋甘蓝苗龄 30 天左右，具有 7～8 片真叶时即可定植。

4. 整地定植

（1）整地：选油茶幼林 70～80cm 宽的耕作带，深耕平整，做成高畦，每亩撒施腐熟有机肥 2000～3000kg，加三元复合肥 20kg，在畦面可喷洒乙草胺或金都尔封闭除草剂。

（2）定植：定植前 2h 苗床要充分浇水，带土取苗，选择粗壮、节间短的大苗在傍晚或阴天移栽，株行距为 35cm×40cm，定植后浇足定根水，天气干燥时，要浇活棵水。

5. 栽培管理

（1）水肥管理：甘蓝不耐旱，应定期浇水。进入莲座期，可结合浇水每亩施复合肥 20kg，促进茎叶生长；结球初期进行第二次追肥，每亩施优质复合肥 25kg，此后 5～7 天浇 1 次水；叶球生长盛期进行第三次追肥，每亩施复合肥 25kg，促进叶球紧实。雨天应及时排水，畦内不能有积水。

（2）打侧芽及除草：定植后如有侧芽应及早摘除，甘蓝为浅根性，中耕宜浅，结合中耕清除杂草，且在植株长大后即停止中耕。

（3）病虫害防治

可用 72% 的农用链霉素可溶性粉剂 500～800 倍液防治软腐病，用 20% 病毒必克可湿性粉剂 800 倍液或 20% 病毒 A 可湿性粉剂 500 倍液防治病毒病，用噁唑锰锌 500～1000 倍液防治霜霉病。用阿维菌素 1000～1500 倍液或氟虫氰 1000～1500 倍液防治小菜蛾、斜纹夜蛾，噻虫嗪 1000 倍液或吡虫啉 1000～1500 倍液防治蚜虫。

6. 采收

结球甘蓝以结球紧实而未裂球即可采收，采收前一星期不宜浇水。甘蓝在高温期结球不太紧，可提早采收。

（八）油茶林间作苤蓝

苤蓝又称球茎甘蓝，十字花科芸薹属一二年生草本植物，其肉质球茎为蔬菜。苤蓝喜温和湿润、充足的光照，较耐寒，也有适应高温的能力，肉质茎膨大期如遇 30℃以上高温肉质易纤维化。对土壤的选择不很严格，但宜于腐殖质丰富的黏壤土或砂壤土中种植。

图 9‑5 苤蓝

1. 品种选择

选择适应性广、品质优良、高产、抗逆性好的品种。以腌制为目的的应选高产、抗病性强的大型品种；以水果礼品为栽培目的的应选用品质好的紫苤蓝品种；以鲜食或炒烩为目的的可选用品质优良品种。

2. 育苗

在油茶种植地区可春秋两季栽培。春季大棚栽培一般 1 月底在大棚内利用小拱棚育苗，露地栽培 2 月中下旬利用小拱棚育苗。秋季栽培 7 月中旬至 8 月中下旬育苗。

采用苗床育苗，每平方米均匀撒播 6～8g 种子，播后覆盖 1cm 厚营养土，浇透水。春播要加盖小拱棚保温保湿；秋播要经常浇水保湿，覆盖遮阳网降温。在两片真叶时开始查苗补缺，施稀粪水 1～2 次，以保持幼苗稳长。

3. 整地施肥

选择前茬未种过十字花科作物油茶幼林耕作带深耕平整，作宽 60cm 的畦，每亩施入腐熟有机肥 2000kg、复合肥 100kg，秋季栽培每亩使用高效低毒生物农药苦参碱 1kg 防治地下害虫。

4. 移栽

春季栽培，苗龄 30 天左右选择雨前或阴天（晴天宜在傍晚）定植。定植时剔除过大苗和过小苗。定植行株距（35～45）cm×（25～35）cm，定植后立即浇定根水，第 2 天再浇 1 次透水，以利缓苗。秋季苗床育苗，定植前 1 天浇透苗床，第 2 天起苗时要尽量多带土，以利活棵。

5. 栽培管理

春季栽培，定植后隔 3～4 天浇 1 次水，连浇 2～3 次；球茎开始膨大时，根据天气情况每 3～5 天浇 1 次水，小水勤浇，保持土壤湿润、地皮不发白，以利球茎快速膨大，避免过干过湿，防止球茎生长时快时慢造成球茎开裂或畸形，影响商品性；接近成熟时适度控水，防止球茎开裂。活棵后视田间杂草生长情况中除草 2～3 次。球茎开始膨大后每亩追施尿素 5kg，球茎膨大盛期每亩再追施尿素 10kg，施肥后及时浇水增加肥效。

病虫害防治，春季露地栽培，后期有菜青虫危害，发现有飞蛾，可用 2.5%敌杀死 1000 倍液或 2.5%功夫乳油 1500 倍液喷雾防治。秋季栽培，前期主要有菜青虫、蚜虫危害，可用 2.5%敌杀死加 10%吡虫啉 1000 倍液喷雾防治，每 10 天喷施 1 次。苤蓝生长前期病害很少，如发现少量软腐病、霜霉病和黑腐病植株，可拔除病株并带出田块，无须用药剂防治，以减少农药用量，实现无公害栽培。

6. 适时采收

早熟品种一般定植后 50 天、中熟品种 60～80 天、晚熟品种 80～120 天，可依据市场行情择机采收上市。为保证产品新鲜、美观，可保留 2～3 片苤蓝心部叶片。

（九）油茶林间作球茎茴香

结球茴香又称球茎茴香，是伞形科茴香属茴香种的一个变种，为两年生草本植物。以叶鞘基部层层抱合形成扁球形的柔嫩鳞茎及嫩叶，为营养价值较高的蔬菜。喜冷凉，较耐低温，苗期耐高温，适宜生长温度 4～26℃，喜光不耐阴，不耐干旱，对土壤适应性广。宜选择坡度小、土层深厚、疏松肥沃、排灌条件好的 1～3 年油茶幼林地栽培。

1. 培育壮苗

（1）适期播种。选择耐热、对光照要求不严格、不易抽薹的抗病早熟品种。春季露地栽培 3 月底 4 月初播种，6～8 月陆续采收；秋季露地栽培，7 月播种，9～11 月采收。直播或育苗移栽，每种植 1 亩需 15m² 的苗床面积，用种量 50～70g（种子发芽率在 90%以上）。

（2）播前种子处理。播种前晒种 6～8h，用手搓后用清水浸种 20～24h，然后放在 21℃条件下进行催芽，每天用清水冲洗 1 次，大约 6 天左右出芽，然后播种。

（3）播种育苗。苗床育苗，选择通风、排灌方便的沙壤土粗翻，每平方米撒施腐熟有机肥 2～3kg，复合肥 0.1kg，碎土作畦整平，浇透底水，均匀撒播种子，盖0.5～1.0cm 厚营养土。早春播种需盖地膜或做小拱棚保温保湿，秋播需盖遮阳网降温，浇水抗旱。穴盘或营养钵育苗，按草灰：蛭石＝3∶1或草灰∶蛭石∶废食用菌料＝1∶1∶1配制基质，每立方米基质拌入50％多菌灵或70％百菌清200g；一般用128穴的穴盘或6cm×6cm规格的营养钵填充基质后播种，播种深度0.8～1.0cm，播后用蛭石盖种，覆盖蛭石不能超过盘面，播种后浇足水，保湿保温，夏播防高温。在植株有5～6片真叶，株高20cm左右时进行移栽，移栽前将菜苗处于自然条件下炼苗2～3天。

2. 整地与移栽

选用油茶幼林耕作带，在耕地前每亩施入腐熟有机肥3000kg或饼肥100kg，耕翻后整平整细做畦。一般每畦定植两行，行距40～50cm、株距30～40cm，带土移栽，将叶鞘基本膨大的方向与栽植行的方向呈45度角，浇足定根水。

3. 栽培管理

（1）肥水管理。定植后3～4天轻浇缓苗水，缓苗后中耕蹲苗7～8天，待苗高30cm左右每亩追施复合肥10kg，球茎开始膨大时每亩追施复合肥15kg，球茎快速膨大时每亩追施复合肥10kg。整个生产期要小水勤浇和除草，经常保持土壤湿润。

（2）病虫防治

根腐病，在发病初期，用50％多菌灵可湿性粉剂或70％甲基托布津，每亩1～3kg拌细土沟施或穴施，或配成500倍液灌根。灰霉病，发病初期用40％嘧霉胺悬浮剂800～1000倍液或10％宝丽安可湿性粉剂800倍液，或45％特克多悬浮剂1200倍液喷雾防治。白粉病，发病初期喷洒43％戊唑醇悬浮剂8000倍液，或10％苯醚甲环唑水分散粒剂8000倍液或40％氟菌唑乳油8000倍液喷雾防治，10天左右防治1次，连续2～3次。菌核病，初发时用40％菌核净可湿性粉剂500倍液或50％速克灵可湿性粉剂1500～2000倍液喷雾防治。

蚜虫及凤蝶幼虫，可用0.5％芦藜碱醇溶液800～1000倍液或10％吡虫啉1000倍液喷雾防治，一般一个星期1次，连续2～3次。

4. 适时采收

当球茎厚度达6cm以上，重量达0.3kg以上时即可采收。采收时，将整株拔出，削净根盘，球茎上留5cm左右的叶柄，其余部分全部去除。

（十）油茶林间作马齿苋

马齿苋，别名荷兰菜、长命菜、长寿菜、长命草、瓜子菜等，属马齿苋科、马齿苋属的一年生肉质草本植物。喜高温高湿，耐旱不耐涝，有向阳性，适应性强，对土壤要求不严格，以中性和弱酸性土壤较好。马齿苋为药食兼用植物，以鲜嫩的肉质茎叶做蔬菜食用。

1. 品种选择

作为蔬菜栽培，一般选用大叶型菜用马齿苋，叶片较大，茎秆较粗，肉质较厚，口味较好。国内一些种苗公司引进荷兰育成蔬菜专用的大叶型马齿苋优良品种，在一些省市推广种植。种植户可从当地野生马齿苋中筛选品种，进行繁种。

2. 整地施肥

油茶林地间作，可选油茶覆盖率在 60% 以下的弱酸性土壤种植，深耕碎土起畦，要求畦面平整、松软、土粒细。结合整地，亩施腐熟有机肥 1500kg 左右或饼肥 80～100kg。

3. 播种

油茶林地一般为春播，灌溉条件好的缓坡地可秋播，以撒播或调播的方式直播。春播在 3 月底至 4 月上中旬播种，秋播于 9 月底至 10 月上中旬播种，播种时可先将种子与细沙混匀后均匀播撒，亩用种 100～150g。播种后只需轻耙表土或覆盖薄层火土灰，用洒水壶将畦面淋湿，保持土壤湿润，一般 5～7 天可出苗。

4. 栽培管理

（1）间苗补苗：直播地出苗 10 天左右间苗定苗，移密补稀，如整株连根采摘可密植，采摘茎叶保持株行距 5cm×15cm 左右。

（2）中耕除草：在间苗的同时除草、松土，以后根据土表情况和杂草多少，确定松土、除草次数。

（3）肥水管理：根据苗情可结合中耕除草适当浇施腐熟稀薄的粪水或复合肥，不宜直接追施尿素，以免植株老化；采摘茎叶好，每亩追施 800～1000kg 10% 的粪水或 30kg 复合肥；采摘前一星期可用 1% 浓度的磷酸二氢钾进行叶面喷施，使其茎叶片生长肥嫩。注意春季排水，秋季抗旱。

（4）及时摘蕾：进入现蕾期，要不断摘除顶端现蕾部分，促进分枝生长，提高茎叶产量。

5. 病虫害防治

主要病害有病毒病、白粉病及叶斑病。用 1：1：50 的糖醋液或 500 倍的病毒 A 叶面喷施防治病毒病，常用 800～1000 倍的甲基托布津或 2000 倍的粉锈宁防治白粉病，用百菌清、多菌灵、速克灵等防治叶斑病。虫害主要有马齿苋野螟和蜗牛，防治应使用低毒、低残留的杀虫剂。蜗牛，可撒生石灰防除。采摘前一星期停止用药。

6. 采收

出苗后苗高 15cm 左右时，结合间苗，即可采收供食。株高 25cm 以上时，正式采收，整株或摘茎采收。采收茎叶时要注意在植株根部留 2～3 节主茎，以后陆续采收。

7. 留种

在田间保留一些生长旺盛植株健壮的单株用来留种。待种子显黑色时，割下植株，晒干脱粒，或先在采种地铺一塑料布，然后在成株上直接将种壳连同种子摘除晒干。也可在生长田里适当留一部分花蕾开花结籽，然后自然散落在地里，第二年春季萌发生长，这样栽种一次，可连续几年生长，不必每年播种。由于马齿苋具有野生特性，不加控制则会无限制地蔓延开来，变成杂草，每年春天马齿苋长出来以后，要细心检查种植丘块周围的地方，发现马齿苋幼苗应完全拔除，以免危害其他作物。

（十一）油茶林间作黄秋葵

黄秋葵又名秋葵、洋茄、咖啡黄葵，属锦葵科秋葵属一年生或多年生短日照草本植物，以幼嫩蒴果做蔬菜。黄秋葵喜温暖，耐热怕寒，不耐霜冻；耐旱、耐湿、但不耐涝，结果期要求水分充足；对光照敏感，要求光照充足，光照时间长；对土壤适应性广，但以土层深厚、肥沃疏松、排水良好、保水保肥力强的壤土或沙壤土为宜，忌连作，也不宜选果菜类作物为前茬。

1. 品种选择

一般选择早熟、植株较矮的品种种植。播种前选择籽粒饱满、无病虫害的种子，用 30～50℃ 温水浸种 10h，捞出沥干后放在 25～30℃ 条件下催芽 48h，待 60%～70% 种子露白即可播种。播种时可在种子中拌入适量防地下害虫的农药（如辛硫·乐斯本），预防幼芽受害。

2. 播种与育苗

露地栽培适宜时间：春季在 3 月底至 4 月中旬地温稳定在 15℃ 以上时播种，夏秋季在 8～9 月播种。播种可育苗移栽或直播，大田亩用种量 0.5kg 左右。育苗移栽的可在事先整好的苗床上浇足底水，按株行距 10cm 左右进行点播，每穴播种 2～3 粒，然后覆土 2cm 左右，播后 5～6 天出苗。也可采用穴盘或营养袋育苗，提高移栽成活率，每穴（袋）播种 2～3 粒。苗期 20～25 天，待幼苗长至 2～3 片真叶、苗高 10～12cm 时可移栽定植。

3. 整地移栽

选择缓坡及宽梯油茶幼林向阳面耕作带深耕平整做畦，畦宽 90cm，施足基肥，每亩施腐熟农家肥 1000～1500kg、钙镁磷肥 25kg、复合肥 50kg，随耕随施。双行种植，以春播为主，灌溉条件好的可秋播，按株行距 50cm×80cm（春播），40cm×70cm（秋播）。每穴栽 1 株，移栽时带土取苗，注意不要损伤根系，种后浇水，注意浇活棵水。直播的在事先整好的畦内按株行距挖穴，先浇足底水或选下雨前，每穴播 2～3 粒种子，盖火土灰或营养土。

4. 栽培管理

（1）间苗与定苗：直播田出苗后要及时间苗，第 1 片真叶展开时进行第 1 次间苗，去掉病、弱、小苗；在第 3 片真叶展开时定苗，每穴留 1 株壮苗。

（2）中耕除草及培土：每隔 7～10 天进行一次中耕除草。封行前结合中耕进行培土。

（3）肥水管理：在移栽成活后或直播定苗后追施提苗肥，每亩用尿素 5～6kg 加复合肥 4～5kg 兑水浇施，或用腐熟的稀薄人畜粪尿浇施；定植后 1 个月左右施壮苗肥，每亩施复合肥 15kg、氯化钾 5kg 兑水浇施；第三次当苗高 30cm、进入结果期时重施结果肥，每亩施复合肥 20～30kg、氯化钾 10kg，进行穴施后培土；生长中、后期，根据长势酌情追肥，整个生育过程中不能偏施氮肥。

（4）水分管理：移栽成活后根据土壤湿润情况，及时浇水，春夏要注意排水，夏秋遇高温干旱一般 5～7 天灌透 1 次水，开花结果期应保持土壤湿润，防止土壤过干使果实纤维化。

（5）整枝修剪：黄秋葵以主茎结果为主，当茎部叶腋处发生侧芽、侧枝或种植过密互相遮阳对生长不利时，应及时去除侧枝、老黄叶片，主枝 60～70cm 时可摘心。当植株生长较高时，要插竹竿或木棍支撑，用细绳捆绑主茎，以防止倒伏或被风刮断。

（6）虫害防治：黄秋葵主要病害有疫病、炭疽病、白粉病、枯萎病等，防治疫病、炭疽病、白粉病每亩可用 25％嘧菌酯悬浮剂 40mL 对水进行叶面喷雾；防治枯萎病可用 10％多抗霉素可湿性粉剂 600 倍液喷雾。每隔 5～7 天喷一次，连续喷 3～4 次。

主要虫害有蚜虫、斜纹夜蛾、棉铃虫、地老虎、蚂蚁、斑潜蝇、盲蝽象等，幼苗期以蚜虫、斜纹夜蛾为主要防治对象，防治药剂可用 10％氯氰菊酯乳油 3000 倍液或 10％吡虫啉可湿性粉剂 4000～5000 倍液喷雾；可在根际周围灌 20％氯氰·辛硫磷 1000 倍液防治地老虎；用苏云金杆菌 500 倍液或 20％氯氰·辛硫磷 1000 倍液或 1.8％阿维菌素乳油 2000 倍液喷雾防治斜纹叶蛾、棉铃虫、斑潜蝇、盲蝽象等；用 2.5％敌杀死乳油 5000～7500 倍液喷雾，防治蚂蚁。

5. 适时采收

一般开花后 6～8 天，果实长 6～10cm，单果重 8～15g，果皮浅绿翠嫩，即可采收。果色由绿色转为白色，食用品质下降，失去鲜食价值。采摘时要带柄小心摘下嫩荚，不要损伤植株。为保持最佳食用品质，早期 2～3 天采摘 1 次，盛果期每天或隔天采收。

二、油茶林下种植中药材

（一）油茶林间种百合

百合又称山百合、药百合、野百合、喇叭筒、岩百合等，属于百合科百合属集食用、药用及观赏等多功用的多年生宿根草本植物，以鳞茎供食用或药用，花大而艳丽，有极强观赏功能。百合喜温暖湿润环境，耐荫、耐寒、耐旱、怕炎热酷暑、怕涝，适宜在土层深厚、排水良好的微酸性砂质壤土地种植，忌连作。

1. 种苗繁殖

百合的繁殖以采用鳞片、仔球（鳞茎）、珠芽繁殖为主，也可以用种子繁殖。选择排水良好、疏松肥沃、没有种过葱蒜以及茄科类作物的砂质壤土做苗床，深开排水沟，精耕作畦，施足基肥。

（1）鳞片繁殖：秋季百合收获后，选择生长健壮、无损伤、无病虫害危害的大鳞茎，剥去鳞茎表面质量差或干枯的鳞片，用里层的鳞片进行药剂处理，即将鳞片放入 500 倍多菌灵溶液中浸泡 30min，或用 500 倍的（50kg 水＋100mL 枯萎根腐清＋100mL 碘中碘＋100mL 强力生根壮苗剂）药液中浸泡 10～12h，取出阴干后扦插，按株行距（3～5)cm×(10～15)cm，鳞片基部朝下，将 1/3～2/3 鳞片插入苗床，然后盖 2cm 左右的土，再盖 8～10cm 厚的稻草或杂草遮阳保湿，注意苗床不能过湿。不久即由愈伤组织分化出小鳞茎，当年生根，第 2 年春季即萌发成幼苗。再培育 1～2 年，地下鳞茎重可达 50g 左右，每亩约需种鳞片 100kg，种植大田 15 亩。

（2）小鳞茎繁殖：小鳞茎亦称仔球，生于地上茎秆基部土壤内，有时在母株球的基部也能形成小鳞茎。收获时，大鳞茎作药食用，小鳞茎作繁殖材料。30～50g 的小鳞茎可作为种球直接播种；30g 以下的则选无病虫害的鳞茎，剪去茎底盘上的须根，消毒后按株行距 6cm×25cm 播种于苗床，继续培养 1 年再作种用。

（3）珠芽繁殖：百合有的品种如卷丹、沙紫等常在上部叶片叶腋间长有珠芽，夏季珠芽成熟要脱落时采收，与 2 倍清洁细干沙混拌均匀，贮藏于阴凉、干燥、通风的屋内，当年秋季在苗床上按 15cm 开 5cm 深的浅沟，将珠芽以 3～5cm 间距均匀播于沟内，覆细土 2～3cm，盖草保湿。珠芽当年生根，翌年春季出苗，揭去盖草，加强培育，秋季再按小鳞茎进行繁殖。

（4）种子繁殖：秋季采收成熟种子，随即播于苗床，或将种子与 3 倍湿沙层积贮藏，翌年清明后播种。按行距 15cm 开深 5cm、宽 5～7cm 的浅沟，将种子均匀播于沟内覆盖薄土，盖草保湿。播后 1 年内可产生小鳞茎，小鳞茎再培育 2～3 年，便可做种球用。

2. 整地施肥

选择郁闭度在 50% 以下的油茶林地耕作带，将杂草除净，结合深翻亩施牛栏粪等有机肥 1500～2000kg、发酵饼肥 50kg、复合肥 50kg 做基肥，用 50% 辛硫磷乳油 250mL 拌湿润的细土 10～15kg、50% 多菌灵 1kg 均匀撒到土面，起垄碎土平整，按行距 25cm 开横向栽种沟，沟深 12cm。

3. 栽种

9～10 月栽种。将鳞片抱合紧密、无损伤、无病虫害的种用小鳞茎用 500 倍液的克菌丹或多菌灵溶液浸泡 30min，也可用 2% 福尔马林溶液浸泡 15min，捞出晾干后下种。在栽种沟内每隔 15cm 摆放 1 个小鳞茎，顶端朝上，覆细土栽正栽紧，搂平畦面，盖一层干草，用枯枝压住，翌年春季发芽时揭去。每亩用种 250kg 左右。

4. 栽培管理

（1）中耕除草：栽后第 2 年春开始松土除草，保持田间无杂草，但中耕次数不宜过多，浅锄，不要碰伤鳞茎。

（2）追肥：结合除草，苗期追施 1 次提苗肥，亩施腐熟人畜粪水 1000kg、过磷酸钙 20kg 加堆肥 800kg 拌匀，于行间开沟施入，施后盖土；在花期前后亩施磷钾肥或复合肥 20kg 1～2 次，也可用 0.2% 磷酸二氢钾叶面追肥。注意施肥应避免肥液与种茎直接接触。

（3）抹芽、打顶与摘蕾：春节百合发芽时，保留 1 个壮芽，其余抹除，避免鳞茎分裂。除留种的外，当苗高长至 27～33cm 时摘顶。对有珠芽的品种，如不打算用珠芽繁殖，应及时摘除。5～6 月现蕾时，要及时摘除花蕾。

（4）排灌：结合中耕除草施肥，疏通步道并培土于床面，清理排水沟，春夏雨季及大雨后要及时疏沟排水。久旱无雨时，适时适量浇水，保持土壤湿润，切忌大水漫灌。

（5）病虫害防治：茎腐病、叶斑病用 65% 代森锌 1000 倍液每 7 天一次，连喷 3～4 次；病毒病用 800 倍病毒 A 药液喷雾防治；灰霉病用 70% 代森锰锌可湿性粉剂 400

倍液喷雾防治，疫病用 25％甲霜灵可湿性粉剂 200 倍液灌根防治。地老虎用 2.5％溴氰菊酯或氰戊菊酯 3000 倍液地表喷雾杀灭，种蝇用 1.8％阿维菌素 3000 倍液喷雾杀灭，蚜虫用 40％氰戊菊酯 6000 倍液喷雾防治，亩用 40％辛硫磷乳油 250mL 拌细土 30kg 均匀撒于土中杀灭蛴螬。

5. 采收加工

（1）采收：移栽后第 2 年秋季地上部分全部枯萎后，选晴天采挖，挖时要轻，防止损伤鳞茎，除去泥土、茎秆和须根，将大鳞茎加工成商品，小鳞茎选出作种用。

（2）加工：先将大鳞茎剥离成片，按大、中、小分别盛放，洗净泥土，沥干水滴。然后，投入沸水中烫煮一下，用木棍搅动，使上下受热均匀，大片 6～8min、小片 4～6min，当鳞片边缘边软、背面有微裂时，迅速捞出，放入清水中漂洗去黏液，立即薄摊于晒席上暴晒，未干时不要随意翻动，五六成干时经常翻动，晾晒至八九成干时熏蒸，再复晒至全干，遇阴雨天则可用文火烘干。

（二）油茶林间种玉竹

玉竹，别名萎蕤、玉参、尾参、玉术、山玉竹、竹七根、山姜等，为百合科黄精属多年生宿根草本植物，以地下根茎入药，是药食兼用品种。玉竹适应较强，喜凉爽、湿润、荫蔽环境，耐寒；忌连作，前作不宜为百合、葱蒜、芋头、辣椒等作物，轮作年限要超过 3～4 年，种植老区要超过 7～8 年；对土壤要求不严格，以微酸性（pH 值 5.5～6.5）、疏松肥沃、排水良好的砂壤土为宜。

图 9 - 6　油茶林间种玉竹

1. 整地施肥

选择郁闭度 0.3～0.6、背风向阳、排灌条件好的油茶林地耕作带深耕晒坯，整地前每亩施腐熟有机肥 2000kg 或饼肥 50kg、钙镁磷肥 100kg、含硫复合肥30～40kg，将肥料与 5kg 多菌灵加五氯硝基甲苯或 95％敌克松 1.5kg 及 0.5kg 辛硫磷粉混匀，均匀撒于地面上后，碎土平整作畦。

2. 种茎选择

玉竹可用种子繁殖和根状茎繁殖。种子繁殖周期长，多用于繁育种苗，生产上一般不被采用。生产上采取根状茎繁殖，时间短，见效快，以猪屎尾作种茎最佳。从苗秆粗壮的植株中选当年生、芽端整齐、略向内凹的粗壮根状茎分枝作种茎，不宜用主茎留种，要求芽头大、顶芽饱满、无病虫害、无黑斑、无麻点、无机械损伤、色泽新鲜黄白、须根多、质量10g以上、有2～3个节的肥大嫩根状茎做种茎。种茎最好挖出后当天切下栽种，也可摊放在室内阴凉处3～5天后栽种，若需贮藏更长时间，最好用湿沙保存。

3. 种茎栽植

（1）播种时期：春秋两季均可播种，春季3月中下旬至4月初，秋季8～11月均可，以立秋到处暑为佳。

（2）苗消毒：在播种前采用70％甲基托布津＋50％多菌灵可湿性粉剂各25g配制成500倍液的药液，将种茎浸泡2～3min，取出后即可栽种。

（3）栽种：根据土壤肥力和种植年限确定栽植密度，开一行栽一行。在种植畦面一端按30～33cm间距开一横沟，沟深10～15cm，在沟底按株距7～15cm纵向排列，芽头朝一个方向斜向上放好，再开另一行沟的土覆盖6～7cm，浇足水或稀薄人粪尿，最后用松枝落叶、稻草或各种秸秆覆盖10～15cm，保水保肥防冻。

4. 栽培管理

（1）除草：一般采取手工除草，也可用盖草能除禾本科嫩草。栽种后勤除草，保持厢面无杂草，雨后或土壤过湿时不宜拔草。杂草根系分布过深，宜剪除，防止拔草时损伤地下茎、芽及增大土面渗水，造成烂根烂茎。

（2）追肥：追肥一般一年两次，以有机肥为主，辅以少量尿素、复合肥、磷肥等。春季萌芽前进行第一次追肥，每亩用腐熟人粪1000～1500kg和尿素5～7kg，苗高7～10cm时，再用10kg45％硫酸钾复合肥或5～8kg尿素追一次提苗肥。

（3）灌排水：在4～6月梅雨季节时要加深疏通苗床田间沟系，做到排水畅通，大雨后不积水。但高温干旱时要及时浇水，以湿润土壤为宜。

（4）培土：冬季倒苗后刈除秸秆和杂草覆在畦面上，然后再在上面亩施一层土杂肥或猪牛粪3000kg，也可用45％硫酸钾复合肥50kg加菜枯100kg撒于土表后，取沟内的新土覆盖厢面，再加盖杂草树叶6～8cm。玉竹生长两年后，根状茎分枝多，纵横交错，易裸露于地表而变绿，必须及时培土覆盖。

（5）防踩：玉竹一般在3月出苗，苗茎脆弱易断且为独生苗，一旦踩断当年不可再生，要严防人畜入地踩踏。

（6）摘蕾：5～6月孕蕾期间，除留作收种子的植株外，选择晴天中午摘除花蕾。

（7）病虫害防治：常见病虫害主要有叶斑病、锈病、白绢病、褐腐病、根腐病、曲霉病、蛴螬、大青叶蝉等。在发病前或发病初期喷1∶1∶120波尔多液或50％代森铵800倍液，每10天喷1次，连续喷2～3次；也有用37％苯醚环唑加醚菌酯混施或70％甲基硫菌灵1000倍液加3％井冈霉素500倍液混施防治褐斑病和紫轮病。防止锈病、白绢病可用 25％粉锈宁 800 倍液预防。用 50％多菌灵 500～600 倍液或 50％福美双 500～600 倍液喷施或根部浇灌防治，也可用五氯硝基苯和多菌灵混合用，防治根腐病、曲霉病。4.5％高效氯氰菊酯 3000 倍液或 50％辛硫磷乳油 1000 倍液喷灌防治地老虎幼虫及蛴螬；用 30％蚜虱净或 20％吡虫啉可溶剂 800～1000 倍液喷雾，防治大青叶蝉。

5. 采收加工

（1）采收：8～10 月地上部分正常枯萎谢苗后进行采挖，选晴天土壤比较干燥时收获。采挖时，先割去地上茎秆，然后用齿耙反向顺行挖掘，抖净泥土，防止折断。

（2）加工：将挖出的根状茎，按长、短、粗、细选分级，再分别摊晒在水泥场地，夜晚待玉竹凉透后加覆盖物覆盖，切勿将未凉透的玉竹堆放或装袋，以免发热变质。晒 2～3 天至柔软、不易折断后，放入笋筐内撞去须根和泥沙，再取出放在石板或木板上搓揉。搓揉时要先慢后快，由轻到重至粗皮去净，内无硬心，色泽金黄，呈半透明，手感有糖汁黏附时为止。防止搓揉过度，否则色深红，甚至变黑，影响商品质量。搓揉好的玉竹再晒干使含水量为 12％～15％，即得商品玉竹。也有采用蒸揉结合加工方法，既先将鲜玉竹晒软后，蒸 10min，用高温促其发汗，使糖汁渗出，再用不透气塑料袋装好，约 30min 后用手揉或整包用脚踩踏，直到色黄半透明为止，取出摊晒至商品需要含水量。

（3）贮藏养护：玉竹一般用麻袋包装，每件 40kg，贮于通风干燥处，温度在 30℃以下，相对湿度为 70％～75％。贮藏期间，适时通风翻垛，除湿降温；高温高湿季节，将之与氯化钙、生石灰、木炭等吸潮剂同置密封堆垛或容器内。高温潮湿季节要防止霉变，整个贮藏中要注意防虫、防鼠。

（三）油茶林间种白芨

白芨又名紫兰、凉姜、白根、连及等，属兰科白芨属多年生草本植物，以假鳞茎入药。白芨喜欢温暖、湿润的气候环境，耐阴，忌强光直射，稍耐寒，遇 0℃以下的低温霜冻，假鳞茎会冻伤或冻死。常生长于丘陵阴坡、林下湿地及荫蔽草丛中，以肥沃疏松、排水良好的砂壤土为佳。白芨的花色绚丽多姿，有紫色、淡紫色、玫瑰紫色、黄色、纯白色等，是耐荫的观花地被植物。白芨生长周期长，1 个假鳞茎种植两年只长 3 个新的假鳞茎，第三年长 6 个，第四年长 12 个是典型的成倍繁殖方式，从种到收需要 3 年时间。

1. 选地与整地

选择土层深厚、疏松、排水良好的山坡阴面油茶林耕作带，以坡脚为好，油茶覆盖率 60％～80％。土层翻 20cm 左右，亩施腐熟农家肥 1500～2000kg 及复合肥 50kg，耙细整平作畦。

2. 种苗准备

由于白芨种子胚很小且无胚乳提供营养物质，在自然条件下繁殖非常困难，目前种苗来源主要有分株繁殖。分株繁殖时，选无虫蛀、无破损、当年生、大小相似、芽

图 9-7 白芨

眼多的鳞茎，分切成带 1～2 个芽的小块，要求切面平滑，不能损伤表皮和隐芽，切口沾草木灰、晾干后栽种。

3. 栽种方法

2～3 月种植。按株行距 15cm×20cm 开穴，穴深 8～10cm，将假鳞茎芽嘴向外放于穴底，每穴 3 个，呈三角形排放。栽后覆盖细肥土或草木灰，浇 1 次稀薄人畜粪水，盖土与畦面平齐。

4. 栽培管理

（1）中耕除草：根据白芨生长情况，一般每年在齐苗后、现蕾期和开花结束后中耕除草 4 次，中耕宜浅，避免伤假鳞茎。

（2）追肥：结合中耕除草，每年追肥 2 次，第 1 次在齐苗期；第 2 次在冬季，每亩每次施复合肥 30～40kg。

（3）灌溉排水：生长期应注意浇水抗旱，春夏季多雨季节注意防涝。

（4）越冬保护：霜降前盖草防寒抗冻，待春季出苗时揭去盖草。

（5）病虫害防治：白芨较为常见的病害为块茎腐烂病、褐斑病等，虫害主要为蚜虫、地老虎等。病虫害防治主要以防为主。可在栽植区域周围洒下石灰，选用阿维菌素，或高效氯氰菊酯，或辛硫·高氯氟，或甲氰·辛硫磷防治虫害。春夏多雨季节易发生病害，要做好排水工作，发病初期用 50% 多菌灵可湿性粉剂 800～1000 倍液喷雾防治。

5. 采收加工

（1）采收：白芨栽培 3 年后采收，采收季节为秋末冬初，采挖时用平铲或小锄细心地将鳞茎连土一起挖出，摘去须根，除掉地上茎叶，抖掉泥土，运回加工。

（2）粗加工：将块茎分成单个，用水洗去泥土，剥去粗皮，置开水锅内煮或烫至内无白心时取出冷却，去掉须根，晒或烘至全干。放撞笼里撞去未尽粗皮与须根，使之成为光滑、洁白的半透明体，筛去灰渣即可。也可趁鲜切片，干燥即可。

（四）油茶林间作牛膝

牛膝别名百倍、对节草、鸡胶骨、怀牛膝等，为苋科牛膝属一年生草本植物，以根入药。牛膝喜温和气候，不耐寒，适应性较强，一般土壤均可生长，不宜连作。在油茶林区春夏季均可种植，当年秋冬季即可收获，全生育期为 6～7 个月。

1. 整地施肥

选择郁闭度在 0.5 以下的缓坡油茶林耕作带深翻，每亩可用腐熟厩肥 2500kg、过磷酸钙 50kg、发酵好的菜籽饼 20kg（或用磷肥 50kg、复合肥 20kg、尿素 10kg 等）混施，播前将土壤整平耙细作畦。

2. 播种

牛膝用种子繁殖，春夏均可播种，春季 3 月底至 4 月上旬，夏播 6 月中下旬至 7 月中旬。分湿播和干播两种方法。

（1）湿播：播种前将种子用 25℃ 的温水浸泡 12h，把水倒掉晾干后与火土灰拌匀便可播种，气温低时最好用 35℃ 左右的温水催芽，待有芽头外露再播种。忌用有油渍的工具接触种子，以免影响种子发芽。

（2）干播：于 6 月中下旬，用干种子直接播种，一般采用条播法，行距 15～20cm，沟深 2～3cm，将种子均匀撒播于沟内，覆土 0.5～1.0cm 稍镇压，在畦面盖一薄层稻草。亩用种量 1.0～1.5kg。

3. 栽培管理

（1）间苗定苗：播后田间保持一定的湿度，10～15 天即可出苗，若遇干旱天气，应及时浇水保苗。苗高 3～5cm 结合除草松土间苗，10～15cm 时进行定苗，去弱留强，一般按株距 15cm 左右保留 1～2 株健壮苗，如有缺苗应及时选阴天补苗。

（2）中耕除草：苗期勤除草，在封行前结合除草、施肥中耕 2～3 次，苗前期结合除草浅中耕，苗后期结合施肥深中耕。

（3）追肥。定苗后 1 个月左右应结合中耕除草每亩行间沟施 1500kg 人畜粪水拌土杂肥，在 8～9 月植株生长旺盛期根据苗情再行间沟施人畜粪水加过磷酸钙，施后盖土。9 月份在植株离地 10cm 处用刀片划一道口，促进根部生长。

（4）排灌水：幼苗期适当浇水，加速幼苗生长，生长中期要控制水分尽量少浇水，避免陡长，8 月份以后，牛膝生长较快，要适当多浇水。雨季及大雨后，要注意及时疏沟排水。

（5）摘花薹：当牛膝株高 50cm 左右时，及时分批摘除顶部抽生的花序。

（6）病虫害防治：病害主要有叶斑病和根腐病，多在雨季发生。发病初期喷施 1：1：100 波尔多液或 65％ 代森锌 500 倍液，也可用 50％ 多菌灵 1000 倍液或用 5％ 石灰乳淋穴。虫害主要是线虫，播种前可亩撒施 3％ 甲基异硫磷 5kg 翻入土中消毒或苗期用 50％ 辛硫磷乳油 1000 倍液浇灌根部，兼治地老虎；尺蠖、红蜘蛛、蜡象、菜粉蝶等害虫可用 22.5％高氯毒死蜱 1500 倍液或 1.8％阿维菌素 3000 倍液喷杀。

4. 采收加工

一般于秋冬季，当株叶变黄、茎秆枯萎时选晴天采挖。采挖时，先从畦的一端开始，挖深沟将牛膝整株连根挖出，注意不要挖断根条。挖后除去泥土、毛须、侧根，理直根条，每 10 根扎成 1 把，放在室外晾晒至八成干时放入通风干燥的室内，盖上草席使其"发汗"，2 天后再晒至全干，切去芦头即可。

（五）油茶林间作王不留行

王不留行，别名麦石榴、麦蓝菜、留行子、奶米等，为石竹科麦蓝菜属 1～2 年生草本植物，以种子供药用。喜温暖、湿润气候，耐旱，怕水涝，对土壤要求不严。种子无休眠期，极易发芽，发芽适温为 15～20℃，种子寿命为 2～3 年。

1. 整地施肥

选择郁闭度在 0.5 以下排灌条件好的油茶林耕作带，结合整地亩施农家肥 3000kg 或发酵好的饼肥、30kg 过磷酸钙、20kg 复合肥作基肥，整细耙平作畦，开好排水沟。

2. 播种

采用干种子直播，于 9 月中旬至 10 月上旬播种，穴播或条播。穴播按株行距 20cm×25cm 挖深 3～5cm 的播种穴，条播按行距 25～30cm 开深 3cm 左右的横向播种沟。播种时将种子与草木灰或细土拌匀后直播，亩用种子 1.5kg 左右。播后盖细土 1.5～2.0cm，浇透水，一般 15 天左右即可出苗。

3. 栽培管理

（1）间苗定苗：结合中耕除草及追肥进行。在 11 月至 12 月上旬，苗高 5cm 左右具 4～6 片真叶时，条播按株距 15cm、穴播按每穴 4～5 株间苗；到 2～3 月幼苗长至 6～8 片真叶时，条播按株距 20～25cm、穴播每穴 2～3 株定苗。如果要补苗，则应带土移栽，并随后浇水。

（2）中耕除草：苗高 7～10cm 时，进行第 1 次中耕除草，浅松土，用手拔除杂草。第 2 年春季 2～3 月进行第二次中耕除草，以后视杂草生长情况，再进行一次中耕除草，保持土壤疏松和田间无杂草。除草应在晴天露水干后进行，时间在孕蕾前进行为好。生长后期不宜除草，以免损伤花蕾。

（3）追肥：一般进行 2～3 次，第一次结合中耕除草间苗亩施稀薄人畜粪水 1500kg 或尿素 5kg，第二年春季再结合中耕除草定苗亩施稍浓的人畜粪水 1500kg、过磷酸钙 20kg；也可用 0.3％磷酸二氢钾溶液叶面喷施，间隔 10 天左右施 1 次，连续 3～4 次，促进果实饱满。

（4）病虫害防治：主要有危害叶片的叶斑病，发病初期用 65％代森锌 500～600 倍液或 50％多菌灵 800～1000 倍液喷雾，7～10 天 1 次，连喷 2～3 次。虫害主要有危害果实的食心虫及危害叶片的红蜘蛛，可用 22.5％高氯毒死蜱 1500 倍液或 1.8％阿维菌素 3000 倍液喷杀。

4. 采收

王不留行通常于秋播后的次年 4～5 月采收。当多数种子变黄褐色、少数已变黑时就应将地面上部分齐地面割下，置通风干燥处后熟 5～7 天脱粒，扬出杂质晒干即成商品。

（六）油茶林间作夏枯草

夏枯草，别名九重楼、麦穗夏枯草、铁线夏枯草、麦枯草、大头花、棒柱头花、羊肠草、锣锤草、六月干等，为唇形科夏枯草属多年生草本植物，以果穗入药，嫩茎叶或花穗可作蔬菜食用。夏枯草喜温和湿润的气候，耐寒，适应性强，对土壤要求不严，忌积水。

1. 整地施肥

选择郁闭度 0.3 以下的油茶林地耕作带翻耕，亩施腐熟厩肥 2000kg 或饼肥 50kg、复合肥 50kg，使土壤细碎疏松，整细整平作畦。

2. 种苗繁殖

夏枯草可以通过种子播种、分株、留茬再生进行繁殖，各地各生产主体可根据自身的种苗需求与来源做出合理选择和配合使用。

（1）育苗移栽：于 3 月上中旬和秋季均可播种，但以秋季 8 月上旬至 9 月中旬播种为佳。在适宜的播种期内选择生产条件比较好、土壤质地较为疏松、土体较为湿润的地块作苗床，施足基肥，碎土平整，每亩用 1.5～1.7kg 种子与 10～15 倍的细泥沙混匀后，均匀地撒播在苗床上，播后盖一薄层精细堆肥或火土灰，盖上稻草，洒水保湿。15 天左右出苗后及时将稻草等覆盖物揭除。播种后应根据天气情况及时做好抗旱护苗、清沟排水工作，以保持土壤呈湿润状态，并根据杂草生长情况做好除草工作，防止杂草影响幼苗生长。当苗长至 4～5cm 时进行间苗，长至 7～8cm 时进行定苗，定苗后用 10%稀薄人粪尿或 20%的沼液水浇施 1 次，待长至 10～13cm 时即可起苗移栽。

（2）分株移栽：在上年 7～8 月地上部分收获后，结合清园每亩施圈肥 1500kg、草木灰或火土灰 400kg 进行培土施肥，到翌年 3～4 月份老根萌芽后，将老根挖起，分成每株带有两个幼芽的苗株进行栽种。

（3）留桩再生：在上年 7～8 月地上部分收获后，对所留的老桩进行适当的施肥培土，到翌年春季老根萌芽后疏除过密细弱的苗茬，加以培育管理。

3. 栽植

夏枯草也可进行直播栽培，在经翻耕施肥整好的畦面上按株行距 20cm×25cm 开 2～3cm 深的浅穴，每穴播 6～8 粒种子，播后盖以细肥土约 1cm。育苗移栽、分株繁殖的按株行距 20cm×25cm 开穴，每穴栽 2 株苗，栽后用 3%～5%的稀薄人畜尿或 5%～8%的沼液水浇施定根水。

4. 栽培管理

（1）间苗补缺：当直播栽培的幼苗长至 4～5cm 时进行间苗，长至约 10cm 时进行定苗，在播种穴内间密留稀，去弱留壮，壮苗补缺，留或补 1～2 株壮苗，定苗后用 10%的稀薄人畜尿或 15%的沼液水浇施 1 次。移栽地在幼苗移栽后 7 天左右成活，当分株苗长至 5～6cm 时，应进行查苗补缺，如发现有死苗缺株的，应于晴天傍晚或阴雨天选用预留壮苗进行补缺，补栽后浇施活棵水，如补苗后遇到晴热天气，对补缺苗用树枝叶遮阳 2～3 天，以便成活，达到全苗匀株生长。

（2）中耕除草：夏枯草的种间竞争能力较强，在生产上一般只要在生长前期结合施肥进行中耕除草，到了封行现蕾后偶见个别高大杂草时，采取人工拔除便可控制草害的发生。

（3）追肥：当直播苗长至 15～20cm、种苗移栽 10～15 天，每亩用人粪尿 300～400kg 或沼液 500～700kg 或尿素 10kg 兑水浇施 1 次；隔 25～30 天视植株生长情况每亩用人粪尿 300kg 或菜籽饼肥 50kg 经发酵后对水浇施 1 次；到植株现蕾期每亩用圈肥 1500kg 加火土灰 300kg 或复合肥 40kg 沟施或穴施。

（4）灌排水：播种、移栽后遇到久旱无雨天气，应及时做好抗旱护苗工作，保持土壤湿润；如遇多雨、暴雨天气，及时做好清沟排水工作。

（5）病虫防治：夏枯草在生产上有蚜虫、红蜘蛛、蛾类幼虫、立枯病、叶斑病、霜霉病的发生。蛾类幼虫可选用阿维菌素、多杀霉素、高效氯氟氰菊酯进行喷雾防治；蚜虫可用呋虫胺、吡蚜酮、噻虫嗪喷雾防治；红蜘蛛可用炔螨特、螺螨脂、哒螨唑喷雾防治；叶斑病可用多硫悬乳剂、百菌清、代森锰锌喷雾防治；立枯病可用敌克松、波尔多液、甲霜恶霉灵灌根或喷雾防治；霜霉病可用氟菌·霜霉威、烯酰吗啉、霜脲·锰锌喷雾防治。

5. 采收加工

夏枯草分期成熟，应分期采收。7～8 月份，当果穗转至全黄时及时采收，采收时在离地面 3～4cm 处割取，运回后将茎叶与果穗剪离，晒干后打把或装袋备用、待售。

（七）油茶林间作白芍

白芍别名芍药，又名将离、婪尾春、殿春等，为毛茛科芍药属多年生宿根草本植物，以根入药。白芍喜气候温和、阳光充足、雨量中等的环境，耐寒耐热、喜湿润、怕涝，以中性至微碱性的深厚、疏松肥沃、排水良好的沙壤土或壤土为好，忌连作；每年早春 2～3 月露芽出苗，4～6 月生长盛期，秋季植株枯萎进入休眠期，若无性繁殖连续栽培 5 年，其根部空心，失去药效。白芍花多而大，花形妖媚，花色艳丽，为花卉观赏植物。

1. 选地整地

一般选择新造油茶林地，随油茶移栽一同间作，也可选择油茶覆盖率在 30% 左右的幼林地。选耕作带深翻 30cm 烤坯，亩施石灰 40～50kg、土杂肥 1000kg、饼肥 100kg、过磷酸钙 50kg，再浅耕一次，整细耙平做畦。

2. 种苗准备

主要用芽头繁殖，也可用种子育苗。种子育苗一般需 3 年才能开花，4～5 年方能收药，但退化轻，病害也少；用芽头繁殖，2～3 年可收药，退化较重，病害较多。为了缩短栽培时间，多用芽头繁殖，较少用种子繁殖。

图 9-8　白芍

芽头繁殖：秋季采挖时，将刨出的芍根芽头下的粗根全部切下供药用（芽头以下5～6cm处切断），把留下的芽头做种秧。将芽头按大小及自然生长性状纵切成数块，厚度2cm左右，每块以有3芽苞为好。最好随切随栽，否则不要切开分块，将整个芽头进行砂藏备用。

用种子繁殖，在种植成熟后，采下立即播种。否则，要将种子与3倍湿沙拌匀后贮藏至秋季播种。

3. 栽种

秋栽在寒露节前后，春栽在春分至谷雨节。秋栽较春栽好，秋栽先长根后发芽，成活率高；春栽先发芽后长根，成活率较低。宜于8～10月栽种，一般酷暑过后即栽种。栽前将芍芽按大小分级后分别下种，有利于出苗整齐。按行距60cm、株距40cm挖穴栽种。穴内要撒施毒饵防治地下害虫。毒饵与底土拌匀后，每穴栽芍芽1～2个，芽头向上摆于正中，然后覆土，并稍高出畦面、呈馒头状。最后顺行培垄防寒越冬。每亩栽种2200～2500株。

4. 栽培管理

（1）中耕除草：栽后第2年齐苗后开始中耕除草，尤其是1～2年生幼苗，要见草就除，防止草害。中耕宜浅不宜深，要做到不伤根。

（2）肥水管理：白芍喜肥，除施足基肥外，于栽后第2年开始，每年至少要追肥3次。3月份结合中耕除草，每亩施人畜粪水1000kg，5～6月每亩施人畜粪水2000kg，12月份每亩施人畜粪水2000kg加饼肥20kg。从第3年开始，每次施肥要加施过磷酸钙和饼肥各15～20kg。在5～6月白芍生长旺期和开花期，可用浓度为0.3%

的磷酸二氢钾溶液叶面喷施，增产效果明显。3～5月雨季注意排水防涝。

（3）培土与"亮根"：每年10月下旬，在离地面6～9cm处剪去枝叶，并于根际培土15cm厚，以保护越冬。在栽后第2年春季，把根部的土壤扒开，使根部露出1半，晾晒5～7天，晒死部分须根，使养分集中于主根，促进其生长。亮根后要追肥，覆土壅蔸。

（4）摘花蕾：除留种地外，于第2年春季现蕾时，摘除全部花蕾，使养分集中于根部，促进根部生长，有利于增产。

（5）病虫害防治：白芍易发生的病害有灰霉病、叶斑病、锈病、软腐病等，可采用增施磷钾肥的方法，增强植株抗病力；可用代森锌、多菌灵、粉锈宁等药剂防治。虫害有蛴螬、地老虎等，可用甲拌磷兑水拌菜籽饼粉于傍晚撒施诱杀。

5. 采收加工

（1）采收：白芍栽后3～4年即可采收。以8月上旬至9月中旬初采收为适期。选晴天先割除地上部分，再小心挖取全根，抖去泥土，切下芍根，留芍芽作种，芍根加工药用。

（2）加工：将芍根分成大、中、小三级，洗净泥土，分别放入沸水中煮5～15min，并上下翻动，待芍根表皮发白、有香气、用竹签能轻易插进时为已煮透，然后迅速捞起放入冷水内浸泡，同时用竹刀刮去外皮。最后，将根切齐，按粗细分别晾晒，要多晾干少暴晒，防止因暴晒后外干内湿而产生霉变。一般早上出晒，中午晾干，下午3时后再出晒，晚上堆放于室内用麻袋覆盖"发汗"，次日早上再出晒，反复进行几天直至里外干透为止。

（八）油茶林间作草珊瑚

草珊瑚又名肿节风、九节茶、九节兰、九节风、接骨木、接骨金粟兰、九珍竹、野靛青、山野靛等，为金粟兰科草珊瑚属多年生常绿草本或亚灌木植物，全株可入药。适宜温暖湿润气候，喜阴凉环境，耐阴性强，喜漫射光，忌强光直射和高温干燥。喜腐殖质层深厚、疏松肥沃、微酸性的砂壤土，忌贫瘠、板结、易积水的黏重土壤。草珊瑚集药用、观赏于一身，经济价值高。

1. 种苗繁殖

草珊瑚可用种子和分株繁殖，也可扦插繁殖，生产上大多选用扦插繁殖。分株繁殖可以直接从栽培株分蔸移栽。用种子和扦插育苗，宜选排灌方便的沟谷地或山脚地作苗床，并搭阴棚，经常保持苗床湿润，培育10～12个月即可出圃定植。

（1）种子繁殖：草珊瑚种子10月开始成熟，11月下旬至12月上旬均可采收，以果实呈红色为标记。将新鲜果采回来后置于瓷缸或木桶或水泥池中存放，并用5%的生石灰水浸泡，石灰水以刚好浸没种子为宜。其间每天早晚各拌动1次，直至种皮变软；然后捞出搓洗，分离出种子并在通风处晾干。种子晾干后应贮藏在通风室内的湿沙中，沙和种子按3∶1比例混贮。沙的含水量以手捏后手松而不结为宜，且每隔7天左右翻动1次，直至翌年春种子露白（一般在2月底至3月中旬露白）即可播种育苗，出苗后注意中耕除草和施肥。

（2）扦插繁殖：在3～4月间，从健壮植株上选取1～2年生枝条，剪成带2～3节，长10～15cm插穗，捆成小把，用杀菌剂加强力生根剂处理插穗后，在事前准备好的苗床上按5cm×10cm规格斜插入土，土面上留1节，按紧，浇透水。插穗后30天左右，扦插生根，并开始萌芽。成活后，应注意松土除草，适时追施稀薄人畜粪水。

（3）分蔸移栽：利用野生或栽培多年的草珊瑚地下根茎进行分蔸移栽，一般要用一年以上粗壮、无病虫害、节间根系发达、节上长有新芽、无机械损伤的根茎，移栽时间从11月中旬到次年4月均可，宜早不宜迟。根茎挖取后，不可久放暴晒，及时移栽。

2. 整地施肥

栽培草珊瑚的油茶林地宜选坡度在10度以下的山麓，以阴坡为佳，郁闭度宜为0.5～0.8。选60～70cm耕作带，翻耕20cm左右，碎土并在中间开一条20cm左右的沟，亩施复合肥30kg、钙镁磷肥50kg、腐熟有机肥2000kg，并拌匀耙平。

3. 移栽

种子和扦插繁殖的苗木，一般在当年11～12月或翌年2～3月起苗移栽。在整好的畦上，按株行距20cm×30cm定植，每畦栽两行，并浇透定根水。

4. 栽培管理

（1）查苗补苗：移栽后如果发现死苗缺株，要带土补栽，确保全苗。

（2）中耕除草：苗期要及时清除田间杂草，并适当进行中耕松土。一般每年中耕3～4次，保持土壤疏松，田间无杂草。

（3）追肥：一般每年春、夏两季各追肥1次，每亩施用硝酸铵或尿素6～7kg，氯化钾2～3kg，兑水浇施。冬季结合培土，施1次农家肥，将栏肥或沤肥施于植株根际，提沟边泥土覆盖肥料，既可保温防寒，又可促进立春植株早生快长。

（4）灌溉排水：定植后要经常保持土壤湿润，多雨季节，如田间积水，要及时排除，以免引起烂根。

（5）病虫害防治：草珊瑚刚从野生转为家种，抗病虫能力较强，目前尚未发现危害较重的病虫害。如果生长区遮阴条件差、在阳光强烈的夏季，会出现叶片灼伤现象，叶尖或叶缘出现斑枯，严重的全叶枯焦。可采用灌水降温、改善遮阴条件等措施，以减轻危害。

5. 采收加工

草珊瑚是多年生植物，栽植后一般要2～3年才能收割，到11月份生长停止，叶片淡绿、果实变红，这时生物量达最高，收割最适宜。采收时可全株收割，也可只采下部浓绿的老叶。据报道，草珊瑚叶片有效成分含量比根、茎高，因此在生长中，可将植株下部浓绿的老叶摘下，晒干或直接加工成浸膏。一般秋季收割，将植株从离地面5～10cm处割下，洗净晒干即可入药。亦可直接加工成浸膏，交制药厂作为生产中成药的原料。

（九）油茶林间作射干

射干又名蝴蝶花、金扁担、扁竹、黄知母等，为鸢尾科射干属多年生草本植物，以根状茎入药。射干喜温暖、阳光充足的环境，耐干旱、耐低温、怕水涝渍。对土壤要求不严，适应性强，土壤pH值5.6～7.4生长良好。

1. 整地施肥

选择郁闭度0.3以下土层深厚的油茶林耕作带深翻20cm左右，亩施腐熟有机肥基肥2000～3000kg或饼肥50kg、过磷酸钙25～30kg，碎土整平作畦。

2. 种苗繁殖

即可用根状茎繁殖，也可用种子繁殖。一般多用根状茎繁殖。

（1）根状茎繁殖：采取直接栽植的方式栽培。在秋冬季或春季，挖取射干地下根状茎，选择生长健壮、色泽鲜黄、无病虫害的根状茎，按期芽眼的多少切成小段，每段要有1～2个芽眼和部分须根，置于通风干燥处晾干，带切口处愈合后即可栽种。一般在早春或秋季收获时进行栽种，栽种时在整好的畦面按株行距20cm×25cm开穴，每穴栽1～2小段根状茎，芽眼向上，盖土压紧。栽后10天左右出苗，若根芽已呈绿色，可任其露出土面；呈白色而短者，应用土盖住。

（2）种子繁殖：可采取育苗移栽或直播方式栽培。

1）种子准备。选生长健壮、无病虫害的2年生射干植株作为留种母株，在茎叶尚未封行、花尚未开放之前，结合中耕除草，增施磷钾肥或喷施磷酸二氢钾，促花盛开和壮籽。9～10月，当果壳变黄将要裂开时分批采收，采收时连果柄剪下置于室内通风处晾干后脱粒，将种子与沙按1：5混合均匀放于木箱内或堆于室内地面上贮藏，以备播种。

射干的干种子种皮的通透性很差，播种前必须进行种子处理，即在播种前1个月，将种子用水浸泡1周，其间换水3～4次，每次换水时加1/3体积的细沙揉搓冲洗1次，浸泡后将种子放入箩筐内，用麻布盖严，经常淋水保湿，待种子露白达60%以上时即可取出播种。

2）育苗移栽。育苗，在整平的苗床，于春季3月中下旬至4月上旬或秋季9～10月、冬季11～12月中旬，按行距20cm左右横向开深6cm、宽10cm的播种沟，均匀撒入催芽籽，覆盖拌有土杂肥的细土5cm，稍加镇压，盖3cm厚的稻草，浇透水，保持苗床湿润，播后约15天出苗，出苗后揭去稻草，加强苗床苗的管理。育苗每亩苗床用种量10kg左右，可移植10亩大田。

3）直播。直播一般为阴雨天偏多的春季播种。在整好的畦面上，按株行距20cm×25cm开深6cm左右的播种穴，每穴施入少量腐熟粪肥，将肥与底土混匀后盖细土2cm，每穴播5～6粒催芽籽，播后覆土盖草，约半个月左右出苗。出苗后揭去盖草，及时间去过密瘦弱和有病虫苗，对缺苗穴及时补苗，苗高8～10cm定苗，每穴保苗1～2株。

4）定植。在育苗地当年夏、秋季或翌年春季，当幼苗长有3～4片真叶时，选阴天或晴天傍晚带土移栽，株行距为（20～30）cm×30cm，每穴栽 1～2 株，栽正、栽稳、稍压紧后，浇透定根水。

3. 栽培管理

（1）中耕除草、培土：第一年，当苗长至 3～5cm 时进行第 1 次中耕除草，以后分别于 5、7、11 月各除草一次；第二年分别在 3、6、11 月各除草一次，6 月封垄后不再松土，只能拔草，在根际培土防止倒伏。此外，每年 11 月植株枯黄后，结合中耕除草施肥，进行根际培土。

（2）追肥：射干喜肥，初施足基肥外，从第 2 年开始，可分别于 3、6、11 月结合中耕除草进行施肥。早春在行间开沟，亩施腐熟农家肥 2000kg 或饼肥 50kg、过磷酸钙 25kg；6 月根据苗情适当追施人畜粪水；冬季重施腊肥，亩施腐熟厩肥 2000kg、过磷酸钙 30kg。

（3）灌排水：幼苗期及移栽后注意浇水，保持土壤湿润，其他时期少浇水或不浇水。雨季及大雨过后应注意排水。

（4）摘薹打顶：采用根状茎繁殖的于当年 7～8 月开花，种子繁殖的于第 3 年秋季开花。射干花期较长，除留种田外，于抽薹时选晴天早晨露水干后分批摘除花蕾，直至摘完。

（5）病虫害与防治：射干病害主要有锈病、叶枯病、花叶病毒病。于发病初期，用 25% 粉锈宁 1000～1500 倍液或 65% 代森锌 500 倍液喷雾，每周喷 1 次，连续喷 2～3 次防治锈病效果较好；用 50% 多菌灵 1000 倍液或 1∶1∶120 波尔多液每隔 7～10 天喷 1 次，连喷 2～3 次防治叶枯病；用 2.5% 病毒 A 300～400 倍液或 25% 菌毒清 400～500 倍液喷雾或灌根，能够抑制花叶病毒病的病毒繁殖并缓解症状。

虫害主要有钻心虫、蛴螬（金龟子）、地老虎、蚜虫。在 4 月下旬和 8 月中旬钻心虫发生期，用 48% 毒死蜱（乐斯本）乳油 1500 倍液或用 4.5% 氯氰菊酯 2000 倍液喷洒在射干秧苗的心叶处，7 天喷 1 次，连喷 1～2 次，防治钻心虫；用 50% 辛硫磷乳油 0.5kg 加适量水喷拌细土 50kg，在翻耕地时撒施，用 4.5% 高效氯氰菊酯 3000 倍液或 50% 辛硫磷乳油 1000 倍液喷灌防治地老虎幼虫及蛴螬；用吡虫啉、敌杀死防治蚜虫。

4. 采收加工

（1）采收：种子播种的 3～4 年采收，根状茎繁殖的 2～3 年采收。一般在秋冬季地上植株枯萎、种子采收后，或早春茎叶萌发前，选晴天挖起完整的根茎运回加工。

（2）加工：剪去茎叶，连同须根用清水洗净泥沙，直接晒干或烘干即成。以根茎粗壮、质坚实、段面黄色为佳。

（十）油茶林间作白术

白术别名山蓟、山芥、天蓟、山姜、山连、山精、冬白术等，属于菊科苍术属多年生草本植物，以根茎入药。白术喜干燥凉爽，怕高温和强光照射，耐寒，能在田间越冬，既怕干旱又怕水涝，对土壤要求不严，在微酸、微碱的壤土、砂壤土或黏壤土都可栽种植，以较疏松肥沃、透水性好的壤土为好，忌重茬。

白术 2 年为一个生产周期，第一年播种药米（种子）培育子药（术栽）；第二年定植子药（术栽），生产商品白术。

图 9 - 9 白术

1. 培育子药

（1）整地施肥：选择避风向阳的新垦荒地坡土或水稻田播种药米（白术种子），翻耕晒坯，每亩施用腐熟人畜粪或沼肥 1000kg、氯化钾 100kg、钙镁磷肥 200kg，肥土充分拌匀，整细、整平。

（2）播种：药米在 15℃ 以上时开始发芽，根据当地春季气温回升的特点，3 月下旬至 5 月上旬播种。播种前选新鲜饱满、成熟度一致的无病虫种子，放在 25～30℃ 的温水中浸种 24h 后取出播种。条播、撒播或穴播，穴播株行距为 15cm×20cm，每穴播种子 10 粒左右，覆盖草木灰或火土灰，以盖没种子为适。撒播每平方米播种量不超过 20g，用细碎干燥的生黄泥土盖种。播种后盖一层薄稻草或茅草，浇透水。

（3）药米播后管理：幼苗出土后勤除杂草，间去病弱苗，清沟沥水。除草时不能带动土壤，以免引起死苗。根据长势，苗期适当追施 1～2 次肥，以施稀人畜粪水最好，用量不宜过多，每亩施人畜粪水 500～800kg。干旱时在行间铺草浇水防旱。

（4）子药采收：当年 10 月下旬至 11 月上旬选晴天挖取种苗，剪去茎叶和须根，注意勿伤主芽和根茎表皮，阴干 1～2 天后，选背风的房间将子药与干河沙或生黄泥土混合后贮存。具体方法：在室内阴凉干燥处，先在地上平铺一层 3cm 厚细沙或生黄泥土，上放子药厚 12～15cm，再铺一层沙和一层子药，堆高不超过 35cm，四周用砖码好，上盖 7cm 厚的沙或泥土。大田定植时再挖出，筛去泥土，备用。

2. 栽培管理

（1）整地：选择郁闭度在 50％以下的油茶林地耕作带，将杂草除净，于前一年的 11 月下旬至 12 月中旬翻耕晒土，12 月下旬每亩施入畜粪或沼肥 1500kg 或饼肥 120kg、复合肥 50kg，做畦碎土平整。

（2）栽植子药：1 月下旬至 2 月上旬为栽植适期。选择个体适中、表皮光滑、芽头健壮、无病虫危害的本地生产的子药作种栽，定植时用 50％多菌灵或 70％托布津 500 倍液将子药浸泡 30min，晾干后再定植。按株行距 20cm×30cm 打穴栽种，穴深 5～7cm，每穴放栽 1 个（小的 2 个），芽头向上栽植，覆土 3cm，再盖火土灰或生黄泥土，亩栽 10000～12000 株。定植时子药不能与肥料直接接触，定植后覆盖一层稻草或茅草（厚度以不见泥为准）。

（3）中耕除草：播种后勤除草，齐苗后结合除草追肥进行浅耕，及时清除沟边和厢面杂草。

（4）肥水管理：一般追施苗肥和蕾肥各 1 次，如中期苗势差，可追施 1 次苗肥。4 月上旬至 5 月上旬施稀薄人粪尿 800～1000kg，如长势差宜在 5 月下旬至 6 月上旬结合除草适量补施 1 次肥，8 月份在摘蕾后亩施穴施复合肥或腐熟的饼肥 50kg，促进白术地下根茎生长。白术生长期间须做好排水工作，经常挖沟、理沟，雨后及时排水。8 月下旬如久旱需适当浇水，保持田间湿润。

（5）摘蕾：7 月中旬至 8 月上旬，白术开始现蕾后选晴天分 3 次摘完花蕾；留种植株每株留 6～8 个花蕾，其余都要适时摘除。摘蕾时，一手捏住茎秆，一手摘蕾，尽量保留小叶，不摇动根部。

（6）病虫害防治

病害主要有立枯病、根腐病和白绢病。田间发现病死株，及时拔除烧掉。出苗至 5 月中旬，用 70％的托布津或 50％多菌灵 800 倍液淋蔸，用噻菌铜悬浮剂 1000 倍液喷施，防治立枯病、根腐病；6 月下旬至 7 月下旬，撒施石灰、草木灰，发病初期于植株茎基部及其周围土壤喷施 50％多菌灵或 70％甲基托布津 1000 倍液防治白绢病；每次摘蕾后，喷施 1 次 70％托布津 1000 倍液防治铁叶病。

虫害主要有地老虎、蛴螬、术蚜，其中以地老虎、蛴螬危害最严重。地老虎与蛴螬防治，可在整地前亩用 50％辛硫磷乳油 250mL 进行土壤处理或加湿润的细土 10～15kg 拌匀撒到地面，翻入土中；苗期可用 50％辛硫磷乳油 1000 倍液地表喷雾防治。

3. 采收

白术的最佳收获期一般在 10 月下旬至 11 月上旬，即立冬前后，白术茎秆枯黄或黄褐色、下部叶片枯黄。采收应选晴天土壤干燥时进行，将整株小心挖起后，去泥土，剪去茎叶，留下根茎及时加工。

4. 采后处理

白术收获后要及时烘干或晒干，除去须根，不能堆放太久。烘干的成品称"烘术"，晒干的成品称"晒术"，日晒受天气条件的影响较大，因而通常用火烘法来加工。

火烘法即是将挖回的白术根茎经初步清洗除泥，倒入烘箱内，用木柴火烘至白术表皮发热，再慢慢减弱火势烘至半干时，可取出剪尽茎秆，用力翻动，让须根脱落，并按大小分档，继续烘至八成干时，将术块移放至竹筐内，堆放约一周时间，让水分逐渐外渗。表皮变软，再继续用文火复烘，温度控制在 40～50℃，烘干即为成品。白术产品易受潮和生虫，贮藏容器或仓库必须防潮密封。

（十一）油茶林间作防风

防风别名关防风、东防风、旁风、屏风、山芹菜、茴芸、百枝等，为伞形科防风属多年生草本植物，以根入药，嫩叶及幼苗可作蔬菜。防风喜温凉气候，耐寒也耐旱。忌土壤过湿、雨涝，需阳光充足，以排水良好、疏松、富含有机质的砂质壤土为佳。

1. 整地施肥

选择郁闭度 30％以下、土层深厚、排水良好的油茶林耕作带，深翻作畦，开深沟，亩用腐熟厩肥 3000～4000kg 或饼肥 120kg、过磷酸钙 30kg、石灰 40kg，碎土平整。

2. 播种

用种子直播或育苗移栽，也可分根栽植。

（1）种子直播：分春播和秋播，春播 3 月下旬至 4 月中旬，秋播 9～10 月。播时在整好的畦面按行距 30～40cm 开沟条播，沟深 2cm，将种子均匀撒入沟内，覆土平盖，稍加镇压，浇透水。如遇干旱，应及时灌水，以保持土壤湿润。每亩用种量为2.5～3.0kg，种子在 20℃时，约 1 周出苗，在 15～17℃时约 2 周出苗。

（2）分根栽植：在防风收获时或早春，选取 2 年以上、健壮无病虫害、粗 0.7cm以上的根条，截成 3～5cm 长的小段作种根，按株行距 15cm×50cm 开穴栽种，穴深6～7cm，每穴栽 1 段种根，种根上端朝上，不能栽倒，然后覆土 3～5cm。每亩用种根量约为 50kg。也可在秋季收获后，将根段按株行距 5cm×10cm 假植育苗，待翌年春天长出 1～2 片叶子时移栽，移栽时将未萌芽的种根剔除。

3. 栽培管理

（1）间苗定苗与补苗：当苗高 5～9cm 时，按株距 6～7cm 间苗；待苗高 10～12cm 时，按株距 13～16cm 定苗。间苗时，如发现缺苗，应及时补苗。

（2）中耕除草：前期苗幼小，要及时除草，6 月前要进行多次除草，封垄前中耕2～3 次，7 月植株封行后不能进入地内除草，为防止倒伏，保持通风透光，可摘除老叶，培土壅根。入冬时结合清园处理，再次培土保护根部越冬。

（3）追肥：如播种时基肥施得足，第一年可不追肥，第二年早春返青时，每亩施入人粪尿 1000kg、过磷酸钙 20kg，开沟施入行间再盖土。基肥不足，苗势差，可追施3 次肥，第 1 次在间苗时，每亩施稀人粪尿 800～1000kg，轻浇于行间；第 2 次于定苗时，每亩施尿素 10～15kg；第 3 次于 8 月下旬，每亩施过磷酸钙 20～25kg。

（4）排灌水：播后或栽后至出苗，浇水抗旱，保持土壤湿润，促使出苗整齐。苗高 16cm 以上时，一般不需浇水。雨季特别注意排水。

（5）打薹：对 2 年生以上的植株，在 6～7 月抽薹开花时，除留种的外，发现花薹时应及时将其摘除。防风开花后根部木质化、中空，不能作药用。

（6）病虫害防治：防风常见的病虫害有白粉病、根腐病、斑枯病、黄凤蝶、黄翅茴香螟和胡萝卜微管蚜等。用 70％甲基托布津 800～1000 倍液或用 25％粉锈宁 1000倍液喷雾防治白粉病、斑枯病。用 50％多菌灵或根腐宁 800 倍液灌蔸，防治根腐病、猝倒病、立枯病。用 3000～5000 倍 1.8％阿维菌素乳油＋1000 倍高氯或 50％辛硫磷乳油 1000 倍液喷雾，防治黄凤蝶、黄翅茴香螟等害虫。

4. 采收与加工

（1）留种：防风花期在 7～9 月，果期在 8～10 月，种子陆续成熟，可随熟随采，亦可等大部分种子成熟后割下果枝，晾干脱粒，放阴凉处备用。

（2）采收：春季在萌芽前采收，冬季在 10 月下旬至 11 月中旬采收。用种子春播繁殖的，第 2 年就可收获；春季用分根繁殖的，在肥水充足、生长茂盛的条件下，当年即可采收；秋播繁殖的于翌年 10～11 月采收。当根长 30cm 以上、粗 1.7cm 以上时采挖较好。采收时从畦的一端开挖深沟，按顺序采挖，根挖出后除去残留茎叶和泥土，晒至半干时去掉须毛，按粗细长短分级，扎成 0.25kg 的小把，晒至全干即可。

（十二）油茶林间作菊花

菊花又名亳菊、滁菊、淮菊、贡菊、杭白菊、黄甘菊、怀菊花、药菊等，为菊科菊属多年生宿根性草本植物，为常用中药材，以头状花序供药用；也是观赏性高的园林植物。菊花喜温暖气候和阳光充足的环境，能耐寒，稍能耐旱，不耐阴，忌连作，怕水涝，近花期不能缺水，在肥沃、疏松、排水良好的夹沙土中生长良好。

1. 整地施肥

选择郁闭度在 0.3 以下有灌溉条件的油茶幼林耕作带或向阳面油茶林边沿地，深耕作畦，每亩施腐熟厩肥或堆肥 2000kg 或饼肥 40kg、三元复合肥 25kg 作基肥，然后耙细整平。

2. 种苗繁殖

主要为分株和扦插繁殖。

（1）分株繁殖：在 11 月底至 12 月中旬，将菊花茎齐地面割除，选择生长健壮、无病虫害母株，挖起根蔸，集中埋在肥沃的地块上，覆盖腐熟的厩肥或土杂肥保暖越冬。翌年 3～4 月，扒开土粪，浇施一次稀薄粪水，促其萌发生长，4～5 月当苗高 15～20cm 时，挖出根蔸，选粗壮、须根发达的新菊苗移栽。也可在本土盖肥育苗，翌年挖蔸分苗移栽。

（2）扦插繁育苗：3～5 月剪取生长健壮、无病害的新枝作插条，取其中段，剪成 8～12cm 长的小段，下端剪口近节处，削成马耳形斜面，湿润后，快速蘸一下 1500～

图 9‑10　油茶林间作菊花

3000mg/L 吲哚乙酸，随即插入已整好的苗床上，株行距（3～5）cm×（10～15）cm，深为插条的 2/3，压实浇水，保持苗床湿润，约 20 天即可发根，当地上部长出两片新叶时，即可出圃定植。

3. 移栽

分株苗于 4～5 月，扦插苗于 5～6 月移栽，选阴天或雨后或晴天傍晚进行，按株行距（40～50）cm×（60～70）cm 挖穴，穴深 6cm，带土取苗，扦插苗每穴栽 1 株，分株苗每穴栽 1～2 株，栽后覆细土压紧，浇定根水。

4. 栽培管理

（1）中耕除草：移栽成活后到现蕾前要进行 3～4 次中耕除草，现蕾后不再进行中耕除草。每次除草宜浅不宜深，一般掌握浅松表土 3～5cm，同时要结合培土保根防倒伏。

（2）追肥：除施足基肥外，生长期还要进行 3 次根部追肥。第一次于幼苗开始生长期，每亩浇施腐熟稀薄人畜粪尿 1000kg 浇施或 8～10kg 尿素兑水浇施；第二次在植株开始分枝时，亩用腐熟稀薄人畜粪尿 1500kg，或用腐熟饼肥 50kg 兑水浇施，结合培土施入；第三次在现蕾时，每亩用三元复合肥 30kg、尿素 5kg，兑水施入根际周围，施后培土。在花蕾期，于傍晚用 0.2% 磷酸二氢钾液或 0.5～1.0% 过磷酸钙浸出液叶面喷施，7 天左右喷 1 次，连续 2～3 次，促进开花整齐，提高产量和质量。

（3）摘心：一般打顶 3～4 次，第一次在定植成活后，苗高 15～20cm 时（小满前后）选晴天摘去顶心 1～2cm，促进分枝。以后每隔 15 天对分枝进行一次摘心，7 月大暑后不再进行摘心打顶，生长弱的植株少摘心。

（4）灌水：定植返苗期若遇干旱要注意浇水，不宜多浇，保持土壤湿润即可。雨季要注意排水，以防烂根。大暑后如遇干旱要浇水，特别是在孕蕾期前后不能缺水。

（5）病虫害防治：主要病虫害有霜霉病、褐斑病、花叶病毒病、菊天牛、菊蚜。用40%乙磷铝300倍液或50%瑞毒霉500倍液喷雾防治霜霉病。用70%甲基托布津1000倍液或70%代森锰锌1000倍液喷雾或浇苑防治褐斑病。用25～50mg/L农用链霉素或病毒A800倍液喷雾或浇苑预防病毒病。用10%吡虫啉2000倍液或25%唑蚜威1500～2000倍液喷杀蚜虫。用22.5%高氯毒死蜱1500倍液喷杀瘿螨、菊天牛、蚜虫。9月中旬禁止喷药。

5. 采收加工

（1）采收：由于菊花开花期先后不一致，所以要分批采收。一般分3～4批采收，采花标准是以花心散开2/3时为采收适期。选晴天露水干后或午后采收为好。边采边按大小不同分开，便于加工，保证质量。

（2）加工。亳菊：在花盛开齐放、花瓣普遍洁白时，选茎秆割下，扎成小捆，倒挂于通风干燥处晾干，然后摘下花头装入木箱，内衬牛皮纸，一层花一层纸压实。滁菊：晒至六成干时，用竹筛将花头筛成球形，再晒至全干即成，忌用手翻，可用竹筷翻晒。贡菊：采后，置烘房烘焙干燥，烘房温度控制在40～50℃，将贡菊薄摊于竹帘上，第1轮烘至九成干时再转入第2轮，这时温度要低，为30～40℃，花烘至象牙白时，即可取出，再置通风干燥处阴至全干。

（十三）油茶林间作草决明

草决明又名决明子、马蹄决明、假绿豆等，为豆科一年生半灌木状草本植物，以种子入药。草决明为食、药、观赏兼用种子植物，喜温暖、湿润的气候，对土壤要求不严，略贫瘠的地方也能种植。排水良好，土质深厚、疏松的砂质壤土最宜种植。

1. 整地施肥

选择郁闭度0.3以下的缓坡或阳坡油茶幼林地的耕作带，结合翻耕亩施厩肥或堆肥2000kg或腐熟饼肥50kg、过磷酸钙50kg或钙镁磷肥100kg（与厩肥堆沤）均匀施于地面，作畦碎土整平，按行距40～60cm开3～5cm深、10cm宽的播种沟。

2. 播种

4～5月直播。选取籽粒饱满的种子用50℃的温水（可加钼酸铵1%浓度、50%多菌灵0.2%）浸泡1昼夜，使其充分吸水膨胀，捞出晾干表面水分，均匀撒入沟内，覆土3cm，10天左右即可出苗。

3. 田间管理

（1）间苗定苗：苗高3～6cm时间苗，把弱苗或过密的苗拔出，对缺苗处及时补苗，苗高10～13cm时，结合中耕除草，按株距30cm定苗。

（2）中耕除草：播种后勤除草，齐苗后中耕2～3次，苗期浅中耕，苗后期结合培土中耕稍深，封行或现蕾时不再中耕。

（3）追肥：草决明根部有根瘤菌，能起固氮作用，不需大量施肥。根据长势，可在苗高10cm时，每亩施稀薄人粪尿1000kg促幼苗生长，在6月中旬再施人粪尿1000kg。苗期可叶面喷施1%钼酸铵溶液2～3次。

（4）灌排水：播种齐苗期遇干旱，要浇水保持土壤湿润。开花结荚期如遇干旱，适当浇水。

（5）病虫害防治：草决明常见病害有灰斑病和轮纹病，两种病害在发生初期用40％灭菌丹400倍液喷雾防治。也可喷洒1∶1∶200的波尔多液，严重时喷0.3波美度的石硫合剂进行防治。虫害以蚜虫为主，10％吡虫啉2000倍液或25％唑蚜威1500～2000倍液喷杀蚜虫。

4. 采收加工

10月中、下旬，草决明果实成熟。当植株上大部分果荚由绿色变为黄褐色或黄色但尚未开裂前，将全部植株割取晒干，打出种子，去净杂质，即得成品。成品以足干、颗粒饱满、无杂质、无虫霉者为优质药材。

（十四）油茶林间作迷迭香

迷迭香别名油安草、九里香、万年志，系唇形科迷迭香属多年生常绿亚灌木。迷迭香为芳香植物，可提炼迷迭香植物精油，在医药、工业方面用途广泛，花、茎、叶为主要利用部分。有研究表明，油茶林间作迷迭香可明显减少假眼小绿叶蝉种群数量，提高捕食性天敌种群数量，对假眼小绿叶蝉具有一定的驱避作用，对茶尺蠖雌、雄成虫有显著的驱避效果并能干扰寄主定位。迷迭香喜温暖光照充足的环境，耐寒，耐贫瘠，耐旱不耐涝，不耐盐碱；对土壤要求不严，除盐碱地、低洼的以外，一般都能生长。适宜的生长温度为9～13℃，土壤pH值4.5～8.7。

1. 整地施肥

选择郁闭度在30％以下油茶幼林的耕作带深翻作畦，亩施腐熟农家肥2000～3000kg、磷肥20kg，碎土平整，用800～1000倍液雷多米尔、百菌清喷雾消毒。

2. 育苗

因种子发育不良，种子萌发率极低，通常采用扦插育苗。选择土质疏松、透气性好、浇水后不易板结、浇灌方便的田块作为苗床地，露地扦插一般在秋冬至早春进行，最佳时间在10～11月，选用当年生长健壮半木质化枝条，剪成长度为5～8cm短段，每段有4道节以上，剪好的枝条用清水浸泡5～10min，蘸生根剂，即可扦插。剪枝时要遮阴，不可暴晒，从母株取枝条到扦插时间越短越好。扦插枝条插入土中的深度为3～4cm，一般为2道节，株行距为5cm×5cm。苗床先用水浇软再扦插，插入后尽快浇透水，扦插苗不可倒插。插后的半个月内每天浇水1次，保持苗床湿润，阳光强、气温高时要遮阳，半个月扦插苗生根后可适当减少浇水量，1个月后苗生根成活，每亩苗用10～20kg尿素对水浇施，每10天浇施1次，结合浇肥人工除草，3个月左右就可以移栽。

3. 移栽

取苗前苗床浇透水，带土取苗，按株行距40cm×60cm穴栽，浇定根水，及时查苗补苗。

4. 栽培管理

（1）中耕除草：在整个生长期要勤除草，移栽苗成活后15天中耕1次，以后结合除草、采收、施肥，每年中耕 2～3 次。

（2）施肥：迷迭香不喜欢高肥，在幼苗期根据土壤条件在中耕除草后施点复合肥。每次采收枝叶后追施速效肥，以氮、磷肥为主，亩施尿素 10～15kg，硫酸铵和过磷酸钙各 20～25kg，行间沟施后盖土。秋末冬初以沟施腐熟厩肥或饼肥作越冬肥。

（3）枝茎修剪。移栽成活 3 个月后就要开始修枝，以后每年春季将枝头剪去，促发蓬，控制生长高度，以植株长成圆形为佳。剪掉过密和干枯老化的枝叶，移出栽培地集中销毁，保障植株通风透光。修剪下来的枝条可扦插育苗，也可交工厂提取有效成分。

（4）排灌水：移栽成活后，要少浇水，雨季及暴雨时，要及时排水。遇高温干旱，注意适当浇水抗旱。

（5）病虫害防治：迷迭香病虫害较少，最常见的病害为根腐病，在高湿高温情况下极易发生，灰霉病也偶见报道。根腐病可用 50％多菌灵或甲基托布津药液进行喷洒。灰霉病可用 5％多菌灵烟熏剂或 50％速克灵 1500 倍溶液防治。最常见的虫害是蚜虫和白粉虱，可采用 5％扑虱蚜 2500 倍溶液和 1.5％阿维菌素 3000 倍溶液喷施防治。

5. 采收

迷迭香的枝叶虽可根据需要随时采收，但以栽培 3 年以上再采收为好。采收下的叶片嫩枝要置于通风阴凉处干燥，切不可暴晒，以免失去其自然色泽及香气。开花时可采收花和茎尖带嫩叶的部位晾干直接使用或进行适当加工为茶叶。迷迭香提取物可用于医药、日用化工等。

三、油茶林下种植粮食油料作物

（一）油茶林间种大豆

大豆通称黄豆，为豆科大豆属一年生草本植物，喜温暖气候，是我国重要的粮、油、饲兼用作物。大豆作为红黄壤开发的先锋作物，在生产中发挥改良土壤、培肥地力的重要作用；其籽粒是植物蛋白的重要来源。

1. 整地施肥

选择郁闭度 0.3 以下的油茶林耕作带适时早耕地，精细整地，疏松土壤，一般耕深 25cm 左右为宜，冬季空闲耕作带可在冬前翻耕，春季抢晴天精细整地，整地时亩施 2000kg 腐熟厩肥、20kg 饼肥、30kg 过磷酸钙、0.5kg 辛硫磷粉拌匀撒施，整细耙平，开沟作畦。

2. 播种

油茶林间作大豆一般选择早熟或中早熟优质春大豆品种，在气温稳定通过 12℃的 3 月中下旬至 4 月初播种，在伏旱来临前的 6 月底至 7 月初成熟。挖浅穴直播，穴行距为 20cm×（25～30）cm，穴深 3～4cm。将选好的种子于播种前选晴天晒种 8～16h，按 15kg 种子用根瘤菌 30mL、50g 钼酸铵拌种，每穴播 5～6 粒，播后盖土杂肥或火土灰 2～3cm，盖本土宜薄，一般用细土盖 1～2cm。

3. 栽培管理

（1）间苗定苗：幼苗出土后，及时查苗补缺，一般于长出 1～2 对真叶时间苗补苗，补苗时稍浇定根水，3～4 对真叶时定苗。每穴定苗 3～4 株。

（2）中耕除草：齐苗后结合除草及间苗补苗浅中耕，定苗后 5～7 天结合除草追肥进行中耕培土，中耕深度稍深。化学除草可在播种后至出苗前亩用 50％乙草胺 100mL 兑水 50kg 进行地面喷施，出苗后用盖草能除禾本科嫩草。

（3）追肥：根据苗情在定苗前后适当追施复合肥或尿素，在雨前行间施肥。

（4）病虫害防治：大豆病虫害主要有病毒病、锈病、根腐病、地老虎、豆秆黑潜蝇等危害。防治病毒病可用 5‰菌毒清 400 倍液连续喷洒 2～3 次。锈病防治可用 75％百菌清粉剂 500 倍液或 50％甲基托布津粉剂 500 倍液叶面喷雾。防治大豆根腐病亩用 50％多菌灵可湿性粉剂 0.1kg 兑水 50kg 喷施根部。地老虎主要在出苗前防治，出苗后可亩用敌杀死 20mL 稀释 1500 倍喷雾防地老虎危害。豆秆潜叶蝇的防治可在发生初期使用菊酯类农药加 50％辛硫磷喷雾。

4. 收获与贮藏

叶变黄、茎及豆荚变黄或褐，豆粒鼓圆及落叶达 80％以上时收获。选择晴天人工收割，及时晒打精选，晒干后贮藏在干燥阴凉处，注意防潮防虫。种用籽粒不要直接在水泥地暴晒，以免高温烫伤种子，影响其翌年发芽。

（二）油茶林间作花生

花生原名落花生，为豆科落花生属一年生草本植物。花生喜温暖气候，具有较强的环境适应能力，耐贫瘠、较耐干旱、怕涝。新垦荒地种植花生，在改良土壤结构、培肥地力方面能起到很好的作用，花生种子油分、蛋白质含量高，是我国重要的粮油兼用作物。

图 9-11　油茶林下种花生

1. 整地施肥

选择郁闭度在 0.3 以下土层深厚的油茶林耕作带深翻，亩施腐熟有机肥 1500～2000kg、发酵后的饼肥 30kg、过磷酸钙 50kg、2kg 8％的辛·毒颗粒剂（辛硫磷和毒死蜱的混合药剂）拌匀撒施，整细耙平，开沟作畦。

2. 播种

油茶林间作花生，需选择熟期偏早的品种适当早播，有效避开夏末秋初的干旱。选用中熟或中早熟中籽抗病品种或地方特色品种，3～4月当气温稳定在12℃以上时便可适时播种，开穴直播，穴播规格为20cm×（25～30）cm，穴深3～5cm。将花生果脱壳后，选无病虫害的种仁晒种后按15kg种子用根瘤菌20mL、40g钼酸铵拌种，每穴播2～3粒种仁，播后盖土杂肥或火土灰2～3cm，盖本土宜薄，一般用细土盖2～3cm。

3. 栽培管理

（1）清棵与补种：花生在苗期长出侧枝时，人工轻轻拨开覆土，让第一、第二对侧枝露出地面，以减少第一、第二对侧枝地下无效花，以促进花生早生早发。结合清棵定苗，每穴定苗2株，发现有缺穴现象时，应用花生种进行补种。

（2）中耕除草与培土：齐苗后，结合除草，浅中耕碎土，中耕深度3cm左右；10～15天后进行第二次中耕除草，中耕深度约5cm；花生落针前第三次中耕除草，浅中耕，并适当培土，高度5cm为宜，应尽量不要埋压分枝。

（3）追肥：出苗后3～4叶时根据苗情结合中耕，轻施粪尿水或尿素；开花下针期结合培土适当追施硫酸钾复合肥、过磷酸钙；结荚期和饱果期用硼砂、钼酸铵、磷酸二氢钾或稀土等叶面喷施。

（4）水分管理：苗期与成熟期需要清沟排水，预防涝害，中期遇干旱需灌水抗旱。

（5）控苗防倒：在苗后期，对陡长苗适时喷施矮壮素，以促进植株矮化、分枝；在开花20～30天时可喷施比久（B9）溶液，以提升花生饱果率。

（6）病虫害防治：主要病虫害有青枯病、枯萎病、锈病、白绢病、蚜虫、蓟马以及地下害虫等。茎腐病的防治可用65％多克菌600～800倍液或50％苯菌灵1500倍液喷雾。叶斑病的防治可用80％多菌灵600倍液或80％代森锰锌700倍液喷雾。锈病的防治可用25％三唑酮3000倍液，或95％敌锈钠600倍液，或75％百菌清500倍液，或15％三唑醇1000倍液喷雾。白绢病的防治可用50％扑海因1000倍液，或40％菌核净600倍液，或80％多菌灵500倍液喷雾。青枯病的防治可用农用链霉素2500～3000倍液或32％克菌溶液1500～2000倍液喷雾。可采用2.5％扑虱蚜1500倍液或10％氯氟氰菊酯2000～3000倍对蚜虫、蓟马进行防治；对地下害虫的防治，可亩用30％毒死蜱微胶囊0.4～0.5kg兑水150kg，混合均匀后灌入花生根部。

4. 收获与贮藏

当花生植株上部停止生长，基部叶掉落，顶部叶片转黄，地下部大多数荚果网纹清晰，充实饱满，果壳硬而薄，种皮呈现花生固有颜色时进行收获，选在晴天土壤较干燥时连同茎叶挖取后集中摘果，及时晒干，装入麻袋贮藏于干燥处，防治霉变、虫蛀和鼠食。

（三）油茶林间作绿豆

绿豆别名青小豆、菉豆、植豆等，为豆科菜豆属一年生草本植物，系高蛋白、低脂肪、中淀粉、医食同源作物。适应性广，抗逆性强，耐旱、耐瘠、耐荫蔽，生育期短。

1. 整地施肥

选择郁闭度在0.5以下油茶林的耕作带深翻，亩施腐熟有机肥2000～2500kg、复合肥30kg、过磷酸钙20kg、0.5kg辛硫磷粉拌匀撒施，再碎土整平作畦，开好排水沟。

2. 播种

油茶林地间作绿豆，一般选择春播，在地温达16℃的3月底至4月初为宜，按株行（20～25）cm×（30～40）cm，深3～5cm开穴直播，也可按行距40～50cm、株距12～15cm撩沟直播。选用抗逆性强、适应性广、千粒重高、生育期在80～90天中熟品种，播种前选留粒大、饱满、色泽好无病虫害种子晒1～2天，1kg种子用20～25g根瘤菌拌种或用5g钼酸铵拌种，每穴播3～4粒，播后盖火土灰或浅盖细土至畦面平整。

3. 栽培管理

（1）间苗定苗：第一片复叶展开后间苗，第二片复叶展开后定苗。按既定密度要求，去弱苗、病苗、小苗、杂苗，留壮苗、大苗，实行单株留苗。

（2）中耕除草：一般在开花封行前中耕2～3次，第一次结合间苗进行浅耕，第二次结合定苗进行中耕，到分枝期结合培土进行第三次中耕，有条件的地方可以使用除草剂，在绿豆播种后出苗前用除草剂都尔进行封闭，绿豆对除草剂比较敏感，要严格控制用量，以防药害。

（3）追肥：在施足基肥的情况下，生长期一般不再追肥。如在苗期出现因缺肥而产生叶黄、株矮、长势弱的，要适施尿素或复合肥促苗。

（4）适时灌溉，防旱排涝。在三叶期前要开沟防涝，在开花与结荚期需要防旱保产。

（5）病虫害防治：绿豆主要病害有枯萎病、病毒病、叶斑病、根腐病、白粉病等，药剂防治主要使用百菌清、多菌灵、无氧硝基苯等喷洒。主要害虫有蚜虫、豆荚螟、绿豆象等，可用菊酯类农药杀灭。

4. 收获与贮藏

一般植株上有50%～60%的荚成熟后，应适时分批收获。大面积栽培可在全田植株荚果2/3变成褐色时为收获的最佳期，收获时应在早晨和傍晚进行，可以防止炸荚现象发生。及时脱粒、晾晒、清选，以免发热霉变，籽粒的含水量在14%以下。贮藏时，在贮藏室放置适量磷化铝密封一星期后，敞开透气。

（四）油茶林间作芝麻

芝麻又称脂麻、胡麻，为胡麻科胡麻属一年生草本植物，是重要的油料作物。芝麻喜温暖湿润环境，耐旱不耐涝，对土壤要求不严，以肥沃沙壤土生长最好。

1. 整地施肥

选择郁闭度0.3以下灌溉条件好的缓坡油茶林耕作带深翻，亩施腐熟有机肥

1500kg、复合肥 30kg、过磷酸钙 30kg、2kg 辛硫磷混匀撒于土面，精细平整作畦，表土要细，开排水沟。

2. 播种

选择适合本地栽培的抗病、抗倒、高产、早熟品种，4 月中下旬至 5 月初土壤温度在 18℃以上时即可播种，可撒播或条播，播种深度或盖土不超过 2cm。播前晒种 1 天，用 0.1%～0.3%多菌灵、草木灰或细土拌种，将种子均匀撒于畦面，条播行距 35～40cm、沟深 2cm，播后盖火土灰或细土，浇透水。亩用种量 0.5kg。

3. 栽培管理

(1) 匀苗定苗。在 1 对真叶时第 1 次间苗，2～3 对真叶时第 2 次间苗，3～4 对真叶时定苗，株距在 18～22cm 为宜，亩保苗 1.0 万～1.2 万株。

(2) 中耕除草：每一次中到大雨后抢晴天中耕一次，出苗到始花前，一般中耕除草 3 次，第一次在芝麻苗 1 对真叶时浅中耕；第二次在 2～3 对真叶时进行，第三次在 4～5 对真叶时进行，封行后停止中耕。结合中耕，分次培土起小垄，加深大小沟，防止芝麻倒伏和涝害。

(3) 肥水管理：基肥充足，苗势好的状况下，苗期可不追肥，如因缺肥苗瘦叶黄，可亩追施 3～4kg 尿素；在现蕾期至花期，可亩施尿素 5～7kg；在进入初花期后可根据土壤肥力和植株长势，亩施磷肥 5kg、钾肥 8～10kg，也可在始花至盛花阶段，选晴天下午，隔 3～5 天连续喷 2 次 0.4%的磷酸二氢钾，增蒴数、增粒重，提高芝麻含油量。在苗期至初花期要注意清沟沥水，在盛花期遇干旱必须灌水抗旱。

(4) 病虫害防治：茎点枯病预防可在播种前用 55℃温水浸种 15min，或用 0.1%～0.3%多菌灵拌种。枯萎病防治可用 50%多菌灵 500 倍喷雾。防治天蛾、地老虎、盲蝽、蚜虫和甜菜夜蛾，可用 2.5%溴氰菊酯、50%辛硫磷乳油等 1000 倍液于傍晚喷杀，连喷 1～2 次。

四、油茶林下种牧草

(一) 油茶林间种紫花苜蓿

紫花苜蓿属豆科苜蓿属多年生草本植物，是世界上栽培利用最广的牧草之一。其适应性强，草质优良，营养价值高，被誉为"牧草之王"。喜温暖半干旱气候，耐旱但不耐潮湿，在土壤 pH 值 6.5～8.0 范围内均能良好生长。

1. 整地施肥

选择海拔 600～900m、距家禽家畜养殖区不远、灌溉条件好、郁闭度在 0.3 以下的油茶林地，深翻，亩施腐熟的厩肥 1500～2000kg，过磷酸钙 30kg，开沟、碎土平整作畦，做到上虚下实，畦面平整土细。

2. 播种

选择秋眠系数 5～8 级适合本地区的耐热品种，一般地温稳定在 5～8℃、田间持水量在 60%左右时就可以播种。可春播和秋播，以秋播为主。春播一般在 2 月下旬至

图 9－12　油茶林下种牧草

3 月中旬进行，秋播在 9 月至 10 月下旬，每亩播种量为 2kg 左右，采用条播，行距 20cm，株距 0.5cm，播种深度以 1.5～2cm 为宜，覆土 2cm，浇足水，保持土壤湿润。播种时最好用根瘤菌液或钼酸铵液拌种。

3. 栽培管理

（1）中耕除草：紫花苜蓿出苗后易受杂草危害，勤除草，浅中耕，防土壤板结。播种前对土壤中的杂草及其种子进行一次清除，苗期适时除草 2～3 次。第二年返青萌发时及时清除地表和行间枯叶。

（2）水肥管理：1 年生细苗在 3～5cm 高度时，耐干旱能力较弱，应及时浇水，结合除草、中耕，适施氮肥以促进幼苗快速生长，在雨季要清沟沥水，防止长时间积水。出苗至第 1 次收割需 60 天左右。第 1 次不宜过早收割。收割后干旱无雨时，应及时浇水，并结合浇水或下雨进行追肥，亩追施复合肥 30～40kg 或尿素 15～20kg。春季可在行间套种春豌豆等早熟蔬菜品种，有利于遮阴保墒。紫花苜蓿对硫、硼和钼等微量元素的需求较为敏感，增施这些微量元素可以增加干草产量，并使植株更健壮。在每年越冬返青后第一次刈割前应追施适量的氮肥和磷肥，以提高青草的产量和再生产能力。

（3）病虫害防治：紫花苜蓿病虫害较多，油茶林区主要有蚜虫和锈病危害。可用 1000 倍 "一遍净" 喷雾防治蚜虫危害，喷施 70％代森锰锌 600 倍液或粉锈灵 1000 倍液防治锈病、白粉病。在生长季节发现轻微病虫危害时，可采取及时刈割利用等措施，避免病害大量传播，减少病虫害损失。

4. 收获

紫花苜蓿刈割期视用途而定。用于牛、羊、兔等鲜饲，一般选择在分枝期到现蕾初期刈割，刈割后切短和其他饲料（禾本科牧草）拌匀生喂，不宜单喂，以避免营养不良和牛羊瘤胃臌气。用于调制干草，刈割一般选在孕蕾期至初花期，以平均百株开花率 5％以下为宜，收割末期开花率也不能超过 10％。

紫花苜蓿晾晒技术要得当。刈割后一般采用田间自然干燥，晾晒 1 天后，其上层苜蓿含水量为 30％～40％时，可在早晨或傍晚进行翻晒和并垄。

(二) 油茶林间作白三叶

白三叶又名白车轴草、白三草、车轴草、荷兰翘摇等,为豆科车轴草属多年生草本植物,是优良豆科牧草。白三叶性喜温暖湿润气候,喜光,生长竞争力强,耐寒耐热性强,具有一定的耐旱性,耐涝性稍差。对土壤要求不严,在 pH4.5 的土壤中也可正常生长。再生能力强,耐践踏。

1. 整地施肥

选择郁闭度在 0.3 以下的油茶林地耕作带,翻耕后亩施腐熟有机肥 1000～1500kg、过磷酸钙 30kg、辛硫磷粉 0.5kg,混匀,精细整地。

2. 播种

选择耐热品种,以秋季 (9～11 月) 直播为佳,撒播或条播,条播行距 30cm。播种前可用 50% 多菌灵可湿性粉剂按种子重量 的 0.5% 拌种或每 100kg 种子中加入 30% 噁霉灵水剂 500g 兑水 100kg 拌种,晾干后再按 1kg 种子与 10g 根瘤菌种和少量细土拌匀,均匀撒播,播后覆土 1～2cm,浇足水。单播亩用种 0.5kg;最好与牛尾草、黑麦草等混播,混播时白三叶播种量占 30% 为宜。

3. 栽培管理

(1) 除草:注重播种当年及翌年春夏除草,出苗后当年进行 2～3 次人工除草,当三叶草全草覆盖后,以后各年杂草只零星发生,基本上免除杂草危害。

(2) 追肥:出苗后可亩施少量尿素 5～10kg 或复合肥 10kg 促壮苗,每次割草后亩施复合肥 10～15kg,配施钼、硼微肥。

(3) 水分管理:苗期干旱要适当浇水,雨季要清沟沥水,在栽培区全覆盖后,不宜浇水,以免发生枯萎病等病害。

(4) 病虫害防治:叶斑病、菌核病、白绢病、白粉病、茎腐、根腐等病害可用克霉丹、百菌清、代森锰锌、扑海因、甲霜灵、粉锈宁、多菌灵、杀毒矾等杀菌剂喷雾防治。蝼蛄、地老虎可用辛硫磷杀灭,红蜘蛛、斑鞘豆叶甲、叶蝉、斜纹夜蛾等可用阿维菌、菊酯类农药杀灭。

4. 刈割与利用

作饲用可在孕蕾期至初花期 (1/10 植株开花) 时刈割,刈割时留茬不低于 5cm,每年可刈割 3～5 次。

白三叶营养丰富,可鲜喂或晒制干草,也宜青贮以供淡季饲喂。鲜喂应控制喂量,反刍动物 (牛、羊) 食用过多会发生腹胀,最好与禾本科草以 1∶2 比例混喂或放牧前饲喂少量干草。

(三) 油茶林间作百脉根

百脉根又名黄金花、牛角花、都草、五叶草、鸟距草,系豆科百脉根属多年生草本植物。喜湿润气候,耐热、耐寒、耐干旱、抗病、适应性广,微酸性或微碱性土壤均可种植。百脉根为优质牧草,适口性好,能饲喂牛、羊、兔、鸡。

1. 整地施肥

选择郁闭度 0.5 以下油茶林耕作带,深翻土壤,捡净杂草,每亩施用 1000～

1200kg 腐熟厩肥或 20～30kg 发酵好的饼肥，精细整地，表土细碎。

2. 播种

百脉根可单播，也可与黑麦草等禾本科牧草混播，春秋播种，春播 3 月底至 4 月中旬，秋播 10 月中下旬至 11 月初。多采用条播和点播法，播深 1.0～1.5cm，每亩播量为 0.75～1.0kg，播后覆土 1.0cm，浇透水，保持土壤湿润。播前最好用根瘤菌拌种。

3. 播后管理

出苗前若遇干旱要及时浇水，如土壤板结，应及时破土。出苗后 1～1.5 个月注意除草施肥，清沟沥水。常年生长的地块，每年春初或夏末每亩施用 10～20kg 磷钾肥，夏季百脉根易受褐斑病和白粉病侵染，可用石硫合剂和多菌灵、烯唑醇等防治。若有豆荚螟危害，可用杀灭菊酯 800 倍喷洒防治。

4. 收籽与刈割

百脉根花期长，种子成熟不尽一致，成熟后易裂荚落粒，在 70％的果荚变为黑褐色时即可刈割收种，有条件可随熟随收，分期进行。用于放牧利用开始期为分枝期至孕蕾期，或草层高度达 20cm 时适度放牧，切忌重牧或降雨、灌水后放牧，每年刈割 1～2 次。

（四）油茶林间作串叶松香草

串叶松香草别名松香草，为菊科松香草属多年生宿根草本植物，是优质牧草品种。草喜温暖湿润气候，喜光喜肥，耐高温，极耐寒，不耐涝，耐酸性土，不耐盐渍土，再生性强，耐刈割。

1. 整地施肥

选择郁闭度 0.3 以下具备灌溉条件的油茶林耕作带，亩施入有机肥 3000kg、磷肥 50kg、复合肥 15kg 作基肥，精细整地。

2. 播种

一般以种子繁殖为主，可以直播，也可育苗移栽，但以育苗移植为好，一般春播在 3～4 月播种，秋播在 8～10 月，以春播为佳。播前种子晒种 6～8h，用 25～30℃温水浸种 12h，晾干后，再用潮湿细沙均匀拌和，置于 20～25℃室内催芽 3～4 天，待种子多数露白后均匀撒播，播后盖细土或火土灰 1.0～1.5cm，用稻草覆盖，浇透水，保持土壤湿润，亩播种量 0.15kg 左右。

3. 播后管理

（1）间苗定苗：出苗后 2～3 片真叶开始间苗，间 1～2 次苗，4～6 片真叶时定苗，株距 30cm 左右，亩留苗 2500～3500 株。育苗移栽，在 5～6 叶期移栽，作种子繁殖丘块，株距在 50cm 左右。

（2）中耕除草与培土：苗期至封行前，勤除草，中耕 2～3 次，生长旺盛期培土起垄，垄高一般 10～20cm。

（3）追肥：根据苗情适施稀薄粪水或尿素，促苗生长；每次刈割后追施尿素 10kg

左右、过磷酸钙 20kg。

（4）排涝抗旱：在生长期内天晴干旱，要经常灌水保湿。雨季应及时排水。

（5）病虫害防治：串叶松香草抗病虫能力强，一般病虫害较少。苗期出现白粉病，应及时喷洒 0.5 波美度的石硫合剂或 800 倍多菌灵防治。在高温潮湿时，易发生根腐病，可用根腐灵等杀菌剂灌根。如出现菜青虫、斜纹夜蛾等可用菊酯类药喷杀。

4. 收籽与刈割

进入产草旺盛期后可 20～30 天刈割 1 次，全年可刈割 6～10 次。可青贮、晒制干草或加工成草粉进行利用。

种子成熟期不集中，采种要随熟随收，一般每隔 3～5 天采 1 次，采后要及时晒干去杂，包装后贮藏。

（五）油茶林间作柱花草

柱花草俗名斯蒂罗、巴西苜蓿、热带苜蓿等，为豆科柱花草属多年生丛生性草本植物，是我国亚热带地区的优良牧草。喜光照，耐热，耐瘠薄酸性土壤（pH 值 6～7），耐低磷，耐干旱，耐践踏，抗虫害，不耐低温和浸渍。

1. 整地施肥

选择郁闭度 0.3 以下的油茶林耕作带，亩施农家肥 1000～1500kg、过磷酸钙 20～30kg，撒石灰 25～30kg，深翻碎土平整。

2. 播种

3 月中旬至 4 月下旬播种，可撒播、条播或穴播，条播行距 30～40cm，穴播行穴距（30～40)cm×20cm，沟或穴深 2～3cm。播前先用河沙与种子混合装在麻袋中反复摩擦，待种皮起毛有裂纹不破碎时，用 80℃温水浸 3min 后捞出，再用 0.5kg 根瘤菌剂拌 5kg 种子后播种，每穴播 5～8 粒，播后盖火土灰或土杂肥 1～2cm。亩用种量约 0.25kg。育苗移栽，待苗龄 5 对真叶时抢阴天或傍晚移栽，移栽株行距为 13cm×17cm，栽后浇定根水。

3. 栽培管理

（1）间苗定苗：出苗后 2～3 对真叶时进行间苗，4～5 片真叶时定苗，每穴留 2～3 株苗，条播株距 10～15cm，缺苗穴要及时补栽。

（2）中耕除草：苗期要勤除草，在封行前中耕 2～3 次，浅中耕。

（3）追肥：在施足底肥的基础上，一般可不追氮素肥料，如土壤瘠薄，播后 30 多天发苗，没有根瘤或根瘤很少，每亩可追施施尿素 4～5kg，生育中期植株生长迅速，适当增施磷钾肥。每次刈割后亩施 8～10kg 复合肥或有机肥 800～1000kg。

（4）病虫害防治：柱花草虫害较少，一般不致危害。对柱花草生产造成较大危害的，主要是炭疽病，当病害发生时，可用 0.5% 的多菌灵胶乳剂或 0.2% 多菌灵水剂喷雾，若在高温天气，于雨后 7 天内喷药防治，则效果更好。

4. 收籽与刈割

采用新鲜牧草饲喂牧畜可根据需要随割随用。全面割草原则上应掌握柱花草草层高度达 80～90cm 时即割草 1 次。如管理得当、长势良好的田块，当年可在 7 月下旬至 8 月中旬和 10～11 月割草 2 次，宿根牧草可 1 年割 3 次，分别以 5 月、7～8 月以及 10～11 月较为适宜。如天旱、肥水条件差的则不宜多割，采收时留茬 20cm 左右，不可割得过低。此外采收柱花草时应在盛花期以前收割，不可过老。留种田一般中期不割草利用，收获种子选在种子成熟相对较整齐的早上进行。

（六）油茶林间作坚尼草

坚尼草又名大黍、几内亚草、天竺草，为禾本科黍属多年生草本植物。适应性强，耐旱，耐酸，耐热，不耐寒、怕霜冻，耐荫蔽，不耐重牧。生长快，分蘖旺盛，比苏丹草产量更高，适合作青饲料，也可用来晒制干草或调制青贮料，或放牧利用。

1. 整地施肥

可选择郁闭度在 0.5 以下的油茶林耕作带，亩施腐熟厩肥 2000kg 左右，过磷酸钙 40～50kg，翻耕平整。

2. 播种

于 4 月中下旬（气温在 18℃ 以上）播种，可直播或育苗移栽，油茶林地一般直播，梯坝则开穴移栽。直播可采取穴播或条播，穴播间距 35cm×40cm，条播沟间距约 40cm。播种前先将种子用清水浸泡 12h，并用细泥沙拌和播种，选晴天播种，播种深度 1～2cm，播后盖薄层火土灰或土杂肥，亩用种量 1.5kg 左右。育苗移栽在苗高 10～15cm 时按株行距 35cm×40cm 移栽，每穴栽 1～2 株，浇定根水。

3. 田间管理

（1）间苗定苗：直播苗二叶一心至三叶一心间苗，五叶一心前定苗，每穴留壮苗 2～3 株。条播株距 20～30cm。

（2）除杂草：在出苗后 15 天内及时清除杂草。移栽丘块在移栽后 10 天内及时清除杂草。

（3）施肥：苗期可施些清淡的粪水，根据苗情适当加施复合肥或尿素。每次刈割后要及时施追肥，每亩施复合肥 25～50kg 或有机肥 1500～3000kg。

4. 刈割利用

当植株长至 90cm 左右时即可第一次刈割，刈割时留茬 10cm；以后每隔 3～4 周刈割一次，留茬不低于 10cm。准备留种的草一般不刈割，选择栽种早、长势好的植株留种，亦可酌情刈割利用 1～2 茬，8 月份开始分批次收种，若穗上有 50% 左右的籽粒成熟就可以剪穗头采集，剪下的穗头置干燥处，24h 后籽粒极易脱落，种子收集后晾干或晒干（忌暴晒），用微风吹掉瘪籽，即可贮藏待用。

（七）油茶林间种饲用甜高粱

甜高粱又称糖高粱、甜秆、高粱甘蔗等，系禾本科高粱属一年生草本植物，为粮饲兼用作物。具有产量高、抗旱能力强、抗病性好、耐涝、耐盐碱等特点，对土质要求不严，在 pH 值为 5.0～8.5 的土壤中均能生长。

1. 整地施肥

选择郁闭度 3.0 以下油茶林耕作带深翻，亩均匀撒施底肥 1500～2000kg、复合肥

15～20kg 及 1～2kg 50％多菌灵或 20％五氯硝基苯，精细整地作畦，畦面平整土细。

2. 播种

选择耐旱、再生力强的品种，采用条播的方式与 4 月中下旬至 5 月中旬直播，行距 60cm，播种深度 2～3cm，播后盖火土灰或细土，浇透水。

3. 栽培管理

（1）定苗：出苗后展开 3～4 片叶时进行间苗，5 叶期进行定苗，要求留健壮大苗，株距 6～8cm。

（2）除草：播前、播后都可以采用化学除草方法，可选用阿特拉津，按说明兑水喷雾。生长期也可结合中耕进行人工除草，苗期勤除草。

（3）中耕：在出苗后结合间苗定苗及除草进行第 1～2 次浅中耕，拔节前进行第 1 次深中耕。

（4）追肥：甜高粱拔节以后每亩追施尿素 10kg，每次收割 5～10 天后每亩追施 10～15kg 尿素。

（5）病虫害防治：甜高粱抗病性较强，但抗虫性差，蚜虫、玉米螟等危害中，可选择溴氰菊酯、氯氰菊酯、速灭杀丁等防治。

4. 收割

甜高粱出苗 40～50 天后，株高达到 120～170cm 时进行第一次收割，当株高再长到 120～170cm 时进行第二次收割，霜前进行最后一次收割；作青贮饲料在乳熟期收割最好。每次收割必须留茬 10～15cm。

第二节　油茶林下养殖

油茶属于小乔木，分枝多而开张，油茶果周年生长，树冠底部距地近，特别是矮化栽培林地和油茶果快速膨大至成熟期，果枝距地更近。在油茶林地放养牛、羊等大型家畜，易造成地面踏坑而积水、折断枝干或树梢、撞落花果，对油茶生产影响大。油茶属异花授粉植物，在花期科学放养蜜蜂，既可利用油茶花蜜资源，又可提高茶籽产量。油茶林散养土鸡和放养鹅，能为油茶林除草、除虫和施肥，实现生态种养。但要注意的是在油茶花期应将林下放养的家禽牲畜关栏养殖，避免影响开花授粉而减产。

一、油茶林下养蜂

油茶开花数量多，花大，花期长，流蜜量大，蜜汁浓，是冬季重要的蜜源。利用油茶花蜜源放养蜜蜂，既可大幅增加油茶花授粉率，提高油茶籽产量，又可增加蜂产品，可获得双丰收。过去因油茶花蜜和花粉中的半乳糖及生物碱类使中华蜜蜂及意大利蜜蜂造成中毒烂仔，使蜂群群势受到严重影响，几乎没有蜂场去采油茶蜜粉。随着油茶产业的发展及蜜蜂养殖的研究，油茶花期林下养蜂受到油茶种植者和蜜蜂养殖者的重视。

图 9－13　油茶林下养蜂

1. 场地选择

（1）油茶场地的选择：根据采集蜂群蜜蜂的数量，选择油茶盛花期有足够蜜源的油茶林地；在放蜂期间，采集蜂群活动区的林地及周边没有与油茶同期开花的蜜源植物，迫使蜜蜂采油茶花蜜粉。

（2）蜂箱放置场地的选择：油茶花期正值冬季寒潮多发期，蜂箱放置场地要选在背风向阳的地方，最好蜂箱全天能晒太阳。

（3）注意放蜂密度。根据连片油茶林面积及蜂群活动范围，估算放蜂密度，提高油茶蜜产量。

2. 培育强势采集蜂群

在油茶盛花期（10 月下旬）到来之前的 2 个月，做好分蜂繁蜂工作。8～9 月，合理分蜂，培育一批新蜂王，利用其他蜜源或饲料糖奖励饲喂，快速繁殖蜂群，培育适龄强势采集蜂群，直到 10 月份越冬蜂出房。

3. 采蜜期蜂群管理

（1）无虫化采蜜：在采蜜期，可将蜂王全部用王笼扣起，让蜂王不产卵，蜂群没有哺育任务，使大批工蜂投入到蜜粉采集，同时延长工蜂寿命，保持蜂群群势。

（2）保温防寒：油茶花期寒潮多发，要做好蜂群的保温工作，箱底垫 15cm 厚的稻草，既保温又吸潮，防止潮气进入蜂箱；蜂箱裂缝要用纸糊严，防风；外面盖一层塑料布，白天气温高时撤掉，下午 4 时盖上，并缩小巢门。在预报将有冷空气居留 3 天以上的时间到来之前，取出全部油茶蜜，饲喂糖浆或用优质蜜，保障蜂群能够安全度过寒潮。

4. 蜂群解毒

油茶林下放蜂最关键的是蜂群难以消化油茶花粉和花蜜中的植物碱，容易中毒而导致蜂群数量下降甚至全部死亡，因此，要进行科学解毒。常用方法是药物解毒和增强蜂群个体的抵抗力。

（1）进行药物预防和解毒。根据养蜂人经验或专家配方，常用方法如下。

方法一：在蜂群的繁殖区每天傍晚少量糖浆＋0.1％的多酶片＋1％乙醇＋0.1％大黄苏打＋水适量的解毒药物喷洒或浇灌；或在采集蜂归巢时按 1kg 柠檬酸＋50kg 糖水用喷雾器往蜂群中喷洒，也可以进行补充饲喂。

方法二：用维生素 C 400mg＋维生素 B 640mg＋表飞鸣 300mg，三者溶于冷开水中，加适量白糖或蜜，喷 100 脾蜂，每日早、晚各一次，15 天一个疗程。

方法三：用大黄 10g＋黄芩 10g＋仙鹤草 10g＋马齿苋 10g＋南刺五加 20g＋虎杖 10g，加水 200mL 煎汁后，再加水 150mL 又煎一次，两次药水混合，加白糖或蜂蜜适量，每天早、晚喂蜂 100 脾，连续喂 15 天。

（2）在药物防治的同时，隔天再饲喂 1∶1 的糖浆或蜜水，并注意补充适量的花粉。

（3）及时采蜜和脱粉。在蜂群的采蜜区要注意适时取蜜，在茶花流蜜盛期，一般 3～4 天就应取蜜 1 次，取干净油茶花蜜粉后饲喂糖浆。

5. 油茶花后期蜂群管理

（1）治螨：由于油茶花期采取无虫化生产，后期抓住时机彻底治一次螨，为蜂群越冬和来年春繁打下良好基础。治螨在 12 月上旬进行。

（2）换油茶蜜：12 月上旬油茶花期快要结束，只有零星花朵开放，选择一个好天气将油茶蜜摇干净，油茶花粉也要全部抽出。傍晚换上优质浓糖浆，几天喂足越冬饲料，此时外界无蜜源要注意防盗蜂，一旦起盗就很麻烦。换蜜要在傍晚进行，定地饲养的蜂群群势下降快，要注意保存实力。

（3）喂足越冬饲料：定地饲养的蜂场，油茶是最后一个蜜源，换出油茶蜜之后一定要喂足越冬饲料，最好喂至蜜封盖为止，这样就不用担心寒潮的时间长短，不用担心缺蜜。转地放蜂的视蜜源情况，不足的补足。

（4）防盗：油茶花期结束至次年油菜开花前有几个月的无花期，油茶林区的冬天只要天晴气温还是比较高，一般在 17～18℃，有时甚至达到 20℃，这给蜂群管理带来不少麻烦。这段时间要把防盗放在首要位置，一是将蜂箱缝隙糊严，防止盗蜂进入；二是缩小巢门，加强防卫能力，巢门缩小至只能容 1～2 只蜂进出；三是白天不喂糖，在傍晚饲喂，饲喂时糖浆不能滴在箱外，若滴落一定要用水冲洗干净；四是少开箱检查。

（5）防鼠：冬季老鼠常在蜂箱边或箱内做窝，啃咬蜂箱、巢脾，扰乱越冬蜂群，一定做好灭鼠工作。

二、油茶林下散养土鸡

油茶林是生态型养殖的理想场地。林下养鸡能够达到除草、除虫、自然施肥的效果，充分利用自然资源，实施生态循环经济，是增加社会、经济、生态三大效益的有效途径。

1. 放养场地选择

（1）场地选择需远离居住区、农业种植区、地下资源开发区、水资源保护区。

（2）根据鸡的习性，必须选择干燥、空气流通的地方。

油茶林下散养土鸡

（3）场区无毒草，无严重鼠害。对黄鼠狼等有害鸟兽能够采取防患措施。

（4）场区供水方便、充足，水质安全卫生。饮水槽与放养鸡的最远距离不超过30m。

（5）放养的坡度在45度以下，较平整更好，便于鸡群集中与分散。

（6）在轮放的情况下，每只鸡平均$4m^2$，每次放7～10天，每批次平均1只/米^2。

（7）放养林地，应该选野生或种植的豆科、菊科、十字花科等牧草。

2. 棚舍管理

育雏舍面积按每平方米20～40只计算，棚舍面积按每平方米8～10只计算。各列棚舍要均匀布置，棚舍与牧地之间设专门进出通道和消毒池。围栏面积大小既要因地制宜，又要结合饲养数量来定。在棚舍内准备充足的料槽、饮水器、消毒用具及温湿度控制设施。棚舍内应设置栖息架，每一棚舍容纳300～500只后备鸡或300只左右的产蛋鸡。每5～6只母鸡设1个产蛋箱。平时保持鸡舍干燥、通风、定期消毒。

此外，在放养场用竹、木、砖、石头、塑料布等材料搭建易拆除、易移动的简易棚舍，便于栖息，栖床用竹片、木条或树枝以2～3cm间隔铺设，离地面高度为30cm。

3. 品种选择

选择抗病、品质好、生长快的优良地方土鸡。

4. 育雏

刚出壳的雏鸡，体质弱，对外界环境的适应性、抵抗力差，必须在育雏室饲养。

（1）育雏温度：1～2日龄保持在35℃，以后每周降低3℃。育雏室温度保持在18～24℃。

（2）育雏的湿度：应在55％～60％，如湿度过大可用生石灰吸潮；同时育雏垫草

319

应以锯末、碎麦穰为主。

（3）注意育雏室的通气和光照：经常通风换气，避免贼风及冷风直接吹向雏鸡。雏鸡的光照时间为 23h 左右，光照强度以雏鸡能找到料盘和饮水器为原则，过强不但影响鸡的休息，还易引起啄羽、啄肛等现象发生。

（4）适时投食和饮水：雏鸡出壳 24h 内应给予投食。但应注意饲料的可消化性和全面的营养成分。有条件的可在饲料中加入切碎的芫荽、蒜苗、韭菜等有杀菌作用的青菜。饮水可用清洁的饮水盘，保证每天更换 1 次清洁的饮水，并注意不让雏鸡进入饮水盘中。必要时可在水中加入高锰酸钾或其他预防性药物。

5. 放养场管理

雏鸡到 45 天左右，随着外界温度的升高，鸡的羽毛基本丰满，可以到外面树林下放牧活动。在这之前的 1 周，应对运动场进行 1 次全面消毒，拉好围网，高度在 1m 以上，对放牧场进行全面细致的检查，清除污染物，剔除有害有毒的植物杂草，并在运动场四周挖排水沟（宽 1m×深 1m），既可沥水排污，又可作为隔离屏障。注意对周围的农作物和油茶林控制喷施农药，防止黄鼠狼及老鼠等对雏鸡的危害。在运动场上备干净的黄沙让鸡自由采食，以帮助消化食物。

在林下投放鸡龄选择上，四季各不相同，春秋两季以 45 天、夏季以 30 天、冬季以 60 天为宜。

6. 成鸡的饲养管理

（1）以放养为主，适当补饲。一般每天每只投喂饲料 50g 即可，投喂时间可选择在下午 4 点左右。

（2）在前期外界温度相对较低的情况下，可采取中午放鸡，下午赶入室内。

（3）在放养场上配备饮水设施，放置砂堆，同时留一片场地作为补料处。

（4）随着鸡龄的增长，场地要随之扩大，让鸡自由活动和采食鲜嫩青草。为限制鸡的乱飞，可随时剪短鸡的翅羽。

（5）有条件的地方，可在场地上方安装照明灯泡，利用晚间昆虫的趋光性，让鸡捕食昆虫，以增加蛋白质饲料。

（6）在放养过程中，定期对禽舍、活动场所、接种工具等都要进行消毒。可用生石灰、百毒杀等进行消毒。鸡舍排泄物要每天清扫，做到鸡舍清洁、通风、干燥。平时生人不要进入鸡舍内或活动场所，以免带来病菌风险。如遇到病鸡，要及时隔离确定病因，对症治疗，防止引发大规模的病患。

（7）预防驱虫。放养之前 1 周进行第一次驱虫，放养之后 30 天左右进行第二次驱虫，以后每隔 1 个月驱虫 1 次，可选用驱蛔灵、左旋咪唑、丙硫苯咪唑、氨丙啉、泰灭净和克球粉等驱虫药物。

7. 饲料配方

常用饲料配方有：

（1）玉米 40.5%，小麦 20%，麸皮 10%，豆饼 20%，鱼粉 7%，骨粉 2%，盐 0.5%，适量加入微量元素添加剂；

（2）玉米 40%，小麦 25%，豆饼 22%，鱼粉 10%，脂肪 1%，骨粉、贝壳粉 1.25%，盐 0.25%，维生素微量元素添加剂 0.5%。

8. 鸡的免疫

养殖户或企业要提高免疫认识，根据免疫接种的要求，适时正确做好鸡的疾病免疫工作，对鸡危害较重的传染病主要有鸡瘟、鸡痘、鸡传染性支气管炎、鸡法氏囊病、鸡马立克氏病以及鸡球虫病等。目前我国均已研制出有效的疫苗，具体使用方法应按照使用说明书执行。

（1）1 日龄内注射马立克氏疫苗。

（2）4～7 日龄内用鸡传染性支气管炎疫苗，传支 H120 滴鼻，14 日龄用疫苗肌内注射。

（3）7 日龄用鸡法氏囊滴鼻，17 日龄饮水免疫。

（4）10 日龄内用鸡新城疫Ⅱ系滴鼻。28 日龄用鸡新城疫Ⅰ系肌内注射或皮下注射。

三、油茶林下放养鹅

鹅是草食家禽，以吃草为主，吃粮为辅。鹅对青粗饲料的粗纤维消化能力可达 50% 左右，在饲料中，青粗饲料占日粮 60%～70% 即能满足其生长发育、产肉、产蛋的需要。油茶林地茶树密度小，空气质量好，利用林地间种青绿饲料，可给鹅群创造良好的生长环境；鹅不啃树皮，对油茶树的生长发育不会造成影响，而鹅粪又是优质的有机肥料，能增加土壤中有机质含量，提高土壤肥力，促进油茶树休生长，提高茶籽产量。

1. 选址与建舍

选择距村庄有一定距离、有干净水源、坡度在 25 度以下的油茶林地，覆盖率在 50% 左右，新造林地，需设置荫棚供鹅乘凉休息。

鹅舍应建在地势较高，排水良好，通风透光的林间空地上。棚舍面积根据空地面积和鹅多少分栋建设，每棚以饲养 1000 只为宜，每平方米 6～7 只；棚舍方向最好坐北朝南，南北两边用砖砌墙或围竹篱笆，高度以 60～80cm 为宜，墙上部围绕活动的塑料薄膜或架设挡风板，每间留一活动小门，舍内地面垫沙土 15～20cm，使其高于四周，有利于排水。

2. 种植养鹅牧草

养殖户可根据发展养殖的规模和自然条件，合理确立不同牧草的种植面积和品种，种养结合。牧草可放牧利用也可刈割饲喂。

（1）草种选择：选择的草种以一年生牧草和多年生牧草或蔬菜类品种相结合，提高单位面积载禽量；适宜养鹅的牧草主要有黑麦草、白三叶、苜蓿、菊苣、苦卖菜等。蔬菜有生菜、白菜、萝卜、胡萝卜、莴笋、青菜等。

（2）种草养鹅茬口安排模式

①牧草茬口衔接。可选择的牧草品种有白三叶、苜蓿和黑麦草、鸭茅混播，比例

一般为 7：3，即 70％豆科和 30％的禾本科牧草，播种期可分为春播 3～5 月，秋播 8～10 月。但不宜满播，应留出 20％～30％的地块播种叶类蔬菜，以解决前期雏鹅饲料问题。

②蔬菜类饲料品种茬口衔接。一般萝卜、胡萝卜 8 月播种，可利用到 1～2 月；生菜、莴笋等蔬菜 9 月育苗，10 月移栽，12 月可劈叶利用，直到次年 3 月再接青菜、苦买菜等，可利用到 6 月。

③蔬菜、牧草分期分批播种茬口衔接。规模化养鹅，大面积种植青饲料，一般将种草地按 3：7 比例划分，即 30％种植蔬菜类饲料，70％种植牧草，同时分批分期播种。萝卜、胡萝卜 8 月播种；生菜、莴笋 9 月播种，10 月移栽；苦买菜、小白菜 2 月下旬至 3 月上旬播种；秋季牧草 8 月、9 月、10 月三个月播种，春播牧草 3 月、4 月、5 月三个月播种，每期间隔一个月。

3. 品种选择与育雏

（1）选择抗病、品质好、育肥快、适应性强的地方优良品种。

（2）选苗鹅：苗鹅应来自健康无病、高产的种鹅。雏鹅应体重适中，站立平稳，同时叫声要响亮，行动要活泼，眼大有神，反应灵敏；卵黄收缩良好，手摸腹部要柔软，肛门要清洁；绒毛看上去要蓬松洁净，毛干后能站稳。用手握住颈部提起来时，双脚迅速收缩。对腹大、歪头等弱雏要淘汰。

（3）鹅的育雏。雏鹅是指孵化出壳后 4 周龄或 1 月龄内的鹅，又叫小鹅。

4. 中鹅的饲养管理

中鹅是指 4～10 周龄的青年鹅，此阶段以放牧为主，补饲为辅。

放牧的场地要由近到远，实行分区轮牧，轮牧间隔时间 15 天以上。放牧时间逐渐延长，每天要吃五六成饱，以适应鹅多吃多拉的特点，如放牧吃不饱，应给予补饲。放牧人员放牧时以相应的信号使鹅建立条件反射，养成良好的生活规律，便于管理。

5. 肥仔鹅的饲养管理

中鹅经过充分的放牧饲养以后，完成了第一次换羽，具有一定的膘度，除选留一部分作后备种鹅外，其余的则育肥出售。用于育肥的仔鹅叫育肥仔鹅，通常指 10 周龄以上的商品性仔鹅。饲养上要充分喂养，快速育肥；管理上要限制活动，保持安静，控制光照。仔鹅放牧育肥，放牧场地除了有充足的青绿饲料外，还要有较多的谷实饲料，如谷实类饲料较少，则必须酌情补饲。

6. 防病

雏鹅抗病力弱，圈舍要常清扫，垫草要勤换勤晒，保持舍内干燥。平时每周消毒 1 次，料槽每周用碱水刷 1 次。鹅场内要经常保持清洁卫生，防止虫、鼠、蝇的繁殖和蔓延，对出入养殖区的人员及车辆应做好消毒工作。同时做好防疫工作，1 日龄注射抗小鹅瘟血清，春天每只 0.5mL，夏天每只 1mL；15 日龄注射鹅副黏病毒疫苗，每只 0.5mL。育雏期间在饲料中添加 0.05％的复方敌菌净或 0.05％～0.1％的土霉素，可有效预防禽出败、胃肠炎的发生。

第三节　发展油茶林生态休闲旅游

随着社会经济的快速发展，大健康产业将越来越受到人们的重视，各种休闲旅游生态产品需求日益旺盛。

油茶是一种具有很高生态价值的树种，在净化环境方面，有研究表明，每亩成林油茶每天可吸收 4.0kg 二氧化碳，释放 2.6kg 氧气；对二氧化硫、氯化氢的吸收和抗性都很强，1kg 油茶叶可吸收 7.4g 二氧化硫；每亩油茶林每年吸附粉尘 10kg 以上；油茶叶分泌的酚醛类杀菌素可对附着的灰尘和悬浮在空气中的细菌具有杀灭作用。这表明油茶林内空气新鲜，氧气充足，空气中微尘、细菌少，适合人们休闲。油茶在冬季开花，花多而大，花季长，花色有白色或红色，是一种可供观赏的花，油茶林是人们冬季少有的观花场所。茶油是食用、保健、医疗兼用产品，用茶油烹制的菜肴深受人们喜爱。

根据休闲旅游六要素"吃、住、行、游、购、娱"或"商、养、学、闲、情、奇"，发展油茶林休闲旅游，有效促进第一产业与第三产业的融合，在提升产业发展的同时，为公众提供观光、休闲、养生、娱乐等功能。根据景观、消费群体等资源的不同，可以农家乐和旅游两种方式推进该产业的发展。油茶种植户或企业，可选择城市近郊或远郊具有一定面积的油茶林单一景区，以农家乐的形式，为城镇居民提供赏花、吃土菜及娱乐服务。作为旅游，就需要配备好旅游要素，可构建观景区、休闲区、种植养殖区、购物区及科普区。

图 9 - 15　油茶特色小镇

一、景观区

1. 景观

景观（吸引物）：以油茶为主题，配有自然景观、文化景观、名人古迹等 1 项以上的景观。

2. 油茶景观区构建

根据景区资源配置，可建设以下内容：

（1）油茶栽培。规整油茶栽培，适当稀植；按不同花期品种分区栽培；配栽红花油茶。

（2）构建四季有花的油茶林。在油茶林地规划观赏植物耕作带，如百合、玉竹、菊花、黄花菜等观花中药材或特色蔬菜；以桃、李、梨等具有观花和采摘价值的果木以及樱等观赏植物作隔离带或路边景观。

（3）设计具有文化底蕴的道路、水路及观景台。

二、种植养殖区

在景观区边缘，可构建油茶林下种菜、种豆、种草、养鸡、养鹅、养蜂场地，有条件的可安排特色生态养殖，供游客观摩或作为科普教育基地，为游客提供放心的农产品。

三、休闲体验区

围绕油茶主题，提供吃、住、玩一体的娱乐活动。着重推荐油茶烹制的菜肴、土菜、保健菜等供游客消费。

四、购物区

与当地特色产业紧密关联，向游客提供丰富多彩的茶油产品、土特产、工艺品、小礼物等，供游客选购。

五、科普宣传区

以展示油茶的生物学与生态学特性、油茶栽培、茶籽加工、茶油的营养保健功能等视频或文字宣传，茶籽传统榨油工艺展示及现代榨油加工工艺流程视频或实地观看等。

湖南省作为油茶大省，不仅油茶传统产业的发展走在全国前列，在新领域上也勇于开拓创新，如针对大健康的发展趋势积极探索油茶休闲旅游等新的发展方向，积极筹建一批具有产业特色的油茶博览园、油茶公园和油茶小镇等，不但能创新产业发展新模式，还能为社会提供更多的生态产品，以满足人民对美好生活日益增长的需要，真正实现习近平总书记所倡导的"绿水青山就是金山银山"的愿景目标。

第十章　油茶产业经营模式与案例

经营模式是企业根据其经营宗旨，为实现企业所确认的价值定位所采取某一类方式方法的总称（冯纪福，2009）。包括企业为实现价值定位所规定的业务范围，企业在产业链的位置，以及在这样的定位下实现价值的方式和方法。经营模式是企业对市场作出反应的一种范式，这种范式在特定的环境下是有效的。

随着人们对生活质量的要求由"解决温饱"提高到"健康养生"，作为优质食用油的茶油日益受到关注。油茶产业方兴未艾，其经营模式也必将引起人们的思考：一是确定油茶产业实现什么样的价值，即在整个油茶相关链条中的位置；二是油茶产业的业务范围，即涉及栽培、育种、加工利用及技术培训推广的部分或全部内容；三是油茶产业如何实现经济、生态和社会价值。

目前，我国油茶产业经营主要有以下几种模式：小农户种植经营模式、种植大户经营模式、农民专业合作社经营模式以及"公司＋基地"经营模式，"公司＋农户"经营模式，"公司＋基地＋农户"经营模式，"公司＋基地＋合作社＋农户"经营模式。当前上述各种油茶经营模式交叉存在，在湖南、江西、广西等油茶主产区均有所表现。

第一节　油茶产业主要经营模式

一、小农户种植经营模式

小农户种植经营模式是我国最传统、最普遍的油茶产业经营模式之一，主要是小农户单户种植经营，在自留地自发栽种油茶，自行管理，自行采摘果实，自找茶籽销售渠道，或将茶籽榨取毛油后销售，自负盈亏。其突出特点是以小农户家庭为单位，分散经营，分散管理，栽培、管理及加工技术措施参差不齐。当前农村土地根据政策已承包到户，实行了家庭联产承包责任制，各地已落实林权制度改革，山地林权明确归属到户。在这种情况下，包括油茶生产在内的小农户种植经营模式已成为一种普遍现象，且仍将在较长时期内存在。但由于受到种植小户自身的种植习惯，落实种植技术的程度，资金的投入及市场经营等多种因素影响，这种经营模式虽然在某些特定历史阶段时期表现出一定自给自足的优势，但随着时代的发展，种植产业规模化、集约化程度的加强，逐渐暴露出一定的弊端，较难取得理想的经济效益及社会、生态效益，难以得到可持续的长足发展。

二、种植大户经营模式

种植大户经营模式是我国历史上出现较早的，也是较简单的农业产业化模式之一。油茶种植大户主要是本地的一些种植经营能人，或在外经商有一定资本积累后返乡投资发展的成功商人，也有少部分是外地投资客商，通过流转本组、本村或本乡镇的荒山荒地进行大规模的油茶连片种植开发，经营面积从几百亩到上万亩不等。专业种植大户特点十分鲜明，既有一定资金实力又具备一定的种植、管理和市场营销能力，对市场信息敏感，组织能力突出，较易获得政府项目资金支持。所以多数油茶种植大户油茶种植经营模式从最初就是高标准、高起点、高质量、高投入，在造林期间严格落实种植环节及相关技术措施，包括选址、清山整地、定植、抚育、施肥、灌溉、病虫害防控，甚至茶油加工、生产及销售等各项工序，以达到造林成活率高，抚育管理到位，油茶林长势好，产量和质量较高，经济效益显著等种植经营目的。由于该经营模式面积较大，从抚育管理到采摘需要雇佣大量的劳动力，甚至需要使用相关农业机械来完成，雇佣的劳动力主要来自当地老百姓，有效解决了当地劳动力特别是贫困户的就业问题，增加了当地贫困户的收入。

这种经营模式造林有利于实现良种化，抚育管理精细化，加工基本半自动化，吃住管理农庄化，油茶单位面积产量较高，效益较好，具有一定的承担抵御市场风险的能力。在绿化美化乡村的同时，较好地挖掘了林地效益。其不足是生产成本较高，有时还因种植的规模大不得不建厂，而厂建起来之后又不得不再扩大基地，顾此失彼。

三、农民专业合作社经营模式

农民专业合作社经营模式是指农户以林地折股入社，在自愿、平等、互助、自主的基础上组建油茶经营合作互助性经济组织，是以合作社为单位进行自主生产管理，利用合作社统一规划、统一整地、统一提供技术、信息及供销等服务，按交易额和股份额度来分配盈亏的经营形式。该经营模式是油茶产业发展和农村市场发育日趋成熟的产物，是广大油茶种植户多年实践生产经验的总结和提升的成果，是连接市场、企业、政府、农民的桥梁和农业产业化的基础平台，已在我国油茶产区蓬勃兴起。能够提高林业要素配置效率，有效解决林业小生产与大市场衔接时存在的交易费用大、风险成本高、谈判能力差、市场竞争力不强等问题，是促进互助合作、突破家庭分散经营格局、发挥规模经营优势、增强农民抵御市场风险能力的战略举措，也是维护农民合法权益、促进农民持续增收的重要途径。缺点是如果合作机制设计不合理，或入社成员素养不高，容易在利益分配及承担风险方面产生纠纷。个别地方甚至出现合作社负责人贪污腐败。

四、"公司＋基地"经营模式

"公司＋基地"的经营模式是产、供、销一体化的经营模式。目前主要分为"公司＋自有基地"及"公司＋合作基地"两种。

对于规模大，资金实力雄厚，生产技术先进，现代化程度高的公司，通过长期租赁的方式从政府、合作社或者农户手中取得土地使用权，建立涵盖油茶育苗、栽植、茶油加工等方面的一体化基地，形成集原材料培育、茶油精加工、市场营销于一体的完整产业链。这种模式虽然体现了现代农业规模化、标准化的发展趋势，但有明显不足，因为土地使用权采用租赁方式获得，租金固定几十年不变，租赁期间土地可能升值，农民利益往往难以体现，因此在基地运行几年后很可能会产生土地使用权纠纷。

为了在经营过程中农民和公司双方的利益都得到合理体现，减少因土地使用权产生纠纷的可能性，进一步提高农民的积极性，在生产中发展出了"公司＋合作基地"的双赢经营模式，即由公司投资经营，农民利用林地入股，此模式是对"公司＋自有基地"模式的优化。这种发展模式主要特点是林农以林地入股形式参与公司基地建设，收益后每年获得股东分红。林农还可自愿参与公司基地种植和管理等，工资由公司负责直接支付。

五、"公司＋农户"经营模式

"公司＋农户"经营模式是以国内外市场为导向，以经济利益为纽带，以合同契约为手段，以油茶农副产品加工、销售等企业为中心，团结一大批相关专业化生产的农户，结为一个利益共同体进行生产经营活动。纪尽善（1995）按照农户所联系的公司或者实体的性质不同将其主要分为五种基本形式：流通企业＋农户；加工企业＋农户；专业协会＋农户；专业合作社＋农户；专业大户＋农户等。许治（2002）认为"公司＋农户"组织包括签订产销合同、订单农业、土地入股和反租倒包等四种类型。

该模式初步消除了"小农户，大市场"的矛盾，将分散、相对独立的小农户和大市场联系起来，让组织生产科学、市场供应有序，同时减少交易成本，提高经济效益，增加农民收入，是目前我国农村地区的农业产业化采用率最高的经营模式之一。其有利于实现小生产与大市场的对接；有利于生产要素的流动和组合；有利于农业的规模经营和技术进步；有利于提高农业生产的组织化和商品化程度；有利于提高农业的比较收益和保护农民利益。但另一方面，它也具有一定的内部缺陷：它的契约约束力比较脆弱，合作各方机会主义行为风险较高。公司与农户在初期签订和约，但履约时，当市场价格高于双方在契约中规定的价格，部分农户存在着把农副产品转售到市场的强烈动机；反之，在市场价格低于协议价格时，部分公司则更倾向于违约而从市场上进行收购。同时，由于农副产品价格波动较为明显，在农业生产过程中存在着许多不能人为控制的自然变数（如天气）和经济变数，所以，要在缔订契约之初就准确地预见未来农副产品的价格是非常困难的。换言之，在契约执行的时候，只要市场价格与协议价格不一致（实际上很难一致），总会有一方存在着采取机会主义行为的动机。

六、"公司＋基地＋农户"经营模式

"公司＋基地＋农户"生产经营模式在国内最早出现在 20 世纪 80 年代，是随着农业产业的发展而产生的，它以技术先进、资金雄厚的农业公司为龙头，利用基地的作用把分散的农户集中起来。基本分为"公司＋基地＋普通农户"和"公司＋基地＋大户"两种经营模式。

该模式使农户的持续稳定生产、公司持续稳定的原材料供应都成为现实。农户在这个合约中得到了更有利的交易条件，如技术服务，公司在这个合约中不仅使处于自己产业链上游的产品供应得到了保证，并且降低了这个环节中的交易费用，使公司能够专心应对下游市场，扩大生产以提高市场占有率。公司更注重茶油加工环节，为了提高经济效益和扩大市场产品份额，通过和科研院所合作，引进茶油先进生产工艺，建立产能较大、技术先进的加工基地，而在种植环节，公司以营建小规模高标准的油茶高产示范林为主，重点为周边农民提供优质种苗和配套栽培技术措施。通过示范带动，采取协议生产方式，指导农民利用手中的林地大规模发展油茶基地。基地投产后，油茶籽由公司按照协议保护价或者市场价向农民收购，最后由公司加工制成精品茶油及相关产品对外销售。

七、"公司＋基地＋合作社＋农户"经营模式

该模式集中了"公司＋基地＋农户"和"油茶专业合作社"两种经营模式的优点，由于有合作社的参与，增加了公司谈判成本，油茶籽收购价格相对提高，但从整体来看不一定会增加公司的最终成本。因为专业合作社对分散的农户和林地资源进行了统一整合，节省了公司与单个农户履约的成本，避免了公司与分散违约农户的利益纠纷，减少了公司谈判成本及违约损失，比"公司＋基地＋农户"经营模式更有利于保证原料供给。同时，这种将实行统一供种、统一标准、统一收购、统一加工、统一销售的一体化运营模式，确保了产品从种植、生产、销售全过程的质量保证和安全。对于合作社而言，一般情况下不以营利为目的，并没有足够的条件去发展壮大，尽管比单个农民有力量，但还是难以与企业和市场抗衡，很难与企业形成平等的合作伙伴关系，使得合作社相对不具备谈判优势，从而成为企业利益代言人；另一方面，合作社还必须面对众多分散的农户，对农户并不具有很强的约束力，常常难以做出及时、有效的经营决策。

第二节　油茶产业经营模式案例

自 2008 年 10 月在湖南召开了第一次全国油茶产业发展现场会之后，油茶的发展在湖南掀起了高潮。随之，各种不同体制、不同机制、不同类别的经营模式逐步涌现，并在不同层面上展现出各自的活力。这里，我们选择一些油茶基地县的案例进行分析研讨，供大家学习借鉴。

一、湖南衡南县"大三湘"模式

湖南衡南县是全国油茶生产重点县，全县有油茶林 35.56 万亩，其中老油茶林 26.86 万亩、新造 8.7 万亩。全县从事油茶种植的企业有 134 家，1000 亩以上企业 19 家。

位于衡南县城的湖南大三湘茶油股份有限公司是一家全省乃至全国知名的油茶现

代化加工企业，年加工能力达 20000t，2015 年生产茶油 3300t，产值 9100 余万元，上缴税款 910 万元。2016 年，由中国农业科学院油料作物研究所联合湖南大三湘茶油股份有限公司等单位共同申报的"油料功能脂质高效制备关键技术与产品创制"项目成果喜获国家科学技术进步二等奖，这表明"大三湘"原香山茶油技术已达到行业领先水平。

面对本土企业所取得的成果，衡南县政府不仅专门设立了县油茶产业服务中心，还先后出台了《衡南县关于加快油茶产业建设的意见》、《衡南县油茶产业保护管理办法》、《衡南县油茶产业发展规划（2015～2020）》，明确要求重点油茶乡镇按每年 3000 亩规模的增速推进，每年建 2～3 个连片 500 亩以上的基地，并确定了油茶产业三大发展模式，即农户独立发展模式、"公司＋基地"模式和"合作社＋基地＋农户"的模式。截至目前，"合作社＋基地＋农户"模式已辐射带动 56 个村 7610 多农户，规模化种植油茶 39896 亩。县财政每年设立油茶发展专项基金逾 2000 万元，重点对新造、贴息贷款和茶籽收购环节予以补贴；该县还按茶籽市场实价，定点、定时间统一敞开收购。同时，组建收购专班等方式，既保证了种植户的利益，又保证了"大三湘"公司发展的资源需求。

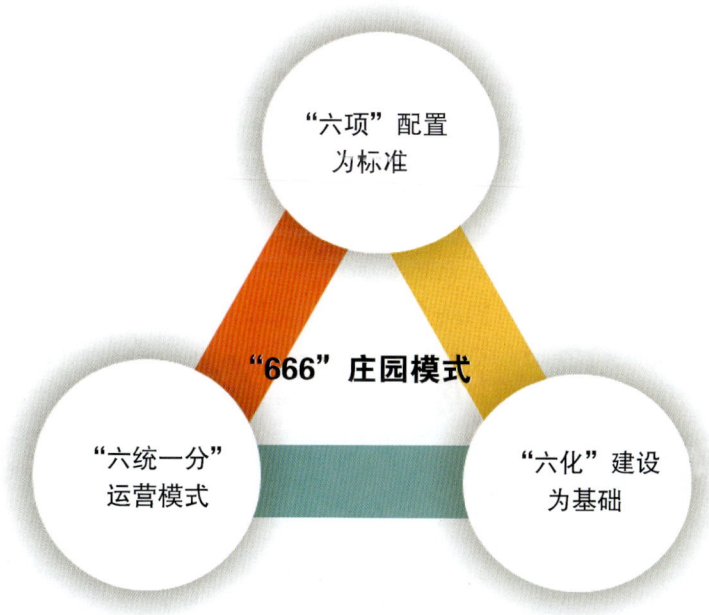

图 10-1 "666"庄园模式

面对政府的支持与重视，"大三湘"将其经营模式确定为"公司＋（基地）合作社＋农户"。公司发挥技术、市场把控及产业链等优势，以基地和合作社为依托，将广大油茶种植农户组织起来，建立了油茶育苗基地、油茶种植基地、油茶精深加工基地，开发、创建了多个茶油及其副产物产品品牌，建立了较完善的市场营销体系。2011 年公司销售收入 1.2 亿元；2014 年销售收入 1.5 亿元；2017 年销售收入近 2 亿元。同时为解决当地农村剩余劳动力，推动现代农业转型，为农民脱贫致富，促进县域经济发展，以及美化乡村环境都作出了较大贡献。

"666"分别是：（1）"六项"配置：即油茶加牧草种植，水、路、电三通，生产管理用房，菜园与果园，养殖牛棚，沼气池形成生态循环经济。（2）"六化"建设：即种苗良种化、生产标准化、作业机械化、灌溉自动化、管理信息化、经营多元化。（3）"六统一分"即统一优质种苗、统一管理培训、统一生资服务、统一政策支持、统一加工销售、统一品牌运营，分散种植经营。

该模式大大降低油茶种植前期投资风险和管理成本，极大地解放生产力，提高了农民种植油茶的积极性。主要体现在以下四个方面：

第一，解决土地问题。原来把土地流转到企业的做法存在很大问题，因为土地流转给企业了，农民没有了积极性。庄园模式就是要让农民参与经营，让农民当家作主，为自己干活。让农民为自己干活，也得帮助他们解决问题，所以要提供专业的庄园服务管理。同时让农民当家作主，也不要做得太大，每个庄园种两三百亩，农民才能管得了，也管得好，让土地的产出效益实现最大化。

第二，用技术解决周期长的问题。庄园模式统一优良品种，统一技术栽培管理，采取大苗种植，成活率高，种植后茶树第二年就可以开花，第三年可以挂果收获，大大缩短了挂果收成的时间，缩短了产出周期，农民有钱赚了，也就愿意干了。

第三，解决资金问题。油茶产业前期投入大，回报周期长，资金需求量大，这些都需要通过政府、银行等组合资金来解决。在油茶庄园模式政策中，政府先补贴1000元/亩，农民自己拿出1000元，银行贷款2000元，一亩4000元的资金就解决了，现在农民排着队来等着做庄园主。

第四，改善了生产关系，提高了生产力。该模式大大降低了农民种植油茶的风险，也降低了企业管理茶山的成本，提高了农民的积极性，将政府、银行、社会等资源更好地整合进来，服务于油茶产业的发展。

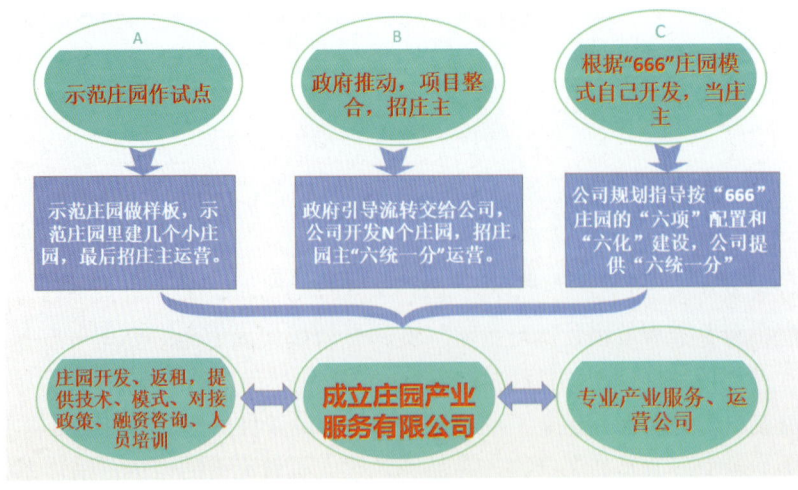

图 10-2　庄园模式运营流程

庄园模式让农民成为庄园主，理顺了政府、企业与农户的生产关系，解放了生产力，将企业与农户转变为利益共同体，形成了命运共同体的新型关系。为"引老乡，回家乡，建故乡"提供了优质项目，为带动千家万户农民脱贫致富和新农村建设提供一个可持续发展的新模式。

"大三湘"的庄园模式得到了当地党委、政府和省直部门领导的高度重视。公司计划五年内在衡阳市常宁、衡南和祁东以庄园模式整合种植油茶基地 100 万亩，以农户为主体，共发展 1000 个油茶庄园；打造 2 个高产油茶基地＋现代农业产业示范园，5 个基地加工厂。目前公司已开始实施衡南县千家庄园计划和常宁市 30km^2 三产融合产业园规划。

同时，公司通过发挥技术、市场把控及产业链等优势，以基地和合作社为依托，将广大油茶种植农户组织起来，建立了油茶育苗基地、油茶精深加工基地，开发、创建了多个茶油及其副产物产品品牌，建立了较完善的市场营销体系。2016 年公司销售收入 1.2 亿元，2017 年销售收入 2.1 亿元，2018 年销售额为 3.6 亿元。"大三湘"为解决当地农村剩余劳动力，帮助农民脱贫致富，促进县域经济发展，美化乡村环境都作出了较大贡献。

图 10-3　湖南大三湘油茶生态文化产业区整体规划

二、湖南老山翁耕读基地模式

湖南省张家界老山翁油茶耕读基地规划总共 7000 亩，其中耕读草堂占地 600 亩（零溪），高山蔬菜和油茶基地 2200 亩（高峰），机械化油茶产业示范基地 2400 亩（赵家岗），老油茶基地 2000 亩，油茶工厂总面积 40 亩，总投资 1.2 亿元。

老山翁采用会员制营销。通过种植—销售—游学的功能区建设和设置，让老山翁会员们在油茶产业链里通过吃喝玩乐及游学，完成体验营销的 4.0 模式，达到"引导吃—尝试玩—情怀种植—主动吃和一起销售"的完全封闭链。

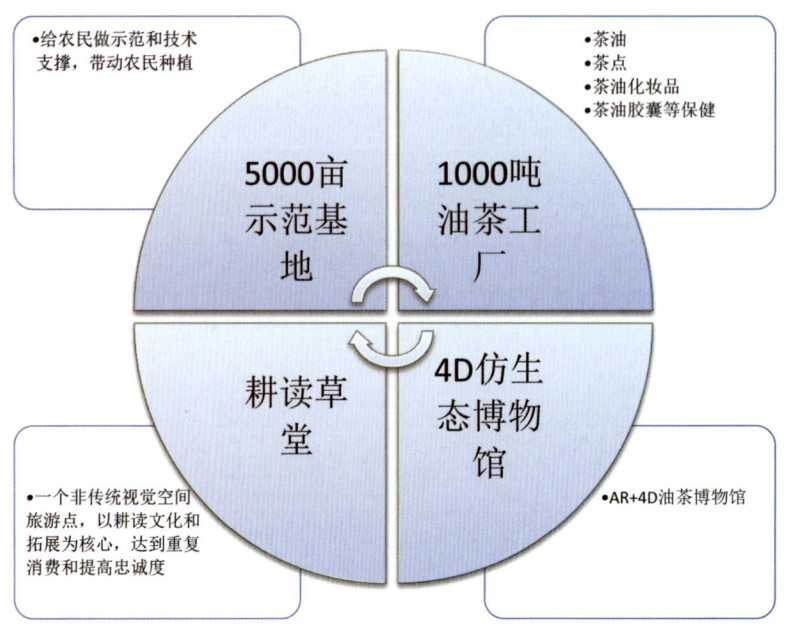

图 10-4　湖南老山翁公司全员营销构架

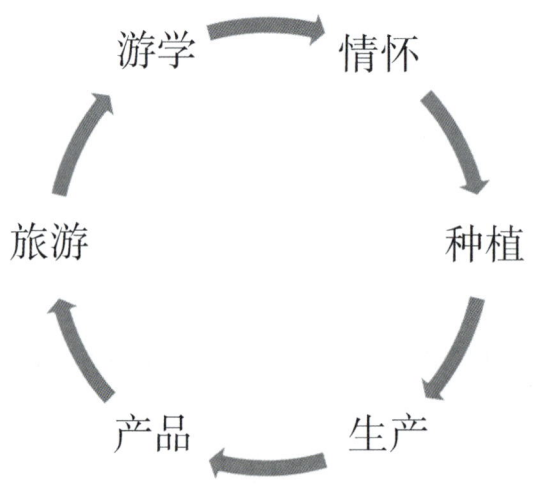

图 10-5　湖南老山翁公司会员营销机制

　　老山翁公司暨老山翁全国会员俱乐部不仅创造出自己的会员制模式，还针对当前国家扶贫工作重点，对基地内贫困户情况进行个性组合，制订扶贫方案进行精准扶贫。

　　一是免费提供油茶种苗、肥料和技术支持，农户自己种植，挂果后享受合作社待遇，高于本地市场价5%～10%完全收购茶籽；并在5年种植期内，进行每个人最低1200元的劳务工和农产品收购的承诺。对于贫困户短期不低于1200元，长期每年每人不低于5000元经济收益。

　　二是入股分红，对于没有劳动能力的贫困户，采取土地入股，协助行政管理的形式，进行种植。如根据贫困户的贫困状况和土地情况，进行10%～30%的分红；对于没有劳动力的贫困户，前5年种植期，通过分红帮扶、会员一帮一帮扶，保证每人每年不低于1200元的收益，5年挂果后，每年享受1000～3000元的收益分红。

三是免费支持公司外的贫困户种植油茶。公司采用金融帮扶的形式提供茶苗和肥料，分期让农民用农产品进行转换借款。如果每户自我种植达到5亩油茶树，公司纳入产品收购计划，高产期确保贫困户每年有2万～2.5万元的经济收益。

2017年老山翁油茶公司的发展模式，不仅有力地推动了油茶产业的发展，也推动了精准扶贫工作在公司的实践。2018年，公司精准扶贫建档立卡219户、653人，利用公司的发展模式，预计可为其创收300万元以上。

三、中联天地"共享林场"模式

湖南省中联天地科技有限责任公司成立于2012年，专门从事油茶种植、加工和营销。截至目前，总共投资7亿元，拥有子公司27个，面对新造油茶丰产林点多、面广、管护难、采摘难的现实，通过几年的摸索，公司走出了一条"公司＋基地＋农户"的共享林场经营模式。

1. 共享林场的由来

在油茶种植抚育管理上，中联天地有限公司以前主要采取作业队的模式。作业队的优势是人员集中，专业化、效率高、机动性大。但是，它的不足也显而易见，作业队员往往只重效率，不重质量，油茶种植最为关键的两个问题都无法解决，即抚育管护达不到质量技术标准，油茶果收摘秩序难以有效维护。通过研究分析，发现作业队之所以出现这些问题，主要因为作业队不是固定的、长期的，而是流动的、短期的。他们主要以完成任务为主，不按质量标准施工，无视公司利益。于是，公司开始探讨共享林场管理模式。

共享林场管理模式就是以家庭为基本生产单位，通过聘请当地村干部或有威望的人士作为基地管理员，再将油茶林承包给当地老百姓（优先承包给当地政府建档立卡的贫困户），让当地人管理当地人，使公司与他们形成利益联结体，使公司、当地老百姓、当地政府实现利益共享、多方共赢。

如桂阳县一户人家夫妻两人承包了公司在当地的一片油茶林，抚育管理非常到位，油茶收摘秩序良好。这片山以前是当地的村级林场，这家人就住在山上，自承包以后，他们就把油茶林当成自己的"衣食父母"，每天投入大量时间精力进行管护，还饲养生态鸡。这户人家既通过承包油茶林的抚育、管护和收摘获得了劳务收入，又通过养鸡等林下经济增收。

2. 共享林场的具体做法

一是以当地农户家庭作为基本生产单位，承包油茶施肥、除草、病虫害防治、修枝整形、防火防损毁、油茶果收摘等基地日常管护和林下经济生产。

二是公司营造好油茶林后，按每户50～100亩的规模发包给当地有劳动能力的农户进行管护和林下经济生产。低于这个规模，则收入不多，农民没有积极性；高于这个规模，则一般家庭劳力顾不过来，林地管护质量上不去。

三是按照农时制定严格详细的生产技术规程，并进行考核、检查和验收。根据管护的质量确定承包的期限，一般签订 3 年，每年一考核，3 年考核合格可以续签，最长可达到 15 年。

四是公司对共享林场实行"六统一独"，即统一基础设施建设、统一品牌、统一生产技术标准、统一防疫及病虫害防治、统一生产资料供应、统一收购和销售，对每个共享林场实行独立核算。

3. 共享林场取得的成效

一是提高了油茶管护效果。由于共享林场承包合同是一签三年，只要守规矩，质量好，就可以长期做下去。很多共享林场户从长期合作的角度去规划事业，安排生产。他们主动加大劳务投入，做好生产管护，提高油茶管护质量。还有一些共享林场户因地制宜地发展林下经济，有的种植牡丹、红薯等不影响油茶林生长的农作物，有的在林地内养鸡，这样，每户每年收入少的 2 万～4 万元，多的可达 10 万元左右。

二是促进了标准化生产。公司加强对共享林场户的技术培训，督促严格按照森林经营认证（CFCC）标准，对抚育、施肥、病虫害防治等油茶种植全过程实行标准化生产，建设高品质油茶基地。

三是能够维护油茶收摘秩序，确保油茶颗粒归仓。2017 年，公司优先选择当地政府建档立卡的贫困户，现已有 1300 余户共享林场，其中 600 多户是建档立卡的贫困户。除此之外，还有近 1600 余名贫困劳动力参与了共享林场的劳动，许多贫困户实现了当年脱贫。

四是吸引了部分外出打工的劳动力回乡务农，在油茶产业的长期发展及劳动力就业方面走出了一条新路。共享林场户根据管护面积大小，每年获得收入 2 万～10 万元，使农户能够在家门口就业，不仅有稳定的、不低于在外地务工的收入，而且还能够照顾老人和小孩。因此，一些赴外务工人员主动回乡，请求参与共享林场的承包。

4. 共享林场的前景展望

共享林场模式推进两年多来，积累了一定的经验，基本解决了抚育质量、林下经济和收摘难的问题，也在配合和参与当地党委政府的产业扶贫中起到了主力军作用，但这种模式还需在以下几方面加强。

一是要继续加大投入，扩大生产规模。在未来 10 年内，要完成 300 万亩的战略目标（开发荒山与并购油茶林）。用共享林场模式管理基地，能提高油茶单产，强化扶贫功能，并因地制宜扩大林下经济的范围，从目前对近 2000 人的扶贫扩大到将来帮 4 万户 15 万人致富。同时，建设 30 个以上连片面积 5000 亩以上的基地，使之成为各市（州）、省乃至全国的扶贫或帮富示范基地和丰产油茶林示范基地及旅游休闲胜地。

二是要将共享林场理念延伸到产品销售领域，推进"共享庄园"销售模式。即在油茶林挂果后，公司可从农村延伸到城市，并与城市的白领、金领进行合作，打造共享市场。这样让山区的农民特别是贫困户与城市的白领、金领在共享农场和共享市场两种模式下形成对接，让农业种植（第一产业）与市场营销（第三产业）通过公司绿色工业园区的林产品、畜产品的尝试加工（第二产业），形成极具特色的三产融合，为油茶产业可持续发展与壮大探索出一条可行、有效的途径。

三是树立共同致富的理念。共享林场虽然取得了成功的经验，但随着所有油茶林盛果期的来临，公司的股东难免有利益不想均沾的思想，越是这种情况，越需要树立共同致富的理念，只有共享共赢，共享共创，企业才会越办越红火，共享模式的生命力也就会越来越强。

第三节 油茶产业经营模式问题及分析

前面章节的许多经营模式对促进油茶产业的发展起到了巨大的推动作用，但发展永无止境，现有的许多经营模式还明显存在各种各样的问题，需要各地引起高度重视。

一、产业链不全面

油茶产业链是指与油茶生产密切相关的产业群所组成的网络结构，具体应包括与油茶生产相关的科学研究、油茶种植、加工、加工后产品储存、运输、销售等功能环节。油茶产业链是农业产业链的具体形式，它既包含农业产业链的共性，又具有油茶产业链自身的特性，例如油茶分布的区域性，产量的大小年现象以及油茶籽的多功能性。现行的油茶产业链不够全面，很多环节还有待完善。如：种植环节中很多相关的科研成果转化率较低；适生良种的推广及应用程度远远不够；规模化、集约化及专业化生产未得到长足的发展；油茶林地基础设施建设大多未达到高标准、现代化及机械化。加工环节中大多处于低水平、粗加工的状态，精深加工及综合利用程度不够；小规模、小批量的加工方式普遍存在，资源分化较严重，市场较混乱；产品科技含量低，副产物经济效益基本空白。消费和流通环节问题更多，茶油大多自产自销，多以毛油形式进入消费和流通环节；少部分通过现代化的食用油加工工艺所生产的精炼茶油市场混乱，尤其是油茶调和油的出现，让茶油质量被质疑，产品从十几元到几百元每斤不等，各种标号的茶油，以及冷榨、高山、红花、野生等名目繁多，消费选择导向模糊，市场监管体系不健全，亟待进一步规范化、标准化；营销创新和销售渠道推力不够，品牌意识及品牌效应不够明显。

二、价值链竞争力不足

产业经营者对产品本身及其市场的认知不足，缺少对价值链竞争力的发掘。对于产品的差异化品牌路线定位不当，不能满足不同消费层次和应对大豆油、菜籽油和橄榄油等其他食用油品的竞争需要。未能明确表明产品本质在功能性方面有无差异，无法通过油茶自身特有优良特性与原产地概念提升产品内在价值；除了在品质上做出差异化，还应找对产品诉求点，并在营销理念和方式上创新，增加价值链竞争力。与橄榄油产业相比，基本没有品牌文化塑造与定位，不符合现阶段市场需求。产品市场覆盖不足，无论是营养改善性需求的产品线，还是尝鲜和调味性需求的产品线均较短。

三、缺乏经营模式制度保障和战略层面的规划设计

据在几个油茶产区省调研，目前还没有发现较成熟、完善的油茶产业发展模式，同时也缺乏好的盈利模式。虽然油茶产业的发展取得了一定的成果但不够显著，发展较迟缓。尽管政府在政策和经济上出台了多项措施加以引导和扶持，但没有相关制度保障，金融支持机制不健全，更多的支持主要靠党委政府主要领导的重视程度。油茶产业带动农户增收致富效益还不够显著，老百姓发展油茶产业的积极性和热情没有完全激发起来。油茶是高投入高产出的经济树种，如果没有政府资金在制度层面的大力支持和广阔的融资渠道，产业发展难以形成规模。

目前油茶产业大多处于种植户和相关企业自主、自定项目上马阶段，缺少顶层的战略性规划设计。发展新型健全的油茶产业经营模式应在农林业配套保险、金融机构贷款支持、政府的基础设施配套以及经营过程中土地流转、使用等方面进行顶层设计，进一步明确油茶产业经营方的市场主体地位；政府层面明确公司、基地、合作社和农户多方联合及利益对接，并规划设计出促进联合与对接的顶层政策；切实解决并落实农村金融政策，统筹、协调各涉农部门之间的贷款、农机、用地等制度与政策。

第四节　油茶产业经营模式发展建议

一、加大对经营模式的优选与宣传推广

油茶经营模式的选择不仅受到产业政策、发展环境、资金投入、资源分布、市场需求、配套设施等外部条件限制，同时还受到企业资金实力、生产规模、发展战略、技术力量等内部因素的制约，但总体上油茶产业化经营最终还是由油茶产业的独特特点所决定，规模化、集约化和产业化，正成为我国油茶产业发展的主基调。现行体制下，油茶的经营模式多样化，什么样的模式才利于油茶企业自身的发展，有利于茶农的增收，各级政府应积极比较与总结，加大经营模式的优选力度。对优选出来的模式要加大宣传与引导，使之快速转变为生产力，从目前看，"公司＋基地（合作社）＋农户"的模式符合当今时代需求的现代林业多层次立体经营的特点，对提高油茶产业化水平，提升油茶产品加工转化率及产品附加值，建立产供销一体的油茶产业链有着积极的作用。公司负责油茶产品的开发利用，在有油茶种植传统及周边油茶种植面积较大、开发潜力较大的区域，建设高效的油茶示范种植基地和优良苗木供应基地。由公司与农户签订种植、收购协议，公司免费提供苗木，免费提供技术培训和指导，按市场价收购茶籽。采取"六统一"管理：统一技术标准、统一优良品种、统一种植操作、统一配方施肥、统一病虫防控、统一产品收购。较好地保证油茶种植户的利益，收获经济、社会、生态三个效益。

二、加大政策、资金的扶持

油茶产业具有链条长，涉及部门和行业多，以及政策性强等诸多特点，且关系到农民的切身利益，要将油茶打造成一个优势产业，政策扶持、资金注入是不可或缺的发展元素。

在资金扶持方面，政府要在一年一度的财政预算中列入油茶项目，不管是实行以奖代补，还是实行贷款贴息，都要实行政府资金支持常态化。另外，还要重点研究建立多渠道多方位投资机制，建立油茶产业保险机制，提高风险防范能力，发挥保险保障和分散信贷风险功能。加大油茶产业发展项目的设计和申报力度，争取更多项目资金支持。如统筹涉农投资项目，按照"统筹规划、相对集中、用途不变、渠道不乱、各负其责、各记其功"的原则，整合各类项目资金对油茶产业的支持。同时设立油茶产业发展专项资金，重点支持油茶科技攻关和技术研发，安排低产林抚育专项资金，落实油茶良种补贴制度。拓宽融资渠道，扩大信贷规模，积极争取中央财政持续支持，对"公司＋基地＋农户"的油茶龙头企业造林贷款给予贴息补助，发展林权抵押贷款等多种信贷模式融资业务；推动银企合作，构建和完善金融支持和信用体系，稳定金融投入；加大招商引资力度，改善投资环境，广泛吸引企业、金融机构、社会团体、个体老板等社会资金开发油茶产业。

三、加大对龙头企业的培养

龙头企业一般指在特定行业的生产和销售中起主导和带动作用，并且对本行业的发展有促进作用的企业。油茶龙头企业，是整个产业链的关键环节，除了一般意义上的社会责任外，还要履行带动农民增收、保证农产品质量安全、保护资源环境、保障员工福利及参与社会公益事业五大社会责任，是油茶产业建设的重要力量。

鉴于龙头企业的带动职能分担了政府的一部分责任，而且油茶产业化龙头企业具有区别于其他企业的特殊性，政府应该加强对油茶龙头企业的培养，以期更加充分地发挥产业化龙头企业的带动作用，尤其在示范引领，优化产业结构，带动茶农发展生产，脱贫致富方面有更大的作为。

随着改革的深入和社会主义市场经济体制的逐步完善，市场机制在资源配置中的基础和主导作用越来越明显。市场机制对不同的资源配置方式进行甄选，遵循利润最大化原则确定最优的配置方案。油茶产业具有弱质性，管理部门不应直接干预市场机制，应创造良好的市场环境，为市场机制充分发挥作用而保驾护航。努力打造地方特色知名品牌，深度挖掘油茶增产潜力和产品的市场潜值，做出地方品牌，提高市场竞争力。

四、加大新型技术的应用

农业是以科学技术为依托的产业，发展农业产业化需要强有力的科技进步支撑，农业产业发展必须不断推进技术创新，培育和强化自身的核心竞争力，才能在激烈的市场竞争中占有主动，实现可持续发展。发展油茶产业，必须走科技兴油之路，增强科技储备，完善科技创新体制，加快培养、建立一支高水平的科技创新团队，依靠科技来提高油茶的质量和效益。目前油茶产业面临科学技术方面的几大发展瓶颈：

（1）油茶苗组培主根不明显以致工厂化生产种苗遇阻；

（2）油茶林垦复劳动强度大，但机械上山困难；

（3）面对油茶"抱籽怀胎"的特性，机械化采摘无法克服损伤花苞和枝叶的难题；

（4）茶油真假鉴别与茶油调和油鱼目混珠，但检测技术滞后，等等。

这些盲区，需要政府组织科技攻关。另一方面，许多成熟的技术确需要加大推广力度，如油茶优良品种、高效的油茶栽培技术、加工技术、油茶副产物综合利用等。只有加强科技推广和成果转化，通过举办不同类型的实地技术培训，一批基础较好、动手能力强的基层技术人员和种植户才能涌现，油茶产业才能高效可持续发展。

2008 年 9 月全国油茶产业发展现场会

2008 年时任国务院副总理回良玉考察湖南油茶基地

2009 年江西南昌

2010 年湖南衡阳

2011 年广东梅州

2012 年安徽六安

2013 年湖北咸宁

2014 年广西桂林

2015 年福建宁德

2016 年湖南永州

2009～2016 年全国油茶产业发展现场会

原国家林业局局长、时任全国政协环资委主任
贾治邦同志在湖南调研油茶产业

原国家林业局局长赵树丛在湖南省视察油茶种苗基地

国家林业局彭有冬副局长在湖南调研油茶产业

中国林科院院长张守攻院士等调研油茶产业

为油茶产业发展解决融资难的问题

湖南省油茶产业发展推进会

湖南省油茶产业协会成立大会（2013年）

油茶旅游文化节

凤凰卫视走进湖南油茶产业

油茶产业博览会

湖南张家界老山翁食品交易有限公司部分产品

湖南正盛农林科技开发有限公司部分产品

湖南林之神生物科技有限公司部分产品

国家油茶工程技术研究中心部分展品

湖南大自然茶油有限公司茶油化妆品

湖南神农油茶科技发展有限公司茶油产品

广西金茶王油脂有限公司部分产品

湘西自治州武陵山茶油有限责任公司部分产品

国家油茶工程技术研究中心部分展品

广东新大地生物科技有限公司部分产品

浙江山神油茶开发有限公司部分产品

湖南林之神生物科技有限公司开发的母婴茶油产品

山茶油美容护肤化妆品

河南、广西油茶企业部分产品

浙江东方茶叶科技有限公司茶油产品

国家油茶工程技术研究中心部分展品

附表 1 中国油茶之乡名录

序号	名称	省区	县市	时间	批次	审批部门
1	中国油茶之乡	湖南省	耒阳市	2000.3.3	第一	国家林业局
2	中国油茶之乡	江西省	遂川县	2000.3.3	第一	国家林业局
3	中国油茶之乡	江西省	宜春市	2000.3.3	第一	国家林业局
4	中国油茶之乡	贵州省	玉屏侗族自治县	2001.9.12	第二	国家林业局
5	中国油茶之乡	湖南省	浏阳市	2001.9.12	第二	国家林业局
6	中国油茶之乡	浙江省	常山县	2001.9.12	第二	国家林业局
7	中国油茶之乡	湖南省	醴陵市	2001.9.12	第二	国家林业局
8	中国油茶之乡	广西区	三江侗族自治县	2001.9.12	第二	国家林业局
9	中国油茶之乡	江西省	上饶县	2001.9.12	第二	国家林业局
10	中国油茶之乡	湖南省	常宁市	2001.9.12	第二	国家林业局
11	中国油茶之乡	湖南省	祁阳县	2004.12.22	第三	国家林业局
12	中国油茶之乡	江西省	兴国县	2004.12.22	第三	国家林业局
13	中国油茶之乡	湖南省	攸县	2004.12.22	第三	国家林业局
14	中国油茶之乡	福建省	清流县	2008.7.28		中国经济林协会
15	中国油茶之乡	福建省	尤溪县	2009.1.14		中国经济林协会
16	中国油茶之乡	福建省	浦城县	2009.5.7		中国经济林协会
17	中国油茶之乡	广东省	兴宁市	2009.6.9		中国经济林协会
18	中国油茶之乡	福建省	顺昌县	2009.8.4		中国经济林协会
19	中国油茶之乡	湖北省	麻城市	2009.9.18		中国经济林协会
20	中国油茶之乡	湖北省	阳新县	2009.9.23		中国经济林协会
21	中国油茶之乡	福建省	大田县	2010.2.9		中国经济林协会
22	中国油茶之乡	福建省	德化县	2010.7.6		中国经济林协会
23	中国高产油茶之乡	江西省	丰城市	2010.7.13		中国经济林协会
24	中国油茶之乡	广东省	平远县	2010.10.26		中国经济林协会
25	中国油茶之乡	湖南省	邵阳县	2012.12.22		中国经济林协会
26	中国油茶之乡	福建省	福安市	2013.7.19		中国经济林协会
27	中国油茶之乡	浙江省	开化县	2014.11.12		中国经济林协会

来源：经济林协会

附表 2   国内已颁布或立项的油茶标准

序号	编号	名称
1	LY/T 2033 - 2012	油茶籽
2	GB/T 26907 - 2011	油茶苗木质量分级
3	GB/T 28991 - 2012	油茶良种选育技术
4	LY/T 1730.1 - 2008	油茶　第1部分：优树选择和优良无性系选育技术规程
5	LY/T 1730.2 - 2008	油茶　第2部分：优良家系和优良杂交组合选育技术规程
6	LY/T 1730.3 - 2008	油茶　第3部分：育苗技术及苗木质量分级
7	LY/T 2115 - 2013	油茶饼粕有机肥
8	LY/T 2447 - 2015	油茶播种育苗技术规程
9	LY/T 1936 - 2011	油茶采穗圃营建技术
10	LY/T 1935 - 2011	油茶低产林改造技术
11	LY/T 2204 - 2013	油茶高干嫁接技术规程
12	LY/T 2034 - 2012	油茶果采后处理技术规程
13	LY/T 2329 - 2014	油茶嫁接技术规程
14	LY/T 2116 - 2013	油茶林产量测定方法
15	LY/T 2348 - 2014	油茶苗木产地检疫规程
16	LY/T 2305 - 2014	油茶品种微卫星标记鉴别技术规程
17	LY/T 2314 - 2014	油茶容器育苗技术规程
18	LY/T 2117 - 2013	油茶无性系芽苗砧嫁接技术规程
19	LY/T 2247 - 2014	油茶遗传资源调查编目技术规程
20	LY/T 1328 - 2015	油茶栽培技术规程
21	2008 - LY - 120	森林食品——油茶生产技术规程
22	2013 - LY - 205	西南高原山地油茶造林技术规程
23	2012 - LY - 131	油茶丰产林整形修剪技术规程
24	2012 - LY - 198	油茶高接换冠技术规程
25	2014 - LY - 159	油茶林下经济作物种植技术规程
26	2015 - LY - 170	油茶苗圃营建技术规程
27	2013 - LY - 003	油茶品种区域化技术规程
28	2011 - LY - 129	油茶扦插育苗技术规程
29	2009 - LY - 111	油茶有害生物综合防治技术规程

续表 1

序号	编号	名称
30	2014－LY－091	油茶主要性状调查测定规范
31	LY/T 2750－2016	油茶施肥技术规程
32	LY/T 2742－2016	植物新品种特异性、一致性、稳定性测试指南 油茶
33	GB/T 11765－2003	油茶籽油
34	DB33/T 525.1－2004	无公害油茶籽油 第1部分：产地环境（已作废）
35	DB33/T 525.2－2004	无公害油茶籽油 第2部分：生产技术规程（已作废）
36	DB33/T 525.2－2013	油茶丰产栽培技术规程第2部分：生产技术
37	DB33/T525.2－2004	油茶籽油生产技术规程
38	DB33/T525.3－2004	无公害油茶籽油 第3部分：质量安全要求（已废止）
39	DB33/T900.2－2013	油茶容器育苗技术规程第2部分：种子沙藏芽苗嫁接容器育苗
40	DB33T 900.1－2013	油茶容器育苗技术规程 第1部分 种子直播幼苗嫁接容器育苗
41	DB34/T 1268－2010	油茶营造林技术规程
42	DB34/T 1348－2011	油茶芽砧嫁接容器育苗技术规程
43	DB34/T 1759－2012	油茶籽粕
44	DB34/T 1820－2013	油茶有机化栽培技术规程
45	DB34/T 2055－2014	油茶炭疽病防治技术规程
46	DB34/T 2213－2014	红花油茶栽培技术规范
47	DB34/T 2807－2017	油茶扩根容器苗培育技术规程
48	DB34T 1347－2011	油茶低产林改造技术标准
49	DB35/T 1417－2014	油茶苗木质量分级地方标准
50	DB35/T 947－2009	油茶籽油（水酶法）
51	DB35/T1199－2011	油茶培育技术规程地方标准
52	DB36/T 551－2009	油茶无性系丰产培育技术规程
53	DB36/T 552－2009	油茶芽苗砧嫁接育苗技术规程
54	DB36/T 753－2013	油茶低产林改造技术规程地方标准
55	DB36/T 800－2014	油茶园艺化栽培技术规程
56	DB41/T 1229－2016	油茶低效林改造技术规程
57	DB42/T 779－2012	油茶籽质量分级
58	DB42/T 780－2012	油茶采穗圃营建技术规程
59	DB42/T 781－2012	油茶低产林改造技术规程
60	DB42/T 783－2012	油茶轻基质容器育苗技术规程

续表 2

序号	编号	名称
61	DB43/T 1015－2015	油茶种植机械化作业技术规程
62	DB43/T 723－2012	油茶种子园营建技术规程
63	DB43/T 821－2013	富硒油茶生产技术规程
64	DB43/T 724－2012	油茶籽的采收和质量分级地方标准
65	DB43/T725－2012	湖南省地方标准油茶栽培技术规程
66	DB43T 083－1994	油茶工程病害综合防治技术规程
67	DB44/T 1535－2015	油茶病虫害防治技术规程
68	DB44/T 1809－2016	油茶轻基质育苗技术规程
69	DB44/T 280－2005	油茶丰产栽培技术规程
70	DB45/T 1142－2015	油茶优树选择和优良家系选育技术规程
71	DB45/T 1353.1－2016	岑溪软枝油茶第 1 部分：育苗技术规程
72	DB45/T 1353.3－2016	岑溪软枝油茶第 3 部分：丰产栽培技术规程
73	DB45/T 1371－2016	油茶组培苗生产技术规程
74	DB45/T 1480－2017	恭城油茶服务质量规范
75	DB45/T 408－2007	绿色食品油茶生产技术规程
76	DB45/T 472－2007	油茶栽培技术规程
77	DB45/T 766－2011	油茶低产林改造技术规程
78	DB45/T688－2010	油茶施肥技术规程
79	DB46＿T315－2015	油茶种苗繁育技术规程
80	DB51/T 2293－2016	油茶丰产栽培技术规程
81	DB52/T 1017－2015	贵州油茶籽油加工技术规程
82	DB52/T 1023－2015	油茶苗木培育技术与质量标准
83	DB52/T 1025－2015	油茶种质资源圃建设技术规程
84	DB52/T 1027－2015	油茶籽原油贮存与运输技术规程
85	DB53/T 333－201	腾冲红花油茶生产技术规程
86	DB53/T 432－2012	普通油茶栽培技术规程
87	DB53/T 434－2012	油茶采穗圃营建技术规程
88	DB53/T362－2011	油茶育苗技术规程
89	DB53/T677－2015	地理标志产品腾冲红花油茶油
90	DBS 61/0013－2016	食品安全地方标准　油茶
91	Q/YCP 0001 S－2011	食用茶籽油

附表3 油茶主要有害生物汇总表

一、虫害	
1. 直翅目 Orthoptera	
短角异斑腿蝗 *Xenocatantops brachycerus*	宽翅绿树蜥 *Sympaestria truncato-lobata*
红褐斑腿蝗 *X. pinguis*	大蟋蟀 *Brachytrupes portentosus*
线斑腿蝗 *X. splendens*	东方蝼蛄 *Gryllotalpa orientalis*
2. 等翅目 Isoptera	
黑翅土白蚁 *Odontotermes formosanus*	黄翅大白蚁 *Macrotermes barneyi*
3. 半翅目 Hemiptera	
油茶宽盾蝽 *Poecilocoris latus*	直红蝽 *Pyrrhopeplus carduelis*
麻皮蝽 *Erthesina tullo*	稻绿蝽 *Nezara viridula*
薄蝽 *Brachymna tenuis*	绿盲蝽 *Lygus lucorum*
绿岱蝽 *Dalpada smaragdina*	绣赭缘蝽 *ochrochira ferruginea*
茶翅蝽 *Halymorpha halys*	曲胫侎缘蝽 *Mictis tenebrosa*
谷蝽 *Gonopsis affinis*	
4. 同翅目 Homoptera	
铁错角蝉 *Leptobelus dacurvatus*	龟蜡蚧 *Ceroplastes floridensis*
赤斑禾沫蝉 *Callitettix versicolor*	红蜡蚧 *C. rubens*
碧蛾蜡蝉 *Geisha distinctissima*	褐软蚧 *Coccus hesperidum*
青蛾蜡蝉 *Salurnis marginella*	草履蚧 *Drosicha corpulenta*
八点广翅蜡蝉 *Ricania speculum*	茶棉蚧 *Pulvinaria flovvifera*
柿广翅蜡蝉 *R. sublimbata*	吹棉蚧 *Icerya purchasi*
黑尾大叶蝉 *tettigoniella ferruginea*	油茶刺棉蚧 *Metaceronema japonica*
小绿叶蝉 *Empoasca flavescena*	油茶盾蚧 *Insulaspis camelliae*
假眼小绿叶蝉 *E. vitis*	茶片盾蚧 *Parlatoria theae*
窗耳叶蝉 *Ledra auditura*	茶白盾蚧 *Phenacaspis mannl*
桔二叉蚜 *toxoptera aurantii*	蛇眼蚧 *Pseudaonidia duplex*
桃蚜 *Myzus persicae*	长白盾蚧 *Lopholeucaspis japonica*
黑刺粉虱 *Aleurocanthus spiniferus*	茶并盾蚧 *Pinnaspis theae*
5. 缨翅目 Thysanoptera	
茶黄蓟马 *Scirtothrips dorsalis*	红带网纹蓟马 *S. rubrocinetus*

续表 1

6. 鞘翅目 Coleoptera	
细胸叩甲 *Agriotes fuscicollis*	茶角胸叶甲 *Basilepta melanopus*
沟金针虫 *Pleonomus canaliculatus*	中华沟臀叶甲 *Colaspoides chinensis*
大斑芫菁 *Mylabris phalerata*	油茶金花虫 *Colaspoides opaca*
斑喙丽金龟 *Adoretus ternuimaculatus*	肖李叶甲 *Cleoporus variabilis*
白腹丽金龟 *A. sinicus*	黄色凹缘跳甲 *Podontia lutea*
绿脊丽金龟 *A. aulax*	银纹毛叶甲 *Trichochrysea japana*
铜绿丽金龟 *Anomala corpulenta*	桑黄叶甲 *Mimastia cyanura*
浅褐彩金龟 *Mimela testaceioviridis*	柳圆叶甲 *Plagiodera versicolora*
墨绿彩丽金龟 *M. splendens*	黄缘蓝叶甲 *Qides bowringi*
台湾丽金龟 *Polyphylla formosana*	黑额光叶甲 *Smaragdina nigrifrons*
中华弧丽金龟 *Popillia quadriguttata*	红负泥虫 *Lilioceris lateritia*
日本丽金龟 *P. japonica*	亮叶甲 *Chysolampra splendens*
棉花弧金龟 *P. mutans*	油茶叶甲 *D. thei*
大黑鳃金龟 *Holotrichia diomphalia*	双黄斑隐头叶甲 *Cryptocephalus moutoni*
宽齿爪鳃金龟 *H. lata*	锯角叶甲 *Clytra* sp.
粉歪鳃金龟 *Cyphochilus farinosus*	双带方额叶甲 *Physauchenia bifasciata*
尖歪鳃金龟 *C. Apicalis*	光叶甲 *Smaragdina laevicollis*
赤绒金龟 *Autoserica japonica*	萤叶甲 *Atrachya* sp.
白星花金龟 *Potosia brevitarsis*	棕长颈卷叶象甲 *Paratrachelophorus nodicornis*
东方金龟 *Maladera orientalis*	卷叶象甲 *Paratrachelophorus* sp.
细胸金针虫 *Agriotes fusicollis*	茶籽象甲 *Curculio chinensis*
狭胸橘天牛 *Philus antennatus*	刚毛遮眼象 *Callirhopalus setosus*
茶虎天牛 *Xylotrechus theae*	绿鳞象甲 *Hypomeces squamosus*
三脊吉丁天牛 *Niphona hoockeri*	茶丽纹象甲 *Myllocerinus aurolineatus*
黑跗眼天牛 *Bacchisa atritarsis*	柑橘斜脊象甲 *Platymycteropsis* mandarinus
赤梗天牛 *Arhopalus unicolor*	广西灰象 *Sympiezomias citri*
二斑黑绒天牛 *Embrik-Strandia bimaculata*	大绿象 *Chlorophanus grandis*
油茶红翅天牛 *Erythrus blairi*	华中蓝绿象 *Hypomeces confossus*
黑翅脊筒天牛 *Nupserha infantula*	泥翅象甲 *Piazomias lewisi*
缘翅脊筒天牛 *N. marginella*	铜光纤毛象 *tanymecus circumdatus*
黄腹脊筒天牛 *N. testaceipes*	中华伪叶甲 *Ceragria chinensis*

续表 2

黄带楔天牛 *Thermistis croceoincta*	伪叶甲 *Lagriida* sp.
黄守瓜 *Aulacophora femoralis*	

7. 鳞翅目 Lepidoptera

茶枝木蠹蛾 *Zeuzera coffeae*	油茶枯叶蛾 *Lebeda nobilis*
茶细蛾 *Caloptilia theivora*	茶蚕 *Andraca bipunctata*
茶梢尖蛾 *Parametriotes theae*	梠星尺蛾 *Arichanna jaguaria*
油茶堆砂蛀蛾 *Linoclostis gonatias*	茶担尺蛾 *heterarmia diorthogonia*
黑缘棕麦蛾 *Dichomeris serrativittella*	油桐尺蛾 *Buzura supperssria*
油茶织蛾 *Casmara patrona*	贡尺蛾 *Gonodontis aurata*
油茶曲织蛾 *Paracystola tortoisa*	柿星尺蛾 *Percnia giraffata*
小白巢蛾 *Thecobathra sororiata*	油茶尺蠖 *Biston marginata*
斑巢蛾 *Yponomeuta* sp.	木橑尺蠖 *Culcula panterinaria*
柑橘黄卷蛾 *Archips machlopis*	大鸢尺蠖 *Ectropis excellerns*
茶小卷叶蛾 *A. orana*	茶尺蠖 *E. obliqua*
后黄卷蛾 *A. asiaticus*	茶银尺蠖 *Scopula subpuncta*
褐带长卷叶蛾 *Homona coffearia*	亚樟翠尺蠖 *Thalassodes subquadraria*
茶长卷叶蛾 *H. magnanima*	大造桥虫 *Ascotis selenaria*
榆花翅小卷蛾 *Lobesia aelopa*	间掌舟蛾 *Mesophalera sigmata*
油茶小卷蛾 *Gatesclarkeana idia*	条纹苔蛾 *Asura strigipennis*
马水齿卷蛾 *Ulodemis mashuiensis*	四点苔蛾 *Lithosia quadra*
紫彩卜小卷蛾 *Podognatha purprira*	竖鳞小瘤蛾 *Nola minutalis*
桃蛀螟 *Conogethes punctiferalis*	茶鹿蛾 *Amata fortunei*
果暗斑螟 *Euzophera egeriell*	黄腹鹿蛾 *A. germare*
印度谷斑螟 *Plodia interpunctella*	斜尺夜蛾 *Dierna strigata*
竹红举肢蛾 *oedematopoda ignipicta*	掌夜蛾 *tiracola plagiata*
白囊蓑蛾 *Chaliaides kondonis*	斜纹夜蛾 *Prodenia litura*
茶蓑蛾 *C. minuscula*	黄地老虎 *Agrotis segetum*
大蓑蛾 *C. variegata*	大地老虎 *A. tokionis*
茶褐蓑蛾 *Mahasena colona*	小地老虎 *A. ypsilon*
茶柄脉锦斑蛾 *Eterusia aedea*	茶白毒蛾 *Arctornis alba*
野茶带锦斑蛾 *Pidorus glaucopis*	茶茸毒蛾 *Dasychira baibarana*
长须刺蛾 *Hyphorma minax*	折带黄毒蛾 *Euproctis flava*

续表 3

枣奕刺蛾 *Iragoides conjuncta*	幻带黄毒蛾 *E. varians*
茶奕刺蛾 *Phossa fasoiatta*	油茶毒蛾 *E. pseudoconspersa*
黄刺蛾 *Cnidocampa flavescens*	乌桕黄毒蛾 *Euproctis bipunctapex*
波眉刺蛾 *Narosa corusca*	戟盗毒蛾 *Porthesia kurosawai*
褐边绿刺蛾 *Latoia consocia*	豆盗毒蛾 *P. piperita*
双齿绿刺蛾 *L. hilarata*	黑褐盗毒蛾 *P. atereta*
丽绿刺蛾 *L. lepida*	褐翅毒蛾 *P. Kurosawai*
迹斑绿刺蛾 *L. pastoralis*	黄尾毒蛾 *P. Similis*
绒刺蛾 *Phocoderma velutinam*	鹅点足毒蛾 *Redoa anser*
褐刺蛾 *Thosea haibarana*	茶点足毒蛾 *R. phaeocrospeda*
扁刺蛾 *T. sinensis*	杨毒蛾 *Leucoma candida*
8. 膜翅目 Hymenoptera	
油茶叶蜂 *Caliron camellia*	
9. 蜱螨目 Acarina	
侧多食跗线螨 *Polyphagotarsonemus latus*	椴两点叶螨 *tetranychus telarius*
柑橘全爪螨 *Panonychus citri*	龙首丽瘿螨 *Calacrus carinatus*
二、病害	
油茶炭疽病 *Glomerella cingulata*	油茶肿瘤病
炭疽病 *Colletotrichum gloeosporioides*	芽枯病 *Phyllosticta* sp.
油茶软腐病 *Agaricodochium camelliae*	圆赤星病 *Cercospora theae*
油茶烟煤病 *Neocapnodium* sp.	藻斑病 *Cephalozzia theae*
烟煤病 *Capnodium* sp.	叶斑病 *Phoma* sp.
油茶茶苞病 *Exobasidiu gracile*	腐朽病 *Polyporus* sp.
油茶叶枯病 *Pestalotiopsis microspor*	腐朽病 *Gloeophyllum* sp.
油茶半边疯病 *Corticium* sp.	花叶病 *Virus* sp.
油茶白绢病 *Scoerotium rolfsii*	花叶病（生理性病害）
油茶根腐病 *Athelia rolfsii*	灰斑病 *Phlosticta theaefolia*
根腐病 *Sclerotum rolfsil*	黑斑病 *Deuterophoma* sp.
油茶赤叶病 *Phyllosticta theicola*	枯萎病 *Fusarium oxysporum*
油茶疮痂病 *Monochaetia* sp.	
三、寄生性植物	
菟丝子寄生 *Cuscuta* sp.	槲寄生 *Viscum* sp.
桑寄生 *Loranthus parasiticus*	苔藓害
无根藤 *Cassytha filiformis* L.	

主要参考文献

［1］ Feás X，Estevinho L M，Salinero C，et al. triacylglyceride，antioxidant and antimicrobial features of virgin Camellia oleifera，C. reticulata and C. sasanqua Oils. ［J］. Molecules，2013，18 （4）：4573－4587.

［2］ GARCIAINZA GP，CAStRO DN，HALL AJ，et al. Responses to temperature of Fruit Dry Weight，Oil Concentration，and Oil Fatty Acid Composition in Olive （Olea Europaea L. Var. 'arauco'）［J］. European Journal of Agronomy，2013，54：104－107.

［3］ Ma J，Ye H，Rui Y，et al. Fatty acid composition of Camellia oleifera，oil［J］. Journal Für Verbraucherschutz Und Lebensmittelsicherheit，2011，6 （1）：9－12.

［4］ Mattson F H，Grundy S M. Comparison of effects of dietary saturated，monounsaturated，and polyunsaturated fatty acids on plasma lipids and lipoproteins in man.［J］. Journal of Lipid Research，1985，26 （2）：194.

［5］ Pan Y D，Richard A B，Fang J Y，et al. A large and persistent carbonsink in the world's forests［J］. Science，2011，333 （6045）：988－993.

［6］ Pinelli P，Galardi C，Mulinacci N，et al. Minor polar compound and fatty acid analyses in monocultivar virgin olive oils from tuscany［J］. Food Chemistry，2003，80 （3）：331－336.

［7］ T. L. MOUNTS，张福枝. 油脂加工中的化学和物理影响［J］. 粮食加工，1981 （4）：56－61.

［8］ Yu X，Li Q，Du S，et al. A novel process for the aqueous extraction of oil from Camellia oleifera seed and its antioxidant activity［J］. Grasas Y Aceites，2013，64 （4）：407－414.

［9］ Yu~ting C，Shu~Li W，Cheng~Ying H，et al. Beneficial effects of Camellia Oil （Camellia oleifera Abel.）on ketoprofen~induced gastrointestinal mucosal damage through upregulation of HO~1 and VEGF［J］. Journal of Agricultural & Food Chemistry，2014，62 （3）：642－650.

［10］ Yuan J，Wang C，Chen H，et al. Prediction of fatty acid composition in Camellia oleifera oil by near infrared transmittance spectroscopy （NItS）.［J］. Food Chemistry，2013，138 （2－3）：1657－1662.

［11］ Yu-Fan F U，Chen M，Xiao-Li Y E，et al. Variation Laws of Anthocyanin Content in Roots and their Relationships with Major Economic traits in Purple-Fleshed Sweetpotato ［J］. Journal of Integrative Agriculture ［农业科学学报 （英文）］，2008，7 （1）：32－40.

［12］ Zhang W G，Zhang D C，Chen X Y. A novel process for extraction of tea oil from Camellia oleifera，seed kernels by combination of microwave puffing and aqueous enzymatic oil extraction ［J］. European Journal of Lipid Science & technology，2012，114 （3）：352－356.

［13］ 柏方敏，李锡泉. 对湖南发展森林康养产业的思考［J］. 湖南林业科技，2016，43 （3）：109－113.

［14］ 柏云爱，宋大海，张富强等. 油茶籽油与橄榄油营养价值的比较［J］. 中国油脂，2008，33

（3）：39－41.

[15] 蔡肖群，苏明媚，邓晓安.油茶桂无1号等六个高产无性系选育[J].广西林业科技，1992，21（2）：47－50.

[16] 曾朝宗.对农产品价格波动的经济学研究[J].价格月刊，2009（2）：92－93.

[17] 曾虹燕，李昌珠，蒋丽娟等.用GC-MS分析不同方法提取的茶油脂肪酸[J].热带亚热带植物学报，2005，13（3）：271－274.

[18] 曾育生.向山要食油[J].饮食与健康，1994（1）.

[19] 陈邦家.南方油茶栽培技术要点[J].福建农业，2013（1）：23－23.

[20] 陈德军.混合溶剂浸取油茶籽及大孔树脂纯化茶皂素的研究[D].南京工业大学，2005.

[21] 陈家耀.韶所77－1号等油茶高产优良无性系的研究[J].亚林科技，1986（4）：25－30.

[22] 陈钦铭.怀化地区油茶优良无性系选育研究报告[J].怀化林业科技，1989（2）：1－5.

[23] 陈守铭.三种油茶的适生性和经济性状的比较[D].福建农林大学，2014.

[24] 陈永忠，王德斌，王波.油茶综合利用浅析[J].湖南林业科技，1997（4）：15－19.

[25] 陈永忠，王德斌，彭邵锋等.油茶"XL系列"优良家系与优良无性系育研究[J].林业科技开发，2004，18（5）：17－20.

[26] 陈永忠，王德斌，苏贻铨等.油茶"寒露籽"优良无性系选育及其脂肪酸组成的研究[J].经济林研究，1996，14（3）：1－4.

[27] 陈永忠，杨小胡，彭邵锋等.我国油茶良种选育研究现状及发展策略[J].林业科技开发，2005，19（4）：1－4.

[28] 陈永忠，张智俊，谭晓风.油茶优良无性系的RAPD分子鉴别[J].中南林学院学报，2005，25（4）：41－45.

[29] 陈永忠.油茶优良种质资源[M].北京：中国林业出版社，2008，14－15.

[30] 陈永忠等.间种对油茶林地土壤理化性质及幼林生长量的影响[J].南京林业大学学报，2011，35（4）：117－120.

[31] 陈允正.我国油茶资源经济利用评价与产业化分析[D].中国林业科学研究院，2011.

[32] 陈中海.七种油茶原料特性及加工方式对山茶油品质影响[D].浙江大学，2012.

[33] 谌红辉，丁贵杰，温恒辉等.造林密度对马尾松林分生长与效益的影响研究[J]林业科学研究2011，24（4）：470－475.

[34] 程建华，郝文川，陈荣章，吴崇武，吴崇仁.油罐外表颜色对储油品质的影响[J].粮食储藏，1988（2）：43－47.

[35] 程剑.我国茶油产业链与协作模式研究[D].北京交通大学，2011.

[36] 崔锐谦，谭国彬.国外食用油脂新知识与发展动向[J].中国油脂，1997（1）：55－57.

[37] 邓桂兰，彭超英，卢峰.油茶饼粕的综合利用研究[J].现代食品科技，2004，41（3）：130－132.

[38] 丁贵杰，吴协保，齐新民等.马尾松纸浆材林经营模型系统及优化栽培模式研究[J].林业科学，2002，38（5）：7－13.

[39] 丁贵杰，谢双喜，王德炉等.贵州马尾松建筑材林优化栽培模式研究[J].林业科学，2000，36（2）：69－74.

[40] 丁贵杰，严仁发，齐新民.不同种源马尾松造林效果及经济效益对比分析[J].林业科学，1994，30（6）：506－512.

[41] 丁明，费学谦. 茶油储藏条件对酸价和过氧化值的影响[J]. 江西农业大学学报，2011，33（6）：1112 - 1116.

[42] 董加云. 基于茶油价值认知的消费者对茶油购买行为研究[D]. 福建农林大学，2011.

[43] 董汝湘，庄瑞林，黄爱群等. 油茶亚林 4 号等六个抗病高产无性系的选育[J]. 经济林研究，1980，8（2）：21 - 25.

[44] 杜朝正. 基于 GIS 的中国水稻产量时空格局变化研究[D]. 山东师范大学，2010.

[45] 范少玲. 中国玉米种植成本收益研究[D]. 山东农业大学，2014.

[46] 范玉贞. 梨园间种白三叶草对土壤养分与微生物的影响[J]. 北方园艺，2010（6）：72 - 73.

[47] 冯金玲，郑新娟，杨志坚等. 套种模式对油茶生长及根际土壤理化性质的影响[J]. 森林与环境学报，2015，35（4）：324 - 330.

[48] 冯立娟，陶吉寒，尹燕雷等. 近五十年气温变化对我国梨和桃生产的影响[J]. 北方园艺，2015（8）：19 - 23.

[49] 冯秋瑜，宋宁，黄慧学等. 山茶油的药用研究进展[J]. 中国实验方剂学杂志，2016（10）：215 - 220.

[50] 冯翔，周韫珍. 茶油、玉米油和鱼油对小鼠免疫功能的影响[J]. 营养学报，1996（4）：412 - 417.

[51] 福建省林业厅，福建林业职业技术学院主编. 油茶实用技术，2009.

[52] 高继银，吴继武，吴会明等. 几个油茶高产无性系的评选及其配置的研究[J]. 林业科学研究，1992，5（4）：379 - 385.

[53] 高伟，幸伟年，龚春等. 茶油的营养价值和开发前景[J]. 南方林业科学，2013（4）：52 - 55.

[54] 贵州林业种苗网. 赴湖南考察学习油茶产业发展的报告[EB/OL]. 2010 - 05 - 19.

[55] 国家林业局国有林场和林木种苗工作总站. 中国油茶品种志[M]. 中国林业出版社，2016.

[56] 国家药典委员会. 中华人民共和国药典（一部）[M]. 北京：中国医药科技出版社，2010.

[57] 韩宁林，田成法，何振雄等. 油茶优良无性系的选育[J]. 浙江林学院学报，1986，3（2）：45 - 51.

[58] 郝文川，冯淑忠，程建华等. 满罐储油技术[J]. 粮食储藏，1988（2）：48 - 52.

[59] 何志祥，孙颖，李建安. 油茶林分生态效益的计量分析[J]. 经济林研究，2012，30（2）：118 - 120.

[60] 贺桂先，李林松，徐林初等. 油茶的生长特性及其功能价值[J]. 南方林业科学，2007（4）：39 - 42.

[61] 洪燕真. 基于农户经济视角的油茶供给研究[D]. 福建农林大学，2011.

[62] 侯如燕，宛晓春，黄继轸等. 茶籽的综合利用[J]. 中国食物与营养，2003（5）：24 - 26.

[63] 侯雯雯. 低温冷冻萃取法分离混合脂肪酸中的亚油酸[J]. 粮食科技与经济，2011，36（4）：34 - 36.

[64] 胡冬南，游美红，袁生贵等. 不同配方施肥对幼龄油茶的影响[J]. 西北林学院学报，2005，20（1）：94 - 97.

[65] 胡芳名，谭晓风，仇键等. 油茶种子表达的主要储藏蛋白基因及其分析[J]. 中南林学院学报，2005，25（4）：24 - 26.

[66] 胡芳名，谭晓风，石明旺等. 油茶种子 cDNA 文库的构建[J]. 中南林学院学报，2004，24（5）：1 - 4.

［67］ 胡祎，张德生，刘康德. 中国芒果产业发展变迁及影响因素研究［J］. 中国农业资源与区划，2015，36（6）：53－59.

［68］ 湖北省油茶双高课题组.油茶高油分高产量新品种选育研究［J］.湖北林业科技，1996（3）：24－30.

［69］ 黄杰毅.油茶抗炭疽病优树选择的研究［J］.湖南林业科技，1981（3）：35－39.

［70］ 黄艳.中国香蕉产量增长30％［J］.世界热带农业信息，2016（1）：14－14.

［71］ 黄永芳，陈红跃，雷治国等.广东省油茶生产状况与发展对策［J］.经济林研究，2004，22（3）：77－79.

［72］ 吉星星.我国水稻主产区生产效率及技术进步模式研究［D］.中国农业科学院，2016.

［73］ 江西省林业科学研究所油茶课题组.油茶高产优良无性系的选育［J］.江西林业科技，1991（4）：1－5.

［74］ 姜孟霞，田俊江，赵英学等.兴办"森林医院"产业的建议［J］.林业勘察设计，2015（1）：1－2.

［75］ 焦玉海.全国油茶种植面积已达383万公顷［J］.林业与生态，2013（12）：46－46.

［76］ 金继曙，都述虎，种明才.油茶籽抗真菌活性成分的研究［J］.天然产物研究与开发，1993，5（2）：48－52.

［77］ 柯佑鹏，过建春，张锡炎等.2012年我国香蕉产业发展趋势与建议［J］.中国果业信息，2012（5）：23－25.

［78］ 兰祥光.茶油——食用油的佳品［J］.中国检验检疫，1999（4）：44－44.

［79］ 黎先胜.我国油茶资源的开发利用研究［J］.湖南科技学院学报，2005（11）：133－135.

［80］ 李东艳.关于中小企业融资难问题的探讨［J］.北方经济，2008（18）：47－48.

［81］ 李飞.我国用材林资源的计算机模拟及其发展趋势预测［J］.资源科学，1994，16（1）：46－52.

［82］ 李红波，彭进香，莫华.我国油茶种植企业困局与突破［J］.决策与信息旬刊，2015（9）：12－14.

［83］ 李纪元，肖青，李辛雷等.不同套种模式油茶幼林水土流失及养分损耗［J］.林业科学，2008，40（4）：167－172.

［84］ 李克瑞，漆龙霖，赵思东等.山茶属27种植物油脂理化性质及脂肪酸组成的研究［J］.中南林业科技大学学报，1984（2）.

［85］ 李少昆，WANG Chong-tao，LI Shao-kun等.我国玉米产量变化及增产因素分析［J］.玉米科学，2008，16（4）：26－30.

［86］ 李婷婷.油茶籽糖蛋白的分离纯化及其功能活性研究［D］.无锡：江南大学，2014.

［87］ 李秀根，杨健，王龙等.近30年来我国梨产业的发展回顾与展望［J］.果农之友，2009（1）：4－6.

［88］ 李艳萍.油茶品种的耐寒性评价及CaCl₂对油茶抗寒性的影响［D］.南京林业大学，2012.

［89］ 李泽华.食用油新宠——茶油［J］.家庭中医药，2000（2）.

［90］ 李珍.营造油茶林的效益及风险评价［D］.福建农林大学，2015.

［91］ 廖书娟，吉当玲，童华荣.茶油脂肪酸组成及其营养保健功能［J］.粮食与油脂，2005（6）：7－9.

［92］ 廖书娟，吉当玲，童华荣.茶油脂肪酸组成及其营养保健功能［J］.粮食与油脂，2005（6）：

7 - 9.

[93] 林剑阳. 油茶籽油精炼工艺的研究[D]. 福建农林大学，2007.

[94] 刘传和，刘岩. 我国菠萝生产现状及研究概况[J]. 广东农业科学，2010，37（10）：65 - 68.

[95] 刘存存，方学智，姚小华等. 油茶籽油精炼过程中主要营养成分的变化[J]. 中国油脂，2011，36（2）：36 - 39.

[96] 刘君昂. 油茶林健康经营关键技术研究[D]. 中南林业科技大学，2010.

[97] 刘应珍. 贵州油茶经济性状测定分析和优质种苗繁育技术研究[D]. 贵州师范大学，2009.

[98] 刘跃进，欧日明，陈永忠. 我国油茶产业发展现状与对策[J]. 林业工程学报，2007，21（4）：1 - 4.

[99] 刘振香，陈鋆. 茶油的提取工艺研究进展[J]. 农产品加工（学刊），2011（10）：111 - 113＋125.

[100] 隆振雄. 油茶花药培养获得绿芽点和根[J]. 林业科技通讯，1981（5）：6 - 9.

[101] 隆振雄. 油茶幼胚离体培养初获完整植株[J]. 林业科技通讯，1981（1）：12 - 16.

[102] 卢天玲. 油茶未成熟子叶幼胚离体培养成苗的研究[J]. 实验生物学报，1982，5（4）：393 - 403.

[103] 陆军. 预榨蒸炒工艺的改进[J]. 中国油脂，1997（1）：52.

[104] 陆如山. 2007 年世界卫生报告[J]. 医学信息学杂志，2007（6）：637 - 638.

[105] 路迎春. 广西不同种源油茶子代优株果实经济性状评价[D]. 中南林业科技大学，2014.

[106] 罗汉东，朱丛飞，江亮波等. 不同模式施肥对油茶叶片生长与养分含量的影响[J]. 经济林研究，2016，34（3）：148 - 152.

[107] 罗健，陈永忠，彭邵锋等. 油茶低产林改造研究进展[J]. 湖南林业科技，2012，39（5）：109 - 111.

[108] 罗晓岚，朱文鑫. 油茶籽油加工和油茶资源综合利用[J]. 中国油脂，2010，35（9）：13 - 17.

[109] 绿海. 茶油的妙用[J]. 食品与生活，2006（10）：29 - 29.

[110] 马力，陈永忠. 油茶的功能特性分析[J]. 中国农学通报，2009，25（8）：82.

[111] 马力. 油茶籽的综合开发[J]. 粮食与食品工业，2007，14（3）：10 - 12.

[112] 马力. 油茶籽的综合开发利用研究综述[J]. 农业工程技术（农产品加工业），2008（1）：37 - 40.

[113] 马力. 茶油与橄榄油营养价值的比较[J]. 粮食与食品工业，2007，14（6）：19 - 21.

[114] 马力. 茶籽油与橄榄油营养价值分析[J]. 农业工程技术·农产品加工，2007（9）：42 - 44.

[115] 马云肖. 物理精炼预处理重要性及其方法[J]. 粮食与油脂，1993（4）：42 - 43.

[116] 毛方华，王鸿飞，周明亮. 山茶油的功能特性[J]. 食品科技，2010（1）：181 - 185.

[117] 毛云光. 油茶低产林改造技术[J]. 安徽农学通报，2009，15（17）：233 - 234.

[118] 缪宏，耿国彪，森林·疗养 放飞梦想：访国家林业局副局长刘东生[J]. 绿色中国，2015（21）：38 - 41.

[119] 慕长龙. 森林涵养水源能力的综合评价方法研究[J]. 四川林业科技，1997（4）：11 - 17.

[120] 聂明，杨水平，姚小华等. 不同加工方式对油茶籽油理化性质及营养成分的影响[J]. 林业科学研究，2010，23（2）：165 - 169.

[121] 欧阳涛. 油茶 71 - 2 优良家系的选育[J]. 林业科技通讯，1991（11）：8 - 9.

[122] 潘月红，钱贵霞. 中国花生生产现状及发展趋势[J]. 中国食物与营养，2014，20（10）：

18－21.

[123] 彭阳生，左继林. 山茶油的生产技术[J]. 农产品加工，2009（5）：36－37.

[124] 齐新民，丁贵杰. 马尾松纸浆材林优化栽培密度经济分析[J]. 中南林学院学报，2001，21（2）：13－17.

[125] 钱海兵，王祥培. 油茶叶水提物抗凝血及抗血栓形成作用研究[J]. 安徽农业科学，2010，38（21）：6－7.

[126] 钱萍. 套种对油茶幼林的土壤理化性状及其生长的影响[D]. 南昌：江西农业大学，2011.

[127] 乔吉超，胡小玲，张团红等. 微胶囊技术在生物医药中的应用[J]. 高分子通报，2007（3）：1－7.

[128] 秦榕年，岑爱贤. 茶皂素生产过程中原料茶籽饼和产品茶皂素的皂素含量测定[J]. 日用化学工业，1994（2）：54－55.

[129] 邱优辉，李会，徐贞贞等. 我国香蕉产业现状与发展的科技措施[J]. 农业现代化研究，2011，32（2）：200－203.

[130] 邵飞，陆迁. 我国玉米价格波动福利效应分析[J]. 价格理论与实践，2010（8）：53－54.

[131] 沈兆敏. 柑橘精准栽培技术[J]. 科学种养，2015（3）：25－26.

[132] 沈兆敏. 我国柑橘"十二五"生产现状和"十三五"生产发展趋势及对策[J]. 科学种养，2016（12）：5－8.

[133] 石明旺，谭晓风，王义强等. 油茶种子 cDNA 文库构建中的问题与对策[J]. 经济林研究，2004，22（2）：53－55.

[134] 舒翔，邱奇琦. 冷冻压榨获取食用油专利技术综述[J]. 安徽农业科学，2015，43（11）：267－268＋315.

[135] 宋同清，曾馥平. 油茶大小年结果及其生物学特征[J]. 经济林研究，1991（1）：28－32.

[136] 宋亚蕊. 富硒茶油的品质特性及抗氧化功能特性研究[D]. 中南林业科技大学，2014.

[137] 孙本喆，郭新平，曾苏明等. 我国玉米生产现状及发展对策[J]. 玉米科学，2003（s2）：32－33.

[138] 孙时轩. 造林学（第 2 版）[M]. 中国林业出版社，1992.

[139] 覃明，陈东奎，刘荣光. 广西水果业战略目标及实现途径研究——广西建设"农业强省"研究之水果部分[J]. 南方园艺，1997（4）：23－25.

[140] 谭晓风，陈鸿鹏，张党权等. 油茶 FAD2 基因全长 cDNA 的克隆和序列分析[J]. 林业科学，2008，44（3）：16－21.

[141] 谭晓风，胡芳名，谢禄山等. 油茶种子 EST 文库构建及主要表达基因的分析[J]. 林业科学，2006，42（1）：43－48.

[142] 谭晓风，王威浩，刘卓明等. 油茶 ACP 基因的全长 cDNA 克隆及序列分析[J]. 中南林业科技大学学报，2008，28（4）：8－14.

[143] 谭著明，蓝成云，巩建厅等. 油茶产业开发对生态公益林保护的影响[J]. 湖南林业科技，2011，38（5）：51－53.

[144] 谭自. 油茶林对第四纪网纹红壤的水土保持效益研究[D]. 中南林业科技大学，2016.

[145] 汤富彬，沈丹玉，刘毅华等. 油茶籽油和橄榄油中主要化学成分分析[J]. 中国粮油学报，2013，28（7）：108－113.

[146] 汤荣丽. 我国柑橘投入产出效率研究[D]. 西北农林科技大学，2012.

［147］ 唐传核，徐建祥，彭志英. 脂肪酸营养与功能的最新研究［J］. 中国油脂，2000，25（6）：20－23.

［148］ 唐继新，谌红辉，卢立华等. 马尾松中幼龄林不同施肥处理经济收益分析［J］. 林业经济问题，2010，30（5）：390－396.

［149］ 唐丽丽. 茶油加工及综合应用研究［J］. 现代农业科技，2010（4）：375－376.

［150］ 唐志鹏，梁桂东，李洪耀等. 广西水果生产的发展状况与对策［J］. 南方园艺，2006，17（3）：16－18.

［151］ 陶诚. 油脂与油料储藏研究进展［J］. 中国油脂，2004（10）：11－15.

［152］ 王德斌，王汉春，陈永忠等. 30个油茶优良无性系的选育研究［J］. 湖南林业科技，1991（2）：7－10.

［153］ 王华，牛德奎，胡冬南等. 不同肥料对油茶林土壤氮素含量、微生物群落及其功能的影响［J］. 植物营养与肥料学报，2014，20（6）：1468－1476.

［154］ 王丽芳. 旱作小麦产量形成及其对不同覆盖与耕作措施的响应［D］. 西北农林科技大学，2016.

［155］ 王丽霞，庞杰，陆蒸. 茶油的加工和利用［J］. 粮油食品科技，2004，12（3）：33－33.

［156］ 王巧娥，唐安斌，石碧等. 脂溶性茶多酚的合成及其抗油脂自动氧化特性的研究［J］. 天然产物研究与开发，2001（4）：12－15.

［157］ 王性炎. 木本油脂的化学组成与人体健康［J］. 经济林研究，1983.

［158］ 王亚萍，姚小华，丛玲美等. 不同条件对油茶籽油储藏稳定性的影响［J］. 中国油脂，2011，36（12）：50－53.

［159］ 王亚伟，马社旺. 膳食纤维在糖尿病人食品中的应用［J］. 河南职工医学院学报，2001（3）：278－279.

［160］ 王雨水. 低温锻炼对冷胁迫下油茶幼苗光合速率与抗氧化酶活性的影响［J］. 福建林业科技，2011，38（1）：41－46.

［161］ 王战等. 中国落叶松林［M］. 中国林业出版社，1992.

［162］ 魏明祥，曾远华，刘长华等. 油茶系统选择方法及其效果的研究［J］. 经济林研究，1993，11（2）：30－35.

［163］ 温强，叶金山，雷小林等. 油茶 ISSR 反应体系建立及优化［J］. 中南林学院学报，2006，26（6）：22－26.

［164］ 文佳，张诚诚，曹志华等. 低温胁迫对油茶苗抗寒性的影响［J］. 湖北农业科学，2014，53（3）：609－612.

［165］ 文尚华. 我国菠萝产业发展现状、问题与对策的探讨［C］//中国热带作物学会. 中国热带作物学会 2005 年学术（青年学术）研讨会论文集，2005：18.

［166］ 邬明娟. 绿色溶剂碳酸二甲酯浸取油茶籽油及其热力学和动力学研究［D］. 广西大学，2015.

［167］ 吴光金，林雪坚，刘志宏等. 普通油茶抗炭疽病株选育［J］. 林业科技开发，1997，9（4）：22－23.

［168］ 吴开金，陈涵，林冠烽. 油茶壳活性炭的制备工艺研究［J］. 福建林业科技，2011（2）：92－94.

［169］ 吴林森，王军峰，金晓春等. 自然低温胁迫对油茶生理生化特性的影响［J］. 广东农业科学，2011，38（23）：23－25.

[170]　吴谋成.功能食品研究与应用[M].北京：化学工业出版社，2004.

[171]　吴卫国，叶伟铎.茶油冷榨加工技术[J].安徽农学通报（上半月刊），2010，16（23）：158＋179.

[172]　吴雪辉，黄永芳，谢治芳.茶油的保健功能作用及开发前景[J].食品科技，2005（8）：94－96.

[173]　伍晓春，熊筱娟，邹盛勤.油茶饼粕中茶皂素的提取及脱色研究[J].氨基酸和生物资源，2006（4）：36－38.

[174]　肖光明，吴楚材.我国森林浴的旅游开发利用研究[J].北京第二外国语学院学报（旅游版），2008（3）：70－74.

[175]　肖景治，夏荣明，李明科.从珠山红花油茶中选育优良无性系的研究[J].湖南林业科技，1990（2）：4－7.

[176]　肖志红，陈永忠.油茶加工利用研究综述[J].林业科技开发，2005（2）：10－13.

[177]　谢雪芳.油茶发展有商机[J].湖南农业，2008（8）：6.

[178]　信小娟，李玉成.兴安落叶松的经济效益分析[J].林业科技情报，2009，41（3）：6－7.

[179]　熊年康，任恢康，陈祥平.油茶闽43、闽48、闽60三个优良无性系的选育[J].福建林业科技，1986（1）：1－6.

[180]　熊伟，许吟隆，林而达等.IPCC SRES A2和B2情景下我国玉米产量变化模拟[J].中国农业气象，2005，26（1）：11－15.

[181]　徐芳，卢立新.油脂氧化机理及含油脂食品抗氧化包装研究进展[J].包装工程，2008（6）：23－26.

[182]　徐光余，杨爱农，李多祥等.油茶结实大小年与气候关系的研究[J].农技服务，2008，25（7）：171－172.

[183]　徐化成.中国大兴安岭森林[M].科学出版社，1998.

[184]　徐建中.油脂脱臭加热方式的研究[J].中国油脂，1986（6）：33－38.

[185]　徐林初，左继林，查小华等.江西油茶产业发展的特点、问题及对策[J].经济林研究，2011，29（1）：177－180.

[186]　徐学兵，胡晓中，张根旺.茶油酶促改性一步反应影响因素研究[J].中国油脂，1996（1）：33－35.

[187]　闫洪秀，周后凯.植物-大气污染的净化器[J].数理化学习（高中版），2002（17）.

[188]　颜慕勤.茶树子叶离体培养形成胚状体的研究[J].林业科学，1983，9（1）：25－29.

[189]　颜慕勤.油茶体细胞胚状体的发生[J].实验生物学报，1980，3（3）：343－347.

[190]　杨培生，钟思现，杜中军等.我国番木瓜产业发展现状和主要问题[J].中国热带农业，2007（4）：8－9.

[191]　杨学文.江西地区油茶籽的含油率和脂肪酸组成的调查与分析[J].江西食品工业，2012（1）：31－33.

[192]　叶文，李小龙.森林养生全球报告[J].森林与人类，2015（9）：102－111.

[193]　殷亚方，姜笑梅，吕建雄等.我国桉树人工林资源和木材利用现状[J].木材工业，2001（5）：3－5.

[194]　殷肇君，李红权，李群芳等.油茶粕中茶皂素的提取及纯化研究[J].饲料工业，2004（12）：11－13.

[195] 尤国清，巫流民，赵学民.油茶优良无性系选育及测定研究[J].江西林业科技，1999 (2)：7-11.

[196] 张成娥，杜社妮，白岗栓等.黄土塬区果园套种对土壤微生物及酶活性的影响[J].土壤与环境 2001，10 (2)：121-123.

[197] 张党权，谭晓风，陈鸿鹏等.油茶 SAD 基因的全长 cDNA 克隆及生物信息学分析[J].林业科学，2008，44 (2)：155-159.

[198] 张党权，谭晓风，谢禄山等.油茶 EST 文库中不饱和脂肪酸合成关键酶基因的序列分析[J].经济林研究 2007，25 (2)：5-8.

[199] 张德民.试论平原地区木材生产问题[J].山东林业科技，1987 (2).

[200] 张国武.油茶优良无性系性状表现的比较分析与评价[D].江西农业大学，2007.

[201] 张陆阳.中国葡萄种植面积超越法国[J].中外葡萄与葡萄酒，2015 (5)：64-64.

[202] 张纳.高品质茶油精制工艺进展及其在化妆品中的应用[J].林业与环境科学，2008，24 (4)：87-91.

[203] 张乃燕.广西油茶良种化的现状及发展策略[J].广西林业科技，2003，32 (4)：211-213.

[204] 张全智，王传宽.6 种温带森林碳密度与碳分配[J].中国科学生命科学（中文版），2010，40 (7)：621-631.

[205] 张文元，郭晓敏，涂淑萍等.水肥对高产无性系油茶果实产量的影响[J].土壤学报，2015，52 (4)：768-775.

[206] 张学卫.开发茶油在化妆品中的应用[J].香料香精化妆品，1994 (2)：55-56.

[207] 张艳.茶多糖的分离纯化及其含片制备工艺的研究[D].安徽农业大学，2014.

[208] 张英.林权制度改革对我国集体林区木材供给的影响研究[D].北京林业大学，2012.

[209] 张云，黄儒珠，刘大林等.油茶随机扩增多态 DNA 条件的研究[J].福建林业科技，2003.30 (2)：5-8，13.

[210] 张志英.山茶油抗氧化防辐射活性成分及其机理的研究[D].浙江大学，2006.

[211] 张智俊，谭晓风，陈永忠.同时提取油茶中 DNA 和 RNA 的简便方法[J].生物技术，2003.13 (3)：23-24.

[212] 张智先.我国玉米生产潜力分析[J].中国粮食经济，2013 (6)：38-41.

[213] 张自俊.油茶优良无性系组织培养、RAPD 分子鉴别和 cDNA 文库构建的研究[D].中南林学院博士论文，2002.

[214] 赵吉力.国内外人工用材林发展比较研究[D].中国林业科学研究院，2000.

[215] 赵美玲，李东颖.吉林地区玉米和水稻种植成本及经济效益分析[J].农业与技术，2013 (5)：218-218.

[216] 赵瑜亮，仲山民.山茶油与常见食用油的理化指标分析比较研究[J].安徽农业科学，2014，42 (32)：11434-11436.

[217] 赵中元，丁治中，王颖彦等.不同氧分压对油脂氧化速率的影响[J].粮食储藏，1986 (6)：49-53.

[218] 郑文武，刘永华.我国火龙果生产现状及发展前景[J].中国热带农业，2008 (3)：17.

[219] 钟旭美，张百刚，朱杰.我国油茶籽的综合利用[J].粮油食品科技，2007，15 (2)：34-36.

[220] 周江，殷肇君.脱毒油茶粕饲料在罗非鱼养殖中的应用研究[J].饲料工业，2007 (10)：

31－34.

[221] 周金沙，刘红梅. 油茶籽的综合利用现状及前景分析[J]. 农产品加工（学刊）2006（7）：58－60.

[222] 周素梅，王强. 我国茶籽资源的开发利用及前景分析[J]. 中国食物与营养，2004（3）：13－16.

[223] 周艳. 我国水果生产状况分析[J]. 南方农业，2015，9（30）：146－148.

[224] 朱功良，周伟国，黎曙光等. 长林系列品种油茶籽含油率和脂肪酸组成分析研究[J]. 湖北林业科技，2013，42（4）：21－23.

[225] 朱万昌等. 黑龙江大兴安岭森林功能研究[J]. 中国造纸学报，2004，19（Z1）：453－456.

[226] 庄瑞林，董汝湘，黄爱珠等. 山茶属植物种质资源的搜集及基因库的建立利用研究[J]. 林业科学研究，1991（2）：178－184.

[227] 庄瑞林，黄爱珠，董汝湘. 油茶亚林1、亚林2、亚林6三个优良家系的选育[J]. 经济林研究，1986，4（1）：30－39.

[228] 庄瑞林，王德斌，蔡肖群等. 油茶19个高产新品种的选育研究[J]. 林业科学研究，1992，5（6）：619－627.

[229] 庄瑞林. 中国油茶[M]. 北京：中国林业出版社，2008：9－11，38.

[230] 庄瑞林. 我国油茶良种选育工作的历史回顾与展望[J]. 林业科技开发，2010，24（6）：1－5.

[231] 左继林，占志勇，周文才等. 油茶幼林不同液态肥施用方式对土壤理化性质影响的研究[J]. 南方林业科学，2005，43（2）：24－27.

致　谢

　　油茶是我国特有的木本油料树种之一，与茶叶、茶花都是大自然赐给人类的宝贵资源；也是中华民族先祖们为我们开发出来的珍贵财富。油茶在我国有两千多年的应用历史，为中华民族的发展壮大作出了重大贡献。有明确记载的栽培利用历史有千年以上，特别是 20 世纪 60 年代以来开展了育种研究，21 世纪初将油茶提升为国家粮油安全的政治高度，进一步推动了油茶科技的全面创新研究，产业发展取得了很好的成效。

　　本书所编著的知识有作者多年刻苦研究成果和工作实践经验的总结，但大部分都来自各位同行专家的公开文献资料，有行业内的也有行业外的，有省内的也有省外的，有国内的也有国外的，部分列于本书末，但大多没能一一列出，所以，对你们的贡献和支持，在此一并向大家致以最诚挚的谢意和崇高的敬礼！衷心感谢你们为油茶科技与产业发展所作出的努力，为国家粮油安全和中华民族的健康事业作出的贡献！同时也希望大家能一如既往地关心和支持油茶事业的发展！

编者

2018 年 10 月